3訂

新・交通事故捜査の基礎と要点

付・交通事故犯罪事実要点記載例

佐 藤 隆 文
日 下 敏 夫　共著
清 水 勇 男　監修

東京法令出版

3訂版はしがき

　本書3訂『新・交通事故捜査の基礎と要点』は、原著が今から27年前の平成7年に発行されたものであり、長い歴史があります。そのことについて、原共著者代表であり、検事として各種交通事件の捜査・公判を担当され、また、法務総合研究所教官として長く交通捜査官の指導に当たられた清水勇男先生は、平成24年改訂版のはしがきで、「人に歴史があるように、本にもまた歴史がある。」と述べられました。まさにそのとおりであり、この本の内容そのものが、立法者、警察をはじめとする法執行機関、そして、被害者・御遺族に代表される主権者たる国民による交通犯罪との長い闘いの歴史を体現するものといえます。

　なお、清水先生には、この本の監修者としてしばらくの間とどまってもらい、全般的な点検をお願いすることに致しました。

　今回の改訂は、主として令和2年の6月から7月にかけて公布・施行された改正道路交通法・改正自動車運転死傷処罰法の内容や、自転車事故（主に共著者の日下敏夫氏が担当）をめぐる近年の状況を反映させたものであり、「交通事故犯罪事実要点記載例」についても慎重に見直しを行い、さらに充実させました。読者の皆様方が、この分野における長年にわたる大きな変化を、一連の流れとして正しく把握され、その上で、変わることのない捜査の基本や捜査官としての心意気を感じ取って交通事故捜査に生かしていただければ、清水先生の志を引き継いだ共著者の一人として、これに勝る喜びはありません。

　令和4年1月

共著者代表　佐　藤　隆　文

改訂版はしがき

　今回の改訂は、主として平成26年5月20日「自動車の運転により人を死傷させる行為の処罰等に関する法律」が施行されたことに伴うものである。

　自動車の運転による死傷事件は、件数としては減少傾向にあるものの、悪質・重大事件は依然として後を絶たない。

　刑法は、平成13年に危険運転致死傷罪を設けて罰則を強化し、同16年の改正ではその罰則をさらに強化したが、捜査・処理の現場では、同罪の構成要件に該当しないとして軽い自動車運転過失致死傷罪の適用にとどめざるを得ない悪質事例が多発し、処分の不均衡を指摘する声が近年次第に高まってきていた。

　新法が施行されたことによって、従来は刑法に規定されていた自動車運転による死傷事件は全て新法の対象となり、従来の自動車運転過失致死傷罪（刑法211条2項）は削除されて新法5条の過失運転致死傷罪に移行し、危険運転致死傷罪（刑法208条の2）も同様に削除されて新法2条に移行した上、新たに通行禁止道路の通行による事故類型が同罪に追加された。その他、新法3条では、アルコール、薬物又は一定の病気等の影響により正常な運転が困難な状態であるのに自動車を運転して死傷事故を起こした場合には刑を加重するものとして、悪質・重大事件へのきめ細かい対応と厳正な処罰の実現を目指している。

　本書においては、新法施行による改訂部分は主として佐藤隆文氏が担当し、事故捜査における基礎自動車工学と自転車事故についての改訂は主として日下敏夫氏が担当した。

　私（共著者代表）は、旧版の初版（平成7年3月発行）以来、ほぼ19年半にわたり本書の著述、改訂等に携わってきたが、今後は佐藤隆文氏（現・法務省法務総合研究所研修第一部長）に後任をお願いして私の役割を引き継いでもらうことにし、本改訂版の上梓を最後に退任させていただくことにしました。長年にわたる読者並びに関係各位のご支援・ご協力に深く感謝いたします。

　法務省刑事局、最高検察庁並びに警察庁の所管部の皆様におかれましては、こ

れまでと同様、温かいご指導・ご支援を賜りたく、どうかよろしくお願い申し上げます。

　平成26年10月

共著者代表　清　水　勇　男

追記

　今回増刷するにあたり、自転車運転中に危険行為を繰り返した14歳以上の運転者に対する自転車運転者講習（道路交通法108条の２・108条の３の４・120条）についての記述を追加するとともに、自転車事故に関する記述（第６）中の表記について、より正確性、明確性を期するため若干の補正をした。

　平成27年７月

共著者代表　清　水　勇　男

はしがき

　人に歴史があるように、本にもまた歴史がある。

　この本の旧版『交通事故捜査の基礎と要点』が発行されたのは17年前の平成7年3月で、まだ書式が縦書きの時代であった。

　解説部分と書式部分の割合をほぼ等分にし、コンパクトで使いやすい実務書の創出を目指した旧版は、当時の関東管区警察局長・賀来敏氏並びに東京区検察庁上席検察官・池田茂穂氏の温かいご推薦を頂いて刊行され、その装丁の色から「黄色い本」として広く親しまれるようになった。

　旧版はその後、関係法令の大きな改正があるごとに改訂が重ねられ、改訂増補版（平成12年11月）、新訂版（平成15年1月）、全訂新版（平成17年9月）、同改訂版（平成19年10月）が刊行されたが、その後、発行元の令文社が解散して全国の書店の棚から「黄色い本」が消え、続刊が危ぶまれる事態に陥った。しかし、有り難いことに、著名な複数の出版社が争って継承への名乗りを上げてくれ、慎重に検討した結果、実績と定評のある東京法令出版に委嘱することに決めた。同社では、令文社当時と同じく装丁を黄色のままとし、続刊、重版にも耐えられるよう新たに組版を起こしてくれた。こうして平成20年11月、同社から「全訂新版改訂2版」が出版された。当時は大きな法令改正の動きがなかったので、しばらくは同版の継続で対応できると考えていた。

　しかしその後、自転車による交通事故が増加の一途をたどって社会問題化し、捜査の現場でも対応に苦慮する事態が発生するようになった。改めて旧版の内容を点検した結果、自転車事故についての解説・書式が十分でなく、実務の要請に応えていないことが分かった。また、旧版に添付した「自動車の時速・秒速換算表」等の各種参考資料も数値・数式等がやや古くなっていることに気付いた。次の改訂では、自転車事故と基礎的な自動車工学に関する記述を充実させ、添付資料も一新しなければならないと改訂の決意を固めた矢先、共著者の岡本弘氏から高齢等を理由に引退の申出があった。岡本氏の辞意は固く、残念ながら受け入れ

ざるを得なかった。

　そこで岡本氏の後任には、交通事故の解析・鑑定に卓越した技能を有し、数多くの交通鑑定を手がけている元副検事の日下敏夫氏をおいて外にはないと考え、経緯を説明して懇請した結果、快諾をいただいた。

　日下氏には、主に自動車工学・鑑識関係と自転車事故についての記述を中心にお願いした。また、この機会に全編を詳細に点検して補筆し、正確で分かりやすい表現になるよう工夫した。こうして共著者も代わり、内容も一新したことから、本書を『新・交通事故捜査の基礎と要点』として世に送り出すことにしたものである。

　この新版が旧版と同じく「黄色い本」として読者に親しまれ、ハンディーな実務書として末永く活用されることを願ってやまない。

　　平成24年4月

　　　　　　　　　　　　　共著者代表　清　水　勇　男

■新・交通事故捜査の基礎と要点／もくじ

4

第4　交通事故に伴う悪質事犯と捜査上の留意点‥‥‥‥113

凡　例

本書には、次のような略称を用いた。

1　判決等

最判（決）	最高裁判所判決（決定）
東京高判	東京高等裁判所判決
名古屋高金沢支判	名古屋高等裁判所金沢支部判決
大阪地判	大阪地方裁判所判決
松山地大洲支判	松山地方裁判所大洲支部判決
十日町簡判	十日町簡易裁判所判決

2　出典名

大審刑集	大審院刑事判例集
刑　集	最高裁判所刑事判例集
裁判集	最高裁判所裁判集
高刑集	高等裁判所刑事判例集
下級刑集	下級裁判所刑事裁判例集
刑裁月報	刑事裁判月報
東高時報	東京高等裁判所判決時報
東京高検速報	東京高等検察庁刑事裁判速報
判　時	判例時報
判　タ	判例タイムズ
高検調	東京高検管内無罪事件調べ

第1　総　説

1　交通事故捜査の特殊性

1　加害者の特定と過失の認定

　交通事故の捜査は、窃盗や傷害などの一般刑事事件の捜査に比べて難しいとされる向きがある。

　一般刑事事件では、通常、加害者と被害者があって、加害者はあくまでも加害者である。加害者が被害者に変身するということはまずあり得ない。しかるに交通事故の場合には、いずれが加害者でいずれが被害者であるかを直ちに確定するのが困難な場合が少なくない。捜査開始の時点では加害者と目されていた者が捜査の進展によっては実は被害者であったなど、その立場が逆転する場合があり得るし、例えば出会い頭の衝突事故や玉突き事故の場合など、状況によっては当事者がいずれも加害者であるとともに被害者であるという場合もある。また、いわゆる身代わり事件に見られるように、同乗者とされていた者が実は運転者、すなわち加害者であったと認定される場合も少なくない（東京高裁平7・6・8判時1572・145等）。

　しかし、こうした加害者・被害者の特定という問題もさりながら、交通事故で最も難しい問題は過失の認定ということである。加害者が特定されても、その加害者に過失があったといえるのか、また、いかなる内容・程度の過失があったといえるのか、すなわち過失の有無・内容・程度の認定は容易ではない。それがすなわち、交通事故捜査の特殊性であり、困難性である。

　交通事故における過失の認定は、刑事責任のみならず、民事の損害賠償責任の有無・程度の認定にも重要な影響を及ぼすことになる。それは実況見分調書などの捜査資料が当事者の請求により民事裁判上の重要な証拠として提出、採用されている実務の運用からも明らかである。

　交通事故捜査の果たす社会的役割は、極めて重く、かつ、大きいものがあると言わなければならない。

2　交通事故捜査の要点

　交通事故捜査の要点は、個々の具体的事故について、その発生状況をしっかりと見極め、事故の真の原因は何であったかを探求し、どうすればその事故を予見し、回避することができたかを解明することにある。

　交通事故の原因は、不可抗力による場合は別として、運転者の過失、すなわち注意義務違反にある。そこで、どの点にいかなる注意義務違反があったのか、すなわち過失の有無・内容の確定が交通事故捜査の中心課題である。

　事故は一件ごとに異なり、「同じような事故」はあっても「同じ事故」は決してないので、注意義務もそれぞれに異なってくる。したがって、個々の具体的な事故に即して「事故発生に至る運転経過と現場及び周囲の客観的状況」を解明し、事故原因を確定した上、そのような経過・状況の下で運転者としては事故を予見・回避するためにどのような点に注意し、いかなる手段方法を講ずべきであったか、そしてそれが可能であったといえるか、すなわち「注意義務」及び「注意能力」の有無・内容を認定していかなければならない。

　過失運転致死傷についての処罰根拠規定である「自動車の運転により人を死傷させる行為等の処罰に関する法律」5条は、改正前の刑法211条2項と同じく、単に「自動車の運転上必要な注意を怠り、よって人を死傷させた者は……」と規定しているだけで、いかなる場合に必要な注意を怠ったといえるか、すなわち不注意があったといえるかの基準や要件については何ら規定していない。この「不注意」という構成要件の要素は、「身体」とか「財物」などという五官の作用によって認識可能な要素と異なり、最終的には裁判所の全法律的な判断によって具

体化される要素であることから、講学上これを規範的違法要素と呼んでいる。すなわち不注意の内容は具体的事故の状況に応じて個々に確定されていくべきものである。したがって、100件の交通事故があれば100個の不注意、すなわち、規範的違法要素がある。その個別的な解明は極めて難しい。しかし、現在までの多数の交通事故についての裁判例に現れた事故態様の分類・集約等を通じてある程度の類型化、定型化も進んでいるので、その分類・集約された定型と要点を理解することにより、交通事故捜査のポイントも比較的容易に体得できることとなる。

② 交通事故の刑事責任と立法の変遷

1　交通事故の刑事責任

　刑法その他刑罰を定めた法令、すなわち刑罰法令に違反する行為をした者が負わなければならない責任を刑事責任という。交通事故を起こして人を死傷させた場合は、その態様により、刑法209条ないし211条又は後述する新法『自動車運転死傷処罰法』の構成要件に該当することとなるので、「信頼の原則」が適用される場合など、一定の場合を除き、それぞれ所定の刑に処せられることになる。これが交通事故による刑事責任である。

　犯罪には、**故意犯**、すなわち「わざと」やった犯罪と、**過失犯**、すなわち「うっかり」やってしまった犯罪とがある。行為者が結果の発生（例えば人の死傷）をあらかじめ認識・認容していながら、あえてその行為に出たという場合が故意犯、そのような認識・認容がないのに不注意によって結果を発生させてしまったという場合が過失犯である。故意犯の方が過失犯に比べて一般に悪質であることは明らかである。そこで刑法は、故意犯は原則として処罰するが、過失犯は例外的に一定の場合に限って処罰するという建前をとっている（刑法38条1項）。すなわち故意犯の刑事責任より過失犯の刑事責任の方が軽いとみているのである。故意に人をピストルで射殺した犯人と、誤って車で人をはねて死亡させてしまった犯人とを比較してみれば、その行為のいずれがより悪質であるかは明

らかであり、社会的非難の程度から、故意犯原則処罰・過失犯例外処罰の考え方は肯認できる。

　しかしながら、故意によろうが、過失によろうが、被害者にとって生命を奪われたという結果そのものは同一であり、例えば一家の大黒柱で、ローンにあえぎながら老父母、妻子を養っているまじめなサラリーマンが、深夜帰宅途中、無謀運転でハンドルを切り損ねた暴走族に歩道上ではねられ即死したというような痛ましい事故など、我々の身近で日々発生する交通事故について考えてみると、果たして過失犯だから社会的非難の程度が軽いと単純にいえるかどうか。まして無免許、酒酔い、ひき逃げなどを伴う悪質な死傷事故についてはどうか。いわゆる車社会の到来と進展に合わせるように悪質、危険な運転行為による悲惨な交通事故が頻発、増加し続けていて大きな社会問題となっているとき、過失犯だという理由で軽い犯罪とする伝統的な犯罪理論は説得力を失いつつあるというのが一般的認識であると思われる。

　過失犯の刑事責任は、国家・社会の一員として、注意すれば結果の発生を予見・回避することができたはずであるのに、不注意によってこれを予見・回避せず、重大な結果を発生させたという点にあり、その不注意な態度が社会的非難に値するとされるのであって、特に交通事故の場合は、事故の発生・増加という事象を背景に社会的非難の程度が極めて強くなってきていることは多言を要しない。

　従来、故意犯に比べて過失犯の方が反倫理性が弱いとされてきたが、危険性と被害の重大性という観点からすれば、故意犯に勝るとも劣らないものがあり、工場災害や航空機・船舶事故などの過失犯を考えてみれば明らかである。

2　立法の変遷

　如上のような事情を背景として、刑法211条の業務上過失致死傷に定める刑罰も、昭和43年6月10日施行の法改正により、それまで「3年以下の禁錮又は千円（罰金等臨時措置法により5万円）以下の罰金」とされていたのが「5年以下の懲役若しくは禁錮又は千円（前同）以下の罰金」と改正された。次いで同47年7

月施行の改正罰金等臨時措置法によりその罰金が「20万円」と引き上げられ、更に平成3年5月7日施行の改正法により、「5年以下の懲役若しくは禁錮又は50万円以下の罰金」に改正された。その後、平成18年法律第36号（同年5月27日施行）による法改正で罰金の上限が「100万円」に引き上げられた。そして更に平成19年法律第54号（同年6月12日施行）により、刑法211条2項として**『自動車運転過失致死傷罪』**が創設され、法定刑も「7年以下の懲役若しくは禁錮又は100万円以下の罰金」と定められた（同条1項はその他の業務上過失致死傷罪として存続）。

　その他、自動車運転過失致死傷罪の創設に先立つ重要な法改正として、平成13年法律第138号（同年12月25日施行）により**『危険運転致死傷罪』**（刑法208条の2）が創設された。同罪では、法定刑が致傷罪で懲役10年以下、致死罪で1年以上の有期懲役（上限が懲役15年）とされており、罰金刑の選択はない。次いで平成16年法律第156号（平成17年1月1日施行）により、危険運転致傷罪が懲役15年以下に、同致死罪が1年以上の有期懲役（上限が懲役20年）に改正された。更に平成19年法律第54号（同年6月12日施行）により、危険運転致死傷罪が適用される車両の「四輪以上の」制約が削除されて「自動車」とされ、「原動機付自転車」も普通自動二輪車と同様、「自動車」に含まれることになった。

　なお、道路交通法施行令（以下「令」という。）により行政処分のための違反点数（令38条・別表2〜4）も加重され、危険運転致死傷は45点、酒酔い運転は25点（平成21年政令第12号（同年6月1日施行）により、危険運転致死傷は45〜62点、欠格期間は5〜8年、酒酔い運転は35点、欠格期間は3年に改正）、死亡事故は20点等々とされた（欠格期間は令33条の2・別表3参照）。

　近年、自動車運転による死傷事件の件数は減少傾向にあるが、依然として悪質・危険な運転行為による悲惨な交通事故が少なからず発生していることから、平成25年11月27日には、**『自動車の運転により人を死傷させる行為等の処罰に関する法律』**（平成25年法律第86号。以下「自動車運転死傷処罰法」又は「新法」という。）が新たに制定・公布され、刑法208条の2の「危険運転致死傷罪」は新法2条に、刑法211条2項の「自動車運転過失致死傷罪」は、見出しに「過失運

転致死傷」と表記されて新法5条に、それぞれ移された。また、危険運転致死傷罪には、危険運転行為に該当する新たな類型が追加されるなど、自動車運転による死傷事案に対して、運転の悪質性や危険性などの実態に応じた処罰ができるように、罰則が整備・強化された（平成26年5月20日施行）。その後も、令和2年法律第47号（同年7月2日施行）により、いわゆる「あおり運転」対策の一環として、危険運転行為の類型が追加されている。

交通事故の刑事責任は、このように時代とともに極めて重くなってきていることに注目しなければならない。また、それだけに加害者、被害者の重大な利害に絡んでくるのであるから、交通事故の捜査処理に当たる警察官、検察官及び検察事務官は、事故原因の究明と過失の認定に当たり、慎重の上にも慎重を期さなければならない責務があることを銘記すべきである。

③ 主要な「道路交通法の一部を改正する法律」の概要

道路交通法（以下「道交法」又は「法」という。）の主な改正経過を摘記すると、次のとおりである。

平成13年法律第51号（同14年6月1日施行）、同16年法律第90号（3条同年11月1日施行・4条同19年6月2日施行）、同19年法律第90号（同年9月19日施行）、同25年法律第43号（条項により同年12月1日、同26年6月1日、同年9月1日、同25年6月14日から2年以内に施行）、令和元年法律第20号（1条同年12月1日施行、2条同2年4月1日施行）。

道路交通法の一部を改正する法律による悪質危険な違反行為の法定刑の改正部分は以下のとおりである（『改正前』とは平成13年の法改正。『改正後』の「違反点数と免許取消し欠格期間」については、同25年政令第310号（同年12月1日施行）、令和元年政令第108号（同年12月1日施行）による改正を含む。）。

① **救護義務違反**（いわゆるひき逃げ）（法72条1項前段・117条1・2項・117条の5第1号）

　『改正前』　　3 年以下の懲役又は20万円以下の罰金（違反点数10点）

　『改正後』　　10年以下の懲役又は100万円以下の罰金（運転者の運転に起
　　　　　　　　因するもので人の死傷があった場合）

　　　　　　　　5 年以下の懲役又は50万円以下の罰金（上記以外のもので人
　　　　　　　　の死傷があった場合）

　　　　　　　　（違反点数35点・免許取消し欠格期間 3 年）

　　　　　　　　1 年以下の懲役又は10万円以下の罰金（上記以外のもの）

②　**酒酔い運転**（法65条 1 項・117条の 2 第 1 号）

　『改正前』　　2 年以下の懲役又は10万円以下の罰金

　　　　　　　　（違反点数15点・免許取消し欠格期間 1 年）

　『改正後』　　5 年以下の懲役又は100万円以下の罰金

　　　　　　　　（違反点数35点・免許取消し欠格期間 3 年）

③　**酒酔い運転車両の同乗者**（法65条 4 項・117条の 2 の 2 第 6 号）

　『新　設』　　3 年以下の懲役又は50万円以下の罰金

④　**酒酔い運転下命・容認行為**（法75条 1 項 3 号）（法117条の 2 第 4 号）

　『新　設』　　5 年以下の懲役又は100万円以下の罰金

⑤　**酒気帯び運転**（法65条 1 項・117条の 2 の 2 第 3 号）

　『改正前』　　3 月以下の懲役又は 5 万円以下の罰金（違反点数 6 点）

　『改正後』　　3 年以下の懲役又は50万円以下の罰金

　　　　　　（酒気0.25以上 違反点数25点・免許取消し欠格期間 2 年
　　　　　　　酒気0.15以上0.25未満 違反点数13点・免許停止90日）

⑥　**酒気帯び運転車両の同乗者**（法65条 4 項、同法117条の 3 の 2 第 3 号）

　『新　設』　　2 年以下の懲役又は30万円以下の罰金

⑦　**自動車の使用者による酒気帯び下命・容認行為**（法75条 1 項 3 号・117条
　　　　　　　　の 2 の 2 第 9 号）

　『新　設』　　3 年以下の懲役又は50万円以下の罰金

⑧　**過労、病気、薬物影響等運転**（法66条・117条の 2 第 3 号）

　『改正前』　　2 年以下の懲役又は10万円以下の罰金（麻薬等運転）

　　　　　　（違反点数15点・免許取消し欠格期間１年）

　　　　　　６月以下の懲役又は10万円以下の罰金（過労運転等）

　　　　　　（違反点数６点）

　　『改正後』　５年以下の懲役又は100万円以下の罰金（麻薬等運転）

　　　　　　（違反点数35点・免許取消し欠格期間３年）

　　　　　　３年以下の懲役又は50万円以下の罰金（過労運転等）

　　　　　　（違反点数25点・免許取消し欠格期間２年）

⑨　**自動車の使用者による過労、病気、薬物影響等運転下命・容認行為**（法75
条１項４号・117条の２第５号）

　　　　　　５年以下の懲役又は100万円以下の罰金

⑩　**無免許運転**（法64条１項・117条の２の２第１号）

　　『改正前』　６月以下の懲役又は10万円以下の罰金（違反点数12点）

　　『改正後』　３年以下の懲役又は50万円以下の罰金

　　　　　　（違反点数25点・免許取消し欠格期間２年）

⑪　**自動車の使用者による無免許運転下命・容認行為**（法75条１項１号、117
条の２の２第８号）

　　『改正前』　１年以下の懲役又は30万円以下の罰金

　　『改正後』　３年以下の懲役又は50万円以下の罰金

⑫　**免許証の不正取得**（法117条の２の２第11号）

　　『改正前』　１年以下の懲役又は30万円以下の罰金

　　『改正後』　３年以下の懲役又は50万円以下の罰金

⑬　**無免許運転幇助行為**

　　自動車等を提供した場合（法64条２項、法117条の２の２第２号）

　　『新　設』　３年以下の懲役又は50万円以下の罰金

　　同乗した場合（法64条３項、法117条の３の２第１号）

　　『新　設』　２年以下の懲役又は30万円以下の罰金

⑭　**騒音運転等**（法71条５号の３・120条１項９号）

　　『改正後』　５万円以下の罰金（従来は罰則なし）（違反点数２点）

⑮　**運転中携帯電話使用**（交通の危険を生じさせた場合）（法71条5号の5・117条の4第1号の2）

　　『新　設』　　1年以下の懲役又は30万円以下の罰金（違反点数6点）

⑯　**運転中携帯電話使用**（保持・保持の態様は法71条5号の5参照）（法71条5号の5・118条1項3号の2）

　　『新　設』　　6月以下の懲役又は10万円以下の罰金（違反点数3点）

⑰　**飲酒運転呼気検査拒否**（法67条3項・118条の2）

　　『改正前』　　5万円以下の罰金（平成16年法律第90号により罰金30万円と改正されていた。）

　　『改正後』　　3月以下の懲役又は50万円以下の罰金

⑱　**共同危険行為等の禁止**（集団暴走行為）（法68条・117条の3）

　　『改正前』　　6月以下の懲役又は10万円以下の罰金

　　　　　　　　（違反点数15点・免許取消し欠格期間1年）

　　『改正後』　　2年以下の懲役又は50万円以下の罰金

　　　　　　　　（違反点数25点・免許取消し欠格期間2年）

　平成13年法律第51号、及び同16年法律第90号、同19年法律第90号、同25年法律第43号、令和元年法律第20号各「道路交通法の一部を改正する法律」のうち、悪質・危険な違反行為に関する主な改正点は以上のとおりである。

　また、平成21年法律第21号（同年10月1日施行）により、車間距離保持違反中、高速道路における同違反について、法定刑が引き上げられたこと（法119条1項1号の4）、令和2年法律第42号（同年6月10日公布、同月30日施行）により、いわゆる「あおり運転」として重大な社会問題となっている悪質・危険な運転行為の抑止策として、妨害運転に対する罰則の創設（法117条の2第6号、117条の2の2第11号）等の整備がなされたことも注目に価する。

　交通事故と交通違反・行政処分とは不即不離の関係に立つものであるから、捜査官としては全てに通暁していなければならない。

4　過失犯の成立要件

　多種多様な事件の中には、交通事故を装っての殺人というような故意犯の事例もないとはいえないが、交通事故のほとんどは過失犯である。したがって、過失犯の犯罪としての構造を理解しておくことが、捜査に当たって基本的に必要な事項である。

　過失犯の構造をどのように理解すべきかについては、従来から学説上争いがある。それぞれの学者の拠って立つ犯罪論との関係でとらえ方が異なってくるからである。しかしながら、実務上はおおむね以下のように考えられてきており、そう考えることに捜査処理上不都合はなく、別異に解すべき特段の理由もない。

　過失犯とは、不注意によって犯罪事実を認識又は認容せず、よって結果を発生せしめたことによって成立する犯罪である。したがって、その成立要件を理解することによって過失犯の構造がはっきり浮かび上がってくる。

1　過失行為

(1)　犯罪事実の認識・認容の欠如

　過失とは、まず、犯罪事実（犯罪構成要件に該当する事実、又は状態のことをいい、交通事故では「事故発生の危険」）を認識又は認容しないことである。

　二つの場合がある。その1は、犯罪事実を全く認識しなかった場合で、これを**認識のない過失**という。その2は、犯罪事実を認識したが、結果の発生を認容しなかった場合で、これを**認識のある過失**という。事故発生の危険性を全く認識しないまま運転を継続して事故を発生させたというような場合が前者、事故発生の危険性は認識したが、自分の運転経験・技能からすれば事故を発生させることはあるまいと考えて運転を継続し、事故を発生させたという場合が後者である。

　両者は、過失の態様の分類であって、法律上の取扱いは全く同一である。し

かし、後者に関し、事故発生の危険を認識しながら、事故が起きてもかまわないと考えて、あえて運転を継続して死傷事故を発生させたというような場合は、もはや過失犯とはいえず、故意犯となる。したがって、その結果人を死亡させれば殺人（刑法199条）、けがを負わせたにとどまるときは傷害（同204条）となる。このように事故の発生を意欲まではしないが、認容、すなわち事故が発生してもかまわないとする心理状態を**未必の故意**といい、確定的故意と区別している。

　認識のある過失と未必の故意との相違は紙一重で、そのいずれであるかによって過失犯か故意犯かに区別されるのであるから、①危険の発生を認識したが結果の発生は認容していなかった場合が「認識のある過失」、これに対して、②危険の発生を認識し、かつ、結果の発生も認容していた場合が「未必の故意」として区別し、捜査に当たってはこの点をしっかり確定しておく必要がある。

⑵　不注意（注意義務違反）

ア　概念

　過失犯が成立するためには、前記⑴の犯罪事実の認識・認容が欠如しているというだけでなく、それが不注意によるものであることを必要とする。

　不注意とは、法令や社会規範によって要求されている注意義務を尽くしていない、つまり注意義務に違反しているということである。その注意義務の根幹をなすものが道交法に定められた各種の準則である。自動車による交通事故は「自動車の運転」に関連しており、その運転の準則が道交法である。すなわち、交通法規を遵守していれば事故は起きないことになっている。それが法の眼目である。交通事故の原因は、この交通法規を遵守していなかった運転行為にある。

　極端に言えば、交通事故の原因となる行為、すなわち「過失行為」は「道交法違反行為」でもあり、両者は1個の行為に包摂されるものであるから観念的競合（刑法54条1項）の関係にある。道交法違反があっても、それが過

失の中身になっているときは、自動車運転致死（傷）罪一罪のみで処断されるのはこの理由からである。

交通事故の過失行為を論ずるには、交通法令の正しい解釈適用がその根底をなしていなければならない。交通事故の捜査・処理に際しては、道交法違反となる運転行為の規定を常に念頭におくべきである。

注意義務違反には、結果（例えば交通事故）の発生を予見し得たはずなのに（つまり予見可能性があったのに）、予見しなかったという**結果予見義務違反**と、結果の発生は予見しており、したがって回避しようと思えば回避できたのに（つまり回避可能性があったのに）、回避の措置を講じなかったという**結果回避義務違反**に分類される。結果発生の予見の有無によって分かれているので、前述の「認識のない過失」と「認識のある過失」の分類にほぼ一致する。したがって、法律上の取扱いは同一である。

なお、注意義務は注意能力があることを前提とするが、その場合、行為者本人の注意能力を標準とするか、一般通常人の注意能力を標準とするかについては争いがある。前者の立場をとると、常に、あるいはほとんどの場合本人に予見・回避能力はなかったとして過失が否定されることにもなりかねない。法規範というのは社会の一般通常人を対象としたものであるから、後者の立場が妥当であり、判例も同旨である（最判昭24・3・17刑集3・3・314、最判昭27・6・27裁判集65・321等）。

イ　参考判例

結果予見義務又は結果回避義務の一方あるいは双方を欠くとして過失を否定する判例は数多く存する。例えば、次のような判例（骨子）である。

＜その1＞

〔**公訴事実**〕被告人は、大型貨物自動車を運転し、深夜午後11時53分ころ、片側2車線ある国道の第2車線を時速約65キロメートルで進行するに当たり、当時は降雨のため前方の見通しが悪かったのであるから、最高制限速度（50キロメートル）を遵守するのはもとより、適宜減速した上、前方左右を注視し、進路の安全を確認しつつ進行すべき業務上の注意義務が

あるのにこれを怠り、第2車線から第1車線に進路変更するため左後方に気を取られて前方注視不十分のまま漫然同一速度で進行した過失により、折から進路前方を右方から左方に横断中のA（当時88歳）を約14.1メートル前方に初めて発見し、急制動の措置を講じたが間に合わず、自車前部を同人に衝突させて路上に転倒させ、よって同人に脳挫創の傷害を負わせ、そのころ同所において右傷害により死亡するに至らしめたものである。

〔判決要旨〕被告人は前照灯を下向きにして運転していたが、被告人車両の照射実験によると、前照灯を下向きにした場合の視認可能距離は右前方17.3メートル、左前方22.8メートルであり、諸般の状況から被告人が被害者を認識できる認識可能距離は17.3メートルからせいぜい20メートル程度であったと認められるので、時速約65キロメートルで進行していた被告人車両がこの認識可能地点に入ったところで急制動を講じたとしても、衝突は回避できず、結果回避可能性を肯定することはできない。

　上記の認識可能地点で急制動により衝突を確実に回避できるためには、被告人車両の速度は時速約36.0キロメートル以下でなければならない。被告人は最高制限速度50キロメートルを約15キロメートル超過する時速約65キロメートルの速度で進行しており、それ自体は決して好ましいことではないものの、実際上、多くの運転者が深夜の横断者は稀であることを前提として走行していることなど周囲の状況からして、被告人に上記回避可能速度の36キロメートルへの速度調節・減速義務を課することはできない。前照灯を上向きにして走行すれば本件事故を回避できた可能性はあるが、本件の状況下で被告人に前照灯を上向きにして走行すべき注意義務があったとはいえない（東京高判平7・7・26判時1566・149）。

（コメント）

　被害者は、当時かなり暗い色の茶色ジャンパー、青色ズボンを着用し、黒い傘をさしていた。白い帽子を被っていたが、傘で隠れていた可能性が高い。深夜、小雨まじりの国道上という状況を勘案すると、判例は結果回避可能性がないとしているが、その前に結果予見可能性がないと認めうる

事案であり、判例もこれを当然のこととしているように読み取れる。

＜その２＞

〔公訴事実〕被告人は、普通乗用自動車を運転し、午後８時10分ころ、N町内道路を時速約40キロメートルで進行中、進路の安全を確認しつつ進行すべき業務上の注意義務があるのにこれを怠り、すれ違ったＡ車を目で追うなど脇見運転して漫然同一速度で進行した過失により、折から進路前方を右方から左方に横断中のＶ（当時70歳）運転の自転車を全く発見しないまま、自車前部を同自転車左側面に衝突させてＶを路上に転倒させ、頭部打撲等の傷害を負わせて死亡するに至らしめたものである。

〔判決要旨〕（衝突地点から停止地点までの距離から被告人車両の速度を時速約50キロメートルから55キロメートルと認定し、かつ、被告人がＡ車を発見した地点とＡ車との距離からＡ車とすれ違った地点Ｘを算出した上）Ｘ地点から衝突地点までの距離は時速50ないし55キロメートルの停止範囲内にはないため、Ｘ地点における回避可能性はなく、また、同地点以前にも予見可能性がないので、被告人には過失はない（水戸地裁平８・６・４高検調同年番号20)。

（コメント）

この判決に対しては、被告人車両とＡ車とがすれ違って初めてＶを発見することができたということを前提としているなど承服しがたい点がある。それ以前に発見可能地点があったはずであり、それが確定できれば予見可能性・回避可能性がともに認められる事案であった。しかし、その点の捜査が不十分であった。被告人車両とＡ車、Ｖの位置関係について詳細な実況見分をしておかなかったことが惜しまれる。

2　因果関係

過失犯は結果犯、すなわち一定の結果が発生して初めてその刑事責任が問題となる犯罪である。こうした結果犯の場合、行為と結果との間に因果関係の存在が必要である。したがって、前項１で述べた過失行為があっても、その過失行為と

結果（人の死傷など）との間に因果関係がなければ過失責任を問うことができない。

　因果関係とは、その行為によってその結果が発生したと認められるという関係で、いかなる場合に法律上の因果関係が認められるかについては学説は分かれているが、判例はおおむね**条件説**といわれる考え方に立っている。これは、その行為がなければその結果も発生しなかったであろうという関係が認められれば因果関係があるとする考え方である。

　これに対し、それではあまりにも因果関係を広く認める結果となって妥当でないという考え方から**相当因果関係説**が主張され、条件説によって因果関係ありとされただけでは足りず、経験法則に照らしてその行為からその結果が生ずることが相当（通常）だと認められる場合に因果関係ありと説かれている。この説の中にも各説分かれているが、それは刑法の教科書に譲ることにして、ここでは上記の条件説の立場を是として論を進める。

　交通事故で因果関係が特に問題となるのは、いわゆる**二重れき過事件**のような場合である。例えば、甲はA車とB車に連続れき過されたが、A車にれき過されたときに死亡したとすれば、B車は甲の死体をれき過したにすぎないから、甲が路上で倒れていたことについてB車の運転者に発見遅滞などの過失があったとしても、その過失と甲の死亡との間に因果関係はない。それでは甲の死亡がA車によるものか、B車によるものか、捜査を尽くしても全く不明であったというときはどうなるか。その場合は、いずれの原因で死亡の結果が発生したかの因果関係の証明がないということになる。「証明がない」ということは、刑事裁判における事実認定上では「ない」ということと同義であるから、結局A車、B車とも甲の死亡に対しては因果関係がなく、車両の運転者に対し自動車運転致死罪（改正前は業務上過失致死罪）の刑事責任を問うことはできないという結論になる（詳細は清水勇男『因果関係―二重轢過事案を中心として―』信山社刊・刑事法セミナーⅠ、1ページ以下参照）。

　この点に関し、先行行為者の行為により致命傷を負った被害者を後行行為者が過失により自動車で轢過して傷害を負わせ、これにより被害者の死期を早めた事

案について後行行為者の過失行為と被害者の死亡との間の因果関係を否定した裁判例（平成4・5・12広島高裁刑事判決速報平成4年3号17頁）がある。

　その他、例えば交通事故で乙をはね、当初は入院加療約1か月の右足首骨折という診断で入院中、余病を併発し、あるいは持病が悪化してその併発又は悪化が直接の原因で乙が死亡したというとき、交通事故と乙の死亡との間に因果関係があるかということが問題となる。その交通事故が乙に対し、右足首骨折のみにとどまらず、他の器官、臓器に損傷を与え、それらが乙の老齢による衰弱と相まって余病の併発、持病の悪化を助長し死期を早めたというような事実が判明すれば死亡との間に因果関係が認められるが、それには解剖による医学的所見（鑑定）が不可欠であり、捜査上極めて重要かつ困難な問題となる。

　その他、実例として、次のような多重衝突の事案がある。

　〔**公訴事実**〕被告人は、普通貨物自動車を運転し、午前0時3分ころH自動車道下り線を時速約50キロメートルで走行中、降雪のため路面が圧雪凍結していた上、積荷がないため後輪が左右にゆれ滑走しやすい状態にあったから、適宜速度を調整し、急激な減速を避けるなどして滑走等による事故を未然に防止すべき業務上の注意義務があるのにこれを怠り、漫然前記速度で進行し、急激な減速をした過失により、自車を対向車線に滑走・回転させ、折から後方より進行してきたN運転車両に自車後部を衝突させてN車を道路中央部に停止させ、さらに同車の後方から進行してきたY運転車両にN車の右側部を衝突させて、N車の運転者を死亡、その同乗者に重傷を負わせた。

　〔**判決要旨**〕本件実況見分調書には、被告人車両の停止位置、N車両との衝突地点などについて客観的痕跡にもとづく記載がない。本調書は、衝突事故自体を認識していない被告人の、どこまで正確なのか確証のない指示説明にもとづいて作成されたものであって、その信用性を認めることはできない。事故現場は、暗く、見通しが困難であったところ、被告人車両が停止する前から被害者車両が既に制動操作をして滑走していた疑いがあり、被告人の過失による停車と被害車車両の滑走・衝突との間に因果関係を認めがたい（高田簡裁平4・11・10高検調同年番号30）。

（コメント）

　本件は、圧雪凍結した路上の事故であったこと、被害者の１人は死亡、他の１人は重傷のため、被害者車両の滑走原因や衝突地点について被害者側から立証ができなかったこと、積雪のため各車両の滑走痕が特定できず、衝突地点については警察官の推測による疑いが強かったこと、Ｙ車は大型貨物自動車で、被害者の死傷に重大な原因を与えた可能性が否定できないことなどの状況にあり、捜査の極めて難しい事件であったと推測できる。検察官としては、被告人が事実を認めたことから略式請求したものと思われるが、正式裁判の申立がなされることが十分予想されたのであるから、慎重に捜査処理すべき案件であったと言わざるを得ない。

　このように因果関係の認定については様々な問題があるので、特に慎重な捜査が必要である。

⑤　過失犯の成立を否定する事由

　前記過失犯の成立要件を充足する行為があったと認められる場合であっても、個々の具体的状況からみて過失の存在を否定し、その刑事責任を問い得ない場合がある。

1　緊急避難が成立する場合

　例えば、甲が自動車を運転して片側２車線の第２通行帯（センターライン寄り）を進行中、突然対向車線から居眠り運転のトラックがセンターラインを越えて正面から急接近してきたので、このトラックとの衝突を避けるため、とっさにハンドルを左に切ったところ、折から第１通行帯歩道寄りを並進中の乗用車に自車を接触させて同車を路外に転落させ、その衝撃により同車の運転者乙を死亡させてしまったという事例で、甲に過失運転致死罪の刑事責任を問い得るかということが問題となる。

　刑法は「自己又は他人の生命、身体、自由又は財産に対する現在の危難を避け

るため、やむを得ずにした行為」については、「これによって生じた害が避けようとした害の程度を超えなかった場合に限り」緊急避難が成立し、処罰できないと規定している（刑法37条1項本文）。そこで上記事例の場合、甲はハンドルを左に切って避けなければトラックと正面衝突しておそらく死亡は免れないところであったと認められるので、とっさにハンドルを左に切った行為の結果たとえ乙を死亡させてしまったとしても、自己の生命を守るためのやむを得ない行為であったとして緊急避難が成立し、甲に過失運転致死罪の刑事責任を問うことはできないと解すべきことになる。結局この場合、居眠り運転のトラックが甲に上記のような転把を余儀なくさせ、その結果乙の死亡という結果をもたらしたことになるのであるから、同トラックの運転者について乙に対する過失運転致死罪の責任を問うべきことになるのである。上記に掲げたのとほぼ同じ事例で緊急避難の成立を認めた判例（大阪高判昭45・5・1高刑集23・2・367）がある。

　なお、類似の事例として、被告人車両が第2車線を走行中、第1車線から進路変更して前方に出てきた原動機付自転車との衝突を避けるため、急制動の措置を講じるとともに右に急転把して自車を右前方に滑走させ、右折車線で停止中の普通乗用自動車に追突し、その衝撃により自車を左前方に暴走させて路上に横転させ、同原動機付自転車を自車の下敷きにしてその運転者を死亡させるとともに同普通乗用自動車の運転者等にも重傷を負わせたという事案がある。裁判所は、原動機付自転車が右折の合図をしながら車線変更したのを被告人が看過した過失があるとして有罪としたが、原動機付自転車の車線変更（法26条の2の進路変更禁止の違反）が本件事故を招いた原因の一つになっていると認定し、一審で禁錮7月（求刑同10月）の実刑としたのを二審で破棄して禁錮5月、執行猶予2年と軽減した（東京高判平12・1・12高検調同年番号4）。

　緊急避難とは認定しなかったが、緊急避難的要素が多分にあることを認定して量刑に反映させた事案であると言える。

　緊急避難が成立することによって刑事責任が問えなくなる理由については、学説は多岐に分かれているが、犯罪の成立要件（構成要件該当性・違法性・責任）中、違法性を欠くためと解する違法性阻却説が通説である。詳しくは刑法総論の

教科書等を参照されたい。

2　被害者が危険を引き受けていたと認められる場合

　被告人の運転方法及び被害者の死亡の結果は被害者においていわば引き受け容認していた場合には、社会的相当性を欠くものではないとして無罪を言い渡した事例がある。

　本件は、普通乗用自動車を運転し、非舗装の路面を走行して所要時間を競う「ダートトライアル」競技の練習走行中、減速不足等からハンドル操作の自由を失って暴走し、防護壁に激突して同乗者を死亡させた事案である。被告人は、時速約40キロメートルで進行し、左に鋭く湾曲する下り勾配のカーブを曲がり切れず、走行の自由を失い、自車を左右に蛇行させた上、コース右側に設置してあった丸太の防護壁に激突した。問題は、被告人はダートトライアル走行の経験が浅く、運転技術が未熟で、コース状況も十分に把握していなかったのに対し、被害者は約7年の経験のあるベテランであったという点である。

　判例は、本件ダートトライアル競技は国際自動車連盟の統括、公認を受けた国内団体のJAFが管理統括しているもので、既に相当程度普及し、社会的に定着したモータースポーツであると認定した上、様々なルールが定められていても、競技の性格上、転倒や衝突による衝撃、車両の破壊、炎上等によって運転者等の生命、身体等に重大な損害が生じる可能性がなくなるわけではないとし、特に上級者が初心者の運転を指導するような場合には、その危険を認識、予見していたと認められ、死亡等の危険を引き受けているとして、被害者を同乗させた本件走行は社会的相当性を欠くものではないと認定し、「本件事故の原因となった被告人の運転方法及びこれによる被害者の死亡の結果は、同乗した被害者が引き受けていた危険の現実化というべき事態であり、また、社会的相当性を欠くものではないといえるから、被告人の本件走行は違法性が阻却されることになる」と判示して、被告人を無罪とした（千葉地裁平7・12・13〈確定〉判時1565・144）。

（コメント）

　被害者が危険を引き受けていたということと行為の社会的相当性を理由に違法

性を阻却するという考え方に対しては、被害者の承諾、自損行為、許された危険という立場からも論じられ得る余地があるものと思われる。

3 信頼の原則が適用される場合

(1) 時代的背景

かつて自動車がほとんど普及していなかった大正時代の判例で、自動車運転者の注意義務に関し、「何れの時、何れの処とを問はず、自動車運転手は、其の就業中に業務上必要なる注意を用い、あらゆる方途に依り危険を防止することに努力する義務を負うものなれば、之が為自動車本来の効用を減殺するも亦止むを得ざるものと謂はざるべからず。」(大判大14・10・3大審刑集4・570)と判示したものがあった。極めて厳重な自動車運転上の注意義務を認めているが、自動車を利用するのはごく少数の者に限られていて、交通法規も整備されておらず、交通教育とか交通道徳という言葉すらなかったような時代においては、自動車という、いわば危険物を取り扱う者に上記のような厳重な注意義務を課していたのはむしろ当然のことでもあった。

しかし、社会の発展とともに自動車が企業活動においても社会生活においても欠かせない存在になった現代において、上記の判例のように安全のためには自動車の効用を無視又は軽視しても差し支えないという考え方は、そのままでは受けいれられない。元来、自動車をはじめ高速度運送手段にはある程度の危険が伴うものであって、「全ての危険を停止したら社会は停止する。」という言葉もあるように、その手段の社会的有用性を維持するためには、ある程度の危険は社会生活上許容されていると言わなければならない。これを**許された危険の法理**という。この法理が「危険の分配」という考え方を生み出していくのだが、その展開の詳細はさておき、自動車が少なく、交通・運送手段としての社会的有用性がさほど大きくはなかった時代においては、「交通の安全」こそが最大・至高の理念であるとされていた。もともと道路は歩行者が通行するためのものであり、自動車は例外的にそこを通行させてもらうものにすぎなかった

から、交通安全とは歩行者の安全ということであって、道路上の危険を回避すべき義務はもっぱら自動車運転者のみが一方的に負担すべきものと考えられていたのである。ところが、いわゆる車社会の到来・進展とともに自動車の効用維持という要請が強くなってきて、「交通の円滑」という理念が次第に台頭し、旧来の交通安全絶対主義が修正を余儀なくされるようになった。自動車の車両台数が飛躍的に増加すれば、信号機や道路標識・標示など自動車のための設備とともに、歩道や横断歩道、路側帯、歩道橋など歩行者のための安全施設の拡充が必要となり、他方交通教育も普及してきた。自動車の存在と効用が現代社会にとって欠かせないものである以上、人と車、車と車との間に安全で円滑な関係を築いていかなければならない。ここに旧来の古典的な歩行者中心の交通安全絶対主義からの脱却と、新たな時代の到来を確実に実感することができる。信頼の原則は、こうした交通を取り巻く社会状況の変化という時代的背景のもとに生成発展してきた法理であって、最高裁判所もこの法理を認知している。したがって、信頼の原則とその適用範囲を理解しておくことは、交通事故の捜査処理に当たって必要不可欠なことであると言わなければならない。

(2) 信頼の原則の確立

　信頼の原則とは、一般的には、行為者がある行為をなすに当たって、被害者あるいは第三者が適切な行動をするであろうと信頼するのが相当だという場合には、たとえその被害者あるいは第三者が不適切な行動をとったことによって結果が発生したとしても、それに対して行為者（加害者）は責任を負わないとする原則をいう。これを交通事故関係に絞って定義すると、「あらゆる交通関与者（例えば加害者）は、他の交通関与者（例えば被害者）が交通秩序に従った適切な行動に出るであろうと信頼するのが相当な場合には、たとえ他の交通関与者（同）の不適切な行動によって死傷等の結果が発生しても、これに対しては責任を負わないとする原則」をいう。

　最高裁判所が昭和41年12月20日、初めて信頼の原則を適用した事案と判示理由は、次のとおりである。

22

〔事案〕

　被告人は、小型貨物自動車を運転して交通整理の行われていない交差点に進入し、右折しようとしてハンドルを右に切り（注・やや小回り気味）、車体左前部が右方道路のセンターラインをわずかに越えた付近に達したときエンストを起こして停止してしまったが、間もなくエンジンがかかったので、左側方の安全を確認し、時速約5キロメートルの低速で右折を続行しかけたころ、右側方から被害者運転の第二種原動機付自転車が進行してくるのを約5メートル先に発見し、直ちに急停車したが及ばず、センターラインを越えて自車の前面に進出してきた右原動機付自転車と衝突し、被害者に治療約100日を要する左脛骨頭骨折等の傷害を負わせたものである。

　衝突地点は、被告人車両の前部左右ともセンターラインを越えた付近であり、被害者は被告人車両がエンストしたのを、自己に進路を譲るため一時停止してくれたものと即断・軽信し、その前方を通過して直進しようとして、被告人の車両が再び動き出したのに、なおハンドルを右に切って突如センターラインを越え、時速12〜13キロメートル以上の速度で道路の右側部分にはみ出し、被害にあったことが明らかになっている。

〔問題点〕

　本件は、第一審（飯塚簡裁）が有罪、第二審（福岡高裁）も被告人の控訴を棄却して有罪と認定した。いずれも被告人が左側方の安全を確認したのみで、右側方に対する安全確認を欠いたまま右折を続行しようとした点に過失を認めた。確かに、被告人がエンスト後右折続行前に右側方をも注意していれば被害車両が接近してくるのを発見し、右折続行を思いとどまるなどして本件事故の発生を防止することができたはずである。旧来の伝統的な過失理論では、このような場合、右側方から進行してくる車両があること、したがってこれとの衝突による事故の発生を予見し、左側方のみならず右側方に対する安全をも確認して進行すべき業務上の注意義務があるとしていた。すなわち結果予見義務を認めていたのである。しかし、本件のように被害車両がセンターラインを越えて（すなわち対向車線に進出して）加害車両の前方

を通過しようとしたような事案についても、上記のような予見義務が認められるのかという点が問題とされたのである。

〔判示〕

最高裁判所は、次のように判示して原判決を破棄し、原審（福岡高裁）へ差し戻した。

「交通整理の行なわれていない交差点において、右折途中車道中央付近で一時エンジンの停止を起こした自動車が、再び始動して時速約５粁の低速（歩行者の速度）で発車進行しようとする際には、自動車運転者としては、特別な事情のないかぎり、右側方からくる他の車両が交通法規を守り自車との衝突を回避するため適切な行動に出ることを信頼して運転すれば足りるのであって、本件被害者の車両のように、あえて交通法規に違反し、自車の前面を突破しようとする車両のありうることまでも予想して右側方に対する安全を確認し、もって事故の発生を未然に防止すべき業務上の注意義務はないものと解するのが相当であり、原判決が強調する、被告人の車の一時停止のため、右側方からくる車両が道路の左側部分を通行することは困難な状況にあったとか、本件現場が交通頻繁な場所であることなどの事情は、かりにそれが認められるとしても、それだけでは、まだ前記の特別の事情にあたるものとは解されない」（最判昭41・12・20刑集20・10・1212）。

(3)　信頼の原則の適用基準

信頼の原則が最高裁判所の判例によって確立された以後、この原則を適用して注意義務を否定する下級審の判例が多くなったが、反面、本来適用すべきでない事件にまで誤って拡大適用されるという事例もあり、いかなる要件が備われば信頼の原則が適用されて注意義務が否定されることになるのかの基準が模索され、多くの学者、実務家によって基準が示されている。これを要約すると、およそ次のような要件が備われば信頼の原則を適用し、注意義務が否定されることになる。

ア　原則として車両対車両の事故であること

　車両の運転者は、およそ運転免許を得て交通法規を心得ており、交通秩序に従った行動が期待できるが、歩行者は千差万別であって、一律に交通秩序に従った行動をとるものとは期待できない。期待のできない者に対して信頼の成立する余地はない。一見分別盛りの成人で、交通法規に違反して危険な行動をとることはあるまいと考えられる場合であっても、それは一方的な主観的判断で、常にそのような判断どおりに行動しないのが歩行者の実態である。したがって、対歩行者事故については信頼の原則は適用されず、適用すべきではない（片岡聰「歩行者の動静注視義務と信頼の原則」判タ289・117）。対歩行者事故については、通常の過失、つまり前記（④1(2)（11ページ））注意義務違反の有無によって決することになる。最近、対歩行者事故についても信頼の原則を適用すべきであるとの見解も主張されているが、現時点ではまだその必要はないものと考えられる。

　なお、信頼の原則が適用されて過失が否定された交通事故の判例をみると、交差点における事故の事案が圧倒的に多いが、必ずしも交差点事故に限ってこの原則が適用されると解する必要はなく、その他の事故についても適用を否定する理由はない。

イ　他の交通関与者が交通秩序に従った適切な行動をとるものとの信頼が存在し、かつ、その信頼が相当であること

　交通秩序とは、道路交通法その他の交通法規のみならず交通慣行・道徳を含む広い概念である。信頼が相当であるとは、そのときの具体的な交通事情の下において、被害車両等が交通秩序に違反するような行為には出ないだろうと信頼したことが社会生活上の常識からみて相当だと考えられる場合をいう。

　例えば、深夜、優先道路を進行していた自動車運転者が非優先道路との交差点手前に差し掛かったとき、その非優先道路から交差点に向かって疾走してくる数台の自動二輪車を認め、その速度、爆音、集団性などからみて暴走族であると直感し、彼らのことだから交差点の手前で一時停止や減速徐行はしないだろうと考え、その自動二輪車が進入してくる前に交差点を通過して

しまおうと思って、速度を上げて交差点に進入したところ、それより早く、猛スピードで進入してきた先頭の自動二輪車と衝突してしまったという場合、この加害車両の運転者は、他の交通関与者、すなわち自動二輪車を運転進行してくる者が交通秩序に従った適切な行動をするであろうと信頼してはいなかったのであるから、そこには信頼は存在せず、したがって信頼の原則の適用はない。一般原則に立って過失の有無・程度を判断すべきことになる。

　次に、例えば、自動車を運転し、先行車の大型トラックに追従して第1通行帯を進行中、同トラックが蛇行し始めたが、蛇行は小幅で第1通行帯を外れるようなことはなかったので、追い越しをかけても自車の進路を妨害してくるような交通秩序に違反する行動に出ることはあるまいと信頼し、右へ進路変更の合図をして第2通行帯に入った途端、同トラックが第2通行帯に進入し、自車前方に進出してきたので、慌ててハンドルを右に切ったことにより中央分離帯に激突して同乗者に重傷を負わせてしまったという場合、確かに信頼は存在するものの、先行車の大型トラックが蛇行を始めたということは、その運転者が過労などによる居眠り運転の状態に陥った可能性があり、現在は第1通行帯内での小幅な蛇行ながら、やがてそれが大幅となって、第2通行帯に入って行くこともあり得るとみなければならない状況にあったから、上記のような信頼の下に追い越しをかけたからといって、その信頼は相当性を欠いているとみなければならず、したがって信頼の原則は適用されないことになる。

　なお、この場合、「信頼があってもそれが社会的相当性を欠く場合には信頼の原則の適用はない」と説明する立場と、「他の車両が交通秩序に違反して加害車両の進路に入ってくることを予想すべき『特別な事情』が存在した場合には信頼の原則の適用はない」と説明する立場とがある。この後者の立場によれば、上記の事例の場合、先行車の蛇行ということがこの『特別の事情』ということになる。いずれの立場によっても結論は変わらない。

ウ　加害車両の運転者に事故の原因となった交通法規の違反が存在しないこと

　加害車両の運転者に交通法規違反があっても、それが例えば運転免許証の不携帯のような、事故の発生と直接関係がないような場合は信頼の原則の適用を否定する事由にはならない。問題は、運転者に事故と結び付く交通法規の違反があったときにこの原則の適用があるかという点であるが、原則として否定される。例えば、加害車両が交差点で全赤信号のときにこれを無視して進入したところ、被害車両も同じくこれを無視して進入してきたため出会い頭の衝突事故を起こし、よって被害車両の運転者に傷害を負わせたという場合、加害車両の運転者が自己の信号無視を棚に上げて、「被害車両のように赤信号を無視して交差点に進入してくるような車両はないものと信頼していた」と主張し、信頼の原則を適用して無罪を求めたとしたらどうであろうか。おそらくそのような主張を正当としてこの原則の適用を認めようとする者はいないと思われる。法の世界には**クリーンハンドの原則**というのがあって、いやしくも法による救済を求める者は、きれいな手の持ち主でなければならず、自ら法を犯した汚ない手の持ち主には、正義・公平の観点から法的救済は与えられないと解されている。したがって、上記のような事例の場合には、当然、信頼の原則の適用はない。

　しかしながら、交通事故の実際をみると、加害者側に事故に結び付く交通法規違反があった場合の全てについて信頼の原則の適用を一律に否定するのが酷な場合も出てくるのであって、そのような場合の取扱いが問題となる。そこで、**最高裁判例に現れた若干の事例**について紹介・検討しておきたい。

① 被告人は、第一種原動機付自転車を運転し、幅員約10メートルの直線で見通しがよく、他に往来する車両のない道路上において、進路右側にある幅員約2メートルの小路に入るため、センターラインより若干左側を、右折の合図をしながら時速約20キロメートルで進行し、右折を開始したが、その際右後方の安全を十分確認しなかったため、被告人の後方約15メートルないし17.5メートルを、第二種原動機付自転車を運転し、時速約60キロメートルないし70キロメートルの速度で進行してきて被告人車両を追い抜こうとしていた被害者に気付かないまま右折を継続し、センターラインを

越えて斜めに約2メートル進行した地点でこれと衝突、被害者を死亡する
に至らしめた。

　この事案では、被告人車両は第一種原動機付自転車であったから、当時
（事故は昭和39年4月27日）の法34条3項によると、右折に際しては、あ
らかじめその前からできる限り道路の左側を進行し、かつ、交差点の側端
に沿って、いわばカギ型に徐行して進行しなければならなかった。しかる
に被告人は、普通自動車のように道路中央に寄った上、交差点の中心の直
近内側を通過して右折したのであるから、同条項に違反した右折方法を
とったことになる。もし被告人が同条項に従った右折方法をとっていれば
上記の事故は起こらなかったと言える。すなわち、因果関係はあると言わ
なければならない。したがって、第一、二審判決は、被告人に右後方の安
全不確認という注意義務違反による業務上過失致死の刑事責任を認めて被
告人を有罪とした。

　ところが、最高裁判所は、次のように判示して信頼の原則を適用し、被
告人の過失責任を否定した。

　「本件被告人のように、センターラインの若干左側から、右折の合図を
しながら、右折を始めようとする原動機付自転車の運転者としては、後方
からくる他の車両の運転者が、交通規則を守り、速度を落して自車の右折
を待って進行する等、安全な速度と方法で進行するであろうことを信頼し
て運転すれば足り、本件被害者のように、あえて交通法規に違反して、高
速度で、センターライン右側にはみ出してまで自車を追越そうとする車両
のありうることまでも予想して、右後方に対する安全を確認し、もって事
故の発生を未然に防止すべき業務上の注意義務はないものと解するのが相
当である。」

　そして、被告人が本件で第一種原動機付自転車の右折方法に関する法規
に違反している事実は認め、道交法違反の罪が成立するとしながら、ただ
「このことは、上記注意義務の存否とは関係のないことである。」として
いるのである（最判昭42・10・13刑集21・8・1097）。

　すなわち、この判例は、本件事故の主たる原因を被害者の無理な追越しにあるものとし、被告人の前記法規違反は本件事故を発生させるに至った原因となる過失の内容にはなっていないとみているのであって、異論もあり得るが、本件事故の直接の、あるいは主たる原因は何であったかということを考え、信頼の原則の意味とそれが確立されてきた背景を併せ考えると、この最高裁判例の趣旨が理解できるものと思われる（理由に関する参考文献として、西原春夫『交通事故と信頼の原則』57ページ以下、片岡・前掲）。

②　被告人は、普通貨物自動車を運転し、幅員約5.6メートルの県道を時速50ないし60キロメートルで進行中、この県道に左方からほぼ直角に交差する幅員約2メートルの農道との交差点手前約37.5メートルに達したとき、右農道から同交差点に向かって時速約25ないし30キロメートルで進行してくる被害者運転の自動二輪車を認めたが、同車は交差点手前で一時停止し自車に進路を譲ってくれるものと考え、同一速度のまま、しかも道路中央から右側部分にはみ出して進行し、同交差点を直進しようとしたところ、被害車両は一時停止せず県道上に進出し、被告人の進路前で右折し始めたため、急制動の措置を講じたが及ばず衝突し、被害者を死亡するに至らしめた。

　この事案では、被告人が通行区分に違反して右側を進行し、かつ、徐行措置もとらなかった点に交通法規違反が認められ、もし被告人が道路左側を進行し、徐行措置を講じていたとすれば、この事故は発生しなかったものと認められる場合であったが、最高裁判所は次のように判示して信頼の原則の適用を認め、被告人の徐行義務違反等の過失責任を否定した。

　「被告人が道路の中央から左の部分を通行していたとすれば、あるいは本件のような事故は起こらなかったかもしれない。この意味で、右道路交通法違反（注・被告人の右側通行）と被害者の死亡との間には条件的な因果関係はあるが、このような因果関係があるからといって、ただちに過失があるということができないことは、あえて多言を要しないところであ

る。本件では、被害者がいったん停止して被告人の車両に進路を譲るべき
ものであったのであるから、被告人が道路の中央から右の部分をそのまま
の速度で進行したからといって、衝突死傷の結果が発生するおそれはな
かったのであり、したがってまた、これを認識すべき注意義務もなかった
のである。（中略）本件被告人のように、交差する道路（優先道路を除
く。）の幅員より明らかに広い幅員の道路から、交通整理の行われていな
い交差点に入ろうとする自動車運転者としては、その時点において、自己
が法17条 3 項（注・現行法17条 4 項）に違反して道路の中央から右側を通
行していたとしても、上記の交差する道路から交差点に入ろうとする車両
等が交差点の入口で徐行し、かつ、自車の進行を妨げないように一時停止
するなどの措置に出るであろうことを信頼して交差点に入れば足り、本件
被害者のように、あえて交通法規に違反して交差点に入り、自車の前で右
折する車両のありうることまでを予想して、減速徐行するなどの注意義務
はないものと解するを相当とする」（最判昭45・11・17刑集24・12・
1622）。

　　この判例も、基本的には前記①の判例と同じく、被告人に交通法規違反
があっても、それは本件事故発生との関係においては過失の内容となって
いないとしているのである。

③　被告人は、普通乗用車を運転して幅員約8.5メートルの県道を時速約50
キロメートルで進行し、この県道と交差する幅員約4.1メートルの町道に
右折するため、交差点の中心から約29メートルの手前で右折の合図をして
時速約30キロメートルに減速し、そこから約18メートル進行してハンドル
を右に切り始めたが、その際後方に対する安全を確認せず、交差点入口手
前約 6 メートルの地点から右折を開始したところ、後方から上記県道の右
側部分に出て時速約60キロメートルで被告人車両を追い越そうとしていた
自動二輪車に気付かず衝突転倒させ、被害者を死亡するに至らしめた。

　　この事案では、被告人車両としては交差点中心の直近内側を通って右折
しなければならないのに、交差点手前約 6 メートルの地点から右折を開始

したのであるから、被告人に右折方法に関する法34条2項の違反があり、また後方に対する安全不確認があったことも明らかである。最高裁判所は、このような場合でも、次のように判示して信頼の原則の適用を認め、被告人の過失責任を否定した。

「被告人は、法に従い右折の合図をした上、右折を開始したものであって、少なくとも当時の道路及び交通の状況等具体的状況に応じた適切な右折準備態勢に入ったことが窺われるのである。もっとも被告人が本件交差点手前約6メートルの地点から右折を開始している点は、本件(注・昭和45年1月9日)当時施行の法34条2項に違反するとしても、本件事故現場の道路及び交通状況の下では、被告人の右折方法に誤りがあるからといって、上記規定に従った右折方法による場合に比し、直ちに対向車線内で後続車との衝突の危険が一層増大するものとは認めがたいから、被告人が被害者の無謀異常な運転による追い越し車両のあることまでを予期し、また容易に予期しえた等の特段の事情がない限り、被告人に、より周到な後方安全確認義務があったものとはなしがたく、またこのような右折方法を目して直ちに本件事故発生の原因たる被告人の過失と速断しがたいというべきである。」(最判昭47・11・16刑集26・9・538)。

この判例では、被告人が交差点の中心から約29メートル手前で右折の合図を出していることを重視し、適切な右折準備態勢に入っていたと認定している。被害者としては、前方の交差点で被告人車両が右折することを当然認識し得たはずである。しかるに無理な追い越しをかけた。そこで、もし被告人が法規に従って交差点の直近内側を右折していたらこの事故は起こらなかったといえるのか。判例は「被告人の右折方法に誤りがあるからといって、上記規定に従った右折方法による場合に比し、直ちに対向車線内で後続車との衝突の危険が一層増大するものとは認めがたい」としている。これは、いずれの場合でも衝突の危険があり、法規に違反した被告人の右折方法が危険を増大させたとは認めにくいとしているのであって、加害者側に交通法規違反の行為があっても、それが事故の危険性を増大させ

たと認められるものでなければ、過失の内容とはなしがたいという基準を
示しているものと認められる。

(4)　信頼の原則と捜査の要点

　これまでの伝統的な交通事故捜査の手法としては、事故の状況を確定した上
で、加害者においていかなる措置を講じていればその事故の発生を防止するこ
とができたかを問題とし、それが解明されれば事故の原因と加害者の過失が確
定され、被害者側に落ち度があっても、それは情状であり、加害者の過失の存
在を否定するものではないとされてきた。しかし、信頼の原則が確立され、被
害者の落ち度が情状ではなく、加害者の過失そのものを否定する場合のあるこ
とが明らかになった。したがって、加害者の行為にのみ焦点を当て、「この事
故は、私がそのとき……………していれば防げたはずです。しかし私は
……………の理由でそのような措置をしませんでした。」という供述調書を録
取して、それで完了というわけにはいかなくなっている。そこで、事故原因の
解明に当たっては、加害者の行為と同じ比重で被害者の行為を問題とし、被害
者に交通秩序を無視した無謀な運転行為はなかったか、加害者としては被害者
がそのような無謀な運転行為をすると予想していなかったか、被害者が交通秩
序に従った適切な運転行為を行うものと加害者において信頼していたというの
であれば、そう信頼したことが一般普通のドライバーの常識からみて相当で
あったといえるのかどうかなどの点についても追及・検討しなければならな
い。そして加害者に交通法規違反があっても、そのことが事故の原因となって
いるのか、すなわち過失の内容になっているとみてよいのかなどの点について
も、十分解明していかなければならないのである。

　信頼の原則が定着して既に久しいが、いまだにこの原則を適用されて無罪の
言渡しを受ける事例が跡を絶たない（例えば、東京高判平6・2・23高検調同
年番号13、千葉簡判平7・9・12高検調同年番号28、東京地判平15・11・13判
時1863・150など）。残念なことである。

　信頼の原則の形成過程は、加害者に厳重な責任を負わせることによって交通

の安全を守ろうとしてきた時代から、被害者の行為も併せて過失責任を考えて
いこうという時代に変わってきていることを示すものとみることができるであ
ろう。

⑥　過失の種類

1　業務上過失・自動車運転過失・重過失・通常過失

(1)　業務上過失

　業務とは、社会生活上の地位に基づき反復継続して行う行為であり、かつ、
人の生命・身体に危害を加えるおそれのあるものをいう（最判昭33・4・18刑
集12・6・1090)。

　業務上過失とは、反復継続して行う危険業務の従事者について生じる注意義
務違反である（刑法117条の2前段、129条2項、211条など）。

　反復継続して行う意思である行為を開始した以上、たとえ1回でも反復継続
の意思を持ってしたものと見なされる。そこで、例えば自動車運転免許を取得
して初めて自動車を運転した途端に前方不注視で事故を起こしたというような
場合にも反復継続する意思を持って自動車の運転という危険行為を開始したも
のと認められるわけであるから、通常過失でなく業務上過失となるものとさ
れ、実務上そのように運用されてきた。しかしながら、平成19年改正により
「自動車運転過失致死傷罪」（刑法211条2項）が新設され、平成25年改正によ
り同罪は「過失運転致死傷罪」として新法5条に移されたところ、同罪は「業
務」に当たることを構成要件としていないので、このようなケースも同罪が
（業務上過失致死傷罪ではなく）成立することになる。

　業務上過失が重く処罰される理由については、①業務者には特に高度な注意
義務が課せられているからであるとする説、②法益侵害の危険性が大きく、違
法性が強いからであるとする説、③通常人よりも広い範囲にわたって危険を予

見する能力を有しているからであるとする説、④特に刑罰を重くして業務者一般に注意を喚起し、違反を犯さないようにするための一般予防的見地からであるとする説などがある。いずれの説が正しいかというよりも、これらを総合した点に、加重処罰の理由を見いだすべきであろう。

(2)　自動車運転過失

ア　平成19年改正

　平成19年5月23日に公布された「刑法の一部を改正する法律」により、刑法211条2項として自動車運転過失致死傷罪が新設された（同年6月12日施行）。本罪は、自動車の運転上必要な注意を怠り、よって人を死傷させた者を7年以下の懲役若しくは禁錮又は100万円以下の罰金に処するものである。

　自動車運転過失とは、自動車の運転上必要な注意を怠ることである。自動車の運転上必要な注意とは、自動車の運転者が自動車の各種装置を操作し、そのコントロール下において自動車を動かす上で必要とされる注意義務をいう。その注意義務の内容は、事案に即して個別的・具体的に認定されることになるが、それまで自動車運転による業務上過失として認定されてきたものは、一般に自動車運転過失と認定されることになった。

　ここにいう注意とは、「自動車の運転に必要な注意」ではなく、「自動車の運転上必要な注意」である（自動車運転過失致死傷罪の新設を審議する法制審議会の当初の諮問案では前者になっていたが、最終案では後者になったという経緯がある）。

　「運転上」というのは、運転をする上でとか、運転に際して、という意味であり、「運転」よりも幅をもった概念である。運転とは、発進に始まって停止で終わる行為であるから、これを形式的にとらえると、その前後、すなわち発進前、停止後の行為は運転に含まれないと解釈運用される可能性がある。それでは従来の業務上過失致死傷罪における解釈よりも狭くなり、そう解釈すべき合理的な理由がない以上、国民の規範意識に合致せず、正義に反する。

　例えば、高速道路上に自動車を停止させていたところ後続車が追突し、同車に乗っていた者が死傷したという場合、停止中の事故ではあるが、停止場所の選択や停止方法など停止行為をする上で必要な注意義務を怠ったと認められるので、本罪が成立する。

　問題となるのは、一般道路で路側帯に自動車を停止させた上、運転者が降車しようとしてドアを開けたところ、後続の二輪車がドアに衝突し、同車に乗っていた者が死傷したという一般的な開扉事故の場合であるが、これについては、後述（第5 6 3(3)（210ページ））のとおりである。

　なお、自動車運転過失致死傷罪が成立する場合には、業務上過失致死傷罪及び重過失致死傷罪は成立しない。罪質、保護法益を同じくするものだからである。自動車運転過失致死傷罪と業務上過失致死傷罪・重過失致死傷罪とは、いわば特別法と一般法の関係にあるといってよい。

　自動車運転過失致死傷罪とその他の罪との罪数関係については、従前の業務上過失致死傷罪等とその他の罪との罪数関係と同一である。したがって、例えば酒酔い運転又は酒気帯び運転中に自動車運転過失致死傷罪を犯した場合、同罪と道交法違反（酒酔い運転又は酒気帯び運転）とは併合罪の関係となる。

　ちなみに、処断刑は、①酒酔い運転の罪プラス自動車運転過失致死傷の併合罪の場合は10年6月以下の懲役又は200万円以下の罰金、②酒気帯び運転プラス自動車運転過失致死傷の併合罪の場合は10年以下の懲役又は禁錮若しくは150万円以下の罰金となる（累犯加重及び法律上の減軽があれば加重又は減軽される）。

イ　平成25年新法

　平成25年11月27日、新法（自動車運転死傷処罰法）が制定・公布され、自動車運転過失致死傷罪の規定は、刑法211条2項から新法5条に移された（平成26年5月20日施行）。

　その際、同条の見出しで罪名が「過失運転致死傷」と表記されたが、条文の内容は、法定刑や、ただし書の軽微な事案に対する刑の裁量的免除規定

を含め、従前の自動車運転過失致死傷罪と全く同一である。これにより、本罪は、名実共に特別法に規定される罪となった。

　なお、無免許運転中に本罪を犯した場合の刑の加重規定が新たに設けられたが（新法6条4項）、その内容については、後述（第4①2(3)（114ページ））のとおりである。

(3)　重過失

　重過失とは、業務上過失、自動車運転過失以外で注意義務違反の程度が重い場合をいう（刑法117条の2後段、211条後段など）。一般にわずかな注意を払うだけで結果の発生を予見し、事故を未然に防止できたのにそれをしなかったという場合が重過失に当たるとされている。

　従前は、免許が必要な有資格者しか行えないような行為を無資格者がたまたま行って事故を起こし、人を死傷させた場合等がこれに当たるとされていた。例えば自動車の運転免許がなく運転操作の経験もない者が面白半分にハンドルを握り自動車を動かして死傷事故を起こしたという場合などである。

　自動車運転過失致死傷罪（過失運転致死傷罪）が創設された現在、重過失が最も問題となるのは、自転車による事故の場合である。この点については、後記「第6⑧自転車による交通事故」の項で詳しく検討する（244ページ）。

(4)　単純過失

　単純過失は、通常過失又は軽過失ともいい、業務上過失、自動車運転過失以外で重過失の程度に至らない過失をいう。

　交通事故の場合、一般に単純過失は問題にならないが、結果の大小も注意義務違反の程度の判断要素になるので、例えば自転車による事故の場合でも、被害者の受傷の程度がほんのかすり傷程度で、治療しなくても1〜2日で治ってしまうというような場合についてまで重過失傷害と認定するのはいささか問題なしとしない。そこで、あえて重過失傷害で処理しようとする場合には、被害者に処罰を求める意思の有無を確認し、その意思がある場合には告訴状を徴す

るか、又は告訴調書を作成しておく必要がある。なぜなら、単なる過失傷害と認定された場合には、同罪は親告罪（刑法209条2項）となっているので、告訴がなければ公訴棄却の決定（刑訴法338条4号）を受けることになるからである。

2　直近過失と段階的過失

これは、厳密には過失の種類ではない。どの時点におけるいかなる行為（不注意な態度）をもってその死傷の結果を発生させた過失とみるべきかという問題であって、**直近過失**とは、結果発生に対し最も近接的な、すなわち一番近い関係にある過失ということであり、**段階的過失**とは、直近過失を含め、結果の発生を導くに至った連鎖累積的な過失ということである。

例えば、過労により、注意力散漫な状態で自動車を運転し、制限速度40キロメートル毎時と指定された道路を時速約60キロメートルで進行中、右側路外の広告に気をとられてわき見運転し、前方交差点の信号が赤色を表示しているのに気付かず、そのまま交差点に進入し、折から青色信号に従って左方道路から進行してきたトラックと衝突、その運転者に傷害を負わせたという事案を想定した場合、どの点の不注意（注意義務違反）を過失としてとらえるかということである。そこで厳格に直近過失を過失としてとらえる立場からは、赤信号看過をもって本件の過失とし、それ以前の過労運転、速度超過、わき見運転などは、道交法違反となる点は別にして、直近過失の原因ないし誘因をなしているにすぎず、過失の内容とはなっていないとする。すなわち、結果発生の時点から因果関係の経路を前にさかのぼっていくと、ある時点でその因果の流れを断ち切る、あるいは流れを変えることができた分岐点がある。その一番最初の分岐点、つまりそこでAの行動をとっていれば事故は起こらなかったのにBの行動をとってしまったため事故を起こしてしまったというとき、Bの行動が過失になる。上記の事例でいえば、信号の表示が最初の分岐点で、信号に注意し赤信号で停止していれば（つまりAの行動をとっていれば）この事故は起こらなかったのに、赤信号を看過して交差点に進入したため（つまりBの行動をとってしまったため）事故を起こし

てしまった。そこに過失をとらえるべきであるとするのである。

　これに対し、段階的過失を過失としてとらえる立場からは、赤信号看過のみならず、その原因をなしたわき見運転（前方注視義務違反）、その前段階をなす過労運転（運転中止義務違反）、速度超過（制限速度遵守義務違反）も過失として除外すべきでなく、この段階的に連鎖累積した過失の総体が過失の実質・内容であるとするのである。

　実務の傾向としては、直近過失を重視しつつも、その直近過失を導いた過失も含めて過失を構成しているケースが多い。上記の例でいえば、赤信号を看過したのはわき見運転したからであり、したがってこの点も過失の内容に取り込み、「右側路外の広告に気をとられ、進路前方の安全を確認せず、前方交差点の対面信号機が赤色の灯火信号を表示しているのに気付かないまま同交差点に進入した過失」という構成にする。ただし、それに先行又は並行する過労運転や速度違反は、そのことがなければ事故が発生しなかったとまではいえないという意味において、事故の原因と直接的な結び付きはないとされ、そこまでは過失の内容には取り込まないのである。すなわち、実務では直近過失か段階的過失かという「一」か「多」かというとらえ方ではなく、事故に直結ないし密接した過失かどうか、言い換えれば本質的過失か非本質的過失かという観点から検討し、必ずしも直近過失のみが過失のすべてではないとしているのである。

　過失が社会的非難可能性として、その有無のみならず軽重の程度が重要性を持つものであると考えれば、直近過失論は過失の有無・内容を限定しようとする余り過失の程度が十分に反映されないという難点があり、さりとて段階的過失論のようにあまりにさかのぼって多くのことを過失の中身に取り込むことは、過失の内容を希薄にし、刑法の構成要件論からも、また刑事訴訟法の訴因論からも妥当でないということになろう（構成要件論、訴因論については、それぞれ刑法、刑事訴訟法の参考書を参照されたい）。そこで上記のような実務の取扱いの方が弾力的で幅があり、妥当なものと考えられる。

　なお、ここでは説明の便宜上、直近過失論・段階的過失論と表現したが、厳密に言えば過失は 1 個であって、それをどの段階での行為に求めるかの問題である

ことに注意しなければならない。

第2　事故捜査における基礎自動車工学

① はじめに

　過失を認定するために、基本的に必要なことは、客観的資料の収集とその分析である。

　すなわち、事故現場に印象された路面痕跡、路上散乱物等の種別・散乱状況等の解析から「衝突地点・車両挙動」が解明され、車両の突き合わせ見分によって「各車両の進行方向・衝突状況」が判明し、車両変形量や路面痕跡から「速度鑑定」が可能となる。

　交通事故捜査においては、このような客観的事実関係の解明が不可欠であり、そのためには基礎的な自動車工学の知識を習得しておく必要がある。

② 交通事故解析に使用する単位、計算式等

　近年の自動車事故判決書等を見ると、事故車両の挙動解析、工学的解析等が要求されており、交通事故捜査には欠かすことのできない必要な知識となっている。そこで以下、基本的な事項について解説する。

1　単位

S	:	距離（m）	t	:	秒（sec）
V	:	速度（m/s）	a	:	加速度（m/s^2）
μ	:	摩擦係数	g	:	重力の加速度（9.8m/s^2）

W ： 重量（kg）

2 時速と秒速

3.6（× ・ ÷）

（時速から秒速を算出 40km/h ÷ 3.6 ＝11.11m/s）

3 一般的な実験データ

(1) 加速と減速（アスファルト乾燥路面）

普通車 普通加速 0.15（対面青信号を見て発進）

急加速 0.5（一般車の最大加速）

普通減速 0.2（対面赤信号を見て停止線で普通停止）

急減速 0.4（タイヤがロックしない程度の急減速）

急制動 0.8（パニックブレーキ）

二輪車 普通加速 0.2（ギアチェンジを要するため低速時の平均加速）

普通減速 0.4

急減速 0.6（一般ライダーが転倒しない急ブレーキ）

大型トラック 普通加速 0.1

急制動 0.8（パニックブレーキ）

加速に要した距離、加速後の速度・時間の計算式

$V = \sqrt{2agS}$

$V = agt$

$t = \sqrt{2S／ag}$

$S = V^2／2a$

V ： 加速後の速度（m/s）

S ： 加速移動距離（m）

t ： 加速移動時間（m/s）

a ： 加速係数

　　　g　：　重力の加速度

計算事例

　普通車を発進加速させて約10m進行した地点の速度、発進後の時間を求める。

　加速係数0.15

　速度

　V　＝　$\sqrt{2 \times 0.15 \times 9.8 \times 10}$

　　　＝　5.4m/s（19.5km/h）

　時間

　t　＝　$\sqrt{2 \times 10 / 0.15 \times 9.8}$

　　　＝　3.69sec

(2)　**転倒滑走摩擦係数・μ**（アスファルト乾燥路面）

普通車　0.5

二輪車　0.3～0.5

　　　　　自動車研究所実験データ

　　　　　　　20km/h　→　0.45

　　　　　　　40km/h　→　0.3

　　　二輪車転倒時間（T）＝$\sqrt{2h/g}$

　　　h：　重心の高さ（ライダーの腰の高さ）m

　　　g：　重力の加速度（9.8m/s^2）

(3)　**人の歩行速度**

横断歩道における平均歩行速度

昼間　前半　1.55m/s（5.6km/h）

　　　後半　1.61m/s（5.8km/h）

夜間　前半　1.67m/s（6km/h）

　　　後半　1.72m/s（6.2km/h）

42

③ 自動車の基本性能

自動車に求められる基本性能は、「走る」「止まる」「曲がる」の三つの運動性能である。

自動車には、「運転者の意思に基づいて」この基本性能を発揮するための各種機構・装置が装備されている。

④ 自動車の分類

1 普通自動車車体形状からの分類

ア セダン（スリーボックス）

最も古くからある車の形で、エンジンルーム、乗車スペース、トランクが独立して構成された形状が一般的であり、ボンネット型スタイルの乗用車で、ドア数から4ドアセダン、2ドアセダンと分類される。

イ ハードトップ

外観はセダンに似ているが、ドアを開けたとき窓枠（ピーラー）がなく、開放的で、前席を重視したスポーツタイプのスタイル。

ウ オープンカー

屋根のない解放されたオープンな車である。

屋根が完全に格納されるフルオープン、屋根の一部だけが取り外せるエアロトップがある。

エ　ハッチバック（ツーボックス）

　ボンネット型のうち、全長が短い、あ
るいは車高が低いなど、車室容積が小さ
い車種で、大きな荷物や長尺物の積み卸
しを簡便にするため、乗車スペースとト

ランクが分かれておらず、リアシートを折りたたむなどして荷物の収容力を
あげ、ボディ後部に上下に開閉できるドア（ハッチ）を設けたスタイル。

　コンパクトカーのほとんどがこの形状であり、3ドアハッチバック、5ド
アハッチバックがあり、日本では5ドアハッチバックが主流である。

オ　ステーションワゴン

　セダンの乗車スペースとトランクの仕
切りを外し、屋根部分まで荷物スペース
を広げ、ボディ後部に荷物の積み卸しを
するためのドア（テールゲート）を設け
たスタイル。

カ　ワンボックス

　車体前面が一面となっているキャブ
オーバー型スタイルであり、屋根が高く
乗車スペースと収納スペースが一つの空
間にまとめられている。

　エンジンが運転席の下や、リヤシートの下に置かれているので、最も大き
な室内空間を確保しているのが特徴。

キ　SUV（RV）

　スポーツ・ユーティリティ・ビークル
（レクリエーショナル・ビークル）の略
で、「スポーツ多目的車」と呼ばれ、最
低地上高が高く、オフロード走行を得意
とし、4WD式、FF式が多い。

ク　ピックアップ

商業用に多く使われ、セダン型の後部に
屋根のない荷台があり、ワゴンでは積むこ
とのできない高さのある荷物が運搬できる。

　乗車スペースの広さは重視されないが、商業以外にレジャーなどに幅広く
使われ、一部のマニアの間では、車高を極端に上げた「ハイリフト」車とし
て使用されている。

2　駆動方式による分類

(1)　駆動輪の位置による分類

ア　前輪駆動車：前車輪に動力を伝えて駆動する自動車

イ　後輪駆動車：後車輪に動力を伝えて駆動する自動車

ウ　総輪駆動車：前後輪のすべてに動力を伝えて駆動する自動車

　　（4 WD・4 × 4 ― 4 Wheel Drive）

　　※　基礎自動車工学教科書には四輪駆動車と記載されていない。

(2)　エンジンの位置による分類

ア　フロント・エンジン自動車

　エンジンが前部にある最も一般的な自動車で、前輪、後輪又は総輪を駆動
するようになっている。

(ｱ)　FF式（フロントエンジン・フロントドライブ式）

　前部エンジンから直結で前輪を駆動させ
る方式であり、プロペラシャフトを用いな
いため車内のスペースが広くとれる。

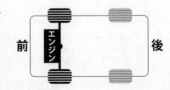

　前輪による駆動と舵取りを行うために負
担が集中するので、ハイパワーに弱く、スポーツ走行には不向きである。

　前輪タイヤが後輪タイヤに比して倍近い消耗がある。

(イ)　FR式（フロントエンジン・リヤドライブ式）

　　前部エンジンからプロペラシャフトとい
う回転軸を後部まで伸ばして後輪を駆動さ
せる方式。

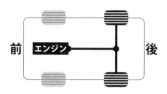

　　前輪は舵取り、後輪は駆動と役割分担さ
せるので効率的で、高い馬力にも対応できる。

　　プロペラシャフトにより乗車スペースの効率が悪くなる。

　　コーナーで急加速すると、後輪がスリップしやすいので、雨や雪には注
意が必要。

(ウ)　4WD式（フォアホイール・ドライブ式）

　　いわゆる四輪駆動車と呼ばれ、プロペラ
シャフトと直結の両方を使う方式で、悪路
での発進加速性能が高い。

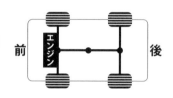

　　通常は二輪駆動で、駆動輪が空転したと
きに四駆になるパートタイムと、常時四駆のフルタイムがある。

　　重量が増えて燃費性能が不利で、騒音や振動を感じる車種が多い。

イ　リア・エンジン自動車

(ア)　MR式（ミッドシップエンジン・リヤドライブ式）

　　座席後部にエンジンを配置し、前輪と後
輪の間に重量物を集中させ、後輪を駆動さ
せる方式。

　　操縦性能、ブレーキ性能は優れている
が、乗車スペースの効率が悪い。

(イ)　RR式（リアエンジン・リヤドライブ式）

　　後輪軸より後ろのトランク直下にエンジ
ンを置き、後輪を駆動させる方式。

　　車体後端部に重量物が集中しているた
め、高速走行時の安定性が悪い。

ブレーキング時の姿勢が安定しており、ブレーキ制動力が高い。

乗用車の方式としては多々欠点がある構造であったため、現在はほとんどない。

3 エンジンの種類による分類

(1) ガソリン・エンジン自動車（P.G）

(2) ディーゼル・エンジン自動車（D）

(3) LPガス・エンジン自動車（LPG・液化石油ガスを燃料とする）

(4) 圧縮天然ガス（CNGガス自動車）

(5) ハイブリッド自動車（エンジンと電動機を組み合わせたもの）

(6) 電気自動車（電池に蓄えた電気で電動機を駆動し走行）

5 ブレーキ装置

ブレーキ装置は、走行中の自動車を減速又は停止させ、また、停止した自動車の状態を保つための装置で、摩擦力を利用して制動する摩擦ブレーキが使用されており、一般的な乗用車のブレーキ装置は次のとおりである。

1 フート・ブレーキ

走行中の自動車を減速させたり、停止させたりする場合に使用するもので、常用ブレーキ、あるいは主ブレーキとも呼ばれる。

(1) 油圧式ブレーキ

ア ドラム式油圧ブレーキ（Drum）

(ア) リーディング・トレーディング式（LT）

ピストンを2個設けたホイール・シリンダを1個使用し、シューの一端をアンカ・ピンなどで固定したもので、前進、後退時いずれの場合においても、安定した制動力が得られる。

シューの固定端の種類によって

　　アンカ・ピン型　アンカ・フローティング型　アジャスタ型

に分けられる。

(イ)　ツー・リーディング・シュー式（2 L）

(ウ)　デュオサーボ式（Duo）

イ　ディスク式油圧ブレーキ（Disk）

　キャリパ、パッド、ディスクなどで構成されており、ホイールとともに回転する円盤形のディスクを両側からパッドで強く挟んで制動するようにしたもの。

　この方式は、ディスクが露出して回転しているので、放熱性に優れ、高速で繰り返し使用しても制動力の変化が小さく、安定した性能を示す。

　※　ディスクは、ハブに取り付けられて、ホイールと共に回転する鋳鉄製円盤で、制動時の摩擦熱が放散しやすいように、中空になっているもの（ベンチレーテッド・ディスクと呼ばれている）がフロント・ブレーキに多く使用されている。

(2)　エア式ブレーキ（Air）

　エア・タンクに蓄えられた圧縮空気によって作動の伝達を行うもの。

(3)　エア・油圧式ブレーキ（Air & Hydraulic）

　空気圧と油圧の両方によって行うもの。

2　パーキング・ブレーキ

　駐車時などに自動車の移動を防止することを主目的とするブレーキで、操作力をワイヤなどを利用して伝える操作機構と、その力を受けて制動力を発生するブレーキ本体などに分けられる。

(1) **操作機構**

　　レバー式・ステッキ式・ペダル式

(2) **ブレーキ本体**

　ア　**ホイール式**

　　　一般にリヤのブレーキ装置に設けられ、ドラム式とディスク式がある。

　イ　**センタ式**

　　　トランスミッションの後部にブレーキ・ドラムが設けてあり、シューを拡張してドラムに圧着させて制動作用を行うもので、作動はホイール式と同じである。

3　ブレーキアシスト

ブレーキ踏力を補助する。

　パニックブレーキの際、緊急時にブレーキを強く踏むことができない場合にブレーキ踏力を補助してブレーキ力を増す装置

6　トランスミッション

　車両の走行状態に応じて、エンジン回転数を適切に減速してトルクを増大させたり、高速回転に切り替えて車両速度を増速したりするとともに、車両を後退させる役目を受け持つ装置である。

　トランスとは変換するという意味で、ミッションは伝えるという意味。

1　マニュアル・トランスミッション（MT）

　自動車を走行させるに必要なトルクを得るため、クラッチを適宜働かせて手動で歯車を替える手動変速装置

2 オートマティック・トランスミッション（AT）

クラッチを使用してギアを入れ換えなくてもアクセルの踏み方で発進から最高速度まで自由に変速する自動変速装置

3 CVT

スチールベルトを使い、入力側と出力側のプーリーの径を変化させてスムーズな走りをもたらす無段変速機

4 オーバードライブ（OD）

高速道路のような平坦でカーブの少ない舗装道路などでエンジン回転よりプロペラシャフトの回転を速くする装置

5 操作機能の種類

⑴ コラム・シフト式
⑵ フロア・シフト式
⑶ 足踏み式（二輪車）

7 タイヤの種類等

タイヤは人の指紋と同様に重要な証拠であり、タイヤの痕跡が事故を解析するといっても過言ではない。

1 タイヤの構造

○ ラジアルタイヤ
タイヤ幅をミリメートル単位で示し、偏平タイヤは偏平率で示す。
ホイールのリム径はインチで示し、タイヤの強度はアルファベット記号や数字で表示される。

○　バイアスタイヤ

タイヤ幅とホイールのリム径をインチで示し、タイヤ強度はプライの枚数で表示している。

(1)　**各部の名称は**

「トレッド」「サイドウォール」「コード」「プライ」等

(2)　**トレッドパターン**

「リブ型」「ラグ型」「リブラグ型」「ブロック型」

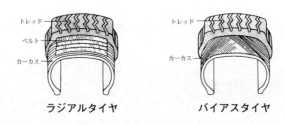

ラジアルタイヤ　　　　　　バイアスタイヤ

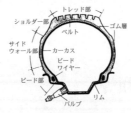

タイヤ各部の名称

2　タイヤの呼び方

ISO（国際標準化機構）方式の呼び

タイヤの呼び方の例（195／60　R 14　85　Hの場合）

195	断面幅の呼び	195mm
60	偏平比の呼び	60%
R	タイヤ製造記号	ラジアル

14	リム径の呼び	14in ＝14×2.54cm
85	ロードインデックス	515kg
H	速度記号	210km/h

8 特殊車両

セミトレーラ連結車・フルトレーラ連結車は、通行する道路種別ごとに総重量及び長さの特例が設けられている。

1　特殊な車両の例

(1)　単車

トラック・クレーン

(2)　特例5車種

ア　バン型セミ・トレーラ

イ　タンク型セミ・トレーラ

ウ　幌枠型セミ・トレーラ

エ　コンテナ用セミ・トレーラ

オ　自動車運搬用セミ・トレーラ

※　フル・トレーラ連結車については、トラック及びトレーラの双方が同一の種類の車両である必要はなく、それぞれがア〜オに該当すればよい。

(3)　追加3車種

ア　あおり型セミ・トレーラ

イ　スタンション型セミ・トレーラ

ウ　船底型セミ・トレーラ

タイプⅠ・タイプⅡ

⑷　その他

ア　海上コンテナ型セミ・トレーラ

イ　重量物運搬用セミ・トレーラ

ウ　ポール・トレーラ

2　連結車両の種類と形態

トラクタとトレーラ

　トラクタとは、けん引装置を備え、これによってトレーラをけん引する自動車であり、トレーラはそれ自体に動力を備えず、トラクタなど他の自動車にけん引され、物品等の輸送を目的とする道路車両をいう。

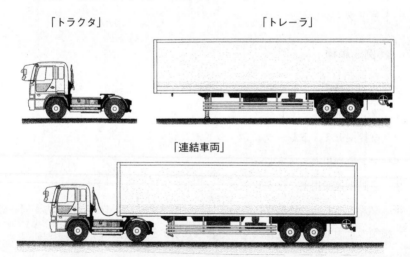

「トラクタ」　　　　　　　　　　　　　「トレーラ」

「連結車両」

3　連結車両の分類

(1)　セミ・トレーラ

積載物の重量の相当部分を、連結装置を介してけん引車に支えられる構造のトレーラ

(2)　フル・トレーラ

総重量をトレーラだけで支えるように設計され、先端にけん引具を備えたトレーラ

(3)　ポール・トレーラ

柱、丸太など長尺の積荷自体がトラクタとトレーラの連結部分を構成する構造のトレーラ。軸距は積荷の長さに応じて調整できる。

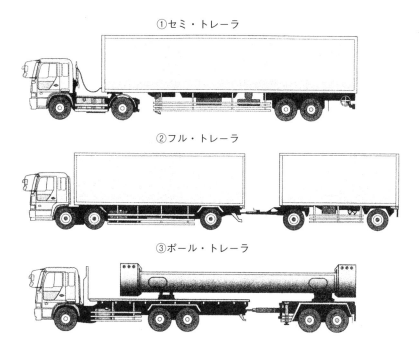

①セミ・トレーラ

②フル・トレーラ

③ポール・トレーラ

(4)　ダブルス・トレーラ

　石灰石・石炭輸送に使用されるトレーラであり、一般には公道を走行しない。

4　連結装置

セミ・トレーラ、フル・トレーラなど車種によって連結点の数や特徴に違いがある。

トラクタ側のカプラとトレーラ側のキングピンを連結する。

5　ブレーキ装置

(1)　トラクタ

　トラクタは原則的に普通のトラックと同じようにトラクタ全体のブレーキを持っているが、もう一つ自車がけん引するトレーラのブレーキを作動させる機能を有している。

(2)　トレーラ

　トレーラには、安全を確保するためにいくつかのブレーキが装備されている。

　トレーラのブレーキは、トラクタのブレーキ系統と連結することにより作動する。

　連結車両のブレーキには、主に以下のものがある。

ア　フットブレーキ

　トラクタ側に備えられ、その操作によりトラクタとトレーラの前輪を同時に制動させる機能を有し、減速時、停止時に使用する。

イ　トレーラブレーキ

　トラクタ運転席のレバーにより操作し、連結したトレーラだけに作動するブレーキ。

ウ　エキゾーストブレーキ（排気ブレーキ）

　　トラクタ側の後輪のみに作動するもので、運転席のレバー操作によりエンジンの排気管を閉じて作動する強力なエンジンブレーキである。

エ　エマージェンシーブレーキ

　　エマージェンシーラインの破損時又はブレーキエア圧の低下（不足）時に自動的に作動するトレーラの非常ブレーキ。

オ　スプリングブレーキ

　　トラクタ配管系のブレーキエア圧の低下時、トラクタの後輪ブレーキを自動的に作動させるトラクタの非常ブレーキ。

カ　パーキングブレーキ

　　トラクタ側にレバー式のもの、トレーラ側にはねじ式のものが備えられており、それぞれ独立して操作・作動する。

6　連結車両の運動特性

　ハンドルやブレーキの操作により生じる走行中の自動車において、ハンドル操作による旋回運動をヨーイング、左右に傾く運動をローリング、ブレーキ操作などで前後に傾く運動をピッチングという。

　連結されている車両の特別な性質やタイヤの性質をコンピュータに具体的に組み込み、20トン積トレーラ、2軸のセミ・トレーラと16トン積タンクトレーラ、1軸のセミ・トレーラについてシミュレーションを行い、運動特性とその限界を調べた。

円旋回運動特性とその限界等

ア　一定ハンドル角の円旋回における旋回半径は、空車、後積、標準積、前積の順に小さくなる。

　　積荷位置では前積ほどオーバーステアの傾向となる。

イ　乾燥路面上で、ハンドル角と速度で円旋回に入り、そのままのハンドル角を保持し続けると、横転に至る可能性がある。

表2-1　横転限界の目安

速度（km/h）	ハンドル角度	
	20トン積トレーラ	16トン積タンクトレーラ
40	140°	120°
60	50°	45°
80	25°	25°

ウ　20トン積トレーラについて積荷位置と円旋回中の横転限界を比較すると、後積の方が余裕がある。

　　しかし、後積の場合はブレーキに伴うジャックナイフ現象に対しては不利となる。

注　ジャックナイフ現象とは、トレーラが連結車両であるため、急ブレーキ、急ハンドル操作を行った場合、トラクタ部分とトレーラ部分のバランスが崩れて連結点で「くの字」の形に折れ曲がることがある。その形がジャックナイフと似ていることから、一般に「ジャックナイフ現象」と呼ばれている。

表2-2　20トン積トレーラの横転限界と積荷位置の目安

速度（km/h）	ハンドル角度		
	前積	標準	後積
40	120°	140°	160°
60	40°	50°	65°
80	20°	25°	35°

注　前積は標準積より1メートル前方、後積は標準積より1メートル後方とした。

エ　濡れた路面上では横転しにくくなるが、積車のときはトレーラ後輪タイヤの横力が最も早く限界に達し、トレーラ・スイングの傾向が出る。特にトレーラのホイールベースが小さい16トン積タンクトレーラに見られる。

オ　旋回中の急制動

　　円旋回中に、前後方向の減速度が0.4Gとなるような急制動を行った場合、乾燥路面では横転に至らない範囲での大きなハンドル角、例えば、「時

速40キロメートル……100度」で旋回中に急制動をかけても異常な運動に至る傾向は認められない。

カ　積車の場合、濡れた路面で急制動をかけると、制動とともに連結角が増大していく。極端な場合にはジャックナイフ現象に至る。

　また、空車のとき、濡れた路面で急制動をかけると、トレーラ・スイングの傾向が生じ、積車の場合と逆の連結角（スイング角）がでる。

キ　旋回中のエンジンブレーキあるいはエキゾーストブレーキ

　円旋回中に前後方向の減速度が0.05Ｇ又は１Ｇになるようなエンジンブレーキあるいはエキゾーストブレーキのみをかけた場合の挙動は、乾燥路面上では空車・積車に限らず、ほとんどの場合ジャックナイフのような異常運動に陥ることはない。

　しかし、20トン積トレーラのように積荷を含めたトレーラの重量が大きい場合には、特にブレーキ時に働くトレーラからトラクタへの前後力がトラクタのヨーイングを大にするため旋回半径が小さくなり、大きな横加速度によって横転に至る可能性がある。

　濡れた路面上で旋回中に0.05Ｇの制動を行った場合、16トン積タンクトレーラには異常運動は認められないが、20トン積トレーラの場合にはジャックナイフ現象発生の限界が現れる。

表2-3　ジャックナイフ現象発生限界（0.05Ｇ）

速度（km/h）	ハンドル角度	車両運動
40	80°	異常なし
	100°	ジャックナイフ（制動後4.5秒）
60	30°	異常なし
	40°	ジャックナイフ（制動後5.5秒）
80	10°	異常なし
	20°	ジャックナイフ（制動後6.5秒）

7 連結車両特有の制動特性と挙動等

(1) プラウ・アウト

トレーラ側が制御困難となり、トラクタ・トレーラ全体がカーブから外れて直進状態となる。

制動時、トラクタ前輪がロック状態の時に起こりやすい。

兆候を感じたときはブレーキを解除し、冷静にハンドル操作で修正する。

(2) ジャックナイフ現象

トラクタ後部が外側に流れて折れ曲がる現象。

トラクタ後輪がロック状態の時に起こりやすい。

○ 急制動、急ハンドルなど「急」のつく運転操作

○ 過積載運転

○ ブレーキとハンドルの同時操作

○ 2段飛びなどの急激なシフトダウン

などで発生するおそれがあり、特にカーブや下り坂を走行するとき、路面が濡れていたり、積雪している場合などハンドル操作やブレーキ操作を慎重に行う必要がある。

(3) トレーラスイング

トレーラ後部がカーブ外側に流れる現象。

制動時、トレーラ後輪がロックした場合に起こりやすい。

カーブでは対向車線にはみ出すことがある。

トレーラの内輪差が大きくなるようなカーブでは、

○ 左カーブの場合、トレーラ前部はトラクタより外側に出っ張った状態ではみ出すことがある。

○ 右カーブの場合、トレーラの内輪差により後輪が道路内側に寄る。

⑨　自動車の安全装置

1　予防的安全装置

(1)　運転視界と視認性の確保

ア　ヘッドランプ

(ア)　シールドビーム

(イ)　ハロゲン・ヘッドランプ

(ウ)　ディスチャージ・ヘッドランプ（キセノン）

　　ハロゲンランプと違い、キセノンガスを封入したバルブに高圧電流を放電して発光。ハロゲンランプの2倍の光量を持ちながら消費電力は半分程度で寿命も長い。

イ　コーナリング・ランプ（AFC・配光可変型前照灯）

ウ　リヤ・ウィンド・デフォッガ

リヤ・ウィンドのくもりを熱線によって取り除く。

　※　点灯状態の表記

　・走行ビーム（ハイビームのこと）

　・すれ違いビーム（ロービームのこと）

(2)　基本性能と緊急危険回避運動性能の向上

ア　トラクション・コントロール（TRC）

路面状態に合わせて駆動力を最適にコントロールする。

　雨・積雪・凍結などによる滑りやすい路面を走行する際、タイヤが空回りしたとき、コンピュータによりエンジンの出力を調整したり、あるいはブレーキを作動して、タイヤの空回りを防止するシステム。

イ　ABS（アンチロック・ブレーキ・システム）

急ブレーキや滑りやすい路面でのブレーキ時、車輪がロックするのを防ぎ、制動中の車両の安定性及び操舵を確保するシステム。

※　車両外見から ABS 装備の有無確認を行う場合は、スピードセンサの有無にて確認する。

ウ　スタビリティ・コントロール・システム（横滑り防止装置）

コーナリング時に車体を安定させる装置。

エ　レーンキープアシスト（車線維持支援制御装置）

カメラで前方の車線を認識し、ぼんやり運転などによる車線逸脱を防止するための装置。

オ　クルーズコントロール（ACC―定速走行・車間距離制御装置）

セットした車速を維持し、自車両よりも遅い先行車がいる場合は先行車との車間距離を維持して追従走行する。

カ　プリクラッシュセーフティシステム（前方障害物衝突被害軽減制動制御装置）

車載レーダ等で前方障害物を検知し、衝突の危険性が高いと判断された場合に運転者に回避操作を行うように警報し、それでも危険回避措置がとられずに衝突が避けられない状況になると、シートベルトを引き込むと同時にブレーキを作動させ、衝突時の衝撃力を可能な限り軽減する。

キ　スマートアシスト

ダイハツ工業が開発した「プリクラッシュセーフティシステム」で、レーザーレーダを用いて車両前方を監視するシステムである。

㋐　低速域衝突回避ブレーキ機能

時速約30キロメートル以下の速度域で前方車両との衝突の危険が高まると、警告音と警告表示によって運転者の注意を喚起するとともに、さらに衝突の危険性が高まると自動ブレーキを作動させる。

㋑　誤発進抑制制御機能

シフトの入れ間違い、アクセルとブレーキの踏み間違いによる事故を抑制するための機能で、前方約4メートル以内に障害物がある状態でアクセルを強く踏み込むと数秒間エンジン出力を抑制する。

2　衝突時安全装置

(1)　安全スペースの確保

衝突時の衝撃をボデーの前部と後部（おおむねエンジンルーム、トランクルームをクラッシャブル・ゾーンと呼ぶ。）を変形（クラッシュ）させることによって吸収させ、乗員のためのスペースを確保（生存空間の確保）すると共に、乗員への衝撃の軽減を図る。

また、車両横側の衝撃に対しても、ドアを補強することで変形を防ぐ。

(2)　乗員の保護

ア　シートベルト（衝突時に素早く乗員を拘束する。）

シートベルト・プリテンショナが衝突の衝撃によりシートベルトを瞬時に巻き取り、身体上部の移動を素早く拘束する。

アジャスタブル・ベルトアンカーは、シートベルトの高さを乗員の体格に合わせて調節する装置である。

(ア)　ELR シートベルト

走行中、急ブレーキ又は衝突により車両に減速する力が加わると、シートベルトの引き出し部がロックしてベルトを固定し、乗員が前に飛び出すのを防ぐ装置。

平常時は、ベルトが体の動きに合わせて自由に出入りするので、シートベルト装着時の圧迫感は軽減される。

※　ELR

Emergency Locking Retractor

（エマージェンシー　ロッキング　リトラクター）

(イ)　プリテンショナ（Pre-tensioner）付きシートベルト

ELR シートベルトの基本性能のほか、SRS エアバッグと同時に作動し、衝突時にシートベルトのたるみを瞬時に巻き取ることにより、乗員に

対する拘束タイミングを早めて、乗員の移動量の低減を図る装置。

イ　SRS エアバッグ

シートベルトの働きを補助して衝突時の乗員の衝撃を軽減するもので、正面衝突時に瞬時にふくらみ、乗員がハンドル等に直接衝突することを防ぎ、頭部、胸部の衝撃を軽減する。

エアバッグは、センサーが一定の設定値以上の衝撃を感知する（時速20〜30キロメートル以上の速度で対面衝突したとき作動する。）。

※　SRS

　　Supplemental Restraint System

　　（サプリメンタル　リストレイント　システム）

3　車両制御・記録装置

(1)　ECU（エレクトリック・コントロール・ユニット）

自動車の高度化に伴い、エンジン、トランスミッション、ブレーキ、エアバッグ等は「ECU」によってコンピュータ制御されている。

ア　エアバッグ ECU

エアバッグシステム専用装置であり、車両の前部、左右に設置されたエアバッグセンサーから受けたデータを基にエアバッグ展開の必要性を演算し、瞬時にエアバッグを展開するとともに、事故の衝撃で車載バッテリーからの電流供給が遮断されたり、電源故障や電圧の低下が発生した場合にバックアップ電源・昇圧回路を起動させてシステムを正常に作動させる機能を備えている。

また、エアバッグ ECU 内部には不揮発性メモリが組み込まれており、エアバッグが展開作動したときのシステム関連情報が記録される。

データ1例

○　エアバッグシステムの故障の有無

○　エアバッグ展開制御の有無

　　○　点火モード

　　○　速度変化量（衝撃加速度積分値）の最大値

イ　ABS・ECU

ブレーキシステム専用として開発された装置であり、四輪それぞれに取り付けられたセンサーに検出された車輪速データを受け、ブレーキ制御を行う。

ABS・ECU内部にも不揮発性メモリが組み込まれており、ABSが作動したときのシステム関連情報が記録される。

データ1例

　　○　ABS作動の有無

　　○　衝突直後の車両速度

　　○　アクセル開度（アクセルの開閉状況・程度）

(2)　EDR（イベント・データ・レコーダ）

エアバッグ装着車のエアバッグ展開を伴う衝突等（衝突や衝突に近い状態、または急ブレーキなど車に高い加速度が与えられた等）が発生した時、その前後の車両速度を含む車両情報を時系列的に記憶する装置。

この装置は、システムが正常に作動していることを診断するとともに、衝突等の発生時においては、データを記録・蓄積する機能を備えているので、交通事故事件捜査や交通事故分析等への活用が期待されている。

記録・蓄積データ1例

　　○　車速（加速度）

　　○　ブレーキペダルの操作状況

　　○　アクセルペダルの操作状況

　　○　運転者、助手席乗員のシートベルト装着の有無

　　○　エアバッグ作動に関する情報

⑶　ドライブレコーダー（DR）

　交通事故発生前後の車両前方映像や車両速度等を記録する映像記録型レコーダーであり、車外（車内）映像を撮影するカメラユニット、振動を感知するGセンサー、記録媒体（コンパクトフラッシュメモリ等）に映像を記録する装置。

　カメラユニットに設置されたCCDカメラは、常時周囲の状況を撮影しており、加速度等の情報、事故時の急激な振動をはじめとする衝撃、急ブレーキや急ハンドル等の乱暴な運転操作をGセンサーが感知し、そのデータがドライブレコーダ本体に送られ、あらかじめ設定されたトリガー（前後加速が0.4Gを超え、かつ1秒間に時速10キロメートル以上の車体の運動変化があった等）以上の数値を感知した時点で記録スイッチが入り、スイッチが入った瞬間の「一定秒前～一定秒後」の間の映像と走行データ（車両の速度、衝撃力）を取出し可能な記録媒体に記録する。

⑷　交通事故自動記録装置（TAAMS・タームス）

　センサー部（ビデオカメラ・マイク）と本体（音の判別、映像メモリー、VDR）で構成され、交通事故の衝突音やスリップ音を感知し、感知前後各4秒の映像を記録媒体に記録する。

　記録媒体の記録容量に達すると上書き保存されるので、事故発生後、早期に媒体を取り出して解析する必要がある。

⑸　その他の記録媒体

ア　防犯（監視）カメラ
　事故現場付近のコンビニ等に設置されたカメラの記録媒体の解析。

イ　パトカー搭載のビデオカメラ

10　交通事故捜査における「EDR」、「ドライブレコーダー」等のデータ・映像活用

1　EDR データ活用

(1)　EDR 取付車両

　交通事故解析においては、これまで現場痕跡、車両の損壊状況の現場痕跡等から事故解析が行われてきたが、さらに EDR データを活用することによって、より充実した客観的証拠による解析が可能となった。

　平成22年初期段階で、トヨタ自動車29車種、三菱自動車 5 車種、日産自動車 5 車種、マツダ自動車 4 車種、富士重工・スズキ各 1 車種に EDR 装置が取り付けられていた。

　自動車メーカー及び車種・年式によってその機能に差異があるものの、その主な機能内容は、「衝突前後数秒間の、速度・アクセル・ブレーキ関係等のデータ」が記録されている。

　しかし、EDR 装置の本来の装着目的が、「事故発生時の制御データ記録」であることから、EDR に記録されたデータが直ちに交通事故解析の客観的証拠となるかが問題となる。

(2)　EDR 記録データの解析

　独立行政法人自動車事故対策機構（NASVA）では、他種類の衝突安全性能試験による事故形態データを解析しているほか、一般財団法人日本自動車研究所（JARI）においても、各種衝突実験を実施して車両挙動と併せて EDR 実験データを収集・解析した上、実際の交通事故における EDR データを比較検討するなどして、より精度の高いデータ解析を確立することに取り組んでいる。

(3) EDR の証拠化

　科学警察研究所等で解析された多数の EDR データは、各都道府県内で発生した過失運転致死傷事件、危険運転致死傷事件、単独事故において、その「事故直前の走行速度」、「ブレーキ操作の有無」等の立証に活用されており、これまで現場痕跡、車両の損壊状況の現場痕跡等から速度鑑定ができない事例においても、解析した EDR データを活用することによって衝突時の速度が立証可能となった。

(4) EDR データの立証措置

　原則として EDR を装着した当該車両を押収した上、取り外した EDR を領置することが必要である。

　関係者が任意提出を拒否した場合は、捜索差押許可状により差押えをした上、鑑定処分許可状によりデータを鑑定する必要がある。

2　ドライブレコーダーデータ活用

(1)　ドライブレコーダーは、記録された映像等から事故発生時前後の事故車両の走行状況等が明らかとなることから、事故直前の事故車両の位置関係、信号関係、衝突形態、速度関係等が度々交通事故捜査の客観的証拠として活用されてきたほか、交通事故以外にも急ブレーキ、急ハンドル等により異常走行を撮影した映像記録により、事故防止、安全走行の励行等運転者教育にも活用されている。

(2)　ドライブレコーダーの記録映像の立証措置

　撮影した映像媒体を押収し、映像解析を行って走行状況等を解析して証拠化する必要がある。

(3)　最近では、強い加速度が加わった場合の前後数十秒を記録するトリガー型以外にも、運転時に連続して映像を記録する常時記録型、トリガー型と常時記録型を組み合わせたドライブレコーダーがあり、タクシー業界、トラック業界な

どは急激に普及率が増加し、路線バス、個人向けでもその普及状況が増加しつつある。

3　防犯カメラ映像の活用

　事故現場付近に設置された防犯カメラには、事故車両の走行状況や事故当時の現場交差点の信号標示等の多数の事故関連事項が撮影されており、同映像を解析することにより、「信号交差点における青々主張」の解明、危険運転致死傷事件における交差点進入時の被疑車両の走行状況等が解明されることから、ひき逃げ等の重要事件、否認事件では、事故現場付近の防犯カメラの設置状況を鋭意捜査し、交通事故解析の客観的証拠収集を行って、撮影された映像の活用に努める必要がある。

11　諸元（車両寸法）

1　車両全長

自動車外形の一番長い部分

2　全　　幅

一番幅広い部分（外部バックミラー等は含まない。）

3　全　　高

一番高いところ（荷重によって異なるので空車状態で測定。）

4　ホイールベース（軸距）

前後車軸間の距離で、前輪の接地点から後輪の接地点までを測定。
　ホイールベースが長ければ揺れが少なく直進性に優れているが、小回りがきかなくなり運動性が劣る。

5 トレッド（輪距）

前後・左右の車輪の間隔で、タイヤの接地面の中心から測定。

一般に前後で異なり、荷重により変化するので空車状態で測定。

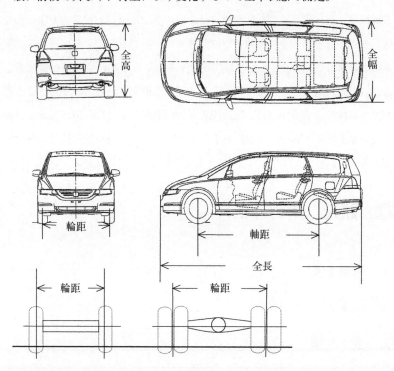

6 最低地上高

空車状態でその自動車の車輪を除く最低部分と路面までの間隔を測定。

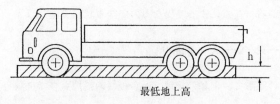

最低地上高

7　車両総重量

自動車にその定員が乗車、最大積載量を積んだ際の全体重量

定員1名55キログラムで計算する。

8　車両重量

自動車の空車状態での重さ（燃料、潤滑油、冷却水等を定められた全量を搭載し自動車が走行できる状態を測定。）

9　最大積載量

自動車に積載することができる最大重量

10　登坂能力

車両総重量の状態で、停止から再発進できる勾配で表す。

単位は「tan θ」。

11　最小回転半径

自動車がどのくらい小回りがきくかを表す。

ハンドルをいっぱいに切って平坦な舗装面をゆっくり旋回したとき、路面に残る最も大きい軌跡（自動車の車体はホイールベースより長く、トレッドより幅広いので車輪の軌跡よりはるかに外側を通る。）

12　スリップ痕跡の解析

1　タイヤと路面との関係

自動車が加速・減速運動するとき、前後方向に働く加速度によって発生する慣性力はタイヤを介して路面から作用する力（駆動力・制動力・ころがり抵抗等）

によって支えられている。

　タイヤが路面から受ける水平力は、タイヤと路面間に発生する大きな摩擦力により拘束されており、この摩擦力が車両の運動に対して大きな役割を果たしている。

　タイヤが自由転動している場合と、制動などによりロックした場合とでは摩擦力・車両の移動状況等に大きな差異を生ずる。

2　車の進行方向

　自動車が走行中、進行方向を変えるにはハンドルを切って前車輪の向きを変えればよいのは周知のとおりである。

　しかし、これは前輪タイヤが転動しているときであり、前輪タイヤがロックするとタイヤと路面との接点が一点となり、転把によってタイヤ自体の向きは変わるものの、車の進行方向を変えることができず、慣性の法則により車の運動方向に進行する。

3　タイヤ痕跡

　タイヤ痕跡が路面等に印象される場合もその状況などによって異なる。

(1)　タイヤ痕（転写痕）

　自動車等が、粘土質等で軟らかい道路、路面が濡れた乾燥道路、あるいはほこり等が積もった道路等を通った場合、タイヤの接地面（トレッドパターン）及び紋様が残ることがあるが、この痕跡をタイヤ痕という。

(2)　スリップ痕（スキッド痕）

　自動車等が急加速・急減速した場合、又は他からの外力などが加えられたために移動した場合、タイヤと路面との間に摩擦抵抗が生じて路面などに摩擦痕跡が残る。

　これらの痕跡をスリップ痕という。

　実際には、自動車等の全車輪とも実制動距離全体にわたってスリップ痕を路面に印象するとは限らない。

　車体のノーズダイブ現象により前輪荷重が大きくかかり、後輪が持ち上げられる状態となることがある。

　この場合、前輪は過荷重状態となり、後輪はその反対に過小となることから、前輪だけが鮮明に印象され、後輪は幅の狭い薄い印象となる。

　数種の乗用車による実験では、路面状況にもよるが、後輪のスリップ痕は極めて薄いか、又は見分不可能の場合が多く、事故現場の見分では見落とされる場合もある。

　路面に印象されたスリップ痕が、次第に濃くなるような状態があれば、その濃くなる方向が進行方向である。

　また、路面の粗さや状況により、印象してもそれぞれの長さが異なったり、不連続・不鮮明だったりする場合がある。

4　印象状況の解明

スリップ痕が変位する原因には、「車がスピンする場合」、「外力が働いた（衝突した）場合」、「突風とか道路の急な勾配である場合」が考えられる。

　問題は、車が単独でスピンしたためスリップ痕が曲がったかどうかであるが、車のスピンは、ひとりでに回る場合、せいぜい1秒間に半回転ぐらいの回転速度であるから、直線から曲線に移る部分に目立った屈曲点は生じず、緩やかなカーブを描くに過ぎない。

　急制動中に車両が他車と衝突した場合、スリップ痕が急激に衝撃力を受けた方向に屈曲するが、この地点が衝突地点となる。

⑴　縦スリップ痕（滑走痕）

　進行中の自動車等を急停止させるためブレーキを踏んだ場合、ブレーキが回転中の車輪に働いて車輪の回転が止まるが、自動車等の滑走によりタイヤと路面との間に強い摩擦抵抗が生じ、進行している方向へ平行した路面にタイヤの

トレッド溝のある摩擦痕跡が残される。

　路面に二条印象されたスリップ痕は、通常車両の輪距に等しく、直線的に印象されるが、車体が回転しているときはスリップ痕の間隔は変化する。

　スリップ痕で重要なことは、一般に車がスピンしない限り前輪がロックすると転把によってタイヤ自体の向きは変わるが、車の進行方向は変えることはできず、慣性の法則により車の運動方向に直線的に進行する（ニュートンの慣性の法則……外力が働かないとき、運動している物体は等速直線運動を続ける。）。

　急ハンドルと急ブレーキを同時に操作した場合、急ブレーキの時の空走時間のように、ハンドル関係にも機械的な伝達遅れがある。

　この差は僅かであるが、ハンドル関係のきき方の効果が早く現われる。

　すなわち、同時に操作を行った場合には、ハンドルが少し切られてからタイヤがロックする。したがって、車の向きが少し変わってからタイヤがロックするから、車は幾分横向きになって滑走を開始することになる。

⑵　横スリップ痕

　通常のスリップ痕（縦スリップ痕）と区別したものとして次のようなスリップ痕がある。

ア　コーナーリング痕

　進行中の自動車等がハンドルを急に転把した場合、進行方向に前進する慣性により車体の重心が片側（旋回の外側）に移動する。これはいわゆる遠心力が作用するため外側の方に強く押される状態となる。

　この場合外側のタイヤに重量（荷重）が強く作用するため、そのタイヤの路面に接する面が広くなって車輪の回転に無理が起こり、タイヤと路面の間に強い摩擦抵抗が生じる。このため、外側だけに濃い急制動の際のスリップ痕に類似した痕跡が残される。この痕跡をコーナーリング痕という。

　このコーナーリング痕がスリップ痕と根本的に違うところは、微弱な制動作用は働いているものの制動がかかっていない点である。言い換えれば、タ

イヤがロックしていないということである。

イ　横滑り痕

　　タイヤが側方に移動した場合は、トレッドパターンもトレッド溝も表れず、タイヤの接地面の前後の長さと同じ幅の痕跡が残る。

　　車両が滑走中や衝突時に回転したり、衝突時にねじれた場合は、タイヤは初め車両の進行方向に滑り、次いで横方向に滑るから滑り痕跡は変化する。

(3)　衝突痕

　　進行中の自動車等と他の車両等が衝突・接触した場合、自動車等が破損又は転倒したりして、強く路面に接して滑走するため、摩擦抵抗を生じて路面が強く損傷されるが、これをスリップ痕と区別して衝突痕という。

　　側面衝突の時などでは、タイヤを無理やり横に引きずったような幅の広いタイヤ痕が現われる。タイヤの接地面は縦長の楕円形をしているので、横に押されると幅の広い痕跡となる。

　　この痕跡が路面に見いだされたときは、ここで衝突があったとする衝突地点を特定する有力な証拠となる。

(4)　けん引時のスリップ痕

　　レッカー車がロックした車輪を有する被けん引車両をけん引する場合に残される痕跡である。

　　タイヤにかかる力が制動時と異なり、タイヤ接地面の後方に移動し、スキップ状態で印象するためタイヤのトレッドパターンが不鮮明である。

13　金属等による路上痕跡の解析

　　金属等による痕跡とは、タイヤ痕跡以外に事故等によって車両が損壊又は転倒した際、その金属部分などが路面を移動するなどして印象された痕跡であり、ガウジ痕とスクラッチ痕・スクレイプ痕がある。

1　ガウジ痕

　事故車両が衝突時の衝撃力によって下方に押し込まれ、車両車底部の金属突起物等が路面を強打して歩道の材質を深く掘り出した痕跡（チョップガウジ痕）や、衝突後車体下部の突起物が滑走移動する時に印象する長く細い溝状の痕跡（グルーブガウジ痕）が生じ、これらの痕跡を総称して「ガウジ痕」といわれており、舗道の材質が削り取られた部分は指で感知できる程度である。

　チョップガウジ痕が印象されていた地点が衝突地点となる場合が多く、またグルーブガウジ痕は衝突後の車両の移動方向を確認することができる重要な痕跡となる。

2　スクラッチ痕・スクレイプ痕

　ガウジ痕とは別に、ある範囲を角又は突起した狭い金属部分が擦過移動した際に印象されたスクラッチ痕と、板状の幅広い金属部分が路面を引きずるように移動した際に印象されたスクレイプ痕があり、これらは舗道面に小さな圧力で擦過することから、指先ではほとんど感じ取ることができない。

　これらの痕跡は、ガウジ痕と同様に車両の横転地点又は衝突後の移動軌跡を表す重要な痕跡である。

14　制動の意義

1　常用制動

　通行中の自動車が、通常停止する場合に用いる制動であって、急制動と異なり、徐々にブレーキを踏んで停止する制動をいう。

　この場合はスリップ痕は印象されない。

2　急制動

　進行中の自動車等を急停止させるため、アクセルペダルから足を離すと同時に
ブレーキペダルを強く踏むと回転中のタイヤは急激に止まり、自動車等は慣性に
よりそのまま路面を滑走し、路面とタイヤ間の摩擦抵抗により停止するが、この
制動を急制動という。

　タイヤの回転が止まりロックするとスリップ痕の印象が開始される。

○　スキッド防止ブレーキ

　　ABS（アンチロック・ブレーキ・システム）

　　ALB（アンチ・ロック・ブレーキ）

　　ESC（エレクトリック・スキッド・コントロール）

　いずれも、ブレーキを踏み続けていても自動的にブレーキの液圧をコントロー
ルして、タイヤがロックするのを防ぐ（タイヤがロックする寸前に液圧を下げ
る。）。

　人間が行うポンピングブレーキをコンピュータが代わって、1秒間に数回繰り
返す。

　実験によれば、タイヤがロックすると車が止まるまでハンドルがきかないが、
ABSの場合は乾燥アスファルト路面において急ブレーキ時にもハンドルを使っ
て車をコントロールすることができ、5メートル前方の障害物でも避けられた。

表2－4　停止距離　（40km/hからの制動距離）

摩擦係数（μ）		装着車	非装着車 (タイヤロック時)
乾燥路面　0.9		5.9m	7.6m（1.3倍）
圧雪路面	0.35	11.5m	14.2m（1.3倍）
	0.15	29.0m	67.3m（2.3倍）

　ABSの長所は、停止距離が短くなると同時に、急ブレーキを踏みながらでも
ハンドル操作が可能なところである。

　当初、前輪ブレーキのみに装着されていたが、最近では四輪ABSが普及し、
更に左右の路面状況が異なる場合でも均等に左右前輪を別々にコントロールする

3チャンネル式がある。

3　全制動距離

運転手が運転中の自動車等を停止させるため急ブレーキをかけようと判断した地点から、自動車等が停止した地点までの前進距離である。

全制動距離は、空走距離（空走時間）と滑走距離（滑走時間）とに分かれる。

(1)　空走距離（空走時間）

空走距離（空走時間）とは、運転者が危険を感じブレーキペダルに足を乗せてブレーキがきき始めた地点までの距離（時間）であって、その間自動車等はそれまでとほぼ同じ速度で前進するが、ブレーキがきき始めた地点からスリップの開始地点までの間に、車輪が幾分回転することがあるため、タイヤと路面との間に摩擦抵抗が生じて不鮮明な痕跡が残る場合がある。この痕跡は極めて僅かであり、実際上は無視しても差し支えがない。

(2)　滑走距離（滑走時間）

ブレーキが効いて車輪の回転が止まり、自動車等が滑走したのち停止した地点までの距離（時間）である。

15　急制動措置を講じた車両の制動前の速度の推定

車輪がロック制動された場合は、制動前に有した運動エネルギーはタイヤと路面の摩擦によって消費され停止する。

したがって、急制動措置を講じた車両が路面に印象させたスリップ痕の長さと路面・タイヤ間の摩擦係数が判明すれば制動前の速度を推定することが可能となり、スリップ痕の長さ（実制動距離）から事故直前の速度を次式により推定することができる。

1　制動距離から制動前の速度算出

$$V = \sqrt{2 \times \mu \ (\pm \theta) \ \times g \times S}$$

V：制動前の速度（m/s）

μ：タイヤ・路面間の摩擦係数

θ：道路勾配（下りはマイナス、上りはプラス）

g：重力の加速度（m/s^2）

S：制動距離（m）

2　停止距離から制動前の速度算出

停止距離　＝　空走距離　＋　制動距離

$S \ = \ Vt + V^2 / 2 \mu g$

$V_1 = (-2 \mu g t + \sqrt{(2 \mu g t)^2 + 8 \mu g S}) / 2$

$t_0 \ = \ t \ + \ v / \mu g$

V_1：制動前の速度（m/s）

v：制動速度（m/s）

S：停止距離（m）

μ：タイヤ・路面間の摩擦係数

t_0：停止時間（sec）

t：空走時間（sec）

g：重力の加速度（9.8m/s^2）

計算事例

　70km/m（19.4m/s）で急制動した場合の停止距離を求める。

　空走時間（t）0.8 m/s、摩擦係数（μ）0.8とした。

　S　＝　$19.4 \times 0.8 + 19.4^2 / 2 \times 0.8 \times 9.8$

　　　＝　39.5m

78

16 タイヤと路面間の摩擦係数（μ）

1 タイヤと路面との関係

自動車の加速・減速・カーブ進行等の性能は、タイヤと路面間の摩擦係数による。

タイヤと路面間の摩擦力、タイヤの変形による摩擦力、タイヤ自身の破壊に対する抵抗力が作用して、タイヤと路面間に摩擦抵抗が生じて制動効果が現れる。

○　摩擦力は材質が違うと大きさも異なる。

○　表面の滑らかなものほど摩擦が低い。

　　摩擦の原因は、固体表面の凸凹にある。

○　同じ重さの物体の摩擦力は、摩擦面に働く垂直力に比例し、その接触表面の大小に関係しない。

○　摩擦力は滑り速度の大小に関係しない。

2 タイヤと路面間の摩擦係数

タイヤと路面間の摩擦係数は、様々な条件によって異なる。

(1) 乾燥時の摩擦係数

乾燥時の摩擦係数は、主としてタイヤのゴム質によって左右され、路面の種類、走行速度による差は少ない。

普通路面の乾燥時の摩擦係数は、0.7〜0.9前後であり、この範囲内で温度が低いときは摩擦係数が大きく、0度付近では1.0前後の値が得られた。

温度の低い路面では、摂氏10度くらいから1度上がると摩擦係数は0.01減少するが、路面温度が上昇するとともに減少が小さくなり、50度付近では温度の影響はほとんど無い。

静止に近い状態から速度が増大すると摩擦係数は幾分減少する。

図2－1

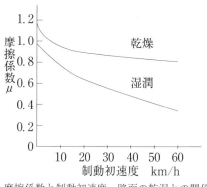

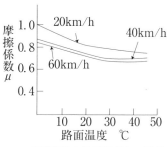

摩擦係数と制動初速度、路面の乾湿との関係
（タイヤは新品）

摩擦係数と路面温度との関係

　乾燥時の摩擦係数が小さいのは、表面の粗な場合や路面の汚れ、塵埃の多い
路面では幾分小さくなる。

⑵　湿潤時の摩擦係数

　湿潤時の摩擦係数は接触面の排水性が最も重要である。

　水の排水性は、タイヤトレッドと路面状態の両方にあり、タイヤトレッドが
平滑なタイヤ又は摩耗したタイヤは摩擦係数が小さく、湿潤時は粗い路面ほど
摩擦係数は大きい。

⑶　ブレーキ性能試験から算出した平均摩擦係数

　『自動車アセスメント』（監修　国土交通省）の平成22年「ブレーキ性能試験
結果」によれば、全車 ABS 装着車を時速100キロメートルで走行させ、急制
動措置を講じた際の停止距離から求めた平均摩擦係数（μ）は表2－5のとお
りであった。

80

表2−5　平均摩擦係数

	乾燥路面	湿潤路面
軽四輪乗用車（3台）	0.9	0.8
普通乗用車（6台）	0.9	0.8
ワンボックスカー（3台）	0.9	0.8

⑷　**タイヤの種類による摩擦係数の変化**

　ラジアルタイヤとバイアスタイヤに大別されるが、現在の乗用車のタイヤは大部分が高速耐久性・耐摩耗性等に優れているラジアルタイヤである。

　タイヤのトレッド幅、空気圧の増減、摩耗程度等によって、タイヤの路面に対する接地面積が変化するなどして係数が異なる。

⑸　**路面の状況**

ア　舗装条件（摩擦係数が高い順に記載）
　○　アスファルト舗装・コンクリート舗装　→　未舗装（砂利等）→氷
　○　新舗装　→　普通舗装　→　舗装摩滅
イ　乾燥路面　→　湿潤路面（降雨、積雪、凍結）
ウ　路面の温度によって摩擦係数が異なる。
　　凍結前の路面から摂氏10度程度までは係数が高くなり、更に温度が上昇すると係数が低くなり、摂氏30度くらいで係数が安定する。
エ　乾燥路面では速度に対する摩擦係数はほとんど変わりないが、湿潤路面では高速度の場合摩擦係数が低くなる。

3　過積載の制動距離

　自動車は、積載した重量が重くなるほど制動距離が長くなり、急ブレーキを掛けると不安定な状態になる。

　4トントラックを使用した乾燥路面におけるJAFの制動テストでは、

50km/h で走行			
積載状況	空荷	定積載	過積載（2.5倍）
制動距離	17.5m	18.2m	26.1m
80km/h で走行			
積載状況	空荷	定積載	過積載（2.5倍）
制動距離	42.7m	43.8m	99m

となり、実験結果では時速50キロメートルの時、空荷と定積載では車両総重量が2倍になってもその制動距離に大きな差はなかったが、過積載での制動距離は、定積載の1.4倍となった。

時速80キロメートルの場合では、定積載の2.3倍の制動距離であった。

空走距離を考慮すれば、危険を察知して急制動を講じても運転者の感覚以上の停止距離が必要となり、追突事故の大きな原因ともなる。

空荷では急制動によってノーズダイブ状態となり、前輪加重がかかって前輪によるスリップ痕が濃く印象されるが、過積載の場合は、オーバーした重量のほとんどが後輪にかかり、後輪のスリップ痕が濃く印象される。

4　車両の走行抵抗（自動車の進行方向と逆向きに作用する力の総称）

(1)　ころがり抵抗（タイヤが自由に回転している場合の抵抗であり、タイヤの変形によるものが大部分を占めている。）

ころがり抵抗は路面によって変化するが、車両速度によっても僅かに影響する。

(2)　空気抵抗

高速で走行する自動車は、空気の中を突き進むため大きな抵抗力を受け、摩擦抵抗と圧力抵抗に分けられる。

空気抵抗係数は車両の形状によって決まる。

(3)　勾配抵抗

　総重Wの自動車が水平に対して θ なる角度の勾配を上がるとき、自動車は下り方向に分力が作用する。

(4)　加速抵抗

　走行抵抗より大きい駆動力が発生すれば、その駆動力に応じて自動車は加速する。

5　摩擦係数の検討（乾燥した普通のアスファルト舗装道路の場合を前提とした。）

　走行速度が同じ場合に、上述のタイヤと路面間の関係によって摩擦係数が異なり、走行速度の高低によって摩擦係数が異なる。

　各種走行実験等によれば、通常の摩擦係数（ μ ）は0.6から0.9程度であり、条件次第によっては、0.9以上の摩擦係数であった結果が認められた。

　これまでの実験によれば、西暦1980年前後では平均摩擦係数は0.7程度であった。

　しかし、その後、ブレーキ性能、舗装技術、タイヤ性能等の向上により、実験による平均摩擦係数値も高くなってきた。

⑴　西暦1960年代に発行された『Traffic・Accindent Investigators』、『自動車事故解析の方法』によれば、0.6ないし0.8程度の摩擦係数であった。

⑵　西暦1980年代発行の『工学的検査法』（科学警察研究所）によれば、0.6ないし0.8程度の摩擦係数であった。

⑶　西暦1994年の「タイヤと路面間の摩擦係数とスリップ痕について」と題する技術資料によれば、0.7ないし0.9程度の摩擦係数であった。

⑷　西暦2002年3月に公表された『自動車アセスメント（安全な車選びのために）』（国土交通省自動車交通局監修）によれば、速度が時速100キロメートルにおける停止距離は、短い車で40メートル、長い車で49メートルであり、平均

摩擦係数は、短い車で0.98、長い車で0.8であった。

　多くの県警では、平成10年ころから、路面の状況、タイヤの性能、気象状況等を検討して、「乾燥した普通のアスファルト舗装道路」の場合の平均摩擦係数を「0.8」程度とし、これに事故現場の道路状況等を考慮した上、事故時の摩擦係数を判断している。

[17]　衝突時の歩行者等の運動と創傷

1　衝突時の歩行者の転倒運動

　歩行者は、衝突車両の前面形状、衝突部位、衝突速度、歩行者の姿勢、重心高等によって異なる。

　自動車の前面形状は、ボンネット型とキャブオーバー型に大別され、さらにボンネット型は

　ボンネットの高さがほぼ一定している平面型

　ボンネットの先端から緩やかな曲線になっている曲面型

　ボンネットが前後に短いもの

　ボンネット先端部の低い平面型

がある。

⑴　ボンネット型自動車と正面衝突した場合

　ボンネット先端の高さは、およそ0.7～0.8メートル前後であり、日本人成人男子身体の重心位置付近である。

　自動車に衝突された歩行者の転倒運動は

　ア　押し倒し（ひきずりを含む）

　　衝突後足が路面から離れないで、路面に転倒し運動が終了する。

　イ　はね上げ（すくい上げ）

　　衝突後、身体がボンネットやフェンダー上に乗り上げ、足が路面から離

れ、自動車の前方あるいは側方に放り出される。

ウ　はね飛ばし

　衝突後、身体が前方にはね飛ばされ、路面等に衝突（落下）する。ボンネット先端部の高さが高いほど歩行者頭部はボンネット上前部に衝突する。

　成人男子ダミーを使用した衝突実験において、衝突直前で急制動措置を講じた衝突形態では、最初に下腿部が衝突し、直後に腰部がボンネット先端部に衝突する。

　低速度衝突では、下腿部のはね上げは小さく、上体が車両に向かって倒れ、ボンネット上で頭部を打撲する。

　その後、ボンネット上を前方に滑り落ち、下腿部が接地して頭部・腰部を路面に衝突させる場合と、ゆっくり仰向けに倒れ、後頭部を路面に衝突させる場合がある。

　衝突時の速度が時速40キロメートル以上であれば、下腿部・腰部が衝突と同時にはね上げられ、頭部をフロントガラスに衝突させる。

　その直後、衝突の衝撃で前方へはね飛ばされ、頭部を下に路面に落下し、頭部、胸部、腰部、足部の順に路面に衝突する。

　ダミーが受けた衝撃力は

衝突速度　10km/h　→　30〜50G

　　　　　20　〃　→　120〜130G

　　　　　30　〃　→　110〜210G

　　　　　40　〃　→　240〜350G

　　　注　Gは、重力の加速度（9.8m/s^2）

　例えば、頭部に10Gの衝撃力が加わった場合、頭部の重量が約5キログラムであれば、その10倍の50キログラムの力が加わったことになる。

(2)　キャブオーバー型自動車と正面衝突した場合

　キャブオーバー型車両の前面形状は、フロントガラス面、フロントバンパー面、フロントパネル面が、ほぼ同一垂直面にあるため、衝突後歩行者はすくい

上げられることなく、押し倒し又ははね飛ばしのいずれかの運動を示す。

　ダミーを使用した衝突実験では、下肢と同時に上半身も衝突するため、下腿骨折が少ない。

2　衝突時の歩行者の創傷等

(1)　バンパー創

　トラック、バス等の大型車のバンパーの高さは、成人の大腿部に相当し、普通車のバンパーの高さは下肢上部に相当する。

　バンパー創の性状・程度は、バンパーの衝突部位（下腿前面、側面、後部）、加害車両の前面形状、速度、重量、硬度などによって異なる。

　損傷は、皮下出血、表皮剥脱、挫創などがあり、骨折は車両速度が時速30キロメートル以上になると多くなる。

　車両は走行中は上下に振動しており、バンパーの高さも変化している。

　通常走行の場合は、2〜3センチメートルの上下振動、加速時は4〜5センチメートルの上方移動、急制動時は10センチメートル前後の下方移動をしており、車両停止時のバンパー高と衝突時の高さが異なるため、歩行者損傷部位との対比に当たっては注意を要する。

(2)　ボンネット、フロントガラスとの衝突損傷

　バンパーの次に衝突するのは、ボンネット上端であり、成人の大腿上部、臀部、腰部に損傷が認められる。

　これらは広範囲の皮下出血、表皮剥脱、骨盤骨折、腰椎骨折等の損傷が生じるが、これらの表層は、軟部組織であり、骨がないため、表面の損傷は軽度に見えるが、深部の筋肉は裂け、かなりの出血、臓器の挫滅等が生じる場合がある。

　普通車に衝突した場合、バンパー上端が成人の重心よりも低いため、衝突した歩行者はボンネット上に乗り上げ、上体をボンネットに衝突させ、頭部等を

ボンネット上部、フロントガラスに打ちつけて損傷する。

　上体等の損傷は比較的軽傷の場合があるが、頭部等は骨折等の致命的な損傷を生ずる場合が多い。

(3)　転倒創

　歩行者は、衝突後直接路上にはね飛ばされたり、ボンネット上にはね上げられた後、路上に投げ出されたりする。

　転倒創では、突出部や露出部に表皮剥脱、挫創、骨折等の損傷が生じるが、歩行者の着衣にも顕著な擦過損傷が確認される。

18　運転における知覚と反応

1　反応時間

　人間が自動車を運転する場合の最も重要な制御能力であり、運転中に危険を認めてからブレーキがきくまでの反応遅れ時間を反応時間と言っている。

　走行中に危険を認めてからブレーキを踏んで車を停止させるまでの距離（停止距離）は、路面状態や走行速度はもちろん、ドライバーの「反応時間」によって変わる。

　反応時間は、危険を認めて足を動かす「反射時間」（0.4秒）、アクセルペダルからブレーキペダルに足を乗せ変える「踏替え時間」（0.2秒）、ブレーキペダルを踏み込む「踏込み時間」（0.2秒）があり、反応時間の平均値は0.8秒であり、この間を空走時間（ t ）とする。

　運転者の年齢、飲酒・過労等の身体的状態によって反応時間は変動し、2秒以上に及ぶこともある。

2　視覚機能の特性

(1)　視力

視対象の細部を見分ける能力を視力という。

視力は見分け得た最小の大きさの逆数で表され、視角1度の大きさが見分けられた場合、視力1.0とする。

通常、視力は中心視で計られるが、視野の周辺へいくに従い急激に低下する。側方へ2度離れると視力は約2分の1となる。

観察者も視対象も静止している場合を静止視力という。

運転免許試験場では、両眼の静止視力で大型及び二種免許は「0.8」、普通免許は「0.7」との基準がある。

自動車を運転している際の視力は、運転者の目と対象物の関係から、移動視力（人間が動く場合）、動体視力（物体が動く場合）、移動動体視力（人間も物体も動く場合）という。

速度により異なるが、いずれの場合も5〜10パーセントの視力低下が認められる。

また、視力は照度に大きく左右され、場合によっては、2分の1程度まで低下することもある。

一般に、走行距離あたりの事故発生率は昼間より夜間の方が高いことが知ら

図2−2　静止視力に対する移動（○）、動体（×）、移動動体（●）視力低下率

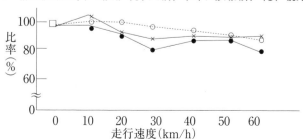

88

れており、これは照度不足による視力低下が一つの要因と考えられている。

(2) 動体視力

　視対象の動きの速さによって視力は著しく低下し、人によっては単に低下するのみではなく、動きに対して大きな差が認められた。

　例えば視力「1.2」の甲・乙2名が、時速60キロメートルで走る物体を見る力は、甲は「0.7」、乙は「0.3」と動きに対して差違ができた。

　これは動きの条件が、単に明るさの条件とは同列ではなく、同じ視器を使用しているにもかかわらず、動きの視感覚と静止の視感覚とはその視覚成立の過程が全く相違するからである。

　こうした動体への視力すなわち動体視力という機能は、現代におけるスピードに対して最も重要な生理的機能の一つである。

図2－3　視標速度と動体視力との関係

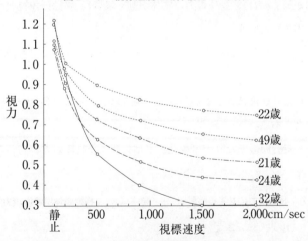

(3) 視野

　眼を動かさずに見える範囲を視野という。

　単眼で、直前方の一点を凝視したとき、上方約50度、下方70度、内方60度、

図 2 - 4

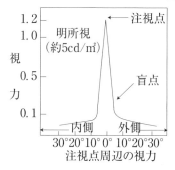

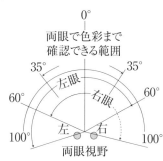

外方100度の範囲が見える。

　両眼での視野は約200度で、そのうちの色彩まで確認できるのは、左右それ
ぞれ35度までである。

　注視線から視角 5 度の範囲は視力が最も鋭い部分で、中心視といわれる領域
である。

(4)　色の知覚

　自動車運転等において、色彩は「信号灯」、「標識」を始め視認性と関連し重
要である。

　色を感じることができるのは電磁波の一種の可視光線であり、その波長はほ
ぼ380〜780ミリミクロンである。

　色彩には、明度（眼に感ずる色の明暗の度合い）、彩度（色彩の鮮やかさの
度合い）、色相（色合い）の三つの属性があり、背景色と視標の間で属性の差
が大きいほど視認性が高く、明度差が最も大きく影響する。

　また、眼には明るさに応じて感度を変化させる働きがある。

　明るいところから急に暗い場所へ入った時、最初周囲が見えず、やがて慣れ
てくると見えてくる（感度が高くなる）場合を「暗順応」といい、昼間トンネ
ルに入った場合、この暗順応が追いつかず、視力が低下し運転が困難となる。

　逆に暗いところから明るいところへ出た（感度が低くなる）場合を「明順

90

応」という。

　夕暮れ時には、網膜の二つの細胞（錐体と桿体_{かんたい}）が同時に働き、その調和が不完全のため、像が網膜の中心にはっきりとらえられず、視力も低下するが、これを「薄明視」という。

(5)　げん惑

　視野内に非常に明るい光源があると、目の前にベールがかかったようになり、暗い視対象が見えにくくなる。これを視覚低下グレアという。
　グレアを左右する条件は
　○　周囲が暗く、眼が順応している輝度が低いほど
　○　光源の輝度が高いほど
　○　光源が注視線に近いほど
　○　光源の見掛けの面積が大きいほど
著しくなる。
　げん惑に関連し、対向車前照灯の光量に比し自車前照灯で照射した物体、例えば横断歩道上の歩行者などの反射光の光量が小さいため、ある相対距離で見えなくなる現象を蒸発現象という。

第3　交通事故捜査における証拠収集と事実の認定

1　交通事故の証拠の特異性

　交通事故は瞬間的に発生し、その痕跡はあっという間に消失していく。事故の発生状況や過失の内容は、現場の状況を踏まえ、加害者と被害者及び目撃者等第三者の取調べによって明らかにしていかなければならないが、特に加害者や被害者は、刑事責任のほかに損害賠償など民事責任の問題が絡むので、それぞれ自己の利害得失を計算しながら虚偽の供述をしたり、相手側の非を誇大に主張したりする傾向がある。そこで交通事故の捜査では、客観的な証拠との照合、吟味が不可欠となる。

　そのために必要なことは

①　利害関係のない第三者的立場の目撃者等参考人の確保

②　事故現場等関係箇所の実況見分

③　物的証拠の収集、確保

である。しかも、これらはできる限り早期に実施しなければならない。交通事故捜査の成否は、上記の点を柱とする初動捜査の迅速性、的確性にかかっている。マスコミの交通捜査批判もここに集中しており、捜査官が発見し得なかった目撃者を被害者や遺族が発見して有罪判決や嫌疑なしの裁定を覆したという事例が報道されることも少なくない。捜査官の恥辱と心得なければならない。

　なお、Ｎシステム（自動車ナンバー「自動読み取りシステム端末装置」）が設置されている道路での事故について、事故の直前直後に現場を通過した車両を割り出して目撃者を確保した事例（川崎支部平11・5・11高検調同年番号15）があ

る。参考とされたい。

② 警察官の作成する書証とその作成要領

書証の主なものは、次のとおりである。

1 現認報告書又は捜査報告書

現認報告書とは、警察官が交通取締り等に際し、無免許運転、速度違反、酒酔い運転などの道路交通法違反を現認した状況等について作成する報告書であり、いわば警察官による目撃状況についての供述書である。したがって、現認した事実のままを記載する必要がある。推測にわたる事実を記載したり、同僚が現認したことを自分が現認したように記載することは許されない。そのような推測や非現認事実を記載すると、その部分のみならず、真に現認した事実についての記載まで信用性がないとの評価を受けることになる。

捜査報告書とは、広くは上記の現認報告書も含むが、要するに警察官が作成する報告書で、交通事故の発生状況、捜査の経過、犯人特定に至った経緯等について作成する報告書である。捜査の経過を追って逐次作成する部分的ないし経時的報告書と、捜査の最終段階で作成するまとめの報告書、その後補充捜査の結果判明した事実についての報告書等がある。記載の要領は、上記の現認報告書の場合と同じで、捜査の経過・結果等についてありのままを記述することが肝要である。内容が不完全であれば補充捜査をすればよいのであって、不完全さを糊塗しようとしてはならない。真実は、それを追及しようとするおう盛な意欲をもって努力する限り、時を追って段階的に明らかになっていくものである。

2 実況見分調書

次項③において詳述する。

3　参考人供述調書

被害者、目撃者等の供述を録取した調書である。実況見分の結果など、現場の客観的状況と矛盾しない供述を録取することが大切である。

なお、致死事件及びこれに準ずる重大事件にあっては、被害者の遺族等から処罰感情等の心情を聴取し、協力が得られない場合を除いて、調書化を励行する必要がある。

4　被疑者供述調書

加害者の供述を録取した調書であり、自白、否認、一部自白、一部否認などの内容に分かれる。供述調書作成に当たっては、加害者に限らず、関係者に真実を語らせることが重要であり、否認即虚偽と決めつけないで、現場の状況、車両の損傷の部位・程度、目撃者の供述など総合的な観点から加害者供述の吟味・追及を重ね、根気よく真相を究明していく態度が必要である。

5　鑑識カード

後に第4 ② 2(1)（117ページ）において詳述する。

③　実況見分調書の重要性及び関連事項

1　実況見分調書の重要性と関連事項

(1)　実況見分とは、物の存在・形態及び性状などを五感（視・聴・臭・味・触）の作用により実験・認識する捜査手続である。捜査官による検証（刑訴法218条）の場合と異なり、裁判官による令状を必要としない。その意味で強制処分でなく任意処分であるといわれる。

実況見分の結果を記載した書面が実況見分調書である。

実況見分調書は、事故現場等の状況を明らかにし、関係者の供述などと相

まって事故状況の再現を可能ならしめるため必要であるとともに、事故後における現場等の改変やこれを根拠とする関係者の供述の変遷に備えるための動かぬ証拠として重要となる。

　実況見分調書の証拠能力は、検証調書（刑訴法321条3項）の証拠能力に準ずる（最判昭35・9・8刑集14・11・1437、同昭36・5・26刑集15・5・893）。

　したがって、真正に成立されたものであることがその要件である。すなわち、その実況見分調書が作成名義人によって真正に作成されたものであり、記載内容がその作成者による実況見分と一致していること、実況見分そのものが事故現場の客観的状況を正しく捉えたものであることが要件とされている。

　実況見分は慎重に行い、推測や憶測にわたるような事項を記載してはならない。特に指示・説明については、誘導・強制のないように留意する必要がある。

　なお、このように証拠能力が認められる書面は、「実況見分調書」という表題が付されたものでなければならないというものではなく、その内容が捜査機関による見分の結果を記載したものであれば、「捜査報告書」、「写真撮影報告書」などの表題がつけられた書面も同じく実況見分調書である。

(2)　実況見分調書、特に事故現場の実況見分調書は、事故直後の生々しい状況を調書にまとめたものであり、交通事故処理上及び裁判上の最有力証拠となる。

　綿密な実況見分（場合によっては、検証）の必要性も、被疑者・被害者など関係者の取調べも、突き詰めれば「過失の有無を明らかにし、そのための証拠を収集・保全することが目的」である。

　交通事故事件においては、「事故現場の状況、被害者の身体の受傷状況、加害車両や被害車両の損傷状態、その他事故に関係ある物件」の正確な観察なくしては、事故後の捜査は進められないし、実況見分とその結果の証拠化（実況見分調書の作成）が事実の認定、殊に過失の有無の判断に決定的な方向性を与える。したがって、この種事件では、事件発生後間もなく事故現場を見分した司法警察職員が作成した実況見分調書があらゆる証拠の中でも最も重要な地位

を占める。

　実況見分は綿密に行わなければならないし、実況見分調書の内容の正確性が
強く要求され、いささかなりとも事実を歪曲した記載や虚偽の記載があっては
ならない。

2　実況見分の在り方

　実況見分調書は、その正確性や妥当性が上級審にまで争点の中心になるばかり
か、加害者、被害者間の「民事」にも使われ、被害者が見る機会も多く、被害者
側からのクレームの対象になることもある。

　その作成に当たっては、迅速性、客観性、具体性、正確性、簡明性が重視され
る。

(1)　迅速性

　事故現場の状況は刻々と変化する。また、関係者の記憶は時間の経過によっ
て急速に薄れる。したがって、事故発生後できる限り迅速に実況見分を行い、
その結果を実況見分調書化しておくことが必要である。

　交通事故現場は、採証の適正・迅速という要請と速やかな交通秩序の回復と
いう要請とが互いに激しくぶつかり合う局面でもあり、そのいずれを上とする
かは軽々に論じられるものではないが、少なくとも死亡や重傷を伴う事故につ
いては、交通の流れを一時的に停滞させることがあっても、後日に備え、実況
見分に遺漏のないようにしなければならない。

(2)　客観性

　実況見分調書は、現場に臨まない検察官、裁判官その他訴訟関係者に対し
て、事故現場の模様を認識させる証拠であり、見分者が五感により認識した事
故現場の状態を、ありのままに客観的に記載する必要がある。実在しない、い
わば幻の信号機や交差点、車両などを記入しないこと。道路の中央線が実際に
は交差点内まで引かれていないのに、見取図では引かれていたようなケースも

ある。

(3)　具体性

記載内容は、形式的、抽象的でなく、具体的に表現したものでなければならない。

その裏付けや証拠となる事実についても同様である。

(4)　正確性

記載方法は正確であることを要し、「やや」とか「比較的」というような曖昧で、読む者の受け取り方によって差のある表現方法を用いることは避ける。

(5)　簡明性

記載内容は、実況見分の目的に合わせて要点を簡明に書くことが必要である。

3　被疑者及び被害者の進行状況についての指示説明

(1)　相手を最初に発見したときの相互の位置関係
- ・　発見遅滞による事故の場合には、その原因となった行為（脇見など）の始期、継続、終期地点
- ・　信号絡みの事故、高速度走行が事故の一因の場合、右左折・転回等の禁止・制限などの規制のある場所での事故などは、それらの道路標識・標示ないしは信号機の位置及びこれらを認識した地点
(2)　事故発生の危険性を感じた時の相互の位置
(3)　急停止等の非常措置をとったときの相互の位置
(4)　接触、衝突地点
(5)　事故後停止・転倒した地点及び方向
- ・　転倒した場合（頭部は○○方向等と記載）
(6)　現場のスリップ痕、落下物などとの関係

4　測定方法

⑴　衝突地点等は将来、現場の再現が可能となるよう不動物体を基点とした三点方式が望ましい。

⑵　基点は常に関係地点に近いところにある固定物を選択すること。

⑶　巻尺で計測する時には「たるみ」を出さないこと。

⑷　スリップ痕などで、曲線となっている場合は、曲線に沿って巻尺を当て、正確に計測すること。

⑸　道路の幅員の測定は必ず有効幅員も測定すること。

5　事故現場に対する捜査要領

道路（地形）の状況

　ア　幅員（有効幅員）、中央線、車両通行帯、歩車道の区別の有無、舗装・非舗装の区別など

　イ　屈曲、湾曲、傾斜、勾配の有無・程度

　ウ　路面の状況

　　・　アスファルト、コンクリート、簡易舗装、砂利道などの別（制動距離との関係）

　　・　乾燥・湿潤の別、凍結、積雪の有無など（滑走事故において重要な事項）

　　・　欠損部、凹凸、盛り土、工事箇所その他危険箇所の有無

　　・　道路両側の状況（側壁、側溝蓋の有無など）

　　・　道路上の放置物件の有無。位置と事故に及ぼした見通しなど、妨害の程度（駐車車両、電柱、街路樹など）

　　・　踏切、警報機、遮断機の有無

　エ　交差点の状況

　　・　交通整理の有無（信号機設置の有無）

- 優先関係、幅員の広狭差、交差点角
- 交差道路の見通し状況

  ※　見通し状況については、交差点直近の見通し状況の写真添付が多いが、交差点進入前の見通し状況を明確にすること。

- 横断歩道の有無

オ　路肩の状況（ガードレール、側溝の有無、地盤の強弱）

カ　市街地、住宅地、行楽地、商店街の別、歩行者天国、スクールゾーンなどの有無（徐行義務の有無、いわゆる飛び出しの予見可能性との関係）

キ　高速道路、車両専用道路の別

ク　見通しを妨げる障害物の有無

ケ　見通しの妨げとなる障害物の有無

- 建物、看板、電柱、草木、幟、旗等

  ※　草木にあっては、時期により繁茂の程度が異なるため、見通し状況は刻々と変化する。したがって、事故発生当時の状況を明確にしておく必要がある。

- 車両の有無（駐停車、先行車、対向車の有無）
- 人（歩行者、佇立者、遊戯中の児童など）
- 障害物の具体的状況

コ　天候（霧、雨、雪など）

サ　明暗の程度

実況見分調書にはこの記載漏れが多く、具体的な表現を用いること。

- 事故発生時刻（日没前か後か）
- 天候（月明かり、星明かりの有無、月齢）
- 街頭、建物の明かりなど（位置、距離、方向）
- 車両の前照灯の状況（点灯の有無、照射力など）
- 被害者の着衣の色など

シ　交通規制の有無・内容

- 信号機の有無・種類

　　　自動式、押しボタン式、車両用、歩行者用、両者共用の別表示、周期、
　　　規制内容、他の信号との関連性
・　被疑者らが認識した信号機の特定
・　信号機の表示についての認識の有無
・　信号サイクルの確認
　※　必ず信号サイクル表を作成して添付すること。
　　　サイクル表によって、事故時における双方の信号表示を解明しておく
　　　こと。
　※　信号サイクルは、信号機の種類によって事故時と実況見分時で相違す
　　　ることがあるので、注意すること。
　※　横断歩行者用信号機の表示を実況見分調書の現場見取り図に記載され
　　　ていない事例が散見される。
ス　交通規制の効力
・　現場の道路標識・標示の及ぶ範囲、地域及びこれが公安委員会によるも
　　のであること。
　※　標識の状況などについての写真撮影には標識が明確に判別できるよう
　　　に工夫して写真撮影すること。
・　信号機、道路標識・標示は通常の注意力をもってすれば事前に正確に確
　　認できたか。
　　標識・標示の有効性の問題である。
セ　交通状況
・　車両、歩行者の通行量、方向、速度など
・　対向、先行、並進、後続車両の流れ
・　渋滞の有無・程度
ソ　事故状況
・　車両、衝突された建物、その他の物件の損壊の有無及び程度、部位、方
　　向など
・　血痕、遺留品（ガラス片、塗膜片、その他の部位や破片、落下泥土な

　ど）の有無、特殊性、位置など
・　滑走痕（車輪痕、引きずり痕）の有無・位置、方向・特徴
　　車両が急停止の措置を講じた時の滑走痕の状況
　　車両の急停止措置時の速度
　　急停止の措置について判断した地点
　　制動効果の開始地点
　　制動装置の故障・欠陥の有無

6　車両に関する捜査要領

(1)　車両の諸元等の確認

　車両名称、車種、年式、登録番号、定員、積載量、車長・車幅・車高、ボンネットの長さ、ハンドルの位置、タイヤの磨耗状態、使用頻度

(2)　装置の性質

・　制動装置の種類
　　ドラムブレーキかディスクブレーキか、ABS 装着車か非装着車か
　※　制動装置の欠陥を疑わせるような供述調書であるのに、制動装置の性能を見分していない事例がある。

(3)　前照灯

・　上向き、下向き、減光の別、対向車の前照灯による幻惑、位置関係
　　前照灯は夜間、原則として前方100メートル
　　　　　　　　下向きの時は前方40メートル
　　の障害物を確認できる性能を有するものでなければならない。
　※　夜間事故で、前照灯の照射距離を測定していない場合が多い。
　　交差点の見通し状況にも関係してくるので、照射距離測定を励行する。

⑷　事故によって生じた車体の損傷の有無、部位、程度

・　車体、フェンダー、バンパーなどの物体・人体等による塵芥の払拭痕など

　※　追突事故で、頸椎捻挫の障害が発生したとしながら車両の損壊状況の写真が添付されていない事例が多く見受けられる。

　　後日、写真の追送を指示しても送致できない。

　※　損傷部位で、「以前○○に貸したとき○○がぶつけたもの。」などの弁解が出たら、必ず名前の出た者から、その裏付けをとる必要がある。

・　車体下部に付着した泥土の剝脱

・　被害者の血痕、毛髪、衣服の繊維等の付着の有無

・　車両の所有・管理又は使用状況

・　所有者、日常の使用者

　　車検証の写しを作成して送致記録に編綴すること

・　管理者は誰か

・　使用頻度（走行距離）

⑸　死角の範囲

・　運転席からの死角の範囲

・　各種ミラーの設備状況とそれぞれの死角の範囲

・　死角に対する認識の有無

　　車両の死角に起因する疑いのある交通事故にあっては、死角の範囲、車種により、あるいは同一車種であっても種々の条件によって変化することに注意が必要。

捜査上の留意事項

　　死角を十分に解明するためには、運転者を立ち合わせて種々の実験を行い、実況見分を十分に尽くし、その死角及び死角の変化を写真撮影するなどして明らかにしておくとともに、運転者の尽くした注意義務の内容についての捜査も十分に行う必要がある。

* 運転席からの死角

* 死角に対する認識の程度

* 乗車前、乗車後の死角に対する安全確認の履行状況

* 通行人、幼児などの近接予見性の有無及び程度、警告、待避等事故防止措置の履行状況などの捜査

被害者が死角圏内にいたものとの主張、弁解に対しては

* 停車時間の長短

* 停車地点の幼児や歩行者の往来等の交通状況から歩行者の進入が予見可能であったかどうかについて捜査を尽くす必要がある。

(6) 故障（不良）箇所、内容、原因

・ 故障（不良）の認識と予見可能性の有無

・ 修理の難易と履行状況

修理工場等に照会してから明らかにしておく必要がある。

※ ブレーキの利きが甘かったとの弁解があったにも関わらず、制動装置の性能実験などがされないまま送致され、補充捜査の段階では既に廃車されており、再現不可能という事例があった。

(7) 車検、保険の有無・内容

運行条件の有無・内容

いわゆる欠陥車に該当するか否か。

7 実況見分と立会い

実況見分には両当事者の立会いを求めるのが原則である。

※ 一方当事者だけの立会いで行った実況見分には、苦情が出やすい。

※ 当事者が入院している場合にはどうするか。

捜査官において、被害者から事情聴取を行う必要があり、被害者に出頭を求めて被疑者立会いのみによる実況見分調書を示したところ、「自分は被害者なのに、

自分が入院している間に相手だけ現場に行って好き勝手なことを言ったのを書類にした。こんな実況見分調書なんか信用できない。」とクレームをつける場合もある。

　対策としては、被害者が入院していても、迅速性の観点から被疑者だけの立会いによる実況見分を実施する。被害者が退院したら、被害者立会いの実況見分を実施する。

　そして最終的に被疑者、被害者立会いの実況見分調書を作成する。

8　幼児の立会いと指示、証拠能力

　被害者や目撃者が幼児である場合、立会いと指示、証拠能力が問題となる場合がある。

　幼児（未就学児）であっても指示説明ができる場合があり、たとえ正確な指示説明や供述ができず、断片的であっても、立会人の指示説明としてありのままに記載し、別途供述調書を作成しておく必要がある。幼児の供述調書を作成する場合、保護者にも立会人として署名させることは当然の配慮であるが、これとは別に、幼児が事故を目撃するに至った経緯や状況、幼児の能力等について保護者の供述調書をも作成し、幼児の供述内容の信憑性を担保しておくことが重要である（東京高判昭53・6・22東京高検速報2302「4～6歳であっても証言能力がある。同人等の弁識し得る範囲内のことで、特異体験であることを考慮すると信用性が認められる。」)。

9　指示説明と供述の区別

(1)　指示説明の本質

　立会人の指示説明を求めるのは、立会人の供述を求めることではない。

　立会人の指示説明は、見分者が明らかにしようとする現場の状況、位置、距離等を具体的に指摘する行為であって、立会人が過去に経験した事実に関する供述は含まれないことから、実況見分調書の記載内容として「指示説明」と供

述とを混同してはならない。

　事故の状況、特に時間的な経過を明らかにするのは供述調書の役割であり、実況見分調書の役割は、場所的な状況を明らかにすることである。

　指示・説明は、場所的な位置、距離関係を明らかにするために必要という観点から実況見分と不可分の一体をなすものとされている。

(2)　記載方法

○　衝突地点の表現で、「○○で衝突した。」との表現は、衝突したという状況に力点を置くので、状況説明となり供述に当たる。

　一方、「衝突したのは○地点」は地点の特定に力点を置くので、場所の説明であり、実況見分の枠を超えていないから許容される。

○　「私は前方注視を欠いたまま運転して、①地点に差し掛かった際、被害者が⑦地点に立っているのを初めて発見した。」というのは供述であり、「私が被害者の立っているのを発見した地点は①地点であり、そのとき被害者の立っていた地点は⑦地点である。」というように立会人が指示した地点だけを記載すればよい。

(3)　具体例

　立会人の事故状況の説明内容は、

「私は、普通自動車を運転して時速約50キロメートルの速度で①地点に差し掛かった際、横断歩道左端の歩道上⑦地点に被害者が立っているのに気付きましたが、私が通過するまで横断開始しないだろうと思ってそのまま走行し、②地点に来たところ、突然被害者が私の進路上の横断歩道の①に飛び出してきたのを認めたので、びっくりして③地点でハンドルを右に切りながら急ブレーキを踏んだのです。

　私は被害者が横断開始する前に横断歩道を通過しようと加速しておりましたので、そのころには時速約60キロメートルになっていたと思います。

　そこで慌てて急ブレーキをかけたが、間に合わず⊗地点で衝突し、④まで進

んで停止しました。被害者は⑰地点に転倒していました。」

　これを指示事項として記載すれば、次のようになる。

　「立会人に対し、①最初に被害者を発見した位置、②被害者が横断し始めたのに気付いた位置、③急ブレーキを踏んだ位置、④衝突地点、⑤停止地点及び被害者の転倒地点の各位置について指示を求めたところ、

　　立会人は、

(1)　最初に被害者を発見したのは①地点であり、その時の被害者の位置は⑦地点であった。

(2)　被害者が横断を開始したのを認めたのは②地点であり、その時の被害者は⑦地点であった。

(3)　急ブレーキをかけた位置は③であった。

(4)　衝突地点は⊗であった。

(5)　停止地点は④で、被害者が転倒していたのは⑰でした。

とそれぞれ説明した。」

　このような記載方法によれば、なんら非難を受ける余地のないものとなる。

　実況見分のため必要とする範囲と限度を超えた立会人の指示説明部分は記載してはならない。

　立会人には指示説明と供述との限界を区別する能力はない。

　これを取捨選択するのは実況見分者である。

10　立会人の指示説明が客観的状況と矛盾する場合の対応

　実況見分において、立会人が見分者の求めに応じてある地点を指示した場合、見分者は、単にその地点を指示どおりそのまま記載すれば足るというものではない。

(1)　見分者は、立会人の指示内容に他の証拠と矛盾する点はないか、不合理な点はないか、常にその合理性を検討しつつ実況見分を行う必要がある。

　加害車両と被害車両の各速度と衝突地点に至るまでの距離を考慮すると「絶

対に衝突することはない」と思われる加害者の指示をそのまま実況見分調書に記載した場合、その記載された立会人の指示事項の合理性が問題となる。

　立会人の指示内容が不合理だと思われる場合には、見分者は立会人に対して、その旨を告げて再考を求めるべきである。

　もし、立会人が見分者の説得にもかかわらず、依然として、従前の地点を指示する場合には、立会人の指示地点ⓐは、その指示どおり確定したうえ、見分者が事故現場の客観的状況に基づいて衝突地点と認める地点ⓑを特定し、その地点が衝突地点であると認めた客観的状況（ガラス片の散乱状況、落下物の状況、ガウジ痕の印象状況等）を実況見分調書に記載しておく必要がある。

　要するに、地点の特定は、本来、見分者の五感の働きにより、客観的状況に基づいて行われるべきであって、立会人に指示説明を求めるのは、補助的手段に過ぎないというのが本質なのである。

⑵　1通の実況見分調書に被疑者と被害者の立会いによる指示説明がある場合、相互に発見した地点及び衝突地点に矛盾がなければよいが、両名の指示説明どおりでは相互の車両の速度と距離関係から発見不能、衝突不能という結果になりかねない場合もある。

　見分者としては、両名の指示説明を鵜呑みにせず、現場で状況に照らしながら吟味しなければならない。

　あくまでも両名が自らの指示説明にこだわって言い張る場合には、それぞれの指示説明を盛り込んだ複数の実況見分調書を作成する必要がある。目撃者がある場合は、実況見分に目撃者の立会いを求め、その指示説明による実況見分調書を別に作成しておく必要がある（高松高判昭31・12・27）。

11　その他調書作成上の留意点

①　他人に読ませるものであるから文字は正確に、判読しやすい文字で書くこと。ワープロで作成する場合は、文字変換に注意する。

②　不動文字のチェックが不適当、不鮮明になっていないかどうか確認。

③　地番の表記を正確に記載すること。

　　２丁目35番→２丁目35番地（又は二丁目35番地）

　　　犯罪場所の特定であるから、全記録を再確認する必要がある。

　　　犯罪場所の特定であるから表記は省略しないこと

　　２－２などとしないこと

　　　２の２番地？　２丁目２番地？　など、疑義が生じる。

④　横断歩道などの交通規制に関連する標示・標識は明確に記載し、漏れがない
　ようにすること。

⑤　道路幅員の記載を忘れないこと。

⑥　ドア開閉事故の場合、開放間隔と通行余地部分の測定方法に留意すること。

⑦　信号設置の交差点については、必ず現場見取図に信号の記載をすること。

　　　原図には歩行者用信号が記載されているのに、現場見取図には記載されて
　いないこともある。

⑧　添付図面の方位は必ず、そして正確に記載すること。

⑨　現場写真はできるだけ多く撮影しておくこと。

　　　写真撮影そのものを実施していないことも少なくない。

⑩　作成日を誤らないこと。

　　　時々事故発生前の日付・時間になっている実況見分調書がある。

⑪　加害車両、被害車両の事故発生時の状況を明確にしておくこと。

　　　チェンジレバーの位置、ウインカーが出ていたのか否か。

⑫　夜間事故の場合には、照射見分の実施をしていないものが多いので注意。

　　　必ず照射実験を実施して照射距離を明確にしておくこと。

　　　見通し状況、ひいては発見遅滞の有無に影響する。

⑬　夜間の見通し状況については不動文字に頼りすぎないこと。

　　　適宜、やや暗い・薄暗いなど具体的に記載すること。

⑭　追突事故の場合の距離は、先行車の後部と被疑者運転車両の先端部か、運転
　席か原図と正式な現場見取図とに食い違いがないように注意。

⑮　交差点信号確認の位置について、信号機までの距離の記載はあるが、交差点
　手前の停止線までの距離の測定がなされていない実況見分調書がある。

12　写真の重要性と証拠能力

　多重事故、複雑な事故形態等、確実な現場見分を行うには相当長時間の詳細な見分が必要であるのに、現状では、見分者が交通事故現場で実際に実況見分を行うことができる時間は、交通秩序回復の必要等から僅かな時間しかない。

　このような場合、現場の状況、事故車両の損壊・停止状況等をあらゆる角度からできる限り写真撮影することによって、後日、事故態様等の実体を解明することが可能となる。

　事故現場で撮影した写真がダブッていたり、フィルムが巻き上げられておらず、たびたび「写真撮影失敗報告書」が添付された実況見分調書を目にする。

　近年、フィルムカメラからデジタルカメラに変わってきており、撮影内容をその場で確認しつつ撮影することができるし、写真の精度も極めて高くなっている。

　しかし、デジタルカメラで撮影した写真、いわゆる電子画像は、改ざんが容易であるなどとして、刑事裁判の証拠として不適切であるといわれていたことを忘れてはならない。

　電子画像を修正する様々なソフトがパソコンに装備されており、画像データそのものから修正・改ざんがなされたかどうかを明らかにすることが困難である。

　そこで、画像が改ざんされたとの主張がなされた場合の対応が問題となることから、現在では、書き切り型媒体を使用したり、改ざん防止装置付デジタルカメラが普及してきた。

　現場で撮影した写真は、撮影者、撮影データ等を明らかにすれば、書類ではなく「証拠物」として取り扱われ、伝聞法則の対象とならず、証拠能力が認められる。また、撮影等に関与した捜査官が普通の写真の場合と同様「改ざんを行っていない」旨の正しい証言を行えば証拠能力が認められる。

13　鑑識的採証の必要性

　事故現場では、時間的その他の制約があり、現場では気が付かない重要な資料等の採証漏れが生じる。そのため裁判で争われ、不本意な判決を受ける結果ともなりかねない。

　スリップ痕跡、ヨーイング痕跡、ガウジ痕等について長さや幅、形状が測定されておらず、写真撮影していてもそれが不鮮明であったり、事故車両のトレッド幅（轍間距離）、ホイールベース（軸距）が測定されていなかったため、当該スリップ痕の特定が困難で、事故車両の移動状況が解明できない場合もあり、衝突地点や衝突角度、衝突時の双方車両の速度等が認定できなかった事例があった。

　現在の自動車工学を基礎とする鑑定技術からすると、事故現場の痕跡がしっかり採証され、適正な実況見分調書が作成されていれば、当該交通事故を正しく再現することが可能であるため、鑑識的採証が重要となる。

14　見通し距離及び発見可能地点の解釈

　交通事故事件の実況見分に当たり、「見通し距離」及び「発見可能地点」の意味を正しく理解していないと過失認定を根本的に誤ることになり、再見分を余儀なくされるなど、一連の捜査・処理が遅滞することになる。

　見通し距離は、立会人（交通事故当事者）が交通事故発生現場において、現実に見通した距離を測定したものをいうが、事例を挙げると次のとおりである。

ア　前方の車両、歩行者等に対する事故の場合の見通し距離

　　立会人の運転席から見通した前方（左・右）の見通し距離（直線距離）

イ　右（左）方から進行してきた車両、歩行者等に対する事故の場合の見通し距離

　　立会人の運転席から見通した右（左）の見通し距離（相手方の進行してくる方向から交差点までの距離L、L′）をいう。

　　この事例の場合の見通し距離の基点とする地点は、立会人が事故の直前に現実に見通しを確認した地点が望ましいが、これによることができない場合は、

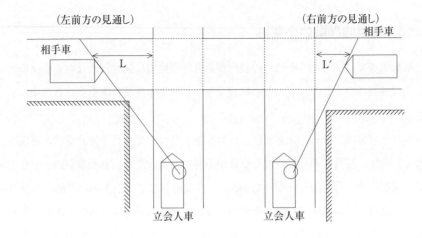

「進路変更地点」、「右（左）の合図をした地点」等、事故直前に被疑者が事故に影響のある行動をとった地点とするなど、工夫した指示をさせることが必要である。

ウ　見通し距離の測定

(ｱ)　見通し距離は、立会人の進路前方に対するものではなく、事故の相手方の進行方向に対するものをいい、次図を例にとると見通し距離は、①地点で前方200メートルではなく、左前方10メートルである。

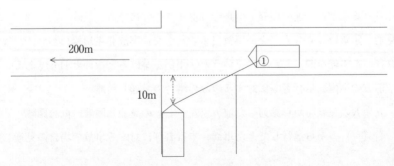

(ｲ)　発見可能地点を正確に捉えることの重要性

　　事故を防止できる地点（制動距離の手前）での見通しの範囲、いわゆる発見可能地点を明らかにしうるか否か、また、明らかにしてあるか否かによって過失内容が異なってくるため、実況見分に際し発見可能地点を正確に捉え

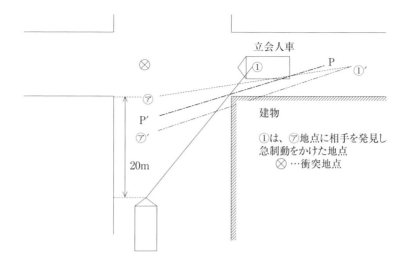

立会人車

P

①′

⑦

P′

建物

⑦′

①は、⑦地点に相手を発見し
急制動をかけた地点
⊗ …衝突地点

20m

ることは非常に重要である。

図(イ)の事例で説明すると

○　立会人が見通し距離を①（運転席）地点と指示説明した場合、見通し可能
な距離は左前方20メートルとなるが、これは過失の有無、内容を判断するた
めに必要な見通し距離ではない。

○　⑦の発見が可能な地点を立会人の指示説明に基づき①′と特定するといっ
た間違いが多い。

　　立会人の走行地点を①′とした場合、その地点からは、建物の角が障害と
なり、その時点での被害車両（その走行速度を勘案すると、⑦ではなく⑦′
地点を走行していたはずである。）を発見することができないことになる。

　　また、「回避可能地点」がP、そのときの被害者（車）がP′であるのに、
Pを「発見可能地点」と誤記する例があるので、注意しなければならない。

　　正しい発見可能地点（P−P′）のとり方は、当事者双方の事故直前の走
行速度を勘案しつつ、①地点から逆戻りさせ、また被害車両を⑦地点から同
様に逆戻りさせた結果、被害車両をどの地点において発見することができる
かを特定するのであるから、この事例では、P−P′に発見可能を特定する
のが妥当である。

○　立会人運転車両の走行速度がP－⊗の距離内で制動可能な場合、P地点で被害者（車）をP′地点に発見し、的確に急制動措置をとったことによって衝突を回避できたのであればこの事故の過失は「発見遅れ」になり、P地点で的確な急制動措置をとったにもかかわらず衝突したと認められた場合は、発見遅れではなく、「一時停止義務違反」又は「徐行義務違反」等の他の過失を検討しなければならない。

　したがって、この事例による立会人の指示説明では、立会人が①地点で被害車両を㋐地点に発見し衝突したのであるから、この事故の過失は「発見遅れ」が一要素と認められるので、前述のとおり、P－P′地点に発見可能地点を特定するための正しい実況見分を実施する必要がある。

　　注　上記事例による説明に際し、①′、㋐′を便宜的に使って説明したが、実際の実況見分では特定する必要はない。

第4　交通事故に伴う悪質事犯と捜査上の留意点

① 無免許運転

1　意　義

何人も、公安委員会の運転免許を受けないで自動車又は原動機付自転車を運転してはならない（法64条1項、117条の2の2第1号）。

無免許運転には、全くの無免許運転のほか、その免許では運転できない車種の車両を運転した免許外運転も含まれる。また、無免許とは運転免許を受けないでという意味であるから、運転免許試験に合格しても、まだ免許証の交付を受けない段階で運転すれば運転免許を受けないのに運転したということになり、無免許運転になる。

不正に入手した国際運転免許証を所持しての運転も、無免許運転になる（最決昭53・3・8刑集32・2・268）。

2　捜査上の留意点

(1)　無免許運転と犯意

無免許運転は故意犯であるから、自分が有効な免許証を所持していないのに自動車又は原動機付自転車を運転したという認識がなければならない。この点は通常は問題にならないが、**偽造された国際運転免許証**を有効なものと信じて運転していたという場合、無免許運転の故意が認められるかどうかが問題となる。しかし、その国際運転免許証を取得した経過や動機を丹念に追及していけ

ば、薄々にせよ正規なものでないことを感じていた場合がほとんどであり、少なくとも未必の故意（有効なものとして通用するものではないかもしれないとの認識）が認められる場合が多い。弁解にげん惑されることなく、確信をもって追及することが大切である。

なお、無効な国際運転免許証を有効なものと誤信していた場合でも、その誤信は法律の不知（刑法38条3項）にすぎず、故意を否定するものではないとした判例（仙台高判昭54・4・26刑裁月報11・4・307）がある。

(2)　無免許運転の自白と補強証拠

無免許運転は、交通事故の際や交通の一斉取締りの際に現認されることが多い。したがって、警察官による現認報告書が証拠として重要であるが、その記載が例えば「免許証の有無を尋ねたところ、持っていないとの返答があった」というのでは、無免許の自認なのか、免許証不携帯（法95条1項、121条1項10号）の自認なのか判然とせず、証拠価値が極めて乏しいことになるので、明確にしておく必要がある。

なお、運転免許センターなどに**免許取得の有無に関する**照会を出し、その回答書を得ておくことが基本的に重要であることはいうまでもない。

(3)　無免許運転中の事故と自動車運転過失（無免許運転による加重）

無免許運転中に交通事故を起こし死傷の結果を発生させた場合、後述する危険運転致死傷罪に該当しない限り、過失運転致死傷罪に問擬すべきことになる。

平成25年11月27日に制定・公布され、平成26年5月20日に施行された新法（自動車運転死傷処罰法）では、新たに無免許運転による刑の加重規定が設けられた（6条）。

これにより、無免許運転中に、新法5条の過失運転致死傷罪（改正前の刑法211条2項の自動車運転過失致死傷罪が移されたもので、規定の内容は全く同一）を犯した者は、10年以下の懲役に処することとなった（通常の過失運転致死傷罪と比べると、罰金刑・禁錮刑の選択がなくなった上、懲役刑の法定刑の

上限が7年から10年に加重されていることに注意)。

　この加重規定が新設された理由は、無免許運転は、自動車を運転するには運転免許を受けなければならないという最も基本的なルールに違反する著しく規範意識を欠いた行為である上、運転免許制度が予定している運転に必要な適性（視力等）、技能、知識について試験や講習等を受ける機会がなく、危険性も高いと評価されたからである。

　なお、前述のとおり、無免許運転は故意犯であるから、無免許の認識があることが加重の前提なのは当然である。また、従前とは異なり、死傷事故を起こした際の無免許運転の罪は、「無免許過失運転致死傷罪」（新法6条4項）という加重された一つの罪の一部となるので、過失運転致死傷罪との同時捜査・処理を徹底する必要がある。

　〈記載例 G11・12〉

⑷　無免許運転と運転避止義務

　無免許かつ運転技量未熟の場合は、運転を開始しても的確な運転操作ができず、事故を起こしやすいので、そもそも運転をしてはならないのである。これが「運転避止義務」である。

　危険運転致死傷罪（刑法208条の2）の創設に伴い、この無免許かつ運転避止義務違反の走行は同条1項後段の「（自動車の）進行を制御する技能を有しないで自動車を走行させ」として類型化された（「無技能類型」ないし「未熟運転」と呼ばれる。）。その後、危険運転致死傷罪が新法（自動車運転死傷処罰法）に移されてからも、同法2条3号において全く同一の内容が規定されている。その詳細は後記危険運転致死傷罪の解説を参照されたい。

②　酒気帯び運転と酒酔い運転

1　意義・態様

法65条1項は、「何人も、酒気を帯びて車両等を運転してはならない。」と規定

116

し、酒気帯び運転を禁止しているが、この禁止に違反すればすべて処罰の対象となるというものではない点に注意する必要がある。

　処罰の対象となるのは、第1に、酒気を帯び血液1ミリリットルにつき0.3ミリグラム以上又は呼気1リットルにつき0.15ミリグラム以上のアルコールを身体に保有する状態で車両等を運転した場合である（法117条の2の2第3号、3年以下の懲役又は50万円以下の罰金（平成19年法律第90号により改正）、令44条の3）。アルコールの身体保有量がこの程度に達しない場合は、次の酒酔い運転と認定される場合は別として、酒気帯び運転として処罰することはできないのである。

　第2に、酒に酔った状態、すなわちアルコールの影響により正常な運転ができないおそれがある状態で車両等を運転した場合である（法117条の2第1号、5年以下の懲役又は100万円以下の罰金）。これを酒酔い運転として特に区別している。

　アルコールの影響については個人差が著しく、同一人であっても飲酒の方法、飲酒時の心身の状況等によって一様ではないので、呼気又は血液中のアルコール濃度が上記第1の程度に達していなくても酒酔いの状態になる場合もあるし、その程度をはるかに超えていても酒酔いの状態にならない場合もある。そこで酒酔いの状態で運転したと認定できる場合には、アルコール濃度が上記の程度に達していたか否かを問わず、「酒酔い運転」になり、酒酔いの状態にまでは至っていなかったと認められる場合には、アルコール濃度が上記第1の程度に達していたか否かを化学判定の結果その他によって判断し、その程度を超えていた場合に「（罰せられるべき）酒気帯び運転」となる。

　当然のことながら、その程度を超えておらず、かつ、酒酔い運転とも認定できない場合には、交通道徳に反する悪質な行為として道義的に非難は免れないが、道路交通法違反として処罰の対象とすることはできない。

2　捜査上の留意点

(1)　鑑識カードの作成要領

　この種事犯の認定で最も重要な証拠は、「酒酔い・酒気帯び鑑識カード」（以下「鑑識カード」という。）であり、したがってその作成には細心の注意をもって当たる必要がある。

　鑑識カードには、

①　化学判定欄

②　外観による判定欄

③　質問応答状況欄

④　見分の状況欄

等の記載欄があり、現認警察官が記入する。この①、②、④の記載部分は、「司法警察員の検証の結果を記載した書面」（刑訴法321条3項）であるとされ、③の記載部分は、調査の際に警察官が聴取した事項の報告で、捜査報告書たる性質の書面（同321条1項3号）であるとされている（最判昭47・6・2刑集26・5・317）。

　鑑識カードの作成について特に留意すべき事項は、次のとおりである。

ア　鑑識カードの作成に必要な外部的状態等の見分は、原則として、複数の警察官によって実施すること

　見分等の円滑性と見分結果の客観性、正確性を担保するためである。

イ　呼気採取前に必ず「うがい」をさせること

　もし「うがい」をさせることができなかったときは、その理由を具体的に書いておく。

　公判では、呼気検査前にうがいをしていなかったからテスト結果は不正確であるとして酒気帯び運転を否認するケースがしばしばある。

　飲酒後間もないときに呼気検査が行われた場合には、口中に残留するアルコールの影響により純粋に呼気中のアルコール量を判定することが困難にな

るため、その判定結果は不正確となる。そこで上記のような否認の主張がな
されることになるので、こうした弁解を封じるためにも、呼気採取前にうが
いをさせ、口中に残留するアルコールを除去させておくことが必要となるの
である。

　なお、飲酒後30分以上を経過すれば、唾液による浄化作用により、口中に
残留するアルコールは消去されるので、おう吐など特別な事情のない限り、
うがいをさせなくても、検査結果に差異はないとされている（東京高判昭
45・5・19東京高検速報1803号、仙台高判昭62・11・12仙台高検速報昭62年
2号）。したがって、飲酒後どの程度の時間が経過しているかが検査上重要
な点であり、鑑識カードの「質問応答状況」欄に「何時ごろから何時ごろま
で飲みましたか」という質問事項があって、その応答を記載することになっ
ているのはこのためである。しかし、この記載についても、公判では警察官
が勝手に書いたものだなどと否認することがあるので、鑑識カードの記載事
項にはなっていないが、「どこで飲んだのか」を必ず質問し、必要に応じて
その裏付け捜査を実施し、捜査報告書にまとめておくことが必要である。こ
のような措置を講じておけば、後日鑑識カードの作成の真正が公判で争わ
れ、作成者として証人喚問されるような事態になっても、自信をもって証言
することができることになる。

ウ　「アルコール濃度計算法（溝井式）」を使用すること

　危険運転致死傷罪、飲酒運転等に対する罰則強化など悪質違反者等に対し
ては厳罰化されてきたが、未だ飲酒運転による悪質重大な事件の発生が後を
絶たないばかりか、飲酒運転の発覚を恐れ、ひき逃げし、また現場において
追い酒して証拠隠滅を図るなど、ますます悪質化してきた。

　被疑者の犯行直前の飲酒量から、ある一定時間経過後の血中（呼気中）ア
ルコール濃度を計算式を用いて求める方法がある。

　捜査実務参考書の中には、飲酒量及び経過時間等を基に血中（呼気中）ア
ルコール濃度を算出した上で「アルコールの欠損率」を係数として乗ずる
「上野式算定法」、「ウィドマーク式計算法」を紹介している。

　　近年「上野式算定法」が正確性に欠けるとのことから「ウィドマーク式計算法」による計算方法を取り入れるようになったが、医師溝井泰彦の「アルコール代謝の個人差に関する研究」によれば、減少率には個人差があり、かつ、飲酒量により差がある上、人種差のあることも推測されたことから、日本人の減少率に対して被験者全体（144人）の平均値を求めたところ、1時間経過後の呼気1リットル中0.15プラスマイナス0.04ミリグラムで、また、体内分布係数は飲酒量に関係なく、平均値は同0.78プラスマイナス0.18であった。

　　「ウィドマーク式による計算法」は、欧米人の基礎データによるものであったことから、科学警察研究所では、溝井医師の研究した日本人の基礎データを参考とした「アルコール濃度計算法（溝井式）」を使用することになった。

エ　飲酒量について虚偽の応答に惑わされないこと

　　例えばビール1本飲んで1時間経過した後のアルコール検知結果が呼気1リットル中0.5ミリグラムという高い濃度を示すことは通常あり得ないので、「1時間くらい前にビール1本飲んだだけだ。」という応答は虚偽であることの疑いが強い。したがってこれをそのまま鑑識カードに記載すると、「化学判定欄」と「質問応答状況欄」の記載が矛盾する結果になるので、現場での追及には時間的制約等があることから、そのような記載になるのもやむを得ないとしても、この矛盾は速やかに解消しておかなければならない。被疑者の当日、あるいは前日からの行動を丹念に追及していけば、飲酒量を含めた飲酒状況が明らかになり、その結果、例えば「飲酒検査を受けたときはお示しの鑑識カード応答欄に書いてあるように答えましたが、それはうそで、本当は只今申し上げたとおりハシゴ酒をしたことは間違いありません。」などというような供述調書の作成が可能で、これによって上記の矛盾点は解消できるとともに、飲酒状況についての真相を解明することができる。

オ　呼気検査後直ちに飲酒検知管の栓をすること

　　アルコール検知をした場合、ゴム栓をしないまま放置すると、吸着したア

ルコールが酸化して黄変し、アルコール濃度の正確性が担保されない。

　例えば、帰署してから後にゴム栓をしたのでは、それまでの間は開栓したままの状態だったということになるので、酸化の影響は避けられず、せっかくの検知結果が証拠価値なしということになりかねないので、検知後直ちに栓をすることを忘れてはならない。

(2)　飲酒検査ができない場合の採証方法

　飲酒検査ができない場合には、大別して、①事故で重傷を負い病院に搬入されたが、意識不明のため任意の承諾が得られないというような場合（以下「任意検査不能」の場合という。）と、②検査を拒否し説得にも応じないというような場合（以下「検査拒否」の場合という。）とがある。

　捜査上特に問題となるのは検査拒否の場合であって、警察官が対象者をいかに説得しても頑として応じない場合の取扱いである。アルコールの影響で人格が一変している者に対しては、情理を尽くした説得も奏効しないことが多いであろうし、性格的に狡猾で、頑強に拒否していれば警察官もあきらめ刑責を追及されることはあるまいと踏んでいる者も少なくないであろう。しかし、正義・公平の見地から、こうしたごね得は断固として許さないとの方針の下に、誠意を尽くして説得を重ね、厳正に対処しなければならない。

ア　任意検査不能の場合

　(ア)　**呼気検査**の場合、自然に排出される呼気を採取する方法がある。例えば、意識不明者の口元に泥酔者用の風船を近づけて、口から自然に排出される呼気を集めて検知する方法であり、任意捜査として許容される範囲内である（東京高判昭51・6・7東京高検速報2166号、福岡高判昭56・12・16判時1052・159）。

　　このような場合でも、妻子など親族の者が付き添っているときには、その承諾を得ておくことが賢明で、後日違法採取等の主張がなされた場合、これを封ずる資料になる。

　(イ)　**血液検査**の場合、被疑者の身体から流出して貯留した血液や手術中に

ガーゼに付着した血液を採取して検査に使用する方法がある。この場合は違法ではないとされているが（前者について松山地大洲支判昭59・6・28判時1145・148）、意識不明者の身体から令状なしに注射器で血液を採取し検査に使用することは違法とされ、その検査に基づいて作成された鑑定書は、いわゆる違法収集証拠として証拠能力がないとされている（横浜地判昭45・6・22刑裁月報2・6・685、仙台高判昭47・1・25刑裁月報4・1・14、札幌地判昭50・2・24判時786・110）。

　これに対し、事故が重大で、採血に強い緊急性を要するなどの状況が認められる場合には、採血手続は違法だが鑑定書の証拠能力まで否定するのは相当でないとした判例（高松高判昭61・6・18高松高検速報428号）もある。

　血中アルコール濃度は時間の経過とともに減少していくものであり、令状手続には時間を要することなどを勘案すると、前記(ｱ)の呼気検査が可能である場合には同検査を実施するのが実際的であり、血液検査を実施する場合でも、上記の呼気検査を併用しておくことが現実的対応である。

(ｳ)　**尿検査**の場合、**自然**に流れ出した尿を採取して検査する方法がある。すなわち、被疑者が重傷のため意識がなく、自分の意思で排尿できないことから、病院において導尿管により自然に流れ出るようにして採取した尿を病院から任意提出を受けて鑑定したという事例があり、判例は、その収集手続に何らの違法はなく、鑑定書は酒酔い運転認定のための証拠として許容されるとしている（東京高判昭49・12・24東京高検速報2067号）。

　なお、**尿検査**については、現在のところ、上記のように酒酔い運転の認定のためには証拠価値があるものの、酒気帯び運転の認定には利用できないことに注意しておく必要がある。既に述べたように、処罰の対象となる酒気帯び運転とは、血液1ミリリットルにつき0.3ミリグラム以上又は呼気1リットルにつき0.15ミリグラム以上のアルコールを身体に保有して車両等を運転した場合であり、尿中のアルコール含有量は基準とされていない。もし尿中のアルコール検査結果の数値が上記の血液又は呼気中のアル

コール含有量に正確に換算できるものであれば、法改正の要否の議論はさ
ておき、酒気帯び運転認定のための有力な手段となり得るが、現在の化学
の水準では正確な換算ができない。そもそも尿中濃度というのは、ある時
間膀胱に貯留した後の尿について測定しているものなので、それを採取時
の血中濃度や呼気中濃度と対比しようとするところに無理がある（溝井泰
彦「アルコール酩酊に関する基礎的諸問題」、鑑識だより昭56・1月号14
ページ）。これに対し、呼気中のアルコール濃度の経時的変化と血液中の
アルコール濃度のそれとは一致し、尿中濃度のような時間的ずれはなく、
呼気中濃度は血中濃度の約2000分の1であるから、この両者が酒気帯び運
転の判定基準となっているのであって（同）、尿中濃度は基準とされてい
ないのである。

イ　検査拒否の場合

　被疑者が説得にもかかわらず頑として検査に応じない場合には、法定刑が
3月以下の懲役又は50万円以下の罰金に引き上げられたのであるから、罪証
隠滅のおそれありとして道交法違反（酒気帯び運転）により現行犯逮捕し、
又は令状をとり強制捜査として検査を実施する以外にはない。

　令状による呼気採取というのは、重傷による意識不明など前記任意検査不
能の場合はともかく、検査拒否の場合の手段・方法としては想定しにくいの
で、実際上は血液又は尿の強制採取ということになる。

　判例は、尿の提出を拒否している者から強制的に尿を採取する際には**捜索
差押令状**（刑訴法218条1項前段）によるべきであり、しかもその令状には
「医師をして医学的に相当と認められる方法で行わせなければならない」旨
の条件（同条5項）を記載することが不可欠とされている（最決昭55・10・
22刑集34・5・300）。

　これに対し、血液の強制採取の場合については判例が分かれているが、**鑑
定処分許可状**（刑訴法168条1項）によるべきだというのが大勢のように思
われる（仙台高判昭47・1・25刑裁月報4・1・14、札幌地判昭50・2・24
判時768・110）。この場合にも、令状に前記のような条件を付する必要があ

るものと解される（前同条4項）。

　このように検査拒否の場合は令状によることが必要となるが、この種検査は性質上特に迅速性を要求されるものであるのに、令状請求手続には時間を要し、特に裁判所が遠隔地にあって往復の所要時間も長くかかるという場合など、せっかく令状を得て執行しても所期の目的を果たすことができないという場合もある。したがって、捜査官としては任意採取に応じるよう心をこめて説得し、翻意を促すことが肝要である。

　しかしながら、そのような説得にもかかわらず検査に応じようとしない場合でも、酒気帯び又は酒酔い運転の立証は不可能になるというのではない。

　すなわち、飲酒検査ができないときは、化学的検査によることを要せず、被疑者の平生の飲酒量、検挙前の飲酒量、飲酒状況、運転走行状況、運転走行直後の言動・行動状況、職務質問を受けた際の外観・言語・態度に表れた特徴、身体の運動能力の状況などを総合し、経験則に基づいて認定できるとされている（東京高判昭58・6・1判時1106・161、福岡高判昭61・6・11福岡高検速報1344号等）。最高裁判所も、検知器その他特別な科学的判定方法によることを要せず、運転前の飲酒量、飲酒状況等を総合して認定できるとしているのである（最決昭41・9・20裁判集160・773）。

　このような観点から、科学的判定がなされていなくても**酒気帯び運転を認定した判例**（東京高判昭53・12・13東京高検速報2323号、東京高判昭58・6・1判時1106・161）及び同様にして**酒酔い運転を認定した判例**（東京高判昭38・3・26判時337・48、東京高判昭39・12・14東京高検速報1286号、東京高判昭41・1・31東京高検速報1447号、東京高判昭57・11・11東京高検速報2630号）が参考となる。ただし、そのように認定されるためには、飲酒状況などについてきめ細い捜査を実施し、各種の証拠を収集しておかなければならないことを銘記すべきである。

⑶　故意犯であることに留意した捜査の遂行

酒気帯び運転も、酒酔い運転も故意犯であるから、被疑者に故意がなければ

124

ならない。そこでどの程度の認識があれば故意ありといえるかが問題となる。

　この点に関し、**酒酔い運転罪**の成立に必要な故意の内容としては、行為者に「飲酒によりアルコールを自己の身体に保有しながら車両の運転をすることの認識」があれば足り、アルコールの影響により正常な運転ができないおそれがある状態（法117条の2第1号）に達していることまで認識している必要はないとされている（最判昭46・12・23刑集25・9・1100、最決昭52・9・19刑集31・5・1003等）。

　酒気帯び運転罪の成立に必要な故意の内容としても、当然上記と同様の認識があれば足り、血液中又は呼気中のアルコール濃度が法定の限度を超えていることまで認識している必要はないと解されている。

　しかしながら、少なくとも上記の程度の認識は必要であるとされている点を看過してはならない。この点の解明をおろそかにし、「酔いが覚めたと思って運転した」、「あの程度では酒気帯びにならないと思って運転した」など被疑者の弁解を真の自白であるかのようにそのまま録取している供述調書、あるいは何ら具体的な根拠や事実の供述もなく、単に「結果的に飲酒運転をしたことは間違いありません」など自認（評価）だけを録取した供述調書が散見されるのは憂慮すべきことである。判例でも、飲酒検知の結果0.25ミリグラム以上のアルコールが検出され、酒臭、目の充血等の状況が認められたのに、飲酒が運転の前夜であり、その間数時間睡眠をとるなどして運転したものであって、アルコールを身体に保有しているとの認識がなかったという被告人の弁解を排斥できないとして無罪を言い渡したものがある（宮崎地高千穂支判昭63・12・8判時1300・157、鹿児島地判平元・10・26判タ726・244）。

　捜査官としては、酒気帯び運転も酒酔い運転も故意犯であることの本質を自覚し、特に、検査や事故現場での事情聴取等初期の段階で、アルコールを身体に保有していることの認識を基礎付ける（その認識の根拠となる）具体的な事実の供述を得ることに努めるべきである。心をこめた説得によって、「缶ビールを3本飲んだし、1時間しか仮眠しなかったので、アルコールがまだ残っていたことは分かっていたが……」「明け方まで深酒をし、朝起きたら頭が痛く

て吐き気もしたので、完全に抜けきっていないことは分かっていたのだが……」といった真実の供述が得られることもある。

3　飲酒運転中の事故と過失の構成

飲酒運転中に交通事故を起こしたという場合、その飲酒運転が酒気帯び又は酒酔い運転として法違反に問われることと、過失の構成とは区別して理解しておかなければならない。飲酒運転が直ちに過失の内容となるものではなく、飲酒による酩酊の程度等によって過失の構成は変わってくる。

例えば、飲酒によって眠気を催し前方注視が困難な状態になったことを自覚しながら運転を継続し、先行車の存在に気付かず追突事故を起こしたという場合、その過失は運転中止義務に違反したことであって、前方注視義務に違反したことにあるのではない。前方不注視が過失の内容になるのは、飲酒による影響がまだ上記の程度に至っておらず、前方を注視しようとすれば注視し得たという段階でなければならない。そうでないと前方注視が困難な状態であったのに前方注視をせよと求めるような結果になって、二律背反になるからである。

注意義務違反というのは、注意義務を履行することができる場合であるのに履行しなかったことによって成立するのであって、履行しようにもその能力がなくなっているというのに履行せよと求めることはできない。しかしながら、現実にはそのような過失の構成で送致する事件が見られ、送致を受けた検察官においても、これを看過して起訴し、公判で問題となった事件も少なくない（参考判例として、東京高判昭35・8・29東京高検速報847号、仙台高判昭36・3・28仙台高検速報昭36年9号、東京高判昭46・4・1判タ265・293、東京高判昭57・8・30判時1074・148等）。そこで以下、飲酒運転と過失の構成について参考となる点を摘記しておく。

(1)　酒酔い状態に陥っていた場合の過失の構成

ア　運転避止義務違反

運転開始時に既に酒酔いのため正常な運転ができない状態に陥っていたと

きは、運転を避けるべき注意義務（運転避止義務）違反が過失の内容となる（参考・東京高判昭55・4・28東京高検速報2472号）。運転開始直後に開始地点付近で路外に暴走したとか、ノーブレーキで障害物に激突したなどの状況があれば、この義務違反の認定は比較的容易であろう。上記の判例が認めた過失は、運転を開始し約800メートル離れた踏切を右折して軌道敷に乗り入れ、軌道敷内を約16メートル進行したという事案に関するものである。ただ、約800メートルの距離を、ともかくも無事故で走行したという事実に照らすと、運転避止義務違反としてではなく、踏切進入直前での運転中止義務違反として構成すべきが相当であったとの見解もあろう。

イ　運転中止義務違反

　運転開始時には、前記アのような酒酔い状態にはなっておらず、運転中に上記の状態に陥ったというときは、その時点で運転を中止すべき注意義務（運転中止義務）があり、その注意義務違反が過失の内容となる（参考・仙台高判昭44・2・6刑裁月報1・2・71）。運転開始後、時間的・場所的に相当離れた地点で事故を起こしたという場合には、ともかくもその地点までは一応正常に運転していたと認めざるを得ないので、その間ずっと蛇行運転を繰り返していたとの目撃者があるような場合はともかく、上記アの運転避止義務違反としてとらえることは証拠上困難である場合が多いであろう。

　なお、判例によっては「休止」「停止」の表現を用いているものもあるが（東京高判昭40・2・2東京高検速報1315号、福岡高判昭32・9・26福岡高検速報690号）、「中止」と別異の意味をもたせているものとは思われない。

　その他、飲酒を控えるか抑制すべきであったのにしなかったことをもって過失の内容としている判例（大阪地判平元・5・29判タ756・265）があり、運転開始前の段階で過失を認めている点で注目される。

ウ　罪数関係

　酒酔い運転と、その運転中の過失である運転避止義務違反ないし運転中止義務違反の罪数関係については、従来、これを観念的競合（刑法54条前段）とみるか、併合罪（同45条）とみるか判例も分かれていたところであるが、

昭和49年5月29日の最高裁大法廷は、「酒酔い運転自体が過失内容とされる場合であっても、酒酔い運転の罪と業務上過失致死傷罪とは併合罪の関係にある」と判示した（刑集28・4・114・判時739—36）。

　多数意見は、その理由として、「一個の行為とは、法的評価をはなれ構成要件的観点を捨象した自然的観察のもとに行為者の動態が社会的見解上1個のものとの評価を受ける場合をいうと解すべきである。酒に酔った状態で自動車を運転中に誤って人身事故を発生させた場合についてみるに、もともと自動車を運転する行為は、その形態が、通常、時間的継続と場所的移動とを伴うものであるのに対し、その過程において人身事故を発生させる行為は、運転継続中における一時点一場所における事象であって、前記の自然的観察からするならば、両者は、酒に酔った状態で運転したことが事故を惹起した過失の内容をなすものかどうかにかかわりなく、社会的見解上別個のものと評価すべきであって、これを1個のものとみることはできない」としている。

　この見解は、酒酔い運転はいわば「線」であり、その過程における過失行為は「点」であると見て、両者は別個の行為、したがって併合罪の関係にあるとしているのである。

(2)　酒酔い状態までには陥っていなかった場合の過失の構成

　この場合は、事故に直結する具体的原因は何であったかを慎重に見極め、前方不注視、信号看過、ハンドル操作の誤りなど、直近過失（前記第1⑥2（36ページ）参照）認定の方法論に従って過失を構成すべきことになる（参考・東京高判昭40・2・26東京高検速報1330号、東京高判昭45・3・24東京高検速報1797号、仙台高判昭54・1・6仙台高検速報昭和54年1号等）。

　なお、泥酔状態に陥っての運転は責任能力の問題であり、道交法違反固有の問題ではない。心神喪失又は耗弱の有無・程度という責任論一般の問題として取り扱われることになる。

〈記載例G21〉

4　飲酒運転中の事故と故意犯としての処罰

　平成13年改正による危険運転致死傷罪の創設、さらには平成25年制定・公布の新法による罰則の整備・強化を経て、新法施行後の現在は、飲酒運転中に交通事故を起こして人の死傷という結果を生じさせた場合に、過失犯としてではなく、故意犯である同罪（新法2条1号又は3条1項）として重く処罰される範囲が相当広がっている。

　したがって、飲酒運転中の人身事故については、まずは、次に詳しく述べる危険運転致死傷罪の適用を十分に視野に入れて捜査する必要がある。

３　危険運転致死傷罪

1　意義・改正経緯

　平成13年の刑法の一部改正により、危険運転致死傷罪（刑法208条の2、平成13年法律第138号・同年12月25日施行）が創設された。同罪は、従来の自動車運転に伴う業務上過失致死傷事件の中から、特に危険・悪質な運転行為による致死傷事故を抽出して類型化したものである。法定刑は、致傷罪が10年以下の懲役、致死罪が1年以上の有期懲役で、罰金刑の選択はない。これが平成16年法律第156号・刑法の一部を改正する法律（平成16年12月8日公布、平成17年1月1日施行）により、致傷罪が懲役15年以下に、致死罪が1年以上の有期懲役（上限は20年）に改正された。そして更に、平成19年法律第54号（平成19年5月23日公布、同年6月12日施行）により、運転車両の「四輪以上の自動車」という制限が廃止されて、単に「自動車」となった。これによって自動二輪車のみならず原動機付自転車の運転者にも本罪が成立することになった。危険性において四輪以上の自動車と区別する合理的な理由はないとされたことによる。ただし、いわゆるアシスト機能付きの自転車は、原動機が人力と独立した形では作動しない、つまり自走しない構造になっているので自動車には当たらない。

　平成25年11月27日、新たに制定された『自動車の運転により人を死傷させる行

為等の処罰に関する法律』（自動車運転死傷処罰法）が公布され、刑法208条の2の「危険運転致死傷罪」の規定は、刑法から分離されて、新法2条に移された（平成26年5月20日施行）。その際、同条に通行禁止道路類型が追加され、3条に要件が緩和され法定刑が若干軽い（致傷罪が12年以下の懲役、致死罪が15年以下の懲役）新たな危険運転致死傷罪が規定されるなど、罰則の整備・強化が図られた。その後も、令和2年法律第47号（同年6月12日公布、7月2日施行）により、いわゆる「あおり運転」対策の一環として、前方停止等通行妨害類型と高速自動車国道前方停止等通行妨害類型が追加されている。

2　自動車運転死傷処罰法2条の危険運転致死傷罪の類型・態様

危険運転致死傷罪ないし危険運転行為については、かつては、刑法208条の2第1項及び第2項に規定され、5類型・態様に分かれていたが、令和2年の改正後の自動車運転死傷処罰法2条では次の8類型・態様に分けられ、1号から8号に規定されている。いずれも、各態様の行為（危険運転行為）により人を死傷させる事故を起こした場合に、各類型の危険運転致死傷罪として重く処罰されることになる。

⑴　アルコール・薬物影響類型（1号）

危険運転行為は、「アルコール又は薬物の影響により正常な運転が困難な状態で自動車を走行させる行為」であり、平成13年の創設以後、比較的適用例が多い類型である。

「正常な運転が困難な状態」とは、道路及び交通の状況等に応じた運転操作を行うことが困難な心身の状態を意味する。この点について、福岡海の中道大橋飲酒運転事故の上告審で、最高裁は、「刑法208条の2第1項前段（注：自動車運転死傷処罰法2条1号に相当）における『アルコールの影響により正常な運転が困難な状態』であったか否かを判断するに当たっては、事故の態様のほか、事故前の飲酒量及び酩酊状況、事故前の運転状況、事故後の言動、飲酒検知結果等を総合的に考慮すべきである。」と判示している（最決平23・10・31

刑集65・7・1138)。

(2) 高速度類型 (2号)

　危険運転行為は、「その進行を制御することが困難な高速度で自動車を走行させる行為」である。

　その解釈について、東京高判平22・12・10 (判タ1375・246) は、「刑法208条の2第1項後段 (注:自動車運転死傷処罰法2条2号に相当) の『進行を制御することが困難な高速度』とは、速度が速すぎるため自車を道路の状況に応じて進行させることが困難な速度をいい、具体的には、そのような速度での走行を続ければ、道路の形状、路面の状況などの道路の状況、車両の構造、性能等の客観的事実に照らし、あるいは、ハンドルやブレーキの操作のわずかなミスによって、自車を進路から逸脱させて事故を発生させることになるような速度をいうと解される。」と判示している。

(3) 無技能類型 (3号)

　危険運転行為は、「その進行を制御する技能を有しないで自動車を走行させる行為」である。

　「進行を制御する技能を有しないで」の解釈については、平成13年の創設当初から、国会審議の過程でも「ハンドル・ブレーキ等の運転操作をする初歩的な技能を有しないような、運転の技能が極めて未熟なこと」をいうと説明され、裁判実務でも、そのような運用が定着している。

　無免許ではあるが、そのような意味での「技能」を有する者による死傷事故については、自動車運転死傷処罰法6条の「無免許運転による加重」の対象となる (前述第4 [1] 2 (3) (114ページ)、後述4 (135ページ) 及び [4] 3 (146ページ))。

(4) 通行妨害類型 (4号)

　危険運転行為は、「人又は車の通行を妨害する目的で、走行中の自動車の直

前に進入し、その他通行中の人又は車に著しく接近し、かつ、重大な交通の危険を生じさせる速度で自動車を運転する行為」である。

「通行を妨害する目的」については、平成13年の創設当初から、相手方の自由かつ安全な通行を妨げることを積極的に意図することを意味すると解釈・運用されてきているので、注意を要する。すなわち、そのような積極的意図による「直前進入」（例えば、急転把による進路変更）や、「著しい接近」（例えば、並進車に対する幅寄せ、先行車に対するあおり行為）が、本類型に該当する（ただし、後記5⑶シの高裁判例に注意）。

なお、「重大な交通の危険を生じさせる速度」の要件は、7号、8号と共通するところ、時速20から30キロメートルであればこれに当たり得るとされている（後記5⑶サの最高裁判例参照）。

⑸　前方停止等通行妨害類型（5号）

危険運転行為は、「車の通行を妨害する目的で、走行中の車の前方で停止し、その他これに著しく接近することとなる方法で自動車を運転する行為」である。

いわゆる「あおり運転」ないしは「妨害運転」の実情に鑑み、その実態に即した対処をして、国民からの厳罰化の要請に応えるために、令和2年7月2日に施行された改正法により、従前の通行妨害類型（4号）を補完する形で追加された類型である。そのため、4号と構成要件が類似しており、解釈も共通する。ただし、5号で想定しているのは、相手方（被害車両）の走行速度によって「危険」が生じる事案である。そのため、加害者の運転行為により停止・接近する加害自動車ではなく、被害車両すなわち「走行中の車」について、「重大な交通の危険が生じることとなる速度で走行中のものに限る。」という限定が付されている。

⑹　高速自動車国道前方停止等通行妨害類型（6号）

危険運転行為は、「高速自動車国道又は自動車専用道路において、自動車の

通行を妨害する目的で、走行中の自動車の前方で停止し、その他これに著しく接近することとなる方法で自動車を運転することにより、走行中の自動車に停止又は徐行をさせる行為」である。

　この類型も、令和2年7月2日施行の改正法により追加されたもので、その趣旨も、5号と同様である。なお、6号は、このような道路（例えば、高速自動車国道法4条1項に規定する「高速自動車国道」たる東名高速道路や、道路法48条の4に規定する「自動車専用道路」たる阪神高速道路）を走行中の相手方（被害自動車）に停止又は徐行（道交法2条1項20号と同様、「直ちに停止することができるような速度で進行することをいう。」と定義されている。）をさせる運転行為それ自体の危険性（第三者が運転する自動車による追突死傷事故発生の危険性）に着目した類型である。そのため、4号や5号と異なり、加害・被害のいずれの自動車についても速度の要件を規定していない。

(7)　赤信号無視類型（7号）

　危険運転行為は、「赤色信号又はこれに相当する信号を殊更に無視し、かつ、重大な交通の危険を生じさせる速度で自動車を運転する行為」であり、アルコール・薬物類型（1号）と並んで、適用例が多い類型である。

　「殊更に無視」という要件が設けられているのは、およそ赤色信号に従う意思のない運転行為に処罰範囲を限定するためである。「看過」がこれに当たらないことはもちろん、信号の変わり際に、「赤色信号に変わるかもしれない」という未必的認識で交差点に進入する行為も、この類型の危険運転行為とはならない。

(8)　通行禁止道路類型（8号）

　危険運転行為は、「通行禁止道路を進行し、かつ、重大な交通の危険を生じさせる速度で自動車を運転する行為」であり、平成26年に施行された自動車運転死傷処罰法で追加された類型である。

　「通行禁止道路」については、「自動車の運転により人を死傷させる行為等の

処罰に関する法律施行令」（平成26年政令第166号。以下「自動車運転死傷処罰法施行令」という。）2条各号に具体的に規定されている。すなわち、車両通行止め道路、自転車・歩行者専用道路（1号）、一方通行道路（2号）、高速道路の中央から右側部分（3号）、安全地帯、道路の立入禁止部分（4号）であり、2号と3号では、逆走を対象とする趣旨で規定されている。これらの通行禁止道路は、他の通行者から見れば、自動車が進行ないし逆走してくるはずがない道路であることから、「重大な交通の危険を生じさせる速度」で進行ないし逆走する行為は、従前の危険運転行為と同等の悪質性・危険性を有するというのが立法趣旨である。

　故意犯なので、規制を「看過」したまま死傷事故を起こした場合はこれに当たらないが、赤信号無視類型と異なり、規制を「殊更に無視」することは要件とされていないことに注意すべきである。

⑼　複数の類型に該当する場合等の罪数関係

　死傷事故の原因となった自動車を「運転する行為」ないし「走行させる行為」が、2条各号の複数の類型に該当する場合は、理論上、一つの罪の成立が他の罪の成立を排除するものではない。すなわち、複数の危険運転行為を摘示し（例えば、「その進行を制御することが困難な高速度で自動車を走行させる行為」と「赤色信号を殊更に無視し、自動車を運転する行為」）、複数の罰条（例えば、2条2号と7号）を適用して、包括的一罪として処理することになる。

　なお、危険運転行為は、それ自体が道路交通法違反（酒酔い運転、速度違反、無免許運転、信号無視、通行禁止違反等）でもある場合が多いが、別に同法違反が成立することはなく、危険運転致死傷罪のみが成立することになる。同罪の犯罪構成要件の中で、同法違反の行為も評価し尽くされており、それゆえ法定刑が特に重く規定されているからである。

3　自動車運転死傷処罰法3条の危険運転致死傷罪の類型・態様

自動車運転死傷処罰法3条1項と2項の危険運転致死傷罪は、立法趣旨が共通

する。すなわち、いずれも、その悪質性・危険性が高いため、5条の過失運転致死傷罪としてではなく、故意犯として重く処罰する必要がある運転行為を抽出し、他方、2条の危険運転致死傷罪と同等とまではいえないために、それよりは若干法定刑が軽い類型として、平成26年に施行された自動車運転死傷処罰法で規定されたものである。このような立法趣旨を踏まえて、いずれも、実際に「正常な運転が困難な状態」に陥ったこと、その結果として（因果関係の存在が必要）、死傷事故を起こしたことが、客観的要件とされている。

(1) アルコール・薬物影響類型（1項）

　危険運転行為は、「アルコール又は薬物の影響により、その走行中に正常な運転に支障が生じるおそれがある状態で、自動車を運転」する行為である。

　「正常な運転に支障が生じるおそれがある状態」とは、自動車を運転するのに必要な注意力、判断能力又は操作能力が、相当程度低下・減退して「危険性のある状態」を意味する。酒気帯び運転に該当する程度のアルコールを身体に保有している状態にあれば（血中アルコール濃度だと0.3ミリグラム／ミリリットル以上、呼気中アルコール濃度だと0.15ミリグラム／リットル以上）、通常はこれに当たると、国会審議の過程で説明されている。すなわち、「正常な運転が困難な状態」に至っていることと、その認識を、危険運転行為自体の成立要件としている新法2条1号の類型と比べて、要件が緩和されており、基本的には、酒気帯び運転に該当する程度（「数値」そのものではないことに注意）のアルコールを身体に保有していることと、その認識（飲酒量、すなわち自ら摂取したアルコールの量・程度の認識を基本的要素としつつ、摂取時間、体調と飲酒後のその変化等の認識も加味して判断される。）があれば、3条1項の危険運転行為の成立要件を満たすことになる。

(2) 病気（症状）影響類型（2項）

　危険運転行為は、「自動車の運転に支障を及ぼすおそれがある病気として政令で定めるものの影響により、その走行中に正常な運転に支障が生じるおそれ

がある状態で、自動車を運転」する行為である。「病気として政令で定めるもの」については、自動車運転死傷処罰法施行令3条1号から6号において、病名だけではなく症状に着目して、また、道路交通法施行令で運転免許の欠格事由として列挙されているものを参考に、「自動車の安全な運転に必要な認知、予測、判断又は操作のいずれかに係る能力を欠くこととなるおそれがある症状を呈する統合失調症」（1号）等と限定的に規定されている。

　「正常な運転に支障が生じるおそれがある状態」については、1項のアルコール・薬物影響類型と同様の「危険性のある状態」を意味する。

　なお、「その走行中に」とは、運転開始時点だけではなく、当該運転行為による走行中も含まれると解されるので、運転開始時には「危険性のある状態」になかったとしても、その後の走行中に当該状態になり得る具体的なおそれがあれば、「正常な運転に支障が生じるおそれがある状態」にあるといえる。例えば、走行中に、「意識障害又は運動障害をもたらす発作が再発するおそれがあるてんかん（発作が睡眠中に限り再発するものを除く。）」（自動車運転死傷処罰法施行令3条2号）の発作によって意識喪失状態（すなわち「正常な運転が困難な状態」）に陥り、重大な死傷事故を発生させた事案については、運転開始時点で、病識があり、医師から投薬された薬の服用を怠り、なおかつ、発作の予兆を感じていたといった事情があれば、「具体的なおそれ」があり、これを認識していたと認定できる場合が多いであろう（てんかんの発作により意識障害の状態に陥り、自車を急発進させて歩行者1名を死亡、4名を負傷させた事案について、運転前に前兆を感じたにもかかわらず、わずかな時間で運転を開始したこと等から、故意を認めた事例として、東京高判平30・2・22（判時2391・56）がある。）。

4　無免許運転による加重

自動車運転死傷処罰法に無免許運転による刑の加重規定が設けられたこととその趣旨等については、前述（第4①2(3)（114ページ））のとおりであるが、この加重規定は、2条の危険運転「致傷」罪、3条の危険運転「致死傷」罪にも適用

される（6条1項、2項）。

2条の危険運転行為については、3号の無技能類型は、もともと無免許運転を含むものであることから、加重の対象から除外されている。また、「致死」については、もともと1年以上（20年以下）という十分重い法定刑が規定されていることから、やはり除外されている。結局、「致傷」の場合に、無免許運転であれば、6月以上（20年以下）の懲役という加重された法定刑が適用されることになる。

3条の危険運転行為については、加重された法定刑は、「致死」が6月以上（20年以下）の懲役、「致傷」が（1月以上）15年以下の懲役である。

5　捜査上の留意点

前記1から4の中で触れた点に加えて、次の点が挙げられる。

(1)　自動二輪車及び原動機付自転車による死傷事故にも適用

自動車運転死傷処罰法1条1項では、従前の刑法の解釈を踏まえて、「この法律において「自動車」とは、道路交通法第2条第1項第9号に規定する自動車及び同項第10号に規定する原動機付自転車をいう。」と明文で規定されており、本罪は、自動二輪車及び原動機付自転車にも適用される。

自動車の意義については、後記犯罪事実記載用語（第7 ③ 1 (2)（260ページ））参照。

(2)　危険運転致死傷罪として類型化されなかった危険・悪質運転事故

自動車運転死傷処罰法2条、3条の「危険運転行為」は、「危険、悪質、重大な死傷事故」を従来の業務上過失致死傷罪、過失運転致死傷罪の態様の中から抽出し類型化したものであるが、この類型化されたもの以外にも危険、悪質、重大な死傷事故に直結する過失犯が残されている。例えば、「過労・疲労による居眠り運転事故」などである。これらは危険運転致死傷罪のように類型化されておらず、また、無免許運転のように刑が加重されてもいないが、具体

的な事案（特に、重大な死傷結果）によっては、危険・悪質・重大性において同罪に劣るとはいえない場合があることに留意して捜査すべきである。

　〈記載例F71・F72〉

(3)　危険運転致死傷罪に関する判例

ア　先を急ぐ余り、赤信号を無視して時速70キロメートルを超える速度で交差点に進入して衝突事故を起こし、一人を死亡させ二人に傷害を負わせた事案（令和2年改正後の自動車運転死傷処罰法2条7号に相当）について、危険運転致死傷罪の成立を認め、懲役4年を言い渡した事例（津地平14・5・8判時1790・159）（確定）

イ　パトカーの追尾を逃れるため、赤信号を無視して時速約80キロメートルの速度で交差点に進入して衝突事故を起こし、一人を死亡させた事案（令和2年改正後の自動車運転死傷処罰法2条7号に相当）について、危険運転致死罪の成立を認め、懲役3年6月（求刑懲役5年）を言い渡した事例（大阪地堺支平14・7・8判時1790・159）（確定）

ウ　最高速度を時速40キロメートルと指定された左方に湾曲する道路を進行するに当たり、その進行を制御することが困難な時速100キロメートルを超える速度で自車を走行させたことにより、自車を道路の湾曲に応じて進行させることができず、右斜め前方に暴走させ、道路右側の街路灯に激突させて自車の同乗者を車外に放出させ同人を死亡させた事案（自動車運転死傷処罰法2条2号に相当）について、「被告人には時速100キロメートルを超える速度で本件カーブを走行する意思はなく、カーブの手前で減速するつもりであったが、そのタイミングが遅れたために事故を惹起したものであり、被告人には危険運転についての故意はなかった」との弁護人の主張を排斥し、危険運転致死罪は故意犯であるが「客観的に速度が速すぎるため道路の状況に応じて車両を進行させることが困難であると判断されるような高速度で走行していることの認識をもって足り、その速度が進行制御が困難な高速度と判断されることの認識までは要しない（中略）。危険回避のための措置を取ろうと

する意思の存否は、量刑判断の一事情としては考慮されるとしても、犯罪の存否について影響を与えるものではない」と判示し、懲役3年6月（求刑懲役4年）の実刑を言い渡した事例（函館地平14・9・17判時1818・176）（確定）

エ　無免許で、かつ酒気を帯び、血液1ミリリットルにつき1.13ミリグラムのアルコールを身体に保有する状態で自車を運転し、赤色信号を殊更無視して、クラクションを鳴らしながら時速70ないし80キロメートルの速度で交差点に進入したため、交差道路を走行中の車両の側面に衝突し、同車の運転者の女性、その夫、その娘2名の計4名を死亡させるとともに、自車に同乗していた被告人の妻に全治約1か月の傷害を負わせた事案（令和2年改正後の自動車運転死傷処罰法2条7号に相当）について、懲役13年（求刑懲役15年）を言い渡した事例（大阪地平15・6・19判時1829・159）（確定）

オ　酒気を帯び、アルコールの影響により正常な運転ができないおそれがある状態で自車を走行させ、仮眠状態に陥り、時速50ないし55キロメートルで自車を左外側線側に進出させて、折から対面歩行中の5人に衝突死亡させた事案（自動車運転死傷処罰法2条1号に相当）について、求刑どおり懲役15年を言い渡した事例（千葉地松戸支部平15・10・6判時1848・159）（確定）

カ　先を急ぐ余り、赤色信号を殊更無視し、時速約70キロメートルないし80キロメートルの速度で交差点に進入し、青色信号で走行中の車両の側面に衝突させ、運転者を死亡させた事案（令和2年改正後の自動車運転死傷処罰法2条7号に相当）について、懲役5年の求刑に対し、事故後の情状（告別式や四十九日の法要に出席するなど被告人の誠意ある慰謝の措置の結果、被害者の遺族が、寛大な判決を望む旨の嘆願書を提出し、損害賠償金も全額支払済み。）を汲んで懲役3年執行猶予5年を言い渡した事例（津地平15・10・29判時1848・159）（確定）

キ　湾曲した下り坂の一般道において、進行を制御することが困難な時速約150キロメートルの高速度で自動車を走行させたため、同車を暴走させて車道脇の樹木等に激突させ、助手席の同乗者を死亡させた事案（自動車運転死

傷処罰法2条2号に相当）について、「被告人は本件現場を100キロメートルを超える高速度で走行すれば自車の走行が困難になることを十分に認識しながら敢えて法定速度の60キロメートルをはるかに超える時速150キロメートルにまで自車を加速し、本件事故を起こしたもので、その運転行為はあまりにも危険極まりない」と認定し、法定速度を62キロメートル超過した速度違反の罰金刑後わずか4か月足らずでの犯行であることを指摘して、被告人は少年（当時19歳）であるが実刑はやむを得ないとして、懲役2年10月を言い渡した事例（金沢地平14・9・25判タ1123・283）（確定）

ク　酒気を帯び、呼気1リットルにつき0.25ミリグラム以上のアルコールを身体に保有する状態で自車を運転し、帰宅を急ぐなどする余り、赤色信号を殊更無視して、時速約110キロメートルの高速度で交差点に進入し、青色信号に従って左方から右方に向かって横断中の被害者操縦の自転車に自車を衝突させ死亡させた事案（令和2年改正後の自動車運転死傷処罰法2条7号に相当）について、本件は他人の生命身体への配慮を欠いた無謀で悪質な行為であり、さらに、被告人は8回の交通違反歴を有し、免許停止歴も2回あるなど、交通法規遵守の精神に乏しいことも背景事情として看過できないとして、示談が成立し、遺族や勤務先などから嘆願書が出され、被告人が当時25歳という若年であったという事情を勘案しても、執行猶予に付すべき事案ではないと判示して、懲役5年6月を言い渡した事例（東京地平14・11・20判タ1119・272）（確定）

ケ　多量の飲酒により泥酔状態になっていたのに大型貨物自動車の運転を開始して、走行中仮眠状態に陥り、中央分離帯に暴走させ、同所で信号待ちをしていた歩行者2名を轢過して死亡させた事案（自動車運転死傷処罰法2条1号に相当）について、被告人車両が12トンもの大型トラックであったこと、事故後の呼気検査で多量のアルコール（呼気1リットルにつき0.85ミリグラム）が検出されたことなどから「本件当時、同車両はまさに走る凶器と化していたものといえる」と認定し、懲役9年を言い渡した事例（東京地平14・11・28判タ1119・272）（確定）

140

コ　酒気を帯びて自車を運転し、制限速度時速40キロメートルの左方に湾曲する道路を、時速70キロメートル以上の速度で進行し、自車を対向車線に進入させて対向車と正面衝突し、同車の運転者及び同乗者を死亡させた事案について、進行を制御することが困難な高速度の意義が問題となり、検察官は上記速度はこれに該当すると主張したが、裁判所は「進行を制御することが困難な高速度」であるか否かは客観的事情に照らして判断すべきであり、運転時における運転者の心身の状態等の個人的事情（本件では、被告人が、酒気を帯びた状態にあったことが事故発生に影響した可能性）については考慮しないのが法の趣旨であると判示して、危険運転致死罪（自動車運転死傷処罰法2条2号に相当）を認定せず、業務上過失致死（同法5条に相当）に当たると認定して、懲役3年6月を言い渡した事例（千葉地平16・5・7判タ1159・118）（控訴棄却により確定）

サ　信号機が青色表示に変わるのを待ちきれず、交差点手前で信号待ちをしていた先行車両の後方から、赤色信号を殊更に無視し、対向車線に進出し時速約20キロメートルで普通乗用自動車を運転して同交差点に進入しようとしたことは、それ自体危険運転行為にほかならないから、そのため、自車を右方道路から信号に従い左折して対向進行してきた普通貨物自動車に同交差点入口手前において衝突させ、同車運転者らを負傷させた結果との間の因果関係は、他の交通違反又は注意義務違反があっても否定されるいわれはなく、刑法208条の2第2項後段（令和2年改正後の自動車運転死傷処罰法2条7号に相当）の危険運転致死傷罪が成立する（最決平18・3・14判時1928・155）。

シ　パトカーの追跡をかわすことが主たる目的であっても、反対車線の車両が間近に接近してきており、そのままの状態で走行を続ければ対向する車両の通行を妨害することになるのが確実であることを認識しながら、先行車両を追い抜こうとして車体の半分を反対車線に進出させた状態で走行を続けた場合には、刑法208条の2第2項前段（自動車運転死傷処罰法2条4号に相当）にいう「人又は車の通行を妨害する目的」が肯定される（東京高判平25・

2・22判タ1395・368）（確定）。

ス　A車、B車の2台の自動車の運転者が、互いに、相手が本件交差点におい
て赤色信号を殊更に無視する意思であることを認識しながら、相手の運転行
為にも触発され、速度を競うように高速度のまま本件交差点を通過する意図
の下に赤色信号を殊更に無視する意思を強め合い、時速100kmを上回る高
速度で一体となって自車を本件交差点に進入させた場合には、意思を暗黙に
相通じた上、共同して危険運転行為を行ったものといえるから、B車の運転
者には、A車による死傷の結果を含め、自動車運転死傷処罰法2条5号（令
和2年改正後の7号に相当）の危険運転致死傷罪の共同正犯が成立する（最
決平30・10・23判タ1458・110）。

その他参考となる判決例として、①宇都宮地真岡支平14・3・13判タ1088・
301（自動車運転死傷処罰法2条1号に相当）、②東京地八王子支平14・10・29判
タ1118・299（同法2条1号に相当）、③罪名・罰条の表示関係で大阪高平15・
8・21判タ1143・300（令和2年改正後の同法2条7号に相当）などがある。

こうした判例の流れの中で、社会的に特に注目されたのが福岡海の中道大橋飲
酒運転事故である。平成18年8月25日夜、被告人が、普通乗用自動車を飲酒運転
し、時速約100キロメートルで同大橋を進行中、前方を走行中の車両に追突し、
同車を海に転落・水没させ、同乗中の幼児3人を溺水により死亡させたほか、そ
の両親にも傷害を負わせたという事故である。一審の福岡地裁は、本件事故の原
因は脇見であるとして、危険運転致死傷罪（自動車運転死傷処罰法2条1号に相
当）の成立は認めず、懲役7年6月（求刑懲役25年）を言い渡したが、福岡高裁
は、アルコールの影響により、正常な状態であれば当然に認識できるはずの被害
車両の存在を認識できない状態にあったとして、一審判決を破棄して同罪の成立
を認め、道交法違反（救護・報告義務違反）との併合罪として懲役20年の判決を
言い渡した（平21・5・15判タ1323・65）。

これに対する上告審決定が、前掲2(1)（129ページ）の最決平23・10・31刑集
65・7・1138である。同決定は、「アルコールの影響により正常な運転が困難な
状態」であったか否かの判断基準について、そこで引用したように判示した上

で、本件「追突の原因は、被告人が被害車両に気付くまでの約8秒間終始前方を見ていなかったか又はその間前方を見てもこれを認識できない状態にあったかのいずれかであり、いずれであってもアルコールの影響により前方を注視してそこにある危険を的確に把握して対処することができない状態にあったと認められ、かつ、被告人にそのことの認識があったことも認められる」として、原判決の結論を相当とし、上告を棄却した。

4 救護・報告義務違反

交通事故に伴って発生するひき逃げ事犯があとを絶たない。

ひき逃げ自体は交通事故における過失の構成とは特に関係はないが、悪質事犯として交通事故による過失運転致死傷事件と同時に公判請求された事例が多い。このような事例では、求刑、したがって判決もいきおい厳しくなることから、罪責を免れようとして否認するケースも少なくない。公判では、憲法違反の主張から始まって、救護・報告義務を否定しようとする様々な主張が展開され、無罪判決が言い渡されることもあるので、基本的な事項と捜査上の留意点について説明しておきたい。

1 救護・報告義務の内容・趣旨

法72条1項前段は、「交通事故があったときは、当該交通事故に係る車両等の運転者その他の乗務員（中略）は、直ちに車両等の運転を停止して、負傷者を救護し、道路における危険を防止する等必要な措置を講じなければならない。」と規定して救護義務（救護義務と措置義務に分ける取扱いもある。）を課し、同項後段は、上記に続き、「この場合において、当該車両等の運転者（運転者が死亡し、又は負傷したためやむを得ないときは、その他の乗務員）は、警察官が現場にいるときは当該警察官に、警察官が現場にいないときは直ちに最寄りの警察署（派出所又は駐在所を含む。）の警察官に当該交通事故が発生した日時及び場所、当該交通事故における死傷者の数及び負傷者の負傷の程度並びに損壊した物及び

その損壊の程度、当該交通事故に係る車両等の積載物並びに当該交通事故について講じた措置を報告しなければならない。」と規定して報告義務を課している。

　救護義務・報告義務についての最高裁判所の説示は、次のとおりである。

　まず、**救護義務**については、「交通事故の発生に際し、被害を受けた者の生命、身体、財産を保護するとともに、交通事故に基づく被害の拡大を防止するため、当該車両の運転者その他の乗務員（注・バスの車掌、タクシー、トラックの助手など、職務上当該車両に乗っている者をいう。）の執るべき応急の措置を定めたものであり、したがって、前記義務は、原則として、被害の程度にかかわらず、しかも人の負傷又は物の損壊について故意・過失があったか否かを問わず、運転者その他の乗務員が等しく負うべきものである（後略）。」（最判昭50・4・3刑集29・4・111）とされている。

　次に、**報告義務**については、「個人の生命、身体及び財産の保護、公安の維持等の職責を有する警察官に速やかに前条項後段所定の各事項を知らせ、負傷者の救護及び交通秩序の回復等について当該車両の運転者の講じた措置が適切であるかどうか、更に講ずべき措置はないか等をその責任において判断させ、もって前記職務上執るべき万全の措置を検討、実施させようとするものであり、かつ、そのために交通事故が発生した場合、車両の運転者に特別の除外例を定めず、一律に、前記義務を課したものである。」（最判昭48・3・15刑集27・2・100）とされている。

　上記の救護義務・報告義務を定めた道路交通法の規定については、「何人も、自己に不利益な供述を強要されない。」と規定した憲法38条1項に違反するという主張がある。しかし、まず、**救護義務**に関する**法72条1項前段**の規定について、最高裁判所は、「交通事故があったときに、当該車両の運転者等に対し、直ちに車両の運転を停止して、負傷者を救護し、道路における危険を防止する等必要な措置を講じなければならない義務を課するにとどまり（また、法117条は、その義務違反に対する罰則を定めたものにすぎない。）、前記運転者等に対し、自己が刑事上の責任を問われるおそれのある事項について供述を強制するものではないから、上記各規定が憲法38条1項に違反するものでないことは、当裁判所の

判例（昭和37年5月2日刑集16・5・495）の趣旨に照らして明らかである。」
（最判昭46・9・28判時644・100）としており、次に、**報告義務**に関する**法72条
1項後段**の規定について、東京高等裁判所は、「法72条1項後段の規定が、運転
者等に対して報告を求めているのは、交通事故の態様に関する客観的な事故のみ
に限られ、事故発生者が刑事責任を問われるおそれのある事故の原因その他の事
項を含んでいないから、同条項が憲法38条1項に違反しているといえないことは
明らかである（後略）。」（東京高判昭49・12・26東高時報25・12・118）としてい
る。

2　捜査上の留意点

(1)　救護・報告義務違反の故意

　救護義務違反及び報告義務違反は、いずれも故意犯であるから、人の死傷、
物の損壊が生じたことを運転者等において認識していることが必要である。認
識がないのに救護義務・報告義務を負わせるわけにはいかない（浜松支部平
10・2・18高検調同年番号15）。ただ、その認識の程度については、必ずしも
確定的であることを要せず、「人の死傷、物の損壊が生じたかもしれない」と
の未必的な認識で足りるとされている（最判昭40・10・27刑集19・7・773、
最判昭45・7・28刑集24・7・569）。

　この認識は、救護・報告義務違反の刑事責任を問うため必要不可欠の要件で
あるから、特に重点をおいて捜査すべき点であり、「事故を起こして怖くな
り、酒を飲んでいることがばれては大変だと思って、そのまま逃げてしまいま
した。」という程度の供述では、単に事故を起こしたという漠然とした抽象的
な認識だけであって、人の死傷、物の損壊について認識していたのかどうかと
いう肝心な点の供述は何らなされていないわけであるから、このような供述を
録取しても、故意に関する自白調書としては不完全・不十分と言わざるを得な
いのである。

　しかし、上記の認識の点は、特に被疑者が無免許、酒酔い運転の途中に事故

を起こしたという場合、重い刑に処せられるとの恐怖心などから必死になって否認する点でもあるので、被疑者から真実を吐露させる努力を尽くす一方、事故発生の経緯、状況、特に車両の破損状況、受傷、物損の程度、衝突音の大小、事故前後の被疑者の挙動（いったん停止して車外に出たとか、窓を開けて外を見たとかなど）、同乗者があれば同乗者との事故についての会話の内容等についても丹念な捜査を行い、いかに否認しようとも被疑者に人の死傷又は物の損壊についての認識がなかったはずはないとの状況証拠を収集し、万全の証拠固めをしておく必要がある。

(2)　その他

ア　救護義務は「負傷者」について生じるものであるが、負傷者とは死亡していることが一見明白な者を除き、車両の交通によって負傷したすべての者を含むとされている（最決昭44・7・7刑集23・8・1033）。人の死亡の判定は極めて難しく、特に交通事故を起こした運転者その他の乗務員がとっさの間にその判定をすることは至難のことであり、したがって、自動車にれき過されて身体の重要部分が押しつぶされ、あるいは切断されたというような医学の知識のない者でも死亡していることが一見して明白な者を除いて、取りあえず救護の措置をとらせようというのである。したがって、事故により即死した場合でも、死亡していることが一見して明白でない場合には救護義務は免れないので（東京高判昭45・2・12判タ252・294）、捜査処理に当たって留意すべき点である。

イ　負傷の程度がいかに軽微でも救護義務は免れず（最判昭45・4・10刑集24・4・132）、物損の程度がいかに軽微でも報告義務は免れない（東京高判昭43・11・25判タ233・189）。この点も注意しておかなければならない。

ウ　救護義務は、「直ちに」履行することを要する。直ちにとは、遅滞なく、すぐに、という意味で、要するに救護等の措置以外のことに時間を費してはならないということである。事故を起こしたショックでしゅん巡していたとか、双方で示談するためいったん別れた後、話合いがまとまらなかったため

警察に届けたという場合など、上記の要件を満たしていないことは明らかで
ある。

　救護・報告義務違反の事件では、とりわけ弁解や自己主張が多いので、こ
うした態度に惑わされることなく、判例に現れた事例等も参考にして、毅然
とした態度で捜査を遂行する必要がある（なお、救護義務違反と要保護者遺
棄罪との関係、報告義務の内容・程度等については、清水勇男「道路交通法
セミナー(六)、救護義務違反・報告義務違反」法務総合研究所発行『研修』
308号77ページ以下参照）。

〈記載例G31〜G33〉

3　自動車運転死傷処罰法4条の過失運転致死傷アルコール等影響発覚免脱罪

　救護義務違反の罪の法定刑は、特に、自らの運転に起因する死傷事故があった
のにその義務を果たさなかった場合、10年以下の懲役又は100万円以下の罰金と
されており（法117条2項）、自動車運転死傷処罰法5条の過失運転致死傷罪の法
定刑（7年以下の懲役若しくは禁錮又は100万円以下の罰金）と比べても、相当
重いものである。しかし、同法2条の危険運転致死傷罪の法定刑（死亡の場合は
1年以上20年以下の懲役、負傷の場合は15年以下の懲役）と比べると、相当軽く
なっている。そのため、特に、飲酒運転をして死傷事故を起こした者が、「アル
コールの影響」の立証を不可能にさせて同罪の適用を免れるため、事故現場から
あえて逃走して「逃げ得」を図るという事象が生じているのではないか、との指
摘が刑法で罰則が規定されていた当時、なされていた。

　この「逃げ得」防止のため、平成26年に施行された自動車運転死傷処罰法で新
設されたのが、4条の「過失運転致死傷アルコール等影響発覚免脱罪」であり、
その立法趣旨から、法定刑は12年以下の懲役とされ、また、救護義務違反の罪と
併せて成立し得る罪として規定された。両罪の併合罪となると、最高で18年の懲
役刑に処することが法的に可能となる（刑法47条）。

　捜査上の留意点としては、飲酒運転が疑われるひき逃げ事犯の捜査では、客観

的な痕跡によって事故態様や事故前後の運転状況を解明することはもちろん、犯人の特定・検挙後は、犯人や関係者の供述等によって事故前の飲酒量及び酩酊状況、事故後の行動等を幅広く明らかにするよう努めるべきである。その結果、自動車運転死傷処罰法2条1号又は3条1項の危険運転致死傷罪が立証できることになれば、同罪と救護義務違反の罪との併合罪として刑責を問うことができる（この場合、4条の罪は別に成立しない。）。他方、その立証ができない場合には、「逃げ得」を許さないために、4条の罪と救護義務違反の罪との併合罪として刑責を問うことを目指すべきことになる。

　自動車運転死傷処罰法4条の罪の構成要件は複雑であるが、まず、①「アルコール又は薬物の影響によりその走行中に正常な運転に支障が生じるおそれがある状態で自動車を運転」するという故意行為については、3条1項の危険運転行為と同じである（前述③3(1)（134ページ））。②「運転上必要な注意を怠り、よって人を死傷させた」という過失行為と結果については、5条のそれと同じである（前述第1⑥1(2)（33ページ））。③「その運転の時のアルコール又は薬物の影響の有無又は程度が発覚することを免れる目的で」それが「発覚することを免れるべき行為」という故意行為は、4条で新たに規定された行為であり、以上①から③の行為が複合して一個の罪となるわけである。

　「免れるべき行為」（免脱行為）として明示されているのは、「その場を離れて身体に保有するアルコール又は薬物の濃度を減少させること」すなわち逃走行為と、「更にアルコール又は薬物を摂取すること」すなわち「追い飲み」と呼ばれる偽装行為であるが、これらは例示であって、同様の免脱効果を有するものであれば、免脱行為に該当することになる。

　なお、4条の罪を犯した者が、当該「運転」行為の際に無免許であったときは、無免許運転による加重の対象となり、法定刑は15年以下の懲役とされている（6条3項）。

第5　事故の態様別にみた捜査上の留意点

　「同じような事件」はあっても「同じ事件」はない。交通事故についても同様で、一つひとつの事故にそれぞれ他と異なる個性があり、これを無視し、形式的なパターン思考で一律に対処しようとすると、捜査の方向を見失い、真相を捕捉できず、事件の処理を誤ることになりかねない。例えば、追突事故にしても、その原因が車間距離不保持のみによるものでないことは明らかであるし、仮に車間距離不保持による場合であっても、当該事故当時の道路状況下における適正車間距離の認定は決して容易なものではないのに、乾燥・平坦・舗装道路を前提とした時速別停止距離基準表を一律に当てはめて事故当時の車間距離の適否を判断することは、事故の真相を見落とすことにつながりかねないのである。

　以下、主な交通事故の態様別に、捜査官として身に付けておかなければならない基本的な知識と、捜査上特に留意すべき点について解説する。

　なお、後記の「交通事故犯罪事実要点記載例」は、無免許、酒酔い、ひき逃げ等悪質な道交法違反を伴う事故を除き、本項の解説順に配列されているので、各解説と上記記載例をそれぞれ対照しながら理解を深められたい。

1　追突事故

1　概　説

　追突事故は、態様としては一見単純であるが、その原因、すなわち、なぜ先行車に衝突するまでに停止できなかったのかの原因を解明することは、必ずしも容易ではない。事件記録を子細に検討すると、そこに記載されているような速度、

車間距離、路面の状況からすれば、物理的に見て追突するはずがないというような内容の事件記録も多い。

　追突事故は、例えば停止距離など、車両の構造・装置や運転操作についての基本的知識を体得していなければ十分に解明することはできず、また、事故現場の状況を分析して物理的な面から真相を究明する能力も必要であり、その意味で、追突事故捜査は各種交通事故捜査の基本をなすものといえるのである。

2　基本的留意事項

(1)　停止距離の意義と認定方法

　「車両等は、同一の進路を進行している他の車両等の直後を進行するときは、その直前の車両等が急に停止したときにおいてもこれに追突するのを避けることができるため必要な距離を、これから保たなければならない」（法26条）。

　「その直前の車両等が急に停止したとき」とは、直前の先行車が制動装置の作動によって急に停止したときのみならず、先行車が、対向車線から中央分離帯を越えて飛び込んできた対向車と正面衝突して停止したとか、先行車がその前車とノーブレーキで追突して停止したなど、制動以外の原因で異常な停止をした場合も含まれる。このように、直前の先行車が制動又はそれ以外の原因で停止したときに、直ちに制動操作に入り、停止するまでに要する距離を「停止距離」という。この停止距離は、

停止距離＝空走距離＋制動距離（滑走距離）

とするのが理解しやすい。

　「空走距離」とは、運転者が停止を要する前方の障害物を認識してアクセルペダルから足を離し、ブレーキペダルに足を載せ替え、同ペダルを踏み込み、車輪がロックして路面に制動痕を印象し始めるまでの距離である。

　「制動距離」とは、ブレーキがきき始めてから車両が停止するまでの距離で、通常、路面に印象された制動痕の長さと一致する。

　しかし、上記の「空走距離」にしても、その反応秒数は、男女、年齢、技能

の巧拙、反応感覚の鋭鈍、その時の体調等により一定していないこと、「制動距離」についても、車両の種類、構造、積載重量、ブレーキ性能、タイヤの摩耗程度、路面の勾配、凹凸、舗装の有無、舗装資材の種類・新旧・乾燥・湿潤の度合い等によって路面の摩擦係数が異なってくることなどから、事故当時の正確な停止距離を算出することは極めて困難な課題である。そもそも、制動操作に入る直前の速度そのものが断定できないことが多いことからしても、この停止距離の算出は概数によらざるを得ない。運転中に直前車との必要な車間距離を保持しなければならないのであるから、路面の摩擦係数云々ではなく、運転者自身が必要な車間距離、すなわち停止距離の概数を自覚していなくてはならないし、ある程度の運転歴のある運転者は、実際上経験的ないし感覚的に自覚しているものである。

　ちなみに、上記の概数は、

$$停止距離＝（四輪車両時速）^2÷100$$

との計算式をもって算出される。例えば、時速40キロメートルの停止距離は40×40÷100＝16で、16メートルとなる。しかし、この計算式は、平均的空走距離と路面の平均的摩擦係数を基礎とした時速40キロメートル走行時のものであって、それ以外の速度で走行の際は上記の数値を修正しなければならない。走行速度が上記の時速40キロメートルを下回る際は、この数式により得た数値に「1ないし2メートルを加算」した数値が停止距離となる。例えば、時速30キロメートル走行の際は、上記の概数計算式により算出した「9」に2メートル加算した「約11メートル」が停止距離となる。また、走行速度が時速40キロメートルを超える際は、上記の概数計算式により算出した数値から「10ないし20パーセント減算」した数値が停止距離となる。例えば、時速80キロメートル走行の際は、上記の概数計算式により得た数値の「64」の約80パーセント、すなわち「約51メートル」が停止距離となる。これらはもとより概数である。

　なお、「停止距離」については、後記参考資料4「自動車の停止距離（空走距離Ⓛ＋制動距離Ⓢ）一覧表」、及び参考資料5「自動車の平均的停止距離（Ⓛ＋Ⓢ）グラフ」を参照されたい。

(2)　運転者の目の位置と車両の前端

　車間距離について、実況見分調書の現場見取図面には、例えば、相手車両を発見した地点、危険を感じて急ブレーキをかけた地点など、加害車両の進行経過に伴う各位置と相互の距離間隔等を記入することになるが、その基準となる位置は運転者の目の位置であって、車両の先端からの位置ではない。いわゆるキャブオーバー型の車両でも、座席に座っている運転者の目の位置と車両先端の間には差があり、普通のセダン型の乗用自動車と比較すると、両者の間に１〜２メートル、車種によってはそれ以上の差のある場合も少なくない（詳細は前記（109ページ以下）参照）。

(3)　玉突き追突事故の捜査

　玉突き追突については、各車両の運転者がそれぞれ被害者であるとともに、車間距離不保持等による加害者であるという関係に立つことが多いので、各衝撃の時間差、衝撃の程度とそれによる受傷の因果関係を認定しなければならず、そのためには各車両の運転者、同乗者から速度と車間距離を中心に詳しく事情聴取し、矛盾のない事実関係を確定しておく必要がある。

(4)　むち打ち症の有無・程度の認定

　追突事故による外傷、骨折については、医師の診断書の記載どおり認定しておおむね間違いないケースが多いが、いわゆる「むち打ち症」は、受傷者自身の「主訴」のみにより医師が診断したもので、客観性に乏しく、受傷者の悪意による誇大主訴がなきにしもあらずというのが実情であり、認定に困難を伴う場合が少なくない。バンパーにわずかの凹損しかない追突の衝撃で、加療数か月間の「むち打ち症」と診断された事例もある。このような場合には、衝撃力についての鑑定をするなどしてその因果関係を解明しておかなければならない。追突により加療約３週間を要する頸椎捻挫の傷害を負わせたとして略式起訴した事件で、正式裁判の申立てがなされ、衝撃力が軽度であり、被害者の供

述も変転しているとして無罪とされた事例がある（小田原支部平成3年8月12日判決・高検調同年番号32）。

3 捜査の要点

前記2の基本的留意事項以外で留意すべき捜査の要点は、次のとおりである。

(1) 先行車の存在を認識していたか。認識していたとすれば、これとの車間距離、双方の車両の速度。認識していなかったとすれば、その理由

(2) 先行車から目を離していないかなど、安全確認の有無、程度

(3) 先行車の急停止、徐行、進路変更、方向転換の有無、理由、その適否

(4) 障害物の有無等、先行車の前方道路の状況とその認識の可否

(5) 制動装置等に故障の有無、あったとすればその認識時点、故障があることを認識しながら運転を開始又は続行した理由

(6) 制動操作等に遅れはなかったかなど、その適否

(7) タイヤの摩耗の有無・状態

(8) 現場道路の乾湿、凹凸、曲直、舗装の有無・種別等路面の状況

(9) 車両の損傷の有無、部位、程度

その他、最近はカーナビゲーションや携帯電話、スマートフォンの使用中の追突事故が多発しているので、それら機器の搭載又は携帯の有無、事故直前に使用中であったか否かの確認もおろそかにしてはならない。参考資料15を参照されたい。

4 過失の構成

追突の原因は、車間距離不保持のみによるものではなく、前方不注視によって先行車が停止したことを発見するのが遅れた、いわゆる発見遅滞による場合もあり、また、制動装置の欠陥・不良による場合もある。したがって、追突の原因を究明し、これに沿った過失を構成しなければならない。

なお、追突原因がブレーキ等の操作不的確か、ブレーキ系統装置の欠陥によるものかについて争いのある事案では、「運転中ブレーキペダルを踏んだが突然全

くきかなくなっていた」との弁解が出されることがある。しかし、制動装置の「欠陥」によるものであれば「突然全く」という場合もあり得ようが、それが「不良」によるものである場合には、それまでの運転の過程において制動操作を繰り返していたわけであるから、運転者自身において、ブレーキが正常に機能していなかったことを大なり小なり自覚しているはずなのである。したがって、そのような自覚のある場合には、整備不良車運転として論ずべきこととなる。

　制動装置の欠陥か不良かの認定については、専門家による鑑定が必要となる場合が多い。供述にウエイトを置き過ぎてはならない。

5　参考判例

(1)　大型貨物自動車を運転中、同一方向に走行中の大型貨物自動車に追突させて同車を道路左脇のガードロープ支柱等に激突させた上、進路上に滑走してきた同車に更に自車を衝突させ、その間の衝撃で転落した被害者車両の運転者をれき過して死亡させたとの公訴事実に対して、裁判所は、衝突と被害者の死亡との間に因果関係を肯定するに足りる証拠がないなどを理由に一審の有罪判決を破棄し、無罪を言い渡した事例がある（高松高裁平成8・10・15判時1600・154〈確定〉）。

　判決は、当時は激しい雨で、被害者車両は被告人車両に追突される前にスリップして操縦の自由を失い、左方のガードロープに向けて滑走していた事実が認められ、被告人車両が追突した事実は認められるものの、それが被害者車両の滑走を惹起又は助長させた事実はないとし、また、被害者車両がガードロープ支柱等に激突したときには被害者は既に死亡していた可能性が否定できず、被告人車両による被害者のれき過と死亡との間に因果関係を認めることはできないとしているのである。

　現場は下り坂で、激しい降雨中という状況にあり、そのため最高速度毎時50キロメートルと規制されていたにもかかわらず、被告人車両・被害者車両とも時速100キロメートルを超える高速度で走行していたという事実関係等を考えると、両車の車間距離、走行状況、特に追突直前の被害者車両の状況について

は、更に厳格な捜査の必要性があった事案のように認められる。

(2) 首都高速湾岸線の東京港トンネル内で発生した7台の玉突き事故で、先頭から5台目の車両が炎上してその運転者が焼死し、6台目の車両の運転者が全治1週間の傷害を負ったという事故について、最後尾の7台目の被告人運転車両が前方を走行中の6台目の車両に追突したことが本件玉突き事故の原因だとする公訴事実に対し、裁判所は、この事故の原因は6台目の車両が5台目の車両に追突したことにあると認定して被告人を無罪とした。6台目の車両と7台目の被告人車両の、特に前部の破損状況等に基づく衝撃力についての鑑定結果、6台目の車両が5台目の車両に激突したことが本件致死傷の原因であり、被告人車両による追突と本件致死傷との間には因果関係がないというのが無罪理由の骨子である（東京地裁平10・3・24〈確定〉平成6年刑（わ）第233号判例集未登載）。

　　三つの鑑定が対立する難しい事件であったが、6台目の車両前部の破損状況と7台目の被告人車両のそれとを比較対照し、かつ、6台目の車両が後方から進行してきて被告人車両の前方に割り込んだほぼ直後の事故であったという状況等とを総合すると、判決の認定を覆すのは困難な事件であったと思料する。

　　玉突き事故の場合、最後尾の車両が直接の原因で次々と連鎖的に追突を惹起させたと単純に考えることの危険性を、この裁判例は示しているように思われる。

　　〈記載例A11〜A43〉

② 交差点（主に直進）事故

1　交差点の意義・範囲・種類（交通整理の有無）

(1)　「交差点」とは、「十字路、丁字路その他2以上の道路が交わる場合における当該2以上の道路（歩道と車道の区別のある道路においては、車道）の交わる部分をいう。」（法2条1項5号）。すなわち、歩車道の区別のある道路におい

ては「車道の交わる部分」、歩車道の区別のある道路とその区別のない道路と
が交わる場合においては「車道とその区別のない道路が交わる部分」をいうの
である。

　しかしながら、具体的な道路の形状からみて、果たして交差点であるか否
か、1個の交差点か2個の交差点か必ずしも明確でない場合もあり、また、ど
こまでが交差点であるかの範囲についても、側線延長説、始端垂直説、始端結
合説など学説が分かれていて（判例では始端結合説、すなわち交差する各道路
の接点をそれぞれ結んだ線で囲まれた部分を交差点とする説によるものが多
い）、結局はケース・バイ・ケースで決定する以外はない。いわゆる変型交差
点の場合など、認定に困難を来す場合も少なくないのである。交差点であるか
どうか及びその範囲等は、徐行義務の有無など過失の構成に重大な影響を及ぼ
すことになるので、上記の点について少しでも疑問がある場合は、判例等に当
たって確定すべきである。

(2)　交差点には、交通整理の行われている交差点と行われていない交差点とがあ
る。

　「交通整理」について、法は定義規定を置いていないが、判例によれば、「交
通整理とは、信号機の表示する信号又は警察官の手信号等により一定の時間は
一方の道路を自由に通行させ、その間他の交通を停止することを相互に反覆す
る措置を指すものであり、通行する者の側からいえば、信号により通行が認め
られる間は他の交通を顧慮することなく進行することができる場合が交通整理
の行われている状態と解すべきであり、これに反し、たとえ何らかの信号が存
したとしてもなおかつ無条件に進行することの許されない場合、例えば、交差
点内の他の交通との優先順位につき判断した上進行することを必要とするよう
な場合は交通整理の行われていないとして道交法35条、36条等の規定の適用を
認めるのが相当である。」（東京高判昭46・12・22刑裁月報3・12・1604）とし
ている。

　したがって、交差する各道路にいずれも黄色の灯火の点滅信号が表示されて
いる交差点は、交通整理の行われていない交差点であり（最判昭48・9・27判

時715・112)、一方の道路からの入口に黄色の灯火による点滅信号が作動し、他方の道路からの入口に赤色の灯火による点滅信号が作動している交差点も同様であり（最決昭44・5・22刑集23・6・918）、また、押しボタン式歩行者用信号機があっても、それを押して信号灯が点灯するまでは交通整理の行われていない交差点である（大津地判昭50・4・21判時789・113）。

　信号機が設置してある交差点が交通整理の行われている交差点という意味ではなく、上記のように信号灯の点灯状況によって交通整理が行われているか否かが決まるのであり、そのいずれであるかによって過失の構成が大きく異なってくるので、特に注意を要する。

2　捜査の要点

(1)　交通整理の行われている交差点の事故

　ア　対面信号表示確認の有無、確認状況（確認した位置、その際の自車の速度等）

　イ　不確認の原因（無視か看過か、その理由）

　ウ　信号機の作動状況（正常に作動していたか否か、及び信号サイクル等）

　エ　交差道路の見通し状況

　オ　進路に対する安全確認の有無、確認状況（相手車の急接近、進入の目撃等）

　カ　相手車の運転者において対面信号表示確認の有無等前記アの事項

　キ　双方について、それぞれ事故直後の信号表示の確認の有無、結果

　信号交差点の事故においては、被疑車両の運転者、被害車両の運転者とも自車の対面信号機は事故当時青色を表示していたと主張する事例が多い（事故当時及び捜査段階では認めていて、公判で否認する事例も多い）。このいわゆる「青・青」の主張は、いずれかが虚偽の主張をしているわけであるから、この点の真相解明が捜査のキーポイントである。そのためには、客観的に確定し得る衝突地点を中心に、両車両によるスリップ痕の長さ、信号表示を確認したと

主張する地点の合理性の有無、必要があれば両車両が通過してきた前（ときには前々）の信号交差点の信号表示の確認状況等について綿密な捜査を行う必要がある。その際、関係する各信号機の信号サイクルが主張の真否を判断する重要な尺度になる（青・青の主張をめぐる注目すべき判例として、東京高裁平7・4・18判時1547・138、大阪高裁平8・3・21判時1580・143、太田支部平5・11・9高検調同年番号18、土浦支部平11・9・29高検調同年番号18、水戸地裁平4・8・5高検調同年番号21等）。

(2)　交通整理の行われていない交差点の事故

ア　道路の優先関係（法36条2項）とその認識の有無

イ　徐行義務（法36条3項、42条）又は一時停止義務（法43条）の有無と認識、履行状況

ウ　一時停止標識など道路標識の設置状況と視認の可否

エ　中央線、車両通行帯、停止線など道路標示の状況と視認の可否

オ　道路の幅員の広狭（法36条3項）とその認識の有無

カ　前方及び交差道路の見通し状況

キ　交差道路の交通状況を確認した地点と確認状況

ク　相手車両を認めた地点、相互の距離・速度、対応

ケ　危険回避措置履行の有無、適否

コ　相手車の運転状況（過失の有無、程度）

3　過失の構成

(1)　交通整理の行われている交差点の事故

ア　適正な過失の認定

交通整理の行われている交差点の事故原因には、信号表示の無視・看過、誤認によるもの、進路の安全不確認、徐行又は一時停止義務不履行によるものなど、様々な原因があるので、そのいずれに当たるものであるかを鋭意解

明し、これに沿った過失を構成する必要がある。その際、相手車が赤信号を無視又は看過して交差点に進入してきたなどの状況が認められる場合、いわゆる信頼の原則（前記第1⑤3（20ページ））が適用される可能性が強く、その場合には過失が否定されることになるので、捜査処理上注意を要する。

　なお、第一審が「赤信号無視」としたのは誤りで、「赤信号看過」と認定すべきが正しいとし、一審判決を破棄して自判した高裁判決（東京高裁平7・5・25高検調同年番号17）がある。信号確認義務違反と信号遵守義務違反との相違は、対面信号の赤色表示を認識しながらこれを無視して交差点に進入したのか、対面信号の確認を怠り、赤色表示を見落として進入したのかの相違であり、これを誤ると過失の構成を誤ったことになって上記のような結果となる。

　交通整理の行われている交差点を通過しようとする場合には、信号機の表示するところに従って運転すれば足り、徐行して左右道路の車両との交通の安全を確認すべき注意義務はない（最判昭45・9・25判時606・94）。

イ　黄色信号をめぐる問題

　問題になるのは、交差点に差し掛かったところ、対面信号表示が青色の灯火から黄色の灯火に変わったのに、そのまま交差点に進入して交差道路から進行してきた車両や横断歩道歩行者と衝突した場合の過失の有無についてである。黄色の灯火信号の意味について、令2条1項は「車両（中略）は、停止位置をこえて進行してはならないこと。ただし、黄色の灯火の信号が表示された時において当該停止位置に近接しているため安全に停止することができない場合を除く。」と規定している。したがって、例えば、時速40キロメートルの制限速度で進行してきて、交差点の停止位置の手前10メートルに接近したとき対面信号が黄色の灯火に変わったのを認めたという場合には、制動距離との関係で停止位置に安全に停止できないことから、そのまま交差点に進入しても道交法違反にはならない。しかし、過失の有無という観点から別個の考察が必要となる。

　この点で注目すべき裁判例がある。事案は、多量の水分を含んだ川砂を最

大積載量の３倍近く積載したダンプカーを運転して、時速約40キロメートル
で交差点に差し掛かり、停止線の20ないし30メートル手前で対面信号が青色
から黄色に変わったのを認めたが、その手前で停止することはできないと判
断し、同一速度で交差点を通過しようとしたところ、交差点出口の横断歩道
左側から信号に従って歩行を始めた幼稚園児をはねて死亡させたという事故
で、裁判所は道路の形態、幅員、信号サイクルなど詳細な証拠判断のもと
に、被告人車両がこの交差点を通過し終わるまでに対面信号は赤色に、交差
道路の信号は青色に変わるものと認定し、令２条について「この規定は、黄
色の灯火信号が表示された時点において、当該停止位置に近接しているため
そこで安全に停止できない場合に、停止位置を越えて進行しても道路交通法
違反（黄色灯火信号無視等）にはならないと定めているに過ぎないのであっ
て、規定の文言上も明らかなように、停止位置を越えた場合そのまま進行し
て交差点を通過することができる旨定めたものではない。」とした上で、被
告人としては黄色信号を認めた時点で直ちに急制動の措置を講じ、できるだ
け速やかに停止すべき注意義務があったとして有罪を言い渡した（東京高判
平５・４・22判時1515・148）。

この黄色信号をめぐる事故事例には、過失をめぐって困難な問題が多いの
で、深く研究しておく必要がある（参考として、清水勇男「黄信号を中心と
した交差点事故をめぐる問題点の考察」研修313・81）。

〈記載例Ｂ11〜Ｂ13〉

⑵　交通整理の行われていない交差点の事故

交通整理の行われていない交差点の事故原因としては、徐行義務（法42条）
違反、一時停止標識（法43条）無視又は看過、優先通行権（法36条２項）無
視、看過又は誤認、進行妨害（法36条１項、37条）等がある。

ここで問題となるのは、直進車と対向右折車との優先関係である。

昭和46年法律第98号による改正前の旧法37条２項には「車両等は、交差点で
直進し、又は左折しようとするときは、当該交差点において、すでに右折して

いる車両等の進行を妨げてはならない。」と規定されていたが、改正後の現行法では同項が削除された。しかるに、改正前の解釈や判例を安易に踏襲した見解が多い。そこで振り返って、「交差点における他の車両等との関係等」に関連する法36条及び法37条の改正要点を理解しておく必要がある。

その要点の第1は、旧36条が全文廃止され、現行36条が新設されたこと、第2は、新法36条2項、3項で優先道路及び明広路通行車両の優先通行権の保障が明示されたこと、第3は、「進行妨害」の用語の定義が新設され（法2条22号）、法36条1項、2項及び法37条で引用されて優先通行権の保障がより明確化されたこと、第4は、交差点内安全運転義務が新設（法36条4項）されたこと、第5は、前記のとおり直進車と対向既右折車両の優先関係を規定していた旧法37条2項が全文削除され、これに伴う同条1項（2項の削除で法37条本文となっている）で右折車は直進車等の「進行妨害をしてはならない」と改正されたことにある。

これら優先通行権の保障規定は、信号機により交通整理の行われている交差点を信号機の対面青信号表示に従って直進する車両の運転者は、交差道路の車両等の安全を確認する法的義務はないとの定着した判例の流れに沿うものである。

その他、新法36条、37条の「交差点の他の車両等との関係等」に関する判例で、旧法36条、37条の解釈による判例が現在でも多く引用されているが、これは廃止された旧法36条にも「優先道路」や、抽象的な「進行を妨げてはならない」の文言が用いられていたことの延長で、法改正といっても基本的な法の趣旨に変化はないであろうという安易な考えから、旧法36条下でしか妥当しない判例がそのまま引用され続けているためである。

その他問題となるのは、自車進路の明広路と、交差道路の明広路の関係をどのように解釈すべきかという点である。

無交通整理交差点では、交差道路の見通しのきかないこともあり、彼我の道路の広狭の差が一見して区別が困難な場合も多く、そのため出会い頭の衝突を防止するために法42条1号でも優先道路通行車両を除き徐行義務が課せられて

いる。また、法43条の無交通整理交差点の一時停止標識に従って一時停止した
車両は、交差道路の通行車両等の進行妨害をしてはならないとされている。法
36条 2 項と 3 項の明広路進行車両の徐行について「36条 2 項で優先通行権は認
めるが、明広路かどうかの判断が必ずしも正確に行われないおそれがあるの
で、徐行義務は解除しない」とするのが有権解釈である（警察研究43巻 6 号所
掲・警察庁交通局交通規制課理事官）。また「客観的に明確な明広路に限っ
て、そこを通行している場合は徐行義務がない」とされている（警察時報39巻
5 号104ページ）。これを受けて最高裁は「自車通行道路がそれと交差する道路
に比して幅員が明らかに広いときであっても徐行義務は免除されない」とした
（最決昭和63・ 4 ・28、判時1277号164）。

　しかし「客観的明広路通行車両」について徐行義務を課すのは妥当ではない
とする下級審の裁判例（横浜地裁昭和61・ 9 ・ 9 、判時1216号150）もあるの
で、交差点の形状、交通量、道路状況の実態など具体的な状況を勘案しながら
徐行義務の有無、したがって過失の有無を判断するのが相当である。

　なお「明らかに広い」の特定のため、自車通行路と交差道路との幅員を数字
的に比較対照した判例が多数あるが、前記法改正の経緯と適用基準日等に留意
する必要がある。

　また「徐行」とは、車両が直ちに停止できるような速度で進行することをい
い（法 2 条 1 項20号）、具体的には時速10キロメートル程度とする判例が多い
が、一律に何キロメートルと決めることはできず、道路状況など諸般の状況に
よって認定すべきことになる。

　なお、交通整理の行われていない交差点での出会い頭による衝突で無罪とな
る事例の多くは、被害者車両の方から被告人車両に衝突してきたと認定され、
被害者側の無謀運転が事故の主たる原因だとされる事例であり（例えば、下妻
支部平 4 ・ 5 ・29高検調同年番号17、東京地裁平 9 ・ 1 ・16高検調同年番号
8 ）、被害程度の軽重に目を奪われることなく、冷静・的確な捜査処理が望ま
れるところである。

⑶　黄色点滅・赤色点滅信号と徐行・停止義務

　交差する各道路がいずれも黄色の点滅信号を表示している交差点も、また、一方が黄色の点滅信号、他方が赤色の点滅信号を表示している交差点も、交通整理の行われていない交差点であることは前述（1⑵（155ページ））のとおりである。

　黄色点滅信号の場合は、自動車運転者は、必ず徐行しなければならないというのではなく、他の交通に注意して安全であればそのままの速度で進行できるということである（令2条1項）。もとより交差点内で他の車両との接触、衝突等事故発生のおそれがあるときは、徐行するなどしてこれを回避するよう十分注意しなければならない（東京高判昭43・4・9東京高検速報1663号、東京高判昭46・12・22刑裁月報3・12・1604）。また、左右の見通しのきかない交差点に進入しようとするときは、黄色点滅信号にかかわりなく徐行義務がある（法42条1号）。

　これに対し赤色点滅信号の場合は、自動車の運転者は所定の停止位置で一時停止し（令2条1項）、交差道路の安全を確認して発進すべき義務があり、交差道路を通行する車両等の進行を妨害してはならない。すなわち、交通整理が行われていない交差点の指定場所における一時停止の義務（法43条）と同一の義務を負うことになる。

　上記のように、黄色点滅信号と赤色点滅信号とでは自動車運転者に課せられる道交法上の義務は異なっているが、自動車運転過失の有無という観点から重要なのは、第1に、安全確認の有無ということであって、徐行又は一時停止という道交法上の義務を形式的に果たしたというだけでは自動車運転過失の責任を免れることはできず、進んで交差点及び交差道路の安全を確認したか否かということがポイントになるので、この点の究明が十分になされなければならない。

　第2は、一方が黄色点滅信号、他方が赤色点滅信号の交差点において出会い頭の事故が発生した場合における双方の過失の有無ということであって、この

点に関しては、次の下級審の裁判例が参考となる。

ア　黄色点滅信号対面車が時速約30キロメートルに減速進行し、赤色点滅信号
　　対面車は時速約60キロメートルのまま進行した事案では、黄色点滅信号対面
　　車には過失なしとしている（東京高判昭44・10・20高刑集22・5・271）。

イ　黄色点滅信号対面車が制限速度40キロメートル毎時のところ時速約60キロ
　　メートルの速度で進行し、赤色点滅信号対面車は、停止線で一時停止した
　　が、左方の安全確認をしないまま時速約15キロメートルで左折進行した事案
　　では、黄色点滅信号対面車にも過失ありとしている（大阪地裁堺支判昭48・
　　8・16判時725・111）。

ウ　黄色点滅信号対面車は制限速度40キロメートル毎時のところを時速約70キ
　　ロメートルで進行し、赤色点滅信号対面車は制限速度40キロメートルのとこ
　　ろ同速度のまま一時停止せずに進行した事案では、黄色点滅信号対面車にも
　　過失ありとしている（東京高判昭44・10・14東京高検速報1761号）。

　この種の衝突事故については、黄色点滅信号対面通行車にも徐行義務が課せ
られているものと決めてかからないで、同車の法規違反の内容・程度と赤色点
滅信号対面通行車の法規違反の内容・程度、及びその他の交通状況等をよく捜
査し、過失の有無・程度を比較衡量して処理する必要がある。

　なお、この黄色点滅対赤色点滅の事案においては、信頼の原則が適用され、
過失が否定される場合があるので、注意を要する。その点で次の最高裁の判例
は重要な指針となる。

　「自車と対面する信号機が黄色の灯火の点滅を表示しており、交差道路上の
交通に対面する信号機が赤色の灯火の点滅を表示している交差点に進入しよう
とする自動車運転者としては、特段の事情がない本件では、交差道路から交差
点に接近してくる車両があっても、その運転者において右信号に従い一時停止
及びこれに伴う事故回避のための適切な行動をするものと信頼して運転すれば
足り、それ以上に、本件被害者のように、あえて法規に違反して一時停止する
ことなく高速度で交差点を突破しようとする車両のありうることまで予想した
周到な安全確認をなすべき業務上の注意義務を負うものではなく、当時被告人

が、道路交通法42条所定の徐行義務を懈怠していたとしても、それはこのことに影響を及ぼさないと解するのが相当である。」（最判昭48・5・22判時702・111）

〈記載例Ｂ21〜Ｂ33〉

③ 左折・右折事故

左折・右折は交差点の場合だけとは限らないので、左折・右折事故は、交差点事故とは別個独立に検討する必要がある。

1 左折・右折の意義

左折又は右折とは、車両が進行道路から外れて他の交差道路又は道路外の場所へ進入することをいい、道路が屈曲しているため左方又は右方へ折れ曲がって進行する場合であっても、進行道路から外れることなく進行するときは左折又は右折に当たらない。その理由については、次の高裁判例が参考となる。

「車両が、従前の進行道路から外れることなく進行する場合においては、たとえ道路が左方ないし右方に屈曲しているため左方ないし右方に折れ曲がって進行することになるとしても、同法（注・道交法）34条に定める義務を課する必要性は全くないのであり、寧ろ、上記の義務を課するときは、かえって車両の円滑な通行を阻害する危険を生ぜしめるおそれがあるからである。これに反し、たとえ左方ないし右方に折れ曲がることなく、直線状に進行する場合であっても、従前の進行道路から外れて、他の交差道路ないし道路外の場所に進入するときには、他車の進行をさえぎったり、あるいは後続車の運転者に対し進行を躊躇させる事態が生じるため、同法34条ないし25条に定める義務を課するのが相当であると考えられるのである。」（福岡高判昭51・4・14判タ347・303）

2 左折事故

(1)　左折方法

ア　交差点における左折方法

「車両は、左折するときは、あらかじめその前からできる限り道路の左側端に寄り、かつ、できる限り道路の左側端に沿って（道路標識等により通行すべき部分が指定されているときは、その部分を通行して）徐行しなければならない。」（法34条1項）

「あらかじめその前から」とは、左折の合図を出すのが交差点の側端から30メートル手前の地点に達したときであるから（法53条2項・令21条）、おおむねその程度の距離の手前からということである（名古屋高判昭46・9・14名古屋高検速報505号、大阪高判昭47・9・28大阪高検速報昭48年4号）。

「できる限り」とは、「なるべく」よりも強い概念であるが、運転車両の形状（特に車長・車幅）、道路やすみ切り（交差点の隅の切り込み）の状況・角度・形態等交差点の具体的状況によって大回りすることがやむを得ない場合もあるので、一律に決めることはできず、「当該車両、道路等の状況に照らして可能な限り」という意味である。

イ　その他の左折方法

「車両は、道路外に出るため左折するときは、あらかじめその前からできる限り道路の左側端に寄り、かつ、徐行しなければならない。」（法25条1項）

なお、車両は、歩行者又は他の車両等の正常な交通を妨害するおそれがあるときは、道路外の施設若しくは場所に出入りするための左折をしてはならない（法25条の2第1項）。

その他車線変更の場合、例えば、追越車線から走行車線に変更するときは左折には当たらないが、交差点における左折に準じた進行方法がとられなければならないとされている（東京高判昭38・7・17東高時報14・7・128、大阪高判昭41・4・19判タ195・168）。

(2)　捜査の要点

　　左折事故は、左折しようとする車両が左側方を進行してきた車両等と接触
し、又はこれを巻き込むことなどによって発生する場合が極めて多い。

　　そこで法は、左折車両に前記のような左折方法の遵守義務を課しているので
あるが、一方、左折車両の後続車両にも、左折車両が道路の左側端に寄ろうと
して合図した場合には、原則として左折車両の進路の変更を妨げてはならない
とされているので（法34条6項）、一方的に左折車両の運転者に過失を認める
わけにはいかない場合が出てくる。したがって、捜査に当たっては、次のよう
な点に留意しなければならない。

ア　道路の左側端に寄り始めた地点、そこからの進路、徐行の有無

イ　左折合図の有無・その適否

ウ　左寄りが困難な場合はその理由と具体的状況

エ　並進車、後続車、対向車、歩行者等に対する安全確認の有無・措置（サイ
　　ドミラーのみでは並進車や直近後続車を視界にとらえることが不可能ないし
　　極めて困難な場合が多いので、目視による確認が必要であるが、これをなし
　　たか否かなど）

オ　運転席からの死角の有無・範囲・その認識の有無、死角範囲に対する安全
　　確認の有無・方法

カ　上記エの並進車等の進行方法の適否

(3)　過失の構成

　　左折事故にも、左折の合図をせず（あるいは適切な合図をせず）、あらかじ
めできる限り道路の左側端に寄ることをしないで進行し、左側方及び左後方の
安全を確認しないまま左折進行して事故を起こしたものから、法の定める左折
方法に従いながらも、安全確認をしないまま左折進行して事故を起こしたもの
など、様々な類型が考えられるので、そのいずれに該当するものであるかを確
定し、実態に沿った過失を構成する必要がある。その際特に注意しなければな

らないのは、次の点である。

第1は、被害者車両の動静との関係である。

判例は、交差点で左折しようとする場合、その時の道路及び交通の状態その他の具体的状況に応じた適切な左折準備態勢に入った後は、特別な事情がない限り、後続車があってもその運転者が交通法規を守り追突等の事故を回避するよう適切な行動に出ることを信頼して運転すれば足り、それ以上に、あえて法規に違反し、自車の左方を強引に突破しようとする車両のあり得ることまでも予想した上での周到な安全確認をなすべき注意義務はなく、後続車が足踏自転車でもその例外ではないとしている（最判昭46・6・25刑集25・4・655）。

左折事故では、被害者車両の方に重大な法規違反があって信頼の原則が適用される場合や被害者側に事故の原因がある場合が少なくないことを銘記しておかなければならない。

例えば、左折に際し左側歩道を進行中の自転車と衝突して被害者を負傷させたとの事案について、被告人が左折態勢に入ってから自転車の接近を見て一時停止したという事実を目撃者の証言等から認定し、本件事故は変速ギヤタイプの自転車に、地面に足が届かない状態でまたがり、野菜等を入れたビニール製の買い物袋4箇をハンドル左右に縛りつけるなどして、甚だ不安定な状態で走行中の被害者が、被告人車両が左折してくるのを見て驚き、ろうばいの余り自車の安定を失って転倒したことに起因する疑いが濃厚であると認定して、無罪を言い渡した（川越支部平3・8・13高検調同年番号31）。

第2は、死角との関係である。

車両には、運転席から見て、広狭の差こそあれ、必ず死角があり、並進車両や後続車両等が死角の中に入って見えない場合がある。このような場合に並進車両等がないものと誤信して左折進行し事故を起こしたというときに過失が認められるかという問題がある。

運転者は、自己が運転する車両の死角の範囲について十分認識し、いかにすればその死角内に入った車両や歩行者の有無を視野にとらえて安全に進行できるかを常に考え実行しながら運転しなければならない。危険の予測こそ運転者

にとって基本的な義務である。したがって、死角に入って見えなかったということでは運転者としての義務を尽くしたことにならず、過失は否定されない。

　判例は、自車前部の左側に相当大きな死角のあるキャブオーバー型の大型貨物自動車の運転者が、交差点を左折する必要上、道路左側端まで約1メートルの余地を残して停止信号により約30秒間一時停止した後、発進左折する場合、その一時停止中にバックミラーを注視するなどして左側を後方から進行してくる軽車両が死角に隠れる以前にこれを捕捉する業務上の注意義務があり、単に方向指示器をもって自車の進路を示し、発進直前にバックミラーを一べつするだけでは足りないとして運転者の過失を認めている（東京高判昭46・2・8判時635・154、同旨東京高判昭50・4・2東京高検速報2087号、同旨東京高判昭51・11・15判時849・126）。

　しかしながら一方で判例は、交差点で左折しようとする運転者は、進入しようとする道路の幅員が狭く、かつ鋭角をなしているため、あらかじめ道路左側端に寄って進行することが困難な場合にも、法規所定の左折の合図をし、かつ、できる限り道路左側に寄って進行し、更にバックミラーを見て後続車両の有無を確認した上左折を開始すれば足り、それ以上の方法を講じて左後方のいわゆる死角にある他車両の有無を確認するまでの義務はないとしている（最判昭45・3・31刑集24・3・92）。すなわち、法に規定する左折の合図と左折方法を実行し、サイドミラーで後方を確認すれば運転者としての義務は尽くしているとするのであって、ここが過失の有無を分ける分水嶺ということになろう。

　〈記載例C11〉

3　右折事故

(1)　右折方法

ア　交差点における右折方法

　車両の種類によって分かれており、自動車は、「右折するときは、あらか

じめその前からできる限り道路の中央に寄り、かつ、交差点の中心の直近の内側（道路標識等により通行すべき部分が指定されているときは、その指定された部分）を徐行しなければならない」（法34条2項。その他の車両については同項及び同条3〜5項参照）。

　また、車両等は、交差点で右折する場合において、当該交差点において直進し、又は左折しようとする車両等の進行妨害をしてはならない（法37条）。

　「あらかじめその前から」及び「できる限り」の意味は、前記左折についてと同一である。

　「直進しようとする車両」とは、右折しようとする車両が、右折を開始するまで進行して来た道路の進行方向、その反対方向及びこれと交差する道路の左右いずれもの方向へ直進する車両をいう（最決昭46・7・20判時638・103）。しかし、信号を無視して不法に交差点に進入してきたような車両は、前記の「直進しようとする車両」には当たらないとされている（東京高判昭38・11・20東京高検速報1117号）。そのような車両は、法による保護の対象外だという意味である。

　イ　その他の右折方法

　「車両（軽車両及びトロリーバスを除く。）は、道路外に出るため右折するときは、あらかじめその前からできる限り道路の中央（当該道路が一方通行となっているときは、当該道路の右側端）に寄り、かつ、徐行しなければならない。」（法25条2項）

　なお、歩行者又は他の車両等の正常な交通を妨害するおそれがあるときは、道路外の施設若しくは場所に出入りするための右折をしてはならない（法25条の2第1項）。これは左折の場合と同一である。

(2)　捜査の要点

　右折事故は、直進車の進路を妨害する形態の事故が多数を占めている。したがって、捜査に当たっては、次のような点に留意しなければならない。

　ア　道路の中央に寄り始めた地点、そこからの進路、徐行の有無

イ　右折合図の有無・その適否

ウ　中央に寄ることが困難な場合はその理由と具体的状況

エ　並進車、後続車、対向車、歩行者等に対する安全確認の有無、とった措置
（サイドミラーのみでは並進車や直近後続車を視野にとらえることができない場合が多いので、目視による確認が必要であるが、これをなしたか否かなど）

オ　右折する際の進路、特に交差点の中心の直近内側通行の有無

カ　被害者車両を認めた地点、その時の被害者車両の位置と速度についての認識

キ　被害者車両の進行方法の適否

(3)　過失の構成

　右折事故には、①右折の合図をせず（あるいは適切な合図をせず）、交差点の中心の直近内側を徐行しないで右小回りし、対向直進車や右方道路の停止線で信号待ちのため停止していた車両に衝突したり、②交差点の中心の直近内側で一時停止したが、対向直進車が停止し、いわゆるパッシングをして自車の通過を待ってくれる態度を示してくれたことから、発進して右折進行したところ、その対向直進車の左側方から直進してきた原動機付自転車に衝突したとか、③対向直進車の速度を誤認し、自車の方が先に右折を完了できると思って右折進行したところ、その対向直進車の速度が早く、これと衝突したとか、④対向車の有無・動静にのみ注意を奪われ、右折方向道路の横断歩道上を歩行していた歩行者や自転車に気付かず、衝突転倒させたなど、様々な類型が考えられるので、そのいずれに該当する事故であるかを慎重に検討し、実態に沿った過失を構成する必要がある。その際特に注意しなければならないのは、次の点である。

　第1は、対向直進車が制限速度を超過して交差点に進入してきた場合、右折車運転者に過失はあるかの問題である。

　道路を走行している車両が必ずしも制限速度を守っているとは限らないこと

は公知の事実である。自動車運転者としては、そのことを計算に入れた上で運転しなければならず、直進車が制限速度を守って交差点に進入してくるものと信頼していたといっても、その信頼を保護して右折車の運転者の過失をすべて否定するというわけにはいかない。そこで、右折車の運転者が対向直進車を認め、その通過前に自車が右折を完了できるかどうかを判断する際、直進車が制限速度を守っているか否か、超過しているとしてどの程度超過しているかを予測することが重要な意味をもってくる。

　この点に関し、最高速度が時速40キロメートルと指定されていた道路を時速50ないし55キロメートルで直進してきた被害者車両を前方約53メートル先に認めたが、自車の方が先に右折できるものと判断して発進、右折しようとしたところ、その直進車と衝突したという右折車の運転者について、最高裁判所は、「交差点において右折しようとする車両の運転者には、判示のような事実関係の下で約53メートル前方に直進対向車を認めた場合は、同車が指定最高速度（時速40キロメートル）を時速10ないし20キロメートル程度超過して走行していることを予測した上で、右折の際の安全を確認すべき注意義務がある。」（最決昭52・12・7刑集31・7・1041）と判示し、右折車運転者の過失を認めている。この予測すべき超過速度については、毎時20ないし30キロメートルとしている下級審の判例（福岡高判平3・12・12判タ796・261）もある。

　また、交通整理の行われていない交差点において、時速15ないし18キロメートルで右折するに当たり、対向直進車を前方約54.8メートルの地点に認めたが、同車の到達前に右折を完了できると思ってそのまま右折進行したところ、その対向車が指定制限速度40キロメートル毎時を超過し時速70ないし80キロメートルで進行してきたため衝突したという事故で、右折車の運転者に過失を認めた判例（仙台高判平5・2・1判時1501・160、上告棄却により確定）がある。この事故は、午後10時過ぎに発生したもので、当時交通が閑散としており、時速70キロメートルを超過して進行する車両も少なくなく、被告人はこの現場道路を日ごろ頻繁に通行していて、そのような交通事情を知っていたものと認定されたことが前提となっている。

　速度超過についての予測義務は、現場道路の交通状況やそのような状況についての当事者の認識の有無・程度など諸般の事情によって決定されることになり、一概には言えないが、およその目安としては、上記判例に示されているように、毎時20ないし30キロメートルと見てよいであろう。したがって、対向直進車がこれを超える速度で進行してくることまでの予測義務は一般にはなく、その結果自車の方が先に右折できるものと判断して右折を開始したが、制限速度を時速40キロメートルも超過して進行してきた直進車と衝突したというような場合には、特別な事情が認められない限り、右折車の運転者に過失はないということになろう（参考として、最判昭47・4・7裁判集184・15）。

　第2は、右折車と対向直進車との優先関係を定める基準についてである。

　法36条4項は、「車両等は、交差点に入ろうとし、及び交差点内を通行するときは、当該交差点の状況に応じ（中略）、反対方向から進行してきて右折する車両等（中略）に特に注意し、かつ、できる限り安全な速度と方法で進行しなければならない。」と規定し、直進車側に対向右折車に対する注意義務を課しているが、法37条は、「車両等は、交差点で右折する場合において、当該交差点において直進（中略）しようとする車両等があるときは、当該車両等の進行妨害をしてはならない。」と規定して、右折車側に対向直進車に対する注意義務を課している。そこで、いずれの規定が優先するかの問題があるが、①法36条4項は、本来法70条の安全運転義務の内容を補充するものであって、交差点通行車両の運転者に対する一般的な注意義務を定めたものであるのに対し、法37条は、右折車の運転者に対する個別的な注意義務を定めたものであって、両者はいわば一般法と特別法の関係に立つものであり、特別法は一般法に優先することから、法37条が法36条4項に優先すると考えられること、②現実的に見ても、右折車（対向右折車、以下同。）は通常右折の合図をし、徐行ないし一時停止しているのに対し、直進車は普通の速度で進行してくるのが通常であることから、右折車の方が危険回避措置を容易にとり得る立場にあり、したがって右折車に譲歩を求めるのが合理的であることなどの理由から、直進車と右折車では一般に直進車優先と認めるのが正しい。判例も同旨である（札幌高

判昭50・11・27刑裁月報 7・11〜12・890、東京高判昭51・6・14刑裁月報 8・6〜8・327）。

　右折車と対向直進車との衝突事故では、往々にして前者は法36条 4 項を根拠に、後者は法37条を根拠に自己の正当性を主張することが多いが、基本的には上記のとおり法37条優先、したがって直進車優先と考えるべきである。しかしながら、直進車側に制限速度を大きく上回る速度違反の事実があるときなどは立場が逆転することもあり得るので、その点の捜査も十分に尽くしておく必要がある。

　なお、直進車の優先通行権の保障については、前記「②3 (2)交通整理の行われていない交差点の事故」の項（159ページ）を参照されたい。

(4)　参考判例

　ア　交通整理の行われている交差点を右折する際、対向車両の通過待ちのため交差点内で一時停止しているうちに対面信号が赤色表示になり、交差道路の信号が青色になった場合には、いったん後退して次に対面信号が青色表示になるのを待つか、交差点の信号機の表示に留意しつつ、他の車両との衝突を回避しながら、通行車両の合間を縫って右折進行すべき業務上の注意義務があるとし、交差道路の青色信号に従って右折する先行車両に続き右折を開始したところ、左方道路から青色信号に変わったのを見て直進してきた被害者車両と衝突した被告人の責任は免れないとした判例（東京高裁平 6・5・19〈確定〉判時1539・138）がある。

　イ　普通乗用自動車を運転し、路外右側の駐車場に入るため右折するに際して、右折の合図はしたが、あらかじめ道路の中央に寄らず、後方車両との安全を確認しないまま時速約10キロメートルで右折進行した過失により、折から右後方から進行してきたV（88歳）運転の原動機付自転車に自車を衝突させてVを路上に転倒させ、加療 8 か月を要する傷害を負わせたとの公訴事実について、本件道路は幅員が約3.67メートルないし3.80メートルの道路であり、中央線の標示はないが、被告人は徐々に減速しつつ道路中央に寄せて進

行したもので、その右折方法には適切さに欠けるところはないと認定し、本件道路が直線道路で、後続車の運転者にとって被告人車両に対する見通しの障害となるものはなかったことなどの状況から、被告人において本件右折に際し後方の安全を確認すべき法的な義務はなかったと認定し、無罪を言い渡した（松本簡裁平4・7・3高検調同年番号19）。

ウ　普通貨物自動車を運転し、交差点での右折を急ぐ余り、前方の渋滞停止車両の右側方を進行して前に出ようと道路右側部分に進入し、折から対面進行してきた自動二輪車と衝突したとの公訴事実に対して、本件は優先道路上で既に交差点に進入して右折する際被害者が非優先道路から徐行せず左折進行してきたことによる優先通行車両の進行妨害による事故であると認定し、本件事故の原因は被害者側にあったとして、無罪の言い渡しをした事例がある（高崎簡裁平9・11・25高検調同年番号24）。

〈記載例C12・C13〉

④　横断歩道上・外の事故

1　横断歩道等の意義

「横断歩道等」とは、横断歩道又は自転車横断帯のことである（法38条1項）。横断歩道とは、道路標識又は道路標示（以下「道路標識等」という。）により歩行者の横断の用に供することが示されている道路の部分をいい（法2条1項4号）、自転車横断帯とは、道路標識等により自転車の横断の用に供するための場所であることが示されている道路の部分をいう（同項4号の2）。

⑴　「横断歩道等」上の歩行者の優先

法は、38条1項前段において、「車両等は、横断歩道又は自転車横断帯（中略）に接近する場合には、当該横断歩道等を通過する際に当該横断歩道等によりその進路の前方を横断しようとする歩行者又は自転車（中略）がないことが

明らかな場合を除き、当該横断歩道等の直前（道路標識等による停止線が設けられているときは、その停止線の直前）で停止することができるような速度で進行しなければならない。」と規定し、その後段で、「この場合において、横断歩道等によりその進路の前方を横断し、又は横断しようとする歩行者等があるときは、当該横断歩道等の直前で一時停止し、かつ、その通行を妨げないようにしなければならない。」と規定している。

　すなわち、法は、車両等の運転者に対し、横断歩道等に接近する際の原則徐行義務と横断歩道等上に歩行者等があった場合の一時停止義務を定めて、横断歩道上歩行者と自転車横断帯上自転車の優先を認め、これを厚く保護している。その意味で、「横断歩道等」は、歩行者・自転車にとって、正に聖域といってよい。

(2)　横断歩道のない交差点における歩行者の保護

　法は、38条の2において、「車両等は、交差点又はその直近で横断歩道の設けられていない場所において歩行者が横断しているときは、その歩行者の通行を妨げてはならない。」と規定している。

　この場合も、横断歩行者の優先を認め、これを保護しているわけであるが、前記(1)の38条の場合と異なり、歩行者が「横断しているとき」に限られ、「横断しようと（している）」ときは含まれていないこと、対象は歩行者のみであって、自転車は含まれていないこと、「妨げてはならない」としているだけで、徐行又は一時停止を義務としては課しておらず、その他の予防方法も考え得ることなどの点において、横断歩道上歩行者の保護とは一線を画している。

　なお、交差点又はその直近以外の道路における歩行者等、例えば進路前方や左端を同一方向に向かって進行している原動機付自転車や自転車等の軽車両、歩行者、道端でかたまって遊んでいる幼児、横断歩道のない道路を横断しようとしている高齢者等に対する歩行者事故についても、「横断歩道外事故」として、ここで一括して解説する。

2　捜査の要点

(1)　横断歩道上の事故

ア　「横断歩道等」の設置及び道路標識等の設置状況とその確認の可否・難易の状況

イ　信号の有無、事故当時の信号表示の状況、信号サイクル、故障の有無

ウ　横断歩道の存在、信号表示に対する認識の有無（無視か看過か）、その理由

エ　横断者又は横断しようとする者の発見・認識の有無、ありとすればその発見・認識した位置と被害者の位置・距離関係、ないとしたら発見・認識を阻害した事由（先行車、対向直進車、右・左折車、駐車車両の存在等）の有無、阻害事由存否の確認

オ　上記発見遅滞の有無・原因、予見可能性

カ　加害者車両の死角の広狭、進路・速度・右左折等進行方法の適否、安全確認の有無・程度

キ　歩行者側の通行方法（法12条、13条）に落ち度がなかったか、あるとすればその状況、程度

(2)　横断歩道外の事故

ア　歩行者を発見・認識していたとすれば、その発見・認識地点と歩行者の位置・距離関係

イ　歩行者を発見・認識していなかったとすれば、その理由（発見遅滞の有無・原因）

ウ　歩行者の外観（幼児、児童、高齢者、酩酊者、身体障害者など）

エ　歩行者の動向（歩行・進出経路、佇立している場合は自車の方を見ているか否か、不意の横断、飛び出しの気配の有無、理由）

オ　いわゆる生活道路か否か、駐・停車車両の有無、多寡など、時間帯による

変化を踏まえた道路の交通状況とその状況に沿った安全確認の有無・程度

カ　事故防止措置（例えば徐行、一時停止、警音器吹鳴など）をとったか否か

（事故回避義務履行の有無）

キ　横断禁止場所の横断に当たらないかなど歩行者側の通行方法（法10条ない

し14条）に落ち度はなかったか、あるとすればその状況、程度

3　過失の構成

(1)　横断歩道上の事故

これには、(1)　**交通整理の行われている交差点**において、①**青色信号**表示に従って交差点に進入し、直進又は右・左折しようとしたところ、**ア**　横断中の歩行者（自転車を含む。以下同じ。）を看過し、又は発見が遅れ、これと衝突した、**イ**　横断中の歩行者の前方を十分横切れると判断して進行又は加速進行したところ、歩行者が駆け出してきたため衝突した、**ウ**　横断歩道の手前で佇立していた高齢者を認め、自車の通過を待ってくれるものと軽信してそのまま進行を続けたところ、高齢者が急に走り出し横断を開始してきたので、避け切れず衝突した、**エ**　歩行者用対面信号が赤色を表示していたのに、これを無視して横断していた歩行者と衝突した、**オ**　途中で黄色信号に変わったが、そのまま進行し続けたところ、歩行者用信号が青色に変わるのを待ち切れず横断を始めた歩行者と衝突した、②交差点手前で**黄色信号**に変わったが、そのまま直進又は右・左折しようとしたところ、**ア**　交差点入口の横断歩道を歩行者用対面信号の表示を無視して右方から左方へ（あるいはその逆に）横断を始めた歩行者と衝突した、**イ**　交差点進入後信号が赤色に変わったが、そのまま進行し、対面信号の表示に従い、あるいはこれを無視して横断を開始した歩行者と衝突した、(2)　**交通整理の行われていない交差点**において、直進又は右・左折しようとしたところ、**ア**　横断中の歩行者を看過し、又は発見が遅れ、これと衝突した、**イ**　横断歩行者があったので、その後方を進行しようとしたところ、続いて駆け足で横断してきた歩行者を避け切れず衝突した、**ウ**　減速して

進行したが、連続停止している対向車両の間から走り出してきた幼児に衝突した、エ　押しボタン式信号機が設置されているのに、これを作動させずに横断しようとした歩行者と衝突したなど、実に様々な態様が考えられ、いずれも横断歩道の聖域性にかんがみ、自動車運転者側に過失の認められる事例がほとんどであるが、どの点に注意義務を認め過失を構成するかについては、結局は事故発生の経緯、状況を正確に把握し、事故原因に直結する注意義務違反を中心に決すべきであるという以外にない。**特に注意**しなければならないのは、次の点である。

第1は、横断歩道のもつ重要性とこれを踏まえた注意義務の構成についてである。

道路は、もともとは人間と牛馬のみが通る場所であった。それが車両も通る場所となり、しかもその車両が急速な勢いで増加したため歩行者が隅に追いやられ、道路から締め出されるような様相を呈するようになった。その中で、横断歩道こそは歩行者に残された最後の安全地帯というべきであり、それは正に聖域であって、それ故に法は前記のような横断歩道における歩行者優先を中心とした手厚い保護規定を置いているのである。車両対車両の事故の場合は、運転資格のない者や運転未熟な者を除いて、お互いに運転に関する専門的知識・技能を身に付けた者同士の事故であり、信頼の原則が適用される場合を含めて、被害者側の落ち度により加害者側の過失が否定される場合や、否定されないまでも処分上あるいは量刑上十分考慮しなければならない場合があるのに対し、車両対歩行者の事故の場合は、そうした専門的知識・技能を身に付けておらず、交通教育も十分に受けていない無防備の歩行者が多いこと、幼児や高齢者であることなど必ずしも瞬時には見分けがつかないこと、衝突されて受ける被害の程度は、車両に乗っている者より歩行者の方が一般にはるかに甚大であることなどから、運転者側に特に慎重な対応が要求されており、信頼の原則が適用されない（適用されるとする説もあるが賛成できない。）ことはもとより、被害者側に落ち度があっても加害者側の過失は否定されないのが原則である。この理は、特に横断歩道上の事故において鮮明であり、歩行者の聖域を侵した

者として、加害者側の過失はほとんど免れないのが横断歩道上の事故の特徴である。

　その過失は、安全確認義務を中心として構成され、例えば、横断歩行者を看過して衝突したという場合には、「横断歩行者の有無及びその安全を確認して進行すべき自動車運転上の注意義務」、横断者あるいは横断しようとしている者を発見・認識していたという場合には、「直ちに減速徐行して同人の動静を注視し、その安全を確認しながら進行すべき自動車運転上の注意義務」が想定され、その違反がそれぞれの過失の内容となる。

　第 2 は、横断歩道上の事故責任は原則として車両運転者側に帰せられるが、事案によってはその過失が否定されることもある点についてである。

　判例によれば、例えば、大型バスを運転し、交通整理の行われていない交差点を直進しようとして時速約 5 キロメートルで発進した直後、道路左側に駐車中の貨物自動車の陰から横断歩道上を左から右へ横断しようとして走り出してきた 5 歳の幼児を発見し、急停止したが、幼児は勢い余って停止したバスにぶつかり、転倒した（札幌高判昭45・8・20判時631・102）とか、青色信号に従って交差点を直進しようとした際、タクシーを呼び止めるため横断歩道上を左方から右方へ駆け渡ろうとして途中で対向車線から進行してきた車両に驚き急に左方に引き返そうとした歩行者に自車を接触させるとともに、対向車にも接触させた（大阪簡判昭47・6・3判タ291・308）などの場合、被害者のそのような行動についてまで予見すべき義務はないとして、いずれも加害者側の過失を否定している。

　その他、普通貨物自動車を運転し、深夜午前 2 時40分ころ、交通整理の行われている交差点を直進するに当たり、同所は最高速度が40キロメートル毎時と指定されていたので、同最高速度を遵守すべきはもとより、前方左右を注視し、進路の安全を確認しながら進行すべき業務上の注意義務があったのにこれを怠り、対面信号機が青色で、交通も閑散であったことから、漫然時速約60キロメートルで進行した過失により、折から同交差点の出口付近に設置された横断歩道上を左方から右方に向かって横断中のＶ（当時53歳）を前方約7.6メー

トルに至って初めて認め、急制動、急転把の措置を講じたが及ばず、同人をはね飛ばして死亡させたとの公訴事実に対し、裁判所は、Ｖは泥酔状態で、赤信号を無視し、横断歩道に進出したものであり、その横断状況も明らかではなく、右方道路から交差点に進入しようと信号待ちしていたタクシーの運転者の証言等によれば、Ｖがいきなり被告人車両の直前に飛び出したものであり、被告人がたとえ法定の最高速度を遵守していたとしても、本件事故を回避することは不可能であったと認定し、無罪を言い渡した（越谷簡裁平11・12・16高検調同12年番号１）。

横断歩道上の事故の場合、過失が認められる場合がほとんどであるが、例外的にはこれが否定される場合もあるので、慎重な見極めが必要である。

(2) 横断歩道外の事故

これには横断歩道上の事故以外のすべての対歩行者事故が含まれ、したがってその態様は多種多様であり、類型化して摘示することは困難であるから、問題となりやすい２〜３の事故について重点的に考察する。

ア 歩行者の看過・発見遅滞による事故

歩車道の区別のない道路を進行中、同一方向に歩行していた歩行者に接触したという事故の場合、その原因は、①前方不注視（注視不十分を含む。）により歩行者の存在そのものを看過した、②歩行者の存在は認識していたものの、その動静不注視（前同）により、又はこれに加えて、徐行、回避措置をとらず、そのため、歩行者が自車進路前方に進出してくるなどの動静の変化に即応できなかったことなどにある。したがって、その原因を導いた事情、すなわち誘因（わき見・考えごと・過労・居眠り・同乗者との会話など）をなるべく摘出して明らかにし、それらの誘因を勘案した上、いかにすればその事故を防止し得たかを中心に過失を構成すべきことになる。

この点に関し、普通貨物自動車を運転して交通整理の行われていない交差点を通過する際、横断歩道直近を右方から左方へ横断していた歩行者をはねて死亡させたという事案について、本件当時の状況に照らすと、被告人が前

方注視義務を尽くしても被害者を認識することはできなかった可能性がある、として予見可能性及び回避可能性を否定し、無罪を言い渡した判例（福岡高裁平7・1・25判時1559・147〈確定〉）がある。被害者の歩行速度、前照灯の照射範囲等が争点になった事案であり、かなり微妙な案件であった。

イ　幼児に対する事故

　幼児に対する特有の事故としては、歩道や車道端で仲間と遊んでいた幼児がいきなり進路前方に駆け出してきたとか、道路反対側にいる母親や仲間の幼児の姿を見付けて左右を見ずに小走りで横断を始めたとか、知人と話している母親の手を振り切って進路前方に飛び出してきたなどの事故がある。幼児は、そもそも衝動によって行動するものであり、意表をつく動作も幼児の特性として一般に理解されているところであるから、そのような特性を理解して運転すべきは当然である。したがって、幼児に対する事故については、「そのような挙に出るとは夢にも思わなかった」などの弁解は通用する余地がない。したがって、幼児を発見した場合、幼児の特性を十分考慮し、警音器の吹鳴のみでは効果が期待できず、減速最徐行、安全間隔保持、状況によっては一時停止して下車し、幼児を安全な場所に誘導してから進行するなど、最大限の注意義務が課せられているので、道路の状況、幼児の年齢、行動などからその場の状況にふさわしい事故回避のための注意義務を認定し、過失を構成する必要がある。

　なお、幼児が母親など保護者と共にいたのに、いきなり飛び出してきたという場合、過失が肯定される場合と否定される場合とがある。前者は、例えば、保護者が幼児4人を連れて歩行中、その中の1人がいきなり道路を横断し、続いてもう1人が横断するのを認め、急制動の措置をとったが及ばず、後から横断しようとした幼児と衝突したという事故で、判例は、幼児を4人も連れていれば監護が十分でなく、また幼児は他の幼児に続いて同じ行動をする通性があるとし、運転者としてはいつ幼児が前面に飛び出すようなことがあっても、急停車できるよう減速し、幼児の動静を注視して事故発生を防止すべき注意義務があるとして過失を肯定した（高松高判昭29・12・24高松

高検速報90号）。後者は、例えば、母親が右手で三男、左手で次男と手をつなぎ、左側が車道となっている歩道上を歩行中、次男がその手を振り放して車道に飛び出したのを認め、急制動をしたが及ばず衝突したという事故で、判例は、発見遅滞はあったが事故原因には結び付かず、徐行義務違反等も認められないとし、次男が母親の手を振り放していきなり飛び出してくることの予見可能性はなかったという趣旨で過失を否定した（大阪地判昭40・7・9判タ192・191）。

　幼児が保護者らと共にいたとしても、幼児の数と保護者らの数、そのまとまり方など、監護が行き届いていると認められる状況にあったか否かが予見可能性の有無を分ける一つの重要な基準になる。

ウ　いわゆる飛び出し事故

　飛び出し事故は、①被害者が幼児、児童、高齢者、酩酊者、ごく普通の成人である場合、②その態様が駐・停車中の車両の陰からの飛び出し、対向連続停止車両の間からの飛び出し、道路わきの空き地・小路からの飛び出し、学校の校門や商店の出入口からの飛び出しの場合など、様々に分類できるが、要は、運転者がその飛び出しを予見することができたか否か、できなかったとしても予見しなければならない場合ではなかったかどうか、すなわち予見可能性・予見義務の有無の問題が中心である。

　判例によれば、飛び出した被害者の態度に非があり、運転者には予見可能性はなかったとして過失を否定する事例がかなり多いことは事実であるが、飛び出し即過失なしとの予測で捜査・処理に当たることは、歩行者は最大限に保護されなければならないとしている法の観点から問題がある。対歩行者事故の本質をわきまえ、道路の広狭、生活道路か否か、登・下校時の学校正門付近その他飛び出しを予見し得る場所ではなかったかなど、現場の状況に即した適切な判断が特に要求される。

　前項イの幼児の飛び出し事故を除き、**過失あり**と認定された典型的な事例としては、自動車を運転し、対向停止中のバスの側方を通過しようと時速約60キロメートルから同52〜3キロメートルに減速しただけで進行したとこ

ろ、バス後方から飛び出してきた被害者と衝突、死亡させた事例があり、判例は、「乗降客の客扱い中であるバスの後方から不用意に横断する者のあることは通常容易に予測されることであるから、同車の側方を通過する自動車の運転者としては、上記予測にのっとり、同車との間隔に留意し、減速徐行し、進路の安全を確認しながら同車の側方を通過すべき業務上の注意義務がある。」（東京高判昭54・4・11東京高検速報2344号）と判示し、有罪とした。

　これに対し**過失なし**と認定された事例としては、バスを運転し、夜間、時速約20〜30キロメートルで進行中、道路左側のホルモン店から突然小走りで出てきて横断しかけている被害者を前方約8メートル先、同店から1.2メートルの路上に発見し、急制動、右転把したが間に合わず衝突、死亡させた事例があり、判例は、被告人に発見遅滞はなく、その他運転操作に問題とすべき点はないことを逐一詳細に認定した上、「被告人には本件事故について何らの過失をもこれを認めることができず、本件事故は専ら被害者の無謀な横断行為が原因となって発生したものであって、被告人にとっては不可抗力であったというほかはない。」（大阪高判昭42・3・28判タ209・239）と判示し、無罪とした。

　飛び出し事故については、上記の二つの判例を積極・消極の両極に置いて過失の有無を検討することにより妥当な結論が得られる場合が多いと思われる。

　その他**参考判例**として、①普通乗用自動車を運転し、早朝午前4時40分ころ、N市内の道路を時速約40キロメートルで走行中、道路左側付近を歩行していた被害者Kを前方約8.4メートル先に発見し、急制動の措置を講じたが及ばず、自車をKに衝突、死亡させた事案について、Kは被告人車両が対向車とすれ違った直後にその後方から横断を開始したものと認定し、予見可能性がなかったとして無罪を言い渡した判例（松戸支部平5・1・12高検調同年番号3）、②普通貨物自動車を運転し、深夜午前0時20分ころ、H市内の道路を時速約40ないし45キロメートルで走行中、対面歩行者Vに気付かない

まま、自車をVに衝突、死亡させた事案について、Vは左方路外の植込みの陰から被告人車両の進路上に進出してきた可能性があると認定し、予見可能性を否定して無罪を言い渡した判例（浜松支部平10・5・20高検調同年番号20）がある。

〈記載例D11〜D33〉

⑤ その他進行中の事故

1 前方不注視による障害物の発見遅滞・不発見事故

(1) 前方注視義務の意義

車両の運転に際し、前方のみでなく、前方左右をも注視して運転しなければならないことは当然であり、それによって道路標識等を認識し、進路上の障害物を早期に発見・回避しながら運転することができる。前方注視義務は、安全運転義務（法70条）の前提であり、中心である。

(2) 捜査の要点

前方注視義務違反、すなわち前方不注視による事故には、大別して二つの態様がある。第1は「障害物の不発見」による事故である。これは、障害物の発見が物理的に可能であったが全く発見しないまま衝突した場合であり、衝突寸前に発見したが回避措置をとる間もなかった場合もこれに含まれる。第2は「障害物の発見遅滞」による事故である。これは障害物の早期発見が可能であったのに、わき見などの原因でその発見が遅れ、これを発見したときには既に停止距離の範囲内であったため停止できず衝突したという場合である。

捜査の要点は、不発見、発見遅滞の動機、理由を解明し、特定することにある。これは、不発見、発見遅滞の過失行為を補強する経緯・状況として必要不可欠な事項であり、実務上、例えば「交通閑散であったことに気を許し」「酒

の酔いの影響も加わって注意力散漫となり」、「同乗者との雑談に夢中になり」、「カーラジオの調節に気をとられ」、「遠方交差点の信号を望見し」、「道路左端の広告を見ながらわき見して」、「カーナビゲーションの表示に気をとられ」、「携帯電話に気をとられ」等の事情が多く挙げられる。

(3)　過失の構成

　前方注視義務は、発見可能性の存在を前提としている。例えば、前方左右に気を配りながら制限速度以下で進行中、連続停止車両の間から突然子供が走り出してきたのを直前に認め、急ブレーキをかけたが、既に停止距離の範囲内であったため停止できず、衝突させてしまったというときに、前方注視義務違反の過失を認定することができるかということが問題となる。この場合、発見地点は停止距離の範囲内であるが、発見可能地点は停止距離に入る以前の段階に求められないか、との点にさかのぼっての吟味、検討が必要であり、それが否定されて初めて前方注視義務も否定されることになる。このように発見地点と発見可能地点とを区別し、その双方からアプローチして前方注視義務違反の有無・内容を認定し、過失を構成する必要がある。

　なお、左右の見通しのきかない交差点手前や横断歩道直前等では「いつでも停止できるような速度」で、すなわち徐行しなければならないのであるから、そのような場所における事故では「徐行不履行、安全不確認」が過失の内容となる場合が多く、また、停止距離外で歩行者を発見していたが、それが不測の行動に出ることはないものと軽信して運転進行中、停止距離内となって飛び出し等の不測の行動に出たという場合は、発見遅滞や不可抗力の問題ではなく、「動静不注視、安全不確認」が過失の内容となる場合が多いので注意を要する。

　〈記載例E11〜E13〉

2　高速疾走等直進事故

(1)　高速疾走等事故

ア　速度規制と測定方法の合理性

　車両は、道路標識等によってその最高速度が指定されている道路においてはその最高速度（**指定制限速度**）を、その他の道路においては政令で定める最高速度（**法定制限速度**、例えば高速自動車国道の本線車道を除き、緊急自動車等一定の車両以外は時速60キロメートル）を超える速度で進行してはならない（法22条1項、令11条、12条）。

　速度違反の取締りには、様々な方法が用いられており、速度測定に使用される機器類も多種に及んでいる。

　これまでの判例によると、機器それ自体の性能が、例えば誤差が多いなどとして問題とされた事例はなく、機器の性能、測定方法とも正確とされたものが圧倒的に多い。若干の裁判例を挙げると、①**オービスⅢ**に関するもの（東京簡判昭55・1・14判時955・21、大阪地判昭59・9・29判時1114・118）、②**レーダー式スピードメーターＪＭＡⅠ168Ａ型**に関するもの（東京高判昭59・9・17東京高検速報2747号）、③**同ＪＭＡⅠ2Ａ型**に関するもの（福岡高判昭59・10・23福岡高検速報1314号）、④**パトカー備付けの速度計**に関するもの（東京高判昭49・3・5東京高検速報2008号、東京高判昭54・11・27東京高検速報2391号）、⑤**ＪＲＣ光電式車両測定装置**に関するもの（東京高判昭59・1・18東京高検速報2693）などがある。

　これに対し、測定・認知方法や違反者への告知方法が不適確であるとして測定結果の正確性を否定した裁判例もある。例えば、①覆面パトカーのスピードメーターによる測定結果に誤差があるとしたもの（神奈川簡判昭56・3・27判時1002・141）、②高速道路において追尾したパトカー装備のスピードメーターによる速度測定方法の精度等に問題があるとして測定結果の信頼性を否定したもの（東京高判昭62・10・13判タ672・253）、③事前の走行テストによる正確性の確認が行われていなかったとしてレーダー式スピードメーターＪＭＡⅠ168Ａ型による測定結果の正確性を否定したもの（東京高判昭61・1・28判時1181・160、判タ580・95）、④白バイのスピードメーターによる測定結果を違反者へ告知しなかった疑いがあるとして速度違反の

事実を認定できないとしたもの（福岡高判昭34・1・14下級刑集1・1・3）などがある。

　こうした積極・消極の判例の動向には、特に注意を必要とする。

　なお、速度違反自動監視装置による写真撮影については、予告板による事前の告知が必要であるとし、そのような告知のない写真撮影は肖像権を侵害する違憲・違法なものであるから、その撮影結果を速度違反の証拠として採用することは適正手続を保障する憲法31条に違反するという弁護人の主張に対し、判例は、予告板は運転者に警告を与え、事故抑制の効果が生じることを主たる目的としたもので、刑事手続上は予告板の有無は速度違反自動監視装置により撮影された写真を証拠とすることに何ら影響を及ぼすものではない旨明確に説示して、上記主張を排斥している（東京高判平5・9・24判時1500・192、上告棄却により確定）。

　ところで、上記の事例は、いずれも交通取締りに際しての速度違反の現認方法に関するものである。交通事故の場合は、当然のことながら、結果が発生してからさかのぼって加害車両の速度が問題とされるものであって、速度違反の取締りをしている最中に対象車両が衝突事故を起こしたというごく例外的な場合を除いて、その速度の認定は上記の機器類によることはできず、現場の状況、特に制動痕等によって事故当時の速度を再現していかなければならないことは追突事故について述べたとおりである（前記①2（149ページ）参照）。

イ　捜査の要点

　速度違反が関係している交通事故についての捜査の要点は、次のとおりである。

⑺　現場道路の制限速度及びその指定・法定の別及びその認識の有無

⑻　制動痕があれば、その印象状況（方向、始点と終点、形態、断続の有無、濃淡、左右の長短と差異等）、なければその理由

⑼　加害車両のタイヤと上記制動痕との符合の有無

⑽　舗装の有無、材質、路面の乾湿、凹凸、曲直、高低等現場道路の状況

㈺　加害・被害車両の各停止位置・状況、破損の部位・程度、事故前に整備不良箇所があったか否か、あればその箇所と不良の状況

㈻　タコメーターがあれば記録紙の押収と解析

㈼　加害車両運転者の運転経験（特に当該加害車両を運転していた期間・頻度、回数等）

㈽　加害者及び被害者（目撃者があれば併せて目撃者）の加害車両、被害車両の速度についての認識とその根拠

ウ　過失の構成

　速度違反が関係するすべての事故について、速度違反イコール過失というわけにはいかない。速度違反があっても、直近過失（前記第1⑥2（36ページ））の観点から、例えばわき見運転による前方不注視が過失の内容とみなければならない場合もある。また、いわゆる信頼の原則（前記第1⑤3（20ページ））が適用され、加害車両に速度違反があっても過失が否定される場合もある。

　速度違反そのものが過失の内容とされた事例の多くは、制限速度を遵守していればその停止距離の関係で衝突を未然に防止し得た事例に関するものであって、例えば、①コンクリートミキサー車を運転し、夜間、市街地の道路を制限速度30キロメートルをはるかに超える時速約70キロメートルで進行中、自車進路上に斜めに対向してきた自動二輪車を約40メートル先に発見し、急制動の措置を講じたが衝突、死亡させた（広島高判昭44・2・13広島高検速報昭44年1号）とか、②タクシーを運転して、制限速度40キロメートルの道路を時速約60キロメートルで進行し、交通整理の行われていない交差点を同速度のまま直進しようとしたところ、交差点出口付近を右から左に駆け足で横断していた歩行者を認め、急制動、急転把の措置を講じたが衝突、死亡させた（東京地判昭47・3・30判タ279・373）などの事例がある。

　これに対し、速度違反があっても過失が否定された事例としては、①普通乗用自動車を運転し、夜間、制限速度60キロメートルの国道（幅員9.6メートル）を時速約80キロメートルで進行し、農道（幅員3メートル）と交差す

る交通整理の行われていない交差点を通過しようとした際、交差点手前約72メートルで上記農道から交差点に向かって進行してくる単車を認めたが、同車が交差点手前で一時停止するものと思ってそのまま進行したところ、単車は一時停止せず交差点に進入してきたため、これと衝突、その運転者を死亡させた（最判昭45・12・22判タ261・265）とか、②普通貨物自動車を運転し、夜間、制限速度40キロメートル毎時の道路を時速約70キロメートルで進行し、青色信号に従って交差点を直進しようとしたところ、右方道路から赤色信号を無視して進行してきた自転車を前方約32メートルに認め、急制動の措置を講じたが衝突、その運転者を死亡させた（大阪高判昭46・8・17判タ269・258）などの事例がある。いずれも被告人に速度違反は認められるが、相手方の交通違反の程度が大きく、前者では信頼の原則を適用し、後者では予見可能性がないとして過失を否定したものである。

　このように、制限速度を大きく超過する速度違反があっても過失が否定される場合があるので、被害者側の交通法規違反の有無・程度等を慎重に勘案しながら加害者側の予見可能性、予見義務の有無を見極め、実態と常識に沿った過失の構成に意を用いなければならない。

　なお、道路の曲がり角付近、上り坂の頂上付近又は勾配の急な下り坂を通行するときは徐行しなければならない（法42条2号）ところ、かえって制限速度を超える高速度で進行したり、非舗装で凹凸の激しい道路や屈曲・湾曲路、凍結路、湿潤路、豪雨や濃霧のため視界不良な道路等において制限速度を超える高速度で進行するなどして車両を暴走・滑走させて対向車線へ進入させ、あるいは路外施設へ激突させるなど、速度違反に絡む事故が多い。これらの場合、直接の事故原因はハンドル・ブレーキ操作の不的確、徐行義務違反等であって、それが過失の中心であり、速度違反自体はその誘因にすぎないという場合も多いので、事故の直接の原因は何であったかを解明し、①高速疾走、②ハンドル・ブレーキ操作の不的確、③高速疾走とハンドル・ブレーキ操作の不的確、④その他のいずれに当たるかを慎重に判断して過失を構成しなければならない。

〈記載例Ｅ21〉

(2) 進路変更の際の事故

ア 進路変更の意義・規制

　進路変更とは、車両がそれまで進行してきた進路を他の進路に変えること
をいう。車線変更の場合だけでなく、同一車線の中で左右の方向に進路を変
えることも含まれるから、蛇行運転なども進路変更に当たる。

　進路変更は、変更後の進路を進行する他の車両の進行妨害となる危険性が
ある。そこで法は「みだりに進路を変更してはならない」（法26条の２第１
項）とし、さらに「変更後の進路と同一の進路を後方から進行してくる車両
等の速度又は方向を急に変更させることとなるおそれがあるとき」（同条２
項）及び「進路変更禁止の道路表示のある車両通行帯を通行しているとき」
（同条３項）には進路を変更してはならないとしている。

イ 捜査の要点

　進路変更の際の事故については、進路変更開始時に変更後の進路の車両等
の安全確認をどの時点でいかなる方法によりなしたかということが捜査の要
点である。分説すると、その第１は、適切な進路変更の合図をしたかの点で
ある。進路変更の合図は、その行為をしようとする３秒前（法53条１項、令
21条）に行うものとされている。第２は、変更後の進路の後続車等の有無と
その安全確認の点である。ルームミラーやサイドミラーによるのみでは、側
方進行車両等が死角に入って確認できないことがあるので、必ず目視による
確認が必要であり、これをなしたか否かが安全確認義務を尽くしたか否かの
認定に当たっての重要な判断要素となる。

ウ 過失の構成

　法26条の２第２項は、「車両は、進路を変更した場合にその変更した後の
進路と同一の進路を後方から進行してくる車両等の速度又は方向を急に変更
させることとなるおそれがあるときは、進路を変更してはならない。」と規
定して、後続車の進行妨害となる場合の進路変更を禁止しているが、他方、

後続車については、法34条6項は「左折又は右折しようとする車両が、前各項の規定により、それぞれ道路の左側端、中央又は右側端に寄ろうとして手又は方向指示器による合図をした場合においては、その後方にある車両は、その速度又は方向を急に変更しなければならないこととなる場合を除き、当該合図をした車両の進路の変更を妨げてはならない。」と規定している。したがって、当該進路変更行為がその後続車両の進行妨害となるような危険な行為であったかどうかの見極めが重要であり、その点の認定を中心に過失の有無を確定しなければならない（参考判例として、水戸簡裁平4・11・20高検調平5年番号1）。

　この点に関し、判例は「進路変更行為は道路交通法による左折ではないとしても、交差点における左折に準ずる進行方法をとるべき注意義務がある。」（大阪高判昭41・4・19下刑集8・4・563）としているので、前記（[3] 2(3)（166ページ））左折事故についての「過失の構成」を参考にされたい。

　なお、進路変更には、第三者の行為による衝突回避のための転把、すなわち緊急避難的進路変更も考えられるので、進路変更の動機、目的、それに沿う状況の有無については十分解明しておかなければ過失の認定を誤ることになるので、注意を要する。

〈記載例E 22〉

(3)　屈曲路・湾曲路における事故

ア　屈曲路・湾曲路の意義・規制

　屈曲路とは、角度のある、折れ曲がった道路であり、「道路のまがりかど附近」（法42条2号）と同義である。その角度はさまざまであるが、角度がある点で、角度のない湾曲路（カーブ）と異なる。

　「まがりかど附近」は徐行しなければならない（法42条本文）。その角度と車両の速度等により、遠心力の作用で暴走、滑走による横転、対向車線進出による対向車との衝突の危険性が高いので、上記のように徐行義務を認めているのである。湾曲路の場合も、基本的に変わりがない。

イ　捜査の要点

次の諸点に留意する必要がある。

(ア)　道路の屈曲状況、角度、見通し状況

(イ)　車両の速度と適正進路保持の有無、適否

(ウ)　対向車線に進出、衝突した場合、その原因（単なるハンドル操作遅滞によるものか、不用意な急転把、急制動による滑走、暴走によるものかなど）

ウ　過失の構成

屈曲路においては、前述のとおり、車両は徐行しなければならない。見通しのきかない曲がり角付近では、その角度、したがって道路状況も不明であるから、対向車線はみ出しのないよう適正な進路を保持して進行するために徐行が必須条件であり、これに違反することが屈曲路事故の過失の内容となる。

左右の見通しのきかない交差点での徐行義務は、左右道路の交通の安全確認のためである。しかし、例えば交差点を左折進行し同交差点を出た直後、遠心力又はハンドル操作不的確によって対向車線にはみ出し、対向車と衝突したという場合は、交差点通行に当たっての法42条1号の徐行義務違反ではなく、同条2号の「道路のまがりかど附近」での徐行義務違反による適正進路の不保持進行が過失となる。「まがりかど附近」とは、角の前後を意味しており、この場合の徐行義務の目的は適正進路保持と進路の安全確認にある。

なお、湾曲路については、徐行すべき場所としては規定してはいないが、上記の屈曲路における注意義務と同様に解される。

〈記載例E23〉

3　ハンドル、ブレーキ不的確操作による滑走、暴走等事故

(1)　ハンドル、ブレーキ不的確操作の意義

法70条は、「車両等の運転者は、当該車両等のハンドル、ブレーキその他の装置を確実に操作し、かつ、道路、交通及び当該車両等の状況に応じ、他人に危害を及ぼさないような速度と方法で運転しなければならない。」と規定している。この安全運転義務は運転者にとって基本的な注意義務である。しかるに、アクセルペダルとブレーキペダルの踏み違え等の誤操作による事故や凸凹、湿潤、凍結、強風下等の悪路における不用意な急転把、急制動等による滑走、暴走事故が多発しているのが実情である。

(2)　捜査の要点

次の諸点に留意する必要がある。

ア　ハンドル、ブレーキの操作状況、その適否

イ　道路の形状、路面の状態、交通の繁閑、積載物の有無・重量等の各状況に応じた速度調節と急制動、急転把の必要性の有無、その適否

ウ　前方不注視による発見遅滞等の他の過失が先行する場合はその状況

エ　第三者の行為による衝突を回避するための緊急避難的急転把、急制動であったかどうかの点

(3)　過失の構成

ハンドル、ブレーキの不的確操作による滑走、暴走は「不用意な急制動、急転把」によって起こるのであって、高速疾走中や湾曲道路の湾曲度に不相応な速度で進行中に起きやすい。ただ、この不用意な急制動等と、衝突の危険を感じ、あるいはろうばいしての急制動等を混同してはならない。衝突の危険が迫れば急制動等の措置を講ずるのは当然であるが、前方不注視、違法な高速疾走、車間距離不足等が先行している場合は、そこに過失が認められるのであって、それに続く衝突回避のための急制動等は、その段階ではもはや回避しようにも回避できない段階に入っているのであるから、そこに過失を認めることはできない。送致事実等には「急制動の措置を講じたが間に合わず」などと記載するが、それは結果（衝突）発生との因果関係の事情説明に過ぎないのであ

る。

　ここにいう不用意な急制動、急転把とは、急制動、急転把によらないで、その場の道路状況、運転状況に応じた的確な制動・転把操作により衝突回避が可能であったのに急制動、急転把したという場合であり、それが注意義務違反として過失を構成することになるのである。

　その他、ハンドル、ブレーキの単純誤操作等による暴走、滑走、衝突事故もあるが、急制動、急転把による事故には、第三者の行為による緊急事態を回避するためであったという場合もある。しかし、自己の運転操作ミスで衝突事故を起こしたのに、車両の欠陥を申し立てたり、第三者に責任転嫁して刑事責任を免れようとする加害者もいるので、後記「故障、整備不良車運転事故」の記述も併せて参照し、十分な捜査を尽くした上で過失の有無、内容を見極め、実態に沿った過失を構成する必要がある。

　　〈記載例E31〜E33〉

4　追越し・追抜き事故

(1)　追越し・追抜きの意義・規制

　「追越し」とは、車両が他の車両等に追い付いた場合において、その進路を変えてその追い付いた車両等の側方を通過し、かつ、当該車両等の前方に出ることをいう（法2条1項21号）。これに対し、「追抜き」とは、その進路を変えないでその追いついた車両等の側方を並進通過し、前方に出ることをいう。

　前方左側に駐車車両があって、その右側を通過する場合は「追越し」には当たらないが、その状況も危険性も追越しの場合と同じであるから、「追越しに準ずる」とされている（東京高判昭46・5・13東京高検速報1849号）。

　法は、追越しの危険性にかんがみ、追越し禁止場所を設け（法30条）、二重追越しを禁止し（法29条）、道路中央から右側部分へのはみ出しを規制し（法17条4項、例外同条5項4号）、かつ、詳細な追越し方法（法28条）を定めている。

追抜きは、追越しではないので、上記の規制は適用されないが、それは法による規制の対象にはなっていないというだけであって、上記の規制ないしその趣旨に反するような危険な追抜きをして交通事故を発生させた場合には、過失運転致死傷罪の過失の内容になることはもちろんである。その意味で、追抜きは追越しに準じて考えるべきことになる。

(2)　捜査の要点

追越しも追抜きも、その危険性においては特に変わりはないので、捜査の要点は、上記(1)の禁止ないし規制に違反していないかを基本に、対向車の有無、接近状況、追越し・追抜き開始地点、進路、速度、先行車と並行したときの側方間隔、接触箇所など、現場と事故の状況を確実に把握した上で追越し・追抜きの際の安全確認の有無・程度、運転操作の適否を追及することにある。

例えば、先行車を追い越そうとしたところ、その先行車が急に自車進路にはみ出してきたためこれと衝突したという場合がある。このような場合には、先行車の前方に駐車車両等の障害物があって、これとの接触を避けるため先行車が右へ進路変更してきたという場合が少なくない。その場合、追越しに当たって先行車の前方の道路状況にも注意していたか否か、特に先行車前方の駐車車両等の障害物を発見し得る状況にあったのに、それを看過したのではないかどうかが重要な捜査事項となる。ただ、先行車も駐車車両を追い越す形態になるので、あらかじめ進路変更のための合図をしたかどうかなど、先行車の側に追越し方法等に不適切な点はなかったか否かも捜査事項として不可欠である。例えば、先行車が進路変更の合図を出さず、いきなり右へ進路を変更したため、後続車がこれとの衝突を避けようとして右へ急転把するとともに急制動の措置を講じたが、対向車線にはみ出し、折から進行してきた対向車と衝突したというような事故の場合には、先行車の側に後続車の運転を誤らしめた過失があり、先行車の運転者に第一次的な事故責任があることに注意しなければならない。現実に衝突した車両のみに注意を奪われて、真の、あるいは主たる事故原因車の存在を看過するようなことがあってはならない。

　なお、追越しに当たっても制限速度の規制は除外されないので、追越しの際の速度違反の有無も重要な捜査事項である。運転操作を誤って対向車線に進入して事故を起こしたという場合、道路の状況や路面の状態と相まって速度超過が重要な要因となっていることが多いので、特に注意を要する。

　以上のような点を踏まえて追越し・追抜き事故の捜査の要点を列記すると、次のとおりである。

ア　道路の曲直、幅員等道路状況及び規制の有無・内容

イ　追越し・追抜きの動機、必要性

ウ　合図履行の有無等追越し・追抜き方法の適否

エ　安全確認の有無、程度

オ　追越し・追抜き開始地点とその際のハンドル操作、加速状況等運転操作の適否

カ　先行車の前方を含め進路上の障害物の有無と認識の可能性

キ　先行車側に合図不適切、進路妨害等不適切な運転方法がなかったかなど、落度の有無、程度

(3)　過失の構成

　追越しの際の事故には、先行車との接触、対向車との衝突、後続車との接触、路外への転落など、様々な態様があり、要はそれぞれの事故原因に即した過失を構成することであるが、接触した先行車が自転車である場合には過失を否定される事例が比較的多い。また、接触、衝突しなくても至近距離を通過することによって相手に動揺を与え、運転操作を誤らせることによるいわゆるあおり事故も、追越しの際に多く発生する。そこで、過失の構成に当たり特に注意しなければならないのは、次の3点である。

　第1は、先行車を追い越すとき、これと並進する場面が必ずあるわけだが、その側方距離をどの程度とるべきか、言い換えれば、どの程度の側方距離をおいて追い越せば十分な間隔を保って追い越したことになるのかの問題である。

　先行車が自転車又は原動機付自転車である場合、一応1メートルが基準とみ

てよいが（仙台高秋田支判昭46・6・1仙台高検速報昭46年13号）、道路の幅
員、舗装の有無、形状、自転車運転者の年齢、運転状況など、具体的状況に
よって決定すべきことになる。

　この点に関し、①普通貨物自動車を運転し、幅員約3.5メートルの砂利敷き
の悪路を時速約20キロメートルで進行中、前方約8.5メートル先に孫を補助席
に乗せ、車体をよろめかせながら同一方向に進行していく高齢者運転の自転車
を認めたが、時速約15キロメートルに減速しただけで、45ないし60センチメー
トル程度の間隔で追い越そうとしたところ、自転車が転倒し孫を死亡させたと
いう事案について、判例は、その間隔が十分でないとし、もし十分な間隔を保
持できないときは、自転車運転者に声をかけ自転車から降りて退避させるなど
の注意義務があったとして過失を認め（仙台高判昭34・6・30仙台高検速報昭
34年11号。なお、1メートル未満の側方距離しかおかないで追い越した場合の
過失を認めた判例は多数ある。）、②普通乗用自動車を運転し、幅員約10メー
トルの道路を時速約30キロメートルで進行中、前方約11.5メートル先を同一方向
に進行していくA運転の原動機付自転車を認め、その右側約1ないし1.5メー
トルの間隔をおいてセンターライン寄りを直進していったところ、同自転車と
の距離約4メートルに迫ったとき、Aが先行の自転車を追い越そうとして突然
右斜め方向に進出し、そのため既に追抜きを完了しようとしていた加害者車両
の左側後部ドア付近に接触転倒させ傷害を負わせたという事案について、被告
人の追抜き方法は正当であり、本件はAの危険無謀な運転によるものであっ
て、「このような意表をついた被害者の行動を予見、予測しながら、又はその
瞬間的な動静を常に把握しながら、これとの接触を避けるため万全な避譲の措
置を講ずべき義務があるとするのは酷に失する。」として過失を否定した（東
京高判昭45・3・5東高時報21・3・99）。また、側方距離の長短にかかわら
ず被害者の危険、無謀な運転・操縦方法を理由に過失を否定する判例も多数あ
る。

　その他軽四輪貨物自動車を運転し、前方を同一方向に走行中の自動二輪車を
追い越すに当たり、自車左側面後部を同二輪車の右ハンドルグリップに接触さ

せ、同二輪車の運転者を路上に転倒させて死亡させたとの公訴事実について、被告人車両の後部荷台に掛けられた緑色ビニールシートと被害者車両の右ハンドルグリップに付着していた緑色の物質とは異なるとの鑑定結果などから、両者が接触したこと自体に合理的な疑いが残るとして無罪を言い渡した判例がある（東京高裁平8・1・18判時1670・139）。

第2は、いわゆるあおり事故の場合、加害車両の運転、走行方法と死傷等の被害発生との間に因果関係があるか否かの認定の問題である。

人間には、恐怖を感じた物体の方に吸い寄せられていったり、恐怖心によって平衡感覚を失い、意思とは反対に危険な方向に向かって反応する心理作用がある。例えば、自転車の側方すれすれの至近距離をごう音をとどろかせながら高速度で追越しをされようとした場合の自転車運転者の心理状況を想像すれば理解されよう。したがって、加害車両の運転、走行方法が被害車両の運転・操縦を誤らしめたことにより事故が発生したと認められるか否かがポイントであって、道路の幅員、加害車両の速度、被害車両との側方間隔、被害者の年齢・状態、追越しの動機、必要性など総合的な観点から因果関係の有無を決すべきことになる（参考判例として、名古屋高判昭31・9・26名古屋高検速報183号、東京高判昭40・11・19東京高検速報1431号、東京高判昭44・4・28東京高検速報1722号）。

第3は、対向車又は後続車との衝突、接触事故についてであるが、これは追越しをするについての状況判断、進路変更するについて法の定める措置を講じたか否かの点などがポイントで、どこに事故原因となる運転操作があったかを慎重に見極めて過失を構成する必要がある。

〈記載例E41〜E43〉

5　離合・げん惑事故

(1)　離合・げん惑の意義と灯火の規制

離合とは、上り下りの列車がすれ違うことを意味する鉄道用語からきたもの

で、対向車同士がすれ違うことをいう。

　げん惑とは、強い光の照射で目がくらむことをいい、前照灯の照射によることが多いが、太陽光線によることもあり、坂の頂上に出た瞬間や山道の急なカーブを曲がった途端に朝日や夕日の照射を浴びて一瞬視力を失うような状態になることは、しばしば経験するところである。

　離合事故とげん惑事故は、いずれもすれ違いの際に発生することが多いので、ここに併せて解説する。

　離合の際の運転方法については、法は特に規定していないので、個々の具体的事故につき、一般規定である安全運転義務（法70条）と条理に照らし運転者としての注意義務を見極めていくしかない。

　げん惑の防止については、法は、「車両等が、夜間（注・その他トンネルの中や濃霧がかかっている場所など、令19条が定める場所）、他の車両等と行き違う場合又は他の車両等の直後を進行する場合において、他の車両等の交通を妨げるおそれがあるときは、車両等の運転者は、政令で定めるところにより、灯火を消し、灯火の光度を減ずる等灯火を操作しなければならない。」と規定している（法52条2項）。車両の直後を進行する場合もこの義務を認めているのは、その前照灯の光が先行車のルームミラーに照射して運転者をげん惑させるためであることはいうまでもない。

(2)　捜査の要点

ア　離合事故

(ア)　道路の幅員、いわゆるはみ出し禁止の道路標示の有無、接触・衝突各車両の車種、車幅

(イ)　駐・停車車両その他障害物の有無、あればこれを除いた道路の通行可能幅員、すれ違いの可否・適否

(ウ)　晴雨等天候状況と乾湿等路面の状況

(エ)　スリップ痕の有無・状況

(オ)　接触・衝突地点の確定と各車両の停車位置、破片等の散乱状況

　　なお、離合に際して歩行者等と接触したときは、横断歩道外の事故についての捜査の要点（前記④2(2)（176ページ））を参照されたい。

イ　げん惑事故

(ア)　道路の曲直、傾斜の有無・程度等道路の状況

(イ)　照射物の種別・光度

(ウ)　げん惑の原因とその発生地点。対向車の前照灯照射によるものであれば、その対向車との距離、両車の速度、接近状況

(エ)　げん惑時の対応措置とのその適否

(オ)　上記ア(ウ)(エ)(オ)の事項

(3)　過失の構成

ア　離合事故

　　離合に際しては、対向車との衝突のみならず、道路左側を通行中の歩行者、対向車とすれ違い後にその後方から進出してきた歩行者に衝突するなどの事故が多い。特に進路前方に駐・停車車両等の障害物があるときは、道路の有効幅員は狭められ、離合事故発生の危険性は高くなる。

　　離合事故の原因は、①道路の幅員から見て、自車と対向車の車幅を比較すればすれ違いが不可能又は著しく困難であるのに、これを可能と軽信してあえてすれ違いを敢行した判断ミスによるもの、②すれ違いは不可能ではないが、道路の幅員が狭いため減速又は最徐行して進行すべきところ、これをせず、同一速度のまま進行した徐行義務違反によるもの、③前方に駐・停車車両があって、対向車が進行してきているのに、自車の方が先にその駐・停車車両の横をすり抜けられるものと軽信して進行した判断ミスと一時停止義務違反によるもの、④市街地で対向車の後方から歩行者が進出してくることが予測できる場合であったのに、そのまま進行した徐行義務違反によるものなど、様々な態様が考えられるので、証拠によって確定した事故の発生状況を踏まえて、原因に直結する注意義務違反、すなわち過失を構成する必要がある。

　その場合、特に注意しなければならないのは、例えば、対向車が突如セン
ターラインを越えて進行してきたとか、とりわけそのセンターラインがはみ
出し禁止のオレンジラインであったりした場合、対向車のそのような行為ま
で予見して徐行すべき義務はないとして過失が否定されたり、対歩行者事故
でも横断歩道外事故（前記④3⑵ウ（182ページ））の項で検討したとおり、
飛び出しに当たる場合で予見可能性を欠く場合には過失が否定されることに
なるので、そのような負の要素も十分に考慮に入れて過失の有無・内容を検
討する必要がある。幅員が狭く、歩行者が多い生活道路における離合事故に
おいては、当事者双方が互いに相手の非を主張して自己の非を認めようとし
ないケースが多いので、事故原因の冷静な分析と精密な採証が特に要求され
る。

イ　げん惑事故

　対向車の前照灯やその他の照射・反射によってげん惑され、前方注視が困
難な状態に陥ったときは、直ちに一時停止又は減速最徐行し、視力の回復を
待って進行を継続すべき義務があり、それを怠って従前の速度のまま、又は
多少減速した程度で進行し接触・衝突事故を起こした場合は、その一時停止
又は減速最徐行義務違反が過失の内容となる。しかしながら、この種の事故
では、よく調べてみると、げん惑はされたが、その程度はさほどではなく、
前方注視は可能であったという場合が意外に多いのである。その場合は前方
不注視又は前方注視不十分による安全確認義務違反が過失の内容となるの
で、注意を要する。

　なお、げん惑した̇ため̇の事故のほかに、被害車両の運転者をげん惑させ̇運̇
転を誤らせたことが過失の内容とされた事故もある（東京高判昭55・8・6
東京高検速報2447号）。これは、前照灯を上向きにしたまま時速約60〜70キ
ロメートルで進行し、対向車との距離約108メートルに至った際前照灯を下
向きに切り替えたが、対向車の運転者はその前の上向きのときの前照灯にげ
ん惑されていて急制動の措置をとったため、離合直前に被告人車両の直前に
急角度で進出、衝突したという事案であり、前照灯を上向きにしていたため

202

被害者をげん惑させ急制動の措置をとらせるに至ったことに過失を認めている。

〈記載例Ｅ51〜Ｅ53〉

6　その他特殊形態の事故

1　発進（前進・後退）事故

(1)　発進の意義と態様

　発進とは、停車又は駐車していた車両を始動させることで、前進と後退があり、それぞれ捜査上の留意点、注意義務を異にする。すなわち、車両は前進するのが通常であって、後退するのは特別の場合であることから、その構造上、前方・左右の視界は十分確保できるように造られているのに対し、後方の視界が十分確保できるように造られているとは限らない。また、車両には必ず死角があるが、その死角の範囲は、前部よりも後部方向がはるかに広い。したがって、一般に前進よりも後退の方が危険性が高い。

　その他、バスなど乗降客のある車両と普通乗用自動車、トラックなどの車両とでは、運転者の注意義務の内容が異なるので、これらの点も留意して捜査・処理に当たらなければならない。

(2)　捜査の要点

ア　前進の際の事故

(ア)　乗車前に車両底部を含めた周囲の安全確認の有無、確認状況

(イ)　乗車後発進前までの交通状況の変化（幼児の接近など）を含めた安全確認の有無、程度

(ウ)　チェンジレバー位置の確認の有無

(エ)　サイドブレーキ又はパーキングブレーキ操作の適否

(ｵ)　夜間等では前照灯の作動状況

(ｶ)　路端・路外施設からの発進の場合、ウィンカーで発進の合図をしたか否か及びその方法の適否

(ｷ)　車両がバスの場合は、乗降客の動静の確認状況

(ｸ)　被害者の進路（推定進路を含む。）、位置の確認

イ　後退の際の事故

(ｱ)　上記ア(ｱ)(ｲ)(ｳ)(ｷ)と同じ

(ｲ)　後退禁止場所（法25条の2第2項）における後退に該当しないかの点

(ｳ)　ルームミラー、サイドミラーの位置の適正確認、角度調整の有無、状況

(ｴ)　後退灯、後退ブザーの作動状況

(ｵ)　運転席からの後方死角の範囲とその範囲内に対する安全確認の有無、方法

(ｶ)　車両がバスで、車掌が乗務している場合、車掌による誘導の有無、方法、適否

(3)　過失の構成

　発進（前進・後退）の際の事故には、①アクセルを強く踏み過ぎたため急発進して前方駐車車両や歩行者に衝突したとか、運転車両がバスで、急発進したため乗客を将棋倒しにしたとか、前進するつもりでアクセルを踏んだところチェンジレバーがリバースの位置に入っていたため後退したとか、その逆などの運転操作の誤りに起因するもの、②車体の底部、死角の範囲内などを含めた周囲の安全不確認又は確認不十分によるもの、③バスについては、乗降客の有無や動静確認不十分のため開閉ドアに乗降客を挟み込んだまま発進したとか、乗降しようとしていた客と接触、車輪に巻き込んだことによるものなど、様々な態様があり、過失が否定されて無罪になるケースも少なくないので、被害者側の落ち度も十分考慮に入れた上、社会常識にかなった過失の構成に意を用いなければならない。

　特に注意しなければならないのは、次の点である。

　第1は、発進に当たっての安全確認の内容・程度は、車両の種類・形態、すなわち、普通乗用自動車、大型貨物自動車、ダンプカー、バス等によって異なることである。すなわち、普通乗用自動車は車体が小さいため周辺の安全確認は比較的容易であるが、大型貨物自動車やバスは死角の範囲が広く、その分周辺の安全確認は困難である。また、バス（特に路線バス）の場合、時刻表に従って運行しているため停止から発進までの間隔が短く、乗降客関係を除いては、停止してから発進するまでの間に周囲の交通状況等にあまり変化がない場合が多いのに対し、普通乗用自動車や貨物自動車、ダンプカー、タンクローリー車等の場合、駐・停車から発進までの間隔が比較的長いことが多く、その間に周囲の交通状況等に変化がある場合がある。例えば、幼児が車の下に潜り込んで遊んでいたり、泥酔者が車の前方で横臥していたなどの状況を看過して発進、れき過したなどの事故は、路線バスの場合には起こりにくいが、普通乗用自動車等の場合には起こり得る。したがって、普通乗用自動車等の場合は、乗車する前に、例えば前進の場合は車両の前方を回って、後退の場合は車両の後方を回って、障害物の有無を確認し、特に幼児の多い生活道路においては車両の底部をのぞき込むなどして周囲の安全を確認し、乗車後発進までの間に周囲の交通状況に変化はないかを見極めた上発進することなどが注意義務の内容となり、バスの場合は、ドアが完全に閉まっていることを確認の上、サイドミラー等で視認できない死角内の部分については、身を乗り出し、立ち上がり、体を左方に移動するなどして周囲の安全を確認することなどが注意義務の内容になる。

　第2は、車掌又は運転助手が添乗、誘導している場合のバスや大型貨物自動車等による事故について、運転者の注意義務いかんの問題である。

　自動車運転者は、その運転する車両の種類いかんを問わず、常に安全な方法によって運転する自動車運転上の義務を負うものであって、車掌や助手を同乗させて運転する場合でも、運転者に固有の安全運転の責任は何らの消長を来すものではない。車掌が乗務しているバスの場合であっても、ドアの開閉を含め、安全確認の責任は最終的には運転者にあるというのが確定した判例の法理

である。したがって、車掌の合図が不適切だったからといって、運転者が責任を免れるものではない。

　例えば、車掌の発車の合図によってバスを発車させたが、車掌は乗降口のドアを閉めることなく発車の合図をしたものであって、その開いていたドアから降車しようとしていた老女に気付かず、バスを発進させ、転倒した老女の左足を左後輪でれき過したという事故について、判例は、当時そのバスには定員48名のところ乗客は12〜3名で、全員座席に座っており、ドアは運転席から左斜め後方約1メートルのところにあったという事実関係を認定の上、バスの運転手としては、運転席より首をやや左後方に向ければドアが開いているのを容易に認め得る状況にあったこと、車掌が発車の合図と同時かその合図後にドアを閉めることが多く、運転手もそのことを知っていたなどの事情から、ドアが閉まっているか否かを確認しないでバスを発車させた運転手に過失を認めた（高松高判昭38・6・11下級刑集5・5〜6・521）。

　しかし、同じくバスの乗降客に関する事故でも、バスが混み合っていて、乗降口のドアが閉め難い状況にあったことから、車掌が乗降口下段に立って両手でそれぞれ乗降口のハンドル、扉の金具を持ち、体で入口をふさいで乗客が乗降できないようにしてから発車の合図をし、運転手はそれを聞いて発車したところ、急に走って来て既に進行しているバスに車掌の手の下をかいくぐるようにして飛び乗ってきた乗客が体の安定を失い、転落して傷害を負った事故について、判例は、運転席からは乗客が多くて乗降口ドアの開閉状況が確認できないこと、既に夜間で、バックミラーでは暗くて入口の状況が判明し難いことなどの事実関係を認定の上、車掌の合図により前方を注意し、念のためバックミラーで左右両側を注意して発車した運転手としては、通常とり得る最大の注意を払ったもので、それ以上にその席を離れてでも乗降口ドアの開閉状況を確認した上で発車すべき義務はないとして運転手の過失を否定した（仙台高秋田支判昭35・6・7仙台高検速報昭35年10号）。

　結局は、具体的事実関係の的確な認定の上に立って、当該事情の下で加害者に過失を認めることが酷に過ぎないかどうかという社会常識的な判断によって

決すべきことになろうと思われる。

〈記載例F11～F13〉

2 転回・横断事故

(1) 転回・横断の意義・規制

「転回」とは、車両が従来の進行方向とは逆の方向に進行する目的をもって
する同一路上における方向転換行為をいい、いわゆるUターンを典型とする
が、従来の進行方向の途上いったん停止し、付近の小路等に後退の上改めて右
折しその進行方向を転換して逆方向に進行する場合も転回に含まれる（東京高
判昭27・6・13高刑集5・6・959）。

「横断」とは、道路の反対側又は特定の地点に到達することを目的として、
道路の進行方向に対し直角又はこれに近い角度をもってその道路の全部又は一
部を横切ることである。

転回・横断は、通常の交通の流れに沿わない運転操作であるから、これを放
任するときは歩行者又は他の車両の正常な交通を妨げ、事故を発生させる危険
がある。そこで法25条の2第1項は、「車両は、歩行者又は他の車両等の正常
な交通を妨害するおそれがあるときは、道路外の施設若しくは場所に出入する
ため（中略）横断し、転回し（中略）てはならない。」と規定し、同第2項
は、「車両は、道路標識等により横断、転回（中略）が禁止されている道路の
部分においては、当該禁止された行為をしてはならない。」と規定して、転
回・横断行為を規制している。

(2) 捜査の要点

転回と横断とを比較すると、転回の際の事故事例が圧倒的に多く、したがっ
て転回の方が危険性が高いといえるが、事故はほとんどの場合が進路妨害の形
態によって発生していることなどの共通性から、注意義務も共通で、したがっ
て捜査の要点もほとんど同一である。すなわち、まず道路標識等によって転

回、横断が禁止されている場所ではないかどうかという基本的な事項を踏まえて、転回・横断するに当たってあらかじめ合図をし、道路の前後、左右の安全を確認してから転回、横断を開始したか否か、及びその確認の程度・方法、対向車や後方進行車等の有無、その距離・速度についての判断とその合理性、被害車両の速度・運転状況等が転回事故、横断事故についての捜査の要点であり、列記すると、次のとおりである。

ア　道路の曲直、幅員等道路の状況及び交通量

イ　転回・横断の禁止場所に当たらないかなど、交通規制の有無、内容

ウ　転回・横断の動機、必要性

エ　合図の有無、時期等転回・横断方法の適否

オ　対向車、後続車、歩行者等に対する安全確認の有無、程度

カ　被害車（者）側の落度の有無、程度

　なお、転回は、右折の変形としてとらえることもできるのであるから、右折事故についての捜査の要点（前記③ 3⑵（169ページ））も参考にされたい。

⑶　過失の構成

　転回、横断の際の事故は、後方進行車又は対向直進車との衝突がほとんどであり、また夜間や降雨中の事故が多いことも特徴である。これは転回・横断の際の判断の誤り、特に対向車や後方進行車との距離と速度に対する判断の誤りに起因することが多いためであって、夜間の場合はとりわけその判断が難しく、前照灯の遠近のみで距離を推断し、速度を考えないで転回・横断を開始してしまうという傾向が強い。

　しかし、一方で被害車両側の速度違反や前方不注視等不適切な運転方法が事故の主たる原因をなしているとの理由等により加害車両運転者の過失が否定され、無罪となる事例も比較的多い。したがって、加害車両のみならず、被害車両の運転方法にも注意を払い、事故原因に直結する過失は何かを判断して、実態と常識に沿って過失を構成しなければならない。特に注意しなければならな

いのは、次の点である。

第1は、「正常な交通を妨害するおそれがあるとき」（法25条の2第1項）の
要件についてである。

法が保護しようとしているのは、「正常な交通」であって、その社会的法益
を侵害し事故を発生させたときに転回・横断事故の過失責任が生ずる。した
がって、例えば、転回しようとして合図を出し後方を見て後続車がなかったこ
とから転回を開始したところ、①後方から時速約110キロメートルで疾走して
きた普通乗用自動車と衝突した（大阪地判昭47・2・9刑裁月報4・2・365）
とか、②無灯火のまま時速約50キロメートルで進行してきた原動機付自転車と
衝突した（大阪高判昭56・5・29刑裁月報13・4〜5・390）とか、③後方約
87メートルに自動二輪車のライトを認めたが、十分転回できると判断し、右折
を継続したところ、その運転者は飲酒していて、酒勢に駆られ、時速約65キロ
メートル（制限速度40キロメートル）で進行してきて衝突した（東京地判昭
39・2・19判タ192・222）などの事故の場合、そのような無謀な運転をして
突っ込んでくるような車両の存在を予見することは不可能又は著しく困難であ
るから予見可能性も予見義務もないとして過失を否定するとともに、そのよう
な後続車の運転は上記の「正常な交通」に該当せず、したがって法が保護すべ
き対象外であるとの認定もできる。このような被害者車両の運転状況も十分考
慮しながら転回・横断に当たって安全確認義務を尽くしたか否かを慎重に判断
して過失を構成する必要がある。

第2は、先行車や後方進行車側に転回・横断を妨げず、これに協力すべき義
務があるかの点である。

争われた事例としては、後続車の前面を通過できると考え、合図をして転回
を開始したところ、対向車があったため、道路中央部まで進出した地点で急停
止を余儀なくされ、その直後に、後続車と衝突したという事例があり、被告人
側では、後続車側に徐行、一時停止などして転回に協力すべき義務があると主
張したが、裁判所は、「後続車において、前車の右方向指示器点滅の合図等に
よって同車が自車進路上で転回しようとしていることをあらかじめ知り得る状

況にあったとしても、転回行為が後続車の正常な交通を妨害する時期・方法で行われようとするものである限り、後続車としては、事故発生を回避するためやむなく避譲措置を執らざるを得ない場合があるのはともかく、前記転回に協力して一時停止、徐行等の方法を講じなければならない義務まで負うとは解されない。」（大阪高判昭44・12・23判タ252・299）と判示して、協力義務を否定している。

　転回・横断事故の場合、自己の非を棚に上げて先行車や後続車側の不当をなじる被疑者があるので、幻惑されないよう留意すべきである。

　〈記載例F21〜F23〉

3　開扉事故

⑴　開扉と規制

　進行中又は乗降車時のドア開扉による事故はかなり多い。そこで法は、運転者の遵守事項の一つとして、「乗降口のドアを閉じ、貨物の積載を確実に行う等当該車両等に乗車している者の転落又は積載している物の転落若しくは飛散を防ぐため必要な措置を講ずること。」（法71条4号）、「安全を確認しないで、ドアを開き、又は車両等から降りないようにし、及びその車両等に乗車している他の者がこれらの行為により交通の危険を生じさせないようにするため必要な措置を講ずること。」（同条4号の3）と規定している。

⑵　捜査の要点

ア　進行中の開扉事故

　㋐　道路の舗装・非舗装の別、凹凸の有無、曲折等路面の状況
　㋑　開扉の原因（いわゆる半ドアなどの閉扉の不適切によるものか、衝撃の程度によって開扉しやすいなど整備不良によるものかなど）
　㋒　運転者以外の者が閉扉した場合には、その理由、運転者として確実に閉扉したことの確認の有無、方法

㈘　運転中に車体、特にドアの部分を中心に異常音又は振動の有無、それに対してとった措置及びその適否

㈙　車両によっては、半ドアを表示する警告灯が付いたものがあるので、その表示確認の有無

㈚　転落、衝突の状況

イ　乗降車時の開扉事故

㈠　道路の幅員、駐・停車の位置、車幅とこれを除いた道路の有効幅員

㈡　開扉に際し、側方及び後方の安全確認の有無、方法

㈢　同乗者による開扉の場合、その同乗者の年齢・性向・動静、運転免許の有無、開扉に当たっての注意又は制止の有無

㈣　接触、衝突の状況

㈤　被害者側に前方不注視、無理な割り込み等落度の有無、程度

(3)　過失の構成

ア　進行中の開扉事故

　進行中の開扉事故としては、ドアが突然開いて、①同乗者（タクシーなら乗客）を転落させたり、②後続車にドアを衝突させたり、③積荷を落下させ、後続車に衝突させて運転操作を誤らせたり、④同乗者（特に幼児、児童）がロックしてあるドアを開けて転落するなどの事故があり、⑤同乗者が窓から身を乗り出して側方通過車と接触する事故なども、この範ちゅうに属する。

　上記①ないし⑤の事故は、運転開始に当たってドア・ロックが不完全であったこと、ドア・ロックはしたが、運転中、例えば、凹凸の激しい道路を減速せず進行したことから、衝撃でロックが外れてしまったこと、もともとドアがよく閉まらず、閉めてもすぐに開きやすい整備不良の車両であったことなどの原因が考えられるので、それぞれその原因に沿った、例えば運転開始に当たっての閉扉不確認又は点検不十分、凹凸等危険道路での減速措置不適切、閉扉不完全を無視又は看過したままの運転継続、整備不良な危険車両

の運転、同乗者に対する指示、監督方法不適切などの過失を構成する必要がある。

イ　乗降車時の開扉事故

　乗降車時の開扉事故としては、右側ドア又は左側ドアを開扉した際、側方を通過中の人・車にドアの外側を衝突させたとか、後続車にドアの内側を衝突させたなどの事故があるが、いずれも側方又は後方に対する安全確認の有無が中心で、加えて駐・停車位置の適否が問われることになる。したがって、これらの点についての十分な捜査結果を踏まえて過失を構成することになるが、被害者側の過失が大であることから、加害者側の過失が否定された判例も多いので（例えば、福岡高判昭38・12・24下級刑集5・11〜12・1106、大阪高判昭43・7・24判タ228・231、大阪地判昭45・12・26刑裁月報2・12・1331等）、慎重な判断が必要である。

　問題となるのは、同乗者が開扉したドアに後続車が衝突した場合における運転者の過失についてである。この点については、注目すべき最高裁判所の判例がある。事案は、被告人が普通乗用自動車の後部座席に妻を同乗させて運転中、前方交差点の赤信号に従って停止していた車の列の後尾に停車し、そこで妻を降ろそうとして妻にその旨の指示をし、妻がこれに従って不用意に後部左側ドアを開けたところ、車両と歩道との間の約1.7メートルの通行余地を通って後方から進行してきた原動機付自転車がドアに衝突して運転者が負傷したという事件で、被告人は、降車時に妻に対して「ドアをばんと開けるな」と告げたことにより自己の義務は履行した旨主張したが、最高裁は、「右のような状況の下で停車した場合、自動車運転者は、同乗者が降車するに当たり、フェンダーミラー等を通じて左後方の安全を確認した上で、開扉を指示するなどの適切な措置をとるべき注意義務を負うというべきであるところ、被告人は、これを怠り、進行してくる被害者運転車両を看過し、そのため同乗者である妻に対して適切な指示を行わなかったものと認められる。この点に関して被告人は、公判廷において、妻に対して『ドアをばんと開けるな。』と言った旨供述するが、上記の言辞が妻に左後方の安全を確認

212

した上でドアを開けることを指示したものであるとしても、前記注意義務
は、被告人の自動車運転者としての立場に基づき発生するものと解されるか
ら、同乗者にその履行を代行させることは許されないというべきであって、
右のように告げただけでは、自己の注意義務を尽くしたものとはいえない。」
（最決平5・10・12判時1479・153）と判示して被告人の主張を排斥し、過失
を認めた。

　自動車をコントロールする運転者として、交通の危険が生じないよう適切
な方策を講ずべき責任があり、同乗者にその責任を一部負わせるような関係
は認められないのである。

　同乗者の開扉責任が問われる場合とは、運転者の同乗者に対するコント
ロールが及ばなくなった後、例えば運転者が降車し、長時間不在となった後
に同乗者が独断で開扉したような場合であるので、捜査処理上留意が必要で
ある。

　なお、降車時の開扉事故について、平成25年改正前の刑法211条1項前段
の業務上過失傷害罪が成立するとした高裁判決（東京高判平25・6・11判時
2214・127）（確定）があるので、注意を要する。これは、被告人が、普通乗
用自動車を運転し、道路左側に停車後、降車するため自車右側の運転席ドア
を開けるに当たり、右後方から進行してくる車両の有無及びその安全を十分
確認しないまま漫然同ドアを開けた過失により、右後方から進行してきた被
害者運転の自転車に同ドアを衝突させ、傷害を負わせたという事案である。
東京高裁は、「自動車の運転自体は既にいったん終了していたとみるほかは
ない」（したがって、平成25年改正前の刑法211条2項本文の自動車運転過失
には当たらない）としつつ、「自動車の運転業務を全て終えたとはいえず、
自ら降車するために同ドアを開けた被告人の行為は、自動車の運転に付随す
る行為であって、自動車運転業務の一環としてなされたものと認められる」
と判示した。この事案は、当初検察官が自動車運転過失傷害の訴因で起訴
し、一審の東京地裁で業務上過失傷害の訴因に変更したものであり、判断が
微妙であることがうかがえる。

　いずれにせよ、このような判断がなされた以上、平成26年 5 月20日に施行された新法「自動車運転死傷処罰法」との関係でも、この種事案については、過失運転致死傷罪（新法 5 条）ではなく、業務上過失致死傷罪（刑法211条前段）が適用されることになろう（法定刑が違うほか、無免許運転による加重、危険運転行為該当性の関係でも、実質的な相違が生じ得る。）。

　なお、本判決は、前記判断を前提としつつ、救護報告義務違反の関係では、法72条の「交通事故」に該当するとして、同違反の成立を認めており、この点でも参考になる。

〈記載例 F 31〜 F 33〉

4　駐車方法等事故

(1)　駐停車中の事故

　「駐車」とは、運転者が車両等を離れて直ちに運転できない状態、又は運転者がその場にいても客待ち、荷物待ち、故障その他の理由により継続的に停止すること（貨物の積み卸しのための停止で 5 分を超えないもの及び人の乗降のための停止を除く。）とされている（法 2 条 1 項18号）。駐車中の事故事例としては、次のようなものがある。

ア　駐停車した際のドアの開閉不適切による事故（前記 3 (1)〜(3)参照。なお、そこで引用した「自動車の運転」と「自動車の運転業務」の関係についての高裁判例が、他の駐車方法等事故にどこまで適用されるかについては、事案ごとに慎重に検討する必要がある。）

イ　自動車を駐車する際、その原動機を止め、完全にブレーキをかけるなどの措置を講ずる義務（法71条 5 号・運転者の遵守事項）違反による事故

ウ　危険場所駐停車、すなわち法44条、45条で禁止された交差点、横断歩道、坂の頂上付近、勾配の急な坂又はトンネル内などでの駐停車により、後続車をして前方の障害物の発見を困難にさせたことによる追突事故

214

(2) 駐車時の完全停止状態不措置事故

ア 不完全駐車措置の態様

　勾配のある坂道で駐車する場合、その勾配の程度がきついことに気付かず、サイドブレーキを最後まで引いたことを確認しておかなければ、車は駐車後に自然に坂の下方へ動き出すことがある。また、運転席で仮眠するときなども、サイドブレーキレバーに誤って手を触れ、これを緩めることもあり得るので、サイドブレーキだけによる停車措置では不十分であり、オートマチックの車ではセレクトレバーをパーキングにセットしたことを確認するなどしなければ完全停車措置を講じたことにはならない。

イ 捜査の要点

　この種の事故では、道路状況、特に勾配の有無・程度の認識、駐車方法、停止措置を講じたか否か、その方法・程度、車内で仮眠したとすれば、その原因、飲酒による場合はその飲酒状況、仮眠した位置、姿勢（特に手足の位置・状況）などを詳しく調べ、過失の態様を的確に認定しなければならない。

(3) 危険場所駐車事故

ア 危険場所駐車の態様

　駐停車禁止場所については、法44条・45条に詳細に規定されているが、人の乗降や貨物の積み卸しの場合はその例外とされている。しかし、このような例外の場合であっても、「道路の左側端に沿い、かつ、他の交通の妨害とならないようにしなければならない」（法47条）などとされている。運転者によってはそこが駐停車禁止場所であるとの認識を欠く場合もあろう。しかし、そのような場所の認識を欠いていても、更にはそこが駐停車禁止場所ではなかったとしても、他の交通の妨害となるような方法で駐停車をしたことにより事故が発生した場合には過失犯が成立すると見なければならないのである。

　近時は、車両の増加に比例し違法、不適切駐車の増加が顕著であり、特に

夜間、暗い路上に点滅灯の点灯もないまま駐車していた車両に気付かず衝突
し、重大な死傷事故を惹起させるという事案が増加していて、社会的非難が
強まっていることを念頭に置かなければならない。

イ　捜査の要点

　　このような駐停車禁止場所であることの認識の有無及び現場の状況から後
続車において、駐停車した自車の発見が容易であり、かつ完全に進路変更し
て自車の側方通過が可能であると考えたかどうかの認識、駐車した理由、そ
の際の駐車の具体的方法・態様、特に非常点滅灯の点灯、夜間であれば夜間
用停止標示板の設置などの措置を講じたかどうかについても捜査しておかな
ければならない。

　　危険場所駐停車による事故で特に留意しておかなければならないのは、そ
の駐車場所が「駐停車禁止場所である」というだけでは過失を認定するには
不十分だということである。問題は後続車への交通妨害の有無、程度とその
認識である。結局は危険場所駐停車による過失と後続車運転者の前方不注
視、進路の安全不確認による自過失との比較衡量の問題となる（この点は民
事事件としては「過失相殺」として重要な項目となってくる）。

〈記載例 F 41〜F 43〉

5　積荷事故

(1)　乗車・積荷に関する法規制とその強化

　　定員又は積載超過車両の運転は、しばしば大事故、大惨事の原因となりやす
い。法は、その危険性に着目し、乗車又は積載の方法を定め（法55条）、乗車
定員及び積載物の重量等を制限している（法57条、令22条、23条）。特に過積
載については、その危険性、反覆継続性、累行性などにかんがみ、罰則の強化
と取締りの実効性確保を目的とした改正法が平成 5 年 5 月12日に公布され、同
6 年 5 月10日に施行された。

　　改正法の主要な点は、①乗車又は積載の制限（法57条 1 項）中、積載物の重

216

量の制限を超える積載、すなわち過積載をして車両を運転した者に対しては、従来は「3月以下の懲役又は5万円以下の罰金」（改正前の法119条1項3号の2）とされていたものを「6月以下の懲役又は10万円以下の罰金」（法118条1項2号）に引き上げたこと、②取締りに当たる警察官に対し、過積載をしている車両が運転されていると認められるときは停車させ、運転者に対して自動車検査証等の書類の提示を求め、積載物の重量を測定する権限を与える規定を新設し（法58条の2）、解釈・運用上の疑義を一掃したこと、③過積載車両の運転者に対する措置命令等を出す権限を警察官に与える規定を新設し（法58条の3）、上記積載物重量測定等の権限の新設とともに警察官の取締り権限を強化したこと、④上記②③の違反に対しては「3月以下の懲役又は5万円以下の罰金」（法119条1項3号の3）に処すべきものとし、罰則を新設して上記各権限行使の実効性を担保したこと、⑤公安委員会は、車両の使用者に対して過積載を防止するための必要な措置をとるよう指示することができる旨の規定を新設し（法58条の4）、過積載車両が運行されている背後の実態にもメスを入れられるようにしたこと、⑥使用者以外の者に対しても運転者に過積載車両の運転を要求したり、過積載となることの情を知りながら運転者に積載物を売り渡す等の行為を禁じ、これに違反する行為が行われたときには、警察署長が当該行為をした者に対し、前記の行為をしないよう命ずることができるようにするとともに、警察署長の命令に対する違反については、「6月以下の懲役又は10万円以下の罰金」に処する旨の規定が新設（法58条の5、118条1項3号）されたことである。

　過積載は、企業活動の一環として行われることが多く、その営利性が交通の安全性を脅かしているともいえることから、単に過積載という現象面にのみ着目し運転者を処罰するだけでは過積載による交通の危険性は解消されない。したがって、法がその背後にいる使用者その他を規制しようとしたのは当然のことであって、むしろ遅きに過ぎたと言えないことはない。

(2)　**捜査の要点**

ア　車種・車長・車幅・故障又は不良箇所の有無

イ　許容最大積載量

ウ　積載物の品目、形状、重量、高さ、重心の位置

エ　積載作業の責任者・従事者、作業状況

オ　積載形態、落下・飛散等防止措置の有無、適否

カ　積荷の積載量、積載形態等について点検、認識の有無

キ　運転席から積荷の積載状況及び運転中の変化についての認識の可否

ク　輸送経路と距離

ケ　運転中、積荷の状態について異常感知の有無、措置

コ　事故現場の道路状況、特に路面の状況

サ　運転操作、特に積荷の重量、重心と路面の状況に応じた速度保持の考慮の有無、適否

シ　事故の発生状況、特に積荷の重量・積載方法と事故発生との因果関係

ス　過積載車両運転の動機、使用者、依頼者等背後関係

セ　使用者、依頼者の責任の有無

　なお、最近、一部の弁護人及びその指導を受けた被疑者らにより、過積載の取締り自体及びその取締り方法が違法であるとの主張が活発に行われているので、前記法改正の趣旨を十分に理解した上、そうした主張に乗ぜられないよう取締りに当たっては特に言動に注意し、いやしくも手続が違法だなどと主張されないように適正手続の励行を旨として断固たる捜査を遂行する必要がある。

(3)　過失の構成

　積荷事故には、①過積載車両を運転し、凹凸の激しい道路で速度を出し過ぎ、あるいは急激な転把等によってバランスを失い横転したり、崖下に転落した、②振動で荷崩れを起こし、積荷を路上に散乱させて対向車、後続車あるいは歩行者に衝突させた、③前方が見えないほど荷物を高く積んでフォークリフトを運転、前進し、歩行者を巻き込んだ、④重量制限のある橋をその制限以上

の貨物等を積載して通過しようとしたため、橋脚が耐えきれず橋が崩壊して車両ごと川に転落した、⑤高さの制限のあるトンネルをその高さを超える貨物を積載して通行しようとしたため、トンネル上部と貨物が衝突し荷崩れを起こして人・車に衝突させたなどの事故がある。

　特に大きな事故としては、トラクタートラックを運転し、重量約27トンの杭打機本体を積載したセミトレーラを牽引して踏切に差し掛かり、一時停止後通過すべく発進したが、積載重量が大きく、セミトレーラの底部と路面との間隔が約23センチメートルしかなかったのに、その安全を確認しないまま踏切内に進入し、同底部を線路敷板付近にめり込ませて自車を立ち往生させ、間もなく進行してきた特急列車と衝突、機関車を転覆させた事故（仙台高判昭58・11・21仙台高検速報昭58年3号）、鉱石粉砕機など積荷の高さ地上から3.6メートル、重量約6トンの貨物を積載したトラックを運転し、高さ制限3メートルの旧国鉄常磐線架道橋下を通過しようとしたところ、鉱石粉砕機上部を橋桁に激突させて線路を湾曲させ、折から進行してきた急行列車を脱線転覆させた事故（仙台高判昭35・4・28仙台高検速報昭35年6号）などがある。

　いずれも過積載等に絡むものであるが、それが直接の過失であるとは限らない場合があるので、その他の、例えば道路状況に合わせた速度の保持、ハンドル、ブレーキ操作等に過誤はなかったかどうかなどの点も十分捜査の上、事故原因に直接結び付く注意義務違反は何であったかを見極め、的確な過失の構成に意を用いなければならない。

　〈記載例F51〜F53〉

6　踏切事故

(1)　踏切の意義・種類・規制

　踏切とは、道路が鉄道と交差する部分のことであって、道路の一部であるから、道路交通法による規制の対象となる。踏切の種類は法律上の規定ではなく、国交省鉄道事故等報告規則による分類である。

踏切には、次の種類がある。

① 第1種踏切　自動遮断機・警報機が設置されている踏切又は踏切保安掛（警手）が常時配置されていて、これにより手動式遮断機が操作される踏切

② 第2種踏切　1日のうち一定時間に限って踏切保安掛が配置され、これにより手動式遮断機が操作される踏切

③ 第3種踏切　上記①②以外の踏切で、自動警報機が設置されている踏切

④ 第4種踏切　上記①ないし③以外の踏切、すなわち遮断機も自動警報機も設置されていない踏切

　危険性の程度は、後の方になるに従って大きい。踏切事故は、数としては必ずしも多くはないが、態様として死傷者多数の大惨事に至る事例もまれではないので、その危険性に照らし、法は、33条において踏切直前の一時停止の励行など、厳しい規制を設けている。

(2)　捜査の要点

踏切の種類・規制内容

ア　踏切直前で一時停止したか、その停止位置、停止時間

イ　左右軌道の見とおし状況

ウ　安全確認の有無・方法・程度、その適否

エ　踏切進入方法

オ　踏切進入後車両が運転不能になった場合の措置、その適否

カ　踏切警手の過失の有無・程度

キ　列車運転手の過失の有無・程度

ク　列車の破損、運行阻害の有無・程度

(3)　過失の構成

　踏切事故には、①踏切直前で一時停止せずに進入した、②一時停止はしたが、その位置が不適切であった、③停止の時間があまりにも短く（例えば1

秒）、安全確認に必要な時間をとっていなかった、④軌道の左右又はその一方にカーブがあって見通しが悪く、下車するか、同乗者があれば下車させるか、ウィンドウを開けて列車の進行してくる音響の有無に耳を傾けるなどして安全を確認しなければならないのに、これをしないまま踏切に進入した、⑤踏切がかなり急な坂の頂上に位置しており、一時停止位置も坂の途中であったから、ギヤをロー又はセカンドに入れて強い力で一気に通過しなければならない場合であるのに、サードに入れたまま発進して進入したため車の推進力が落ちてエンスト（エンジン・ストップ）し、又は運転操作ミスにより脱輪し、踏切内で立往生した、⑥脱輪、エンストしたときは直ちに踏切支障報知装置を作動させるか、これがなかったり作動しなかった場合には、車に備付けの発煙筒を焚くか、煙の出やすい物を燃やし、これを手にして進行してくる列車の方へ駆けていくなどして列車に非常事態の発生を早く知らせるべきであるのに、ろうばいしてこれをしなかった、⑦踏切内に進入したところ遮断機が降りてきて閉じ込められたので、遮断機や自車の損傷を考慮せずにそのまま遮断機を突破して進行、脱出すべきであったのに、車を降りて踏切支障報知装置を押しに行ったなど様々な原因によって発生し、その原因も複数重畳することが多いので、いかにしたらその踏切事故を避けることができたかを慎重に見極め、原因に直結する注意義務違反を中心に、実態に沿った過失を構成する必要がある。特に注意しなければならないのは、次の点である。

第1は、踏切直前の一時停止の認定についてである。

一時停止の目的は安全確認にあるから、一瞬でも停止すればよいというものではなく、踏切の安全を確認するのに必要かつ十分な時間停止することを必要とする（大阪高判昭38・10・29大阪高検速報昭39年1号―2、東京高判昭39・5・27東京高検速報1180号）。約1秒間程度の瞬間的停止は法の認める一時停止とはいえないとする裁判例（西淀川簡判昭38・6・22下級刑集5・5～6・578）がある。

踏切直前とは、特別の事情のない限り、踏切から2～3メートル以内の地点であり（名古屋高金沢支判昭40・9・25名古屋高検速報359号）、50メートル手

前で停止しても直前の停止とはいえない（福岡高判昭39・2・12福岡高検速報910号）ことはもとより、7.1メートル手前でも直前とはいえない（名古屋高判昭36・10・9下級刑集3・9～10・843）。ただ、先行車が停止したのに続いて踏切から約15メートル手前で一時停止し、安全を確認した上で進行を始めたという場合は踏切直前の停止と解してよいとする裁判例（宇陀簡判昭36・9・20下級刑集3・9～10・909）もある。

　第2は、踏切警手との過失の競合の場合についてである。

　踏切警手が怠慢により遮断機を下すのを忘れ、あるいは遮断機を上げたまま一時職場離脱したというような場合、遮断機が上がっていることに安心し、直前で一時停止せず、又は一時停止はしたが安全を確認しないまま踏切に進入し、進行してきた列車と衝突したような場合、踏切警手に過失があることは当然であるが、自動車運転者の過失の有無と踏切警手の過失との関係が問題になる。

　遮断機は、これが上がっていても「進め」の意味を表示しているものではない。「踏切における遮断機は、汽車等の進行を支障ないようにするために、鉄道側が設置管理する保安設備であって、一般横断者の安全が保障されるのは、その反射的効果にすぎず、道路を通行する人車等の安全保持を本来の使命とするものではない」（最決昭33・7・9刑集12・11・2424）。実際上、遮断機の故障、踏切警手の怠慢等によって遮断機が上がったままになっていることもまれではない。このような遮断機が閉鎖されるべきところ開放されたままになっている場合には、無人踏切を通過する際と同様の注意義務が課せられているので、踏切直前で一時停止し、左右の安全を確認して進行すべき注意義務がある（最決昭39・1・28裁判集刑150・291、最決昭40・11・2裁判集刑157・217、東京高判昭40・11・16東京高検速報1427号）。したがって、これを怠った自動車運転者にも過失があり、当該踏切事故は、踏切警手の過失と自動車運転者の過失との競合によって発生したことになる。

　第3は、過失往来危険罪との関係についてである。

　自動車運転者が踏切通過の際過失によって列車等と衝突し、死傷者を出すと

ともに列車等の転覆、破壊を生じさせたときは、業務上過失致死傷罪のほかに過失往来危険罪（刑法129条）が成立し、両罪は1個の行為にして数個の罪名に触れる場合として、観念的競合（同54条1項）となる（東京高判昭37・10・18高刑集15・7・591）。

　〈記載例F61～F63〉

7　過労・居眠り・病気・薬物運転事故

(1)　法66条は、「何人も、前条第1項（注・酒気帯び運転等の禁止）に規定する場合のほか、過労、病気、薬物の影響その他の理由により、正常な運転ができないおそれがある状態で車両等を運転してはならない。」と規定している。

　上記の「過労、病気、薬物の影響」というのは、「正常な運転ができないおそれがある状態」の原因となる事情の例示であり、「居眠り」も当然入る。いかなる理由であれ、正常な運転ができないおそれがある状態で車両を運転してはならないとされているのである。

　過労等の状態下における運転は、酒酔い運転と構造的に全く同一であり、そのような状態に陥っている場合は運転をしてはならない義務（運転避止義務）、運転の途中でそのような状態に陥った場合はその時点で運転を中止しなければならない義務（運転中止義務）が生じる。その詳細については、前記（第4[2] 2（117ページ））酒酔い運転について述べたところと同一なので、これを参照されたい。

(2)　「過労」とは、精神又は肉体の相当程度の疲労が車両を運転するのに必要な注意力、判断力あるいは運動能力に悪影響を及ぼし、正常な運転ができないおそれのある状態に達することであり、疲労の程度が右の過労に達しているかどうかは、具体的状況に応じ、社会通念に従って判断することになる（東京高判昭56・9・10東京高検速報2535号）。

　過労運転は、長距離トラックやタクシーなど業務遂行の過程で生じる場合が多く見られ、背後に企業の体質等構造的な問題が伏在していることがある。そこで法は、自動車の運行を直接管理する地位にある者に対し、運転者が過労等

運転をすることを命令又は容認してはならない義務（法75条1項4号）を課し、その違反には罰則（同117条の2第5号、5年以下の懲役又は100万円以下の罰金）をもって取り締まっている。

　捜査に当たっては、上記のような構造的な面も含め、過労の原因を究明し、過労と事故発生との因果関係を明らかにすることが必要である。その場合、過労そのものよりも、過労による居眠り、あるいは過労と居眠りとが相まって事故に結び付いたという事案が多いので、その点の見極めも事故原因の認定、したがって過失の構成に当たっての重要な留意点である。

⑶　「居眠り」の原因は、もとより過労のみではない。気温や睡眠不足、酒の酔い、医薬品服用などもその原因となる。

　過労からくる居眠りの原因解明には、事故前の作業量、睡眠時間、運転距離、運転継続時間、休息状況、疲労度等の解明が必要である。

　居眠り事故の場合、運転を中止すべき時期と状況の判断が重要である。眠気を感じたといっても、具体的にそれをどの程度に自覚、認識したかの認定が難しい。眠気、睡魔が具体的に発症する経過は、無意識な上まぶたの下降から始まるといわれており、それが瞬間的な下降、数分おいての1〜2秒間の下降、更に数分おいての3〜4秒間の下降のように、まぶたを閉じる秒数は長く、間隔は短くを繰り返すのが一般的であるとされている。この瞬間的な上まぶたの下降が始まったときが運転者として睡魔に襲われたことの自覚が確実にできるのであるから、このとき運転を直ちに中止し小休眠をとるなどして、睡魔を解消しなければならない義務があり、また可能であったといえる。この中止義務を怠ると、それから間もなく「一瞬仮睡状態」に陥り、衝突に直結することになる。

　居眠り運転による事故の特性は、制動痕がないことと、直進状態のまま制動操作がないため激突が多いことなどであり、居眠り運転とその他の原因による事故との区別がしやすい。なお、タコメーター装着車については、記録紙を押収し鑑定することにより、居眠り運転状況が明らかとなる場合がある。

⑷　「病気」は、単なる病気一般ではなく、その程度が正常な運転ができないお

それがある程度に達していることを要する。

　問題となるのは、てんかん発作時における事故である。てんかん患者にとって、発作が起きるかどうかは治療状況と最近の症状により自覚が可能であることが多く、したがって、てんかん発作の起きる予見も可能である場合が多い。現代医学・薬学の分野では、発作を防ぐ優れた薬が発売されており、患者はこれを継続して服用しているのが常態である。継続服用しておれば、発作は確実に防止できるといわれているが、服用を中断すると発作発症のあり得ることは運転者本人も認識しているはずである。その常備薬の服用を忘れて運転を開始したことに気付いていたとすると、これは運転中てんかん発作の起こり得ることを予見していたと見てよいので、その気付いた時点で運転を中止すべき運転中止義務が生ずることになる。

　病気運転による事故は、病気による運転操作が困難となる症状の出現を予見したかどうかにかかっているので、この点が捜査のポイントであり、あとはその病気が事故の直接の原因であったかどうか、すなわち、病気の症状や発作の程度はさほどではなく、前方不注視などが事故の直接の原因である場合もあるので、そのような点を含め因果関係の解明が重要であり、当然医学的な鑑定を必要とする場合もあり得る。

　なお、病気運転による事故については、まずは、第4③3(2)（134ページ）で詳しく述べている病気（症状）影響類型の危険運転致死傷罪の適用の可否を検討する必要がある。

(5)　「薬物」は、麻薬、大麻、あへん、覚醒剤、シンナー、トルエンなどである（法117条の2第3号）。アルコールは、法65条による規制の対象とされている関係から、本条（法66条）の「薬物」には含まれず、したがってアルコールを身体に保有して運転しても、本条による薬物運転としては処罰されない（広島高判昭43・2・7判時516・84）。

　薬物運転による事故については、使用した薬物の成分、作用、その入手経路、服用した日時・場所・分量、服用の動機など基礎的な事項のほか、その薬物を以前から常用していたか否か、服用した際の自覚症状とその発現時間及び

効果継続時間、服用後効果継続時間中運転経験の有無、その際の心身の状況、運転操作に及ぼす影響（自覚症状）等について捜査を尽くし、運転開始時又は運転中に薬物の影響によって正常な運転ができないおそれがある状態に陥ることについての予見可能性の有無を認定し、運転避止義務又は運転中止義務の存否を明らかにして過失の有無、構成を検討しなければならない。

〈記載例 F 71・F 72〉

8 整備・制動装置不良車両運転事故

(1) 法62条は、「車両等の使用者その他車両等の装置の整備について責任を有する者又は運転者は、その装置が道路運送車両法第3章若しくはこれに基づく命令の規定（中略）又は軌道法14条若しくはこれに基づく命令の規定に定めるところに適合しないため交通の危険を生じさせ、又は他人に迷惑を及ぼすおそれがある車両等（中略）を運転させ、又は運転してはならない。」と規定し、整備不良車両の運転を禁止している（罰則同119条1項5号、同条2項、120条1項8号の2、123条）。

上記のように、法令に定めるところに適合しないため交通の危険を生じさせる等の要件が必要であるところから、フットブレーキが故障している貨物自動車（東京高判昭37・10・19高刑集15・8・599）、ハンドブレーキが故障し、かつ、フットブレーキのパイプがバッテリーのポジティブケーブルと接触し、パイプが焼き切れてブレーキオイルが漏れている自動三輪車（東京高判昭40・2・25東京高検速報1329号）、サイドブレーキの整備が不良で修理調整されていないバス（神戸地判昭41・2・3下級刑集8・2・271）などは整備不良車に当たるが、番号灯の電灯が切れていて点灯しない状態にある自動車（湯沢簡判昭38・8・14判時348・42）、備付けが義務づけられていない方向指示器が故障している二輪自動車（十日町簡判昭41・9・16下級刑集8・9・1270）などは、そのために交通の危険が生じるおそれがあるというものではないから、ここでいう整備不良車には当たらない。

(2) 整備不良車運転による事故の場合、運転開始時にその不良を認識していれば

運転避止義務、運転中に気が付けばその時点で運転中止義務が発生し、これに違反して運転を開始又は継続したことが過失の内容となる。しかし、それが事故の直接、唯一の原因であるか否かについては慎重に見極める必要がある。運転者によっては、自己のハンドル・ブレーキ操作の不適切等が事故の原因であるのに、走行中突然ブレーキが利かなくなったなどと主張し、車両の構造的欠陥や修理店による調整不良が原因であるなどと強弁して他に責任を転嫁し、自己の責任を免れようとする者があるので、これに惑わされるようなことがあってはならない。そのためには、基礎的な捜査を十分に行い、鑑定を積極的に活用して事案の真相を明らかにする必要がある。

(3) まず、車両についての捜査事項は、故障の有無、箇所、程度、運転操作に及ぼす影響などであるが、特に故障の生じたのが運転開始前であるか開始後であるかは、前記過失の内容決定に直接関係する重要な事項である。

なお、事故車両を還付・仮還付すると、その保管状況によってはさびなどが発生し、また不心得な被疑者はこれに作為するなどして、制動装置等に不良箇所等を故意に作出し、事故直後は自己のハンドル・ブレーキ操作の不適切等が事故の原因であると認めていた被疑者が、自己の民事・刑事の責任を免れようとして、後日、前記事故車両の状況を理由に欠陥車であったなどの主張をする場合がある。その主張を排斥できないときは、事故は欠陥車両によるもので、不可抗力であったと認定され、無罪となりかねない。したがって、重大事故で、後日過失の有無が争われることが十分予想されるような場合には、車両を還付・仮還付しないことが適切であるが、保管場所等の関係でやむなく還付・仮還付をせざるを得ないときは、運転者を立ち会わせて詳細な車両自体の実況見分調書を作成し、後日の不正加工等に備える必要がある。

次に、運転者については、日常点検整備（道路運送車両法47条の2）実施の有無、故障に気付いた時期・理由・修理等対応の有無、方法、故障に気付きながら運転を開始又は継続した理由、事故発生の具体的経過・状況、特に故障・欠陥以外に事故の直接的原因の有無などが捜査の要点である。

なお、日常点検整備について、判例は、「自動車運転者は、その運転に先立

ち、車体の内外を点検して、交通の安全に支障を来たすような故障ないし不良箇所の発見に努め、危険のないことを確認した上で運転を行う義務がある。その点検については、故障ないし不良箇所の存在を予見させるような特別の事情のない限り、社会通念上、通常これらの箇所を発見するため必要と考えられる方法、程度によってこれを行えば足りる」（札幌高判昭41・9・10高刑集19・5・592）としている。しかし、「始業前の車両の整備点検は、運転手の責任であり、故障に気付いた時、故障を修理して事故の発生を防止すべき義務がある。」（東京高判昭44・12・9東京高検速報1778号）としている判例もある。

(4)　故障車両運転事故の中で最も多いのは、ブレーキ装置不良車であるが、運行前点検でブレーキペダルの踏みしろが深いとか、ブレーキオイルの液量が異常に減少しているなどの不良箇所と不良の程度は容易に認識できる。また、急勾配の下り坂を長距離運転中にフットブレーキを多用することは、ブレーキドラムやブレーキ・シュウの過熱を招き、フェード現象やベーパー・ロック現象が起きて急にブレーキがきかなくなることがあるので、そのような運転方法が過失の内容となる。

　故障状況は予見できる場合が多く、それを予見したときに運転を中止して故障箇所を修復しなければならない注意義務が生ずる。しかし、ブレーキオイルパイプの破損等で、オイル漏れが生じているのに、運転開始時には異常の予兆もなく、したがって異常の認識もないままに運転中、ブレーキペダルを踏んだところ、ペダルはストンと落ちて制動効果が全くなかったというような場合は、これは「欠陥車」である可能性があり、もしそうだとすると事故は不可抗力によって発生したと認定せざるを得ないことになる。ただ、ブレーキの故障を走行中に発見したという場合は、転把、サイドブレーキの操作等により、障害物との衝突回避が可能であったか否かが問題となり、可能であったのにしなかったというときは不可抗力ではなく、ハンドル、ブレーキ操作の不適切を中心とした運転者の過失が認定できることになる。

　〈記載例Ｆ81～Ｆ83〉

第6 自転車事故

　最近は、交通事故の全体数が漸減していく中で、自転車関連死亡事故、すなわち自転車の運転者が当事者（加害者・被害者）となる死亡事故は増加しており、特に65歳以上の高齢者の死亡事故は増え続けている。

　自転車は、運転免許が要らず、子供から高齢者まで幅広く利用される軽便な乗り物であるが、多くは足踏式・二輪構成という車両特性から、本質的に走行の安定性が確保しにくく、特に走行開始時や低速走行時にバランスを失して事故を起こす危険性がある。こうした危険性を回避し、自転車の安全走行技能や運転マナーを身につけるための基礎的な教育・訓練の機会が必要であるところ、社会全体としてそのような機会が乏しいことは否めない。携帯電話やスマートフォンを操作しながらの片手運転や脇見、高速、蛇行、手放し運転など、最近の運転マナーの悪さには目に余るものがある。若者の車離れが進み、自動車からピストなどと呼ばれている競技用高速自転車等への乗り換え現象もみられ、歩道を傍若無人に高速度で走り抜ける自転車も少なくない。

　東日本大震災のあと全国的にも自転車の販売台数が増えてきているということであるが、こうした事情も自転車事故発生を増加させる遠因となっているものと思われる。

　自転車は軽車両とはいえ車両であり、歩車道の区別のある道路では車道を通行すべきが原則であって、自転車通行可の道路標識や標示がない歩道では走行できないことになっているが、自転車の運転者には「車両」を運転するという自覚に乏しい者が多い。一般的にも自転車の運転者は歩行者と同じか、歩行者に近い立場だと意識され、交通弱者の側に入れられているようである。

　翻って自転車の車道走行を厳守させるためには車道における自転車の安全確保

が前提となるが、前方に駐・停車車両があれば、それを避けて進行せざるを得ず、その際に後方から進行してくる自動車に接触される危険性がある。一方、歩道に自転車専用通行帯を設置しても、そこを平気で通る歩行者が多い。自転車の走行に関する法規制と一般の意識との間には乖離があり、また、道路状況も都市部とそれ以外とでは大きな相違があることから、必ずしも全国一律の基準で画一的に処理するわけにはいかない面がある。

　こうした社会的な意識や交通の実態を踏まえての自転車事故の捜査処理は、現場の痕跡や遺留品が乏しく、目撃者など捜査協力者の確保が難しいという現実等と相まって、定型化された通常の自動車による交通事故捜査の場合とはかなり異なる面があり、一筋縄ではいかない困難さを伴うのである。

　交通捜査官としては、このような背景や事情を十分理解しながらも、悪質な事案に対しては、被害者のため、交通秩序維持のために、毅然として厳正に対処する必要がある。

　以下、基礎的な事項から解説を進める。

① 自転車の定義

　道交法では、自転車とは「ペダル又はハンド・クランク（手による往復運動を車輪の回転運動に変えて推進する装置で、足に障害がある人に利用されている。〔著者注〕）を用い、かつ、人の力により運転する二輪以上の車（レールにより運転する車を除く。）であつて、身体障害者用の車椅子及び歩行補助車等以外のもの（人の力を補うため原動機を用いるものであつて、内閣府令で定める基準に該当するものを含む。）をいう。」（法2条1項11号の2）と定義され、車両中、「軽車両」に分類される（法2条1項11号）。

　自転車については、自動車やバイクと異なり、並進が禁止されていること（法19条）、一定の制限の下に道路の左側部分に設けられた路側帯の通行ができること（法17条の2）、交差点を右折する際はできる限り道路の左側端に寄り、かつ、交差点の側端に沿って徐行しなければならないこと（法34条3項、いわゆる

「二段階右折」）などが定められている。

② 自転車の分類

普通自転車

道交法と関連法令で、自転車のうち、一定の条件を満たし歩道を通行することができるものをいう。

すなわち、普通自転車とは、「車体の大きさ及び構造が内閣府令で定める基準に適合する自転車で、他の車両を牽引していないもの」をいう（法63条の3）。長さが190センチメートル、幅が60センチメートルを超えず、車体の構造が①四輪以下の自転車であること、②側車を付していないこと、③一の運転者席以外に乗車装置（幼児用座席を除く。）を備えていないこと、④制動装置が走行中容易に操作できる位置にあること、⑤歩行者に危害を及ぼすおそれがある鋭利な突出部がないことが上記内閣府令で定める基準である（規則9条の2の2）。こうした条件を満たした自転車が普通自転車であり、一定の制約のもとに歩道を通行することができるものとされている（法63条の4）。

普通自転車以外の自転車としては、他の車両を牽引している自転車、四輪以上の自転車、側車付の自転車、乗車席が二つ以上ある「タンデム自転車」などがあり、数年前からは公道を走行する競技用自転車が頻繁に見られるようになってきた。

代表的な自転車の種類を掲げると、以下のとおりである。

(1) 一般用自転車

ア シティサイクル車（ママチャリ）

主に日常の交通手段に用いる自転車であり、女性がフレームをまたいで乗れるようにフレームを後方に向かって下げた形が多

シティサイクル車（ママチャリ）

く、軽快車、ミニサイクル等が含まれる。

　ブレーキは、前輪がキャリパーブレーキ、後輪は雨の影響が少ないバンドブレーキ、ローラーブレーキであることが多い。

　変速機は、内装3段、外装6段が付いた機種がある。

イ　コンパクト車（ミニベロ）

　自動車のトランクへの収納または公共交通機関への持ち込みを意図とした自転車で、折りたたみ、分割できる構造であることが多い。

ウ　子供車

　車輪がおおむね16インチ以下で、走行、制動操作が簡単で速度が時速10キロメートル程度しか出せない自転車である。

(2)　スポーツ車

　自転車競技場、オフロード等の競技用以外にも広くスポーツ用として使われ、各種サイクルスポーツ用、ツーリング用及びレジャー用など、それぞれの使用目的に適するように設計された自転車で、チェンジギア装置を備え、走行性能が高くなっている。

ア　マウンテンバイク車（MTB）

　もともとは荒野、山岳地帯など不整地を走行する競技用自転車で、ブロックパタンタイヤを装備した自転車であり、バイシクル・モトクロス車（BMX）も含まれる。

マウンテンバイク車（MTB）

　変速機は、外装は前が3段、後部が7～10段が一般的であり、速度よりも登坂性を重視し、ギア比はロード系より低めで範囲も広い。

　ブレーキは、急な下り坂にも安全を維持するためVブレーキ、効き目の高いブ

バイシクル・モトクロス車（BMX）

レーキを装備している。

イ　ロードバイク車

自転車競争等に使用されている前傾姿
勢で走行する自転車で、一般にフリーホ
イール、ブレーキはカンディブレーキな
どが使われ、ディレーラ、足固定装置付
ペダル（ピスト）等を装備し、泥よけ、
キャリヤ及びスタンドを装備しない自転
車である。

ロードバイク車

ウ　クロスバイク車

山道に強いマウンテンバイク車とス

ピストバイク車

ピードの速いロードバイク車の両方の特徴を持った自転車で、フィットネス
クロスとハイブリッドクロス等がある。

エ　トラックレーサ車

固定・単速ギアのピストバイク、シルククロスバイク等があり、専らオフ
ロード、競技場内における競走用として、競技種目にあわせて設計された自
転車で、前傾乗車姿勢用ハンドル、足固定装置付ペダルを装備しており、国
際自転車競技連合の規定ではブレーキ、チェンジギア、フリーホイールの装
備が禁じられている。

市販される場合は、前・後輪の制動装置が設置されているが、最近では
ファッション性を高めるため、制動装置を取り外して使用する場合が多い。

(3)　電動アシスト自転車

走行中にペダルを踏む力を電動モーターが補助（アシスト）する仕組みの自
転車で、規則では「人の力を補うため原動機を用いる自転車」、「駆動補助機付
自転車」と表記されている。

発進時に普通自転車と同じように強くペダルを踏むと、電動アシストが作動
して思わぬ急発進する場合があり、驚いて転倒したり衝突したりする場合があ

ることから、サドルに座ってゆっくりペダルを踏んで安全に発進する必要がある。

　基準では、ペダルを踏む力と電動機に対する踏力アシスト比率を時速10キロメートル未満では最大2とし、時速10キロメートル以上では走行速度が上がるに従ってアシスト比率が徐々に減少し、時速24キロメートルでは「0」になり、リミッター改造は容易にはできない構造となっている。

　国民生活センターの実験で、一部メーカーのアシスト自転車のアシスト比率が道路交通法の基準を超えているのを確認していた。

　アシスト比率が基準を超えた自転車では、急発進、急加速の原因となり、自己の意思に反して不意に強いアシストが加わるとバランスを崩して転倒し、事故につながることもある。

　アシスト作動は時速24キロメートルで「0」になり、さらにペダルを漕げばさらに速度を上げることは可能となるが、作動しない電動機にかかる負荷と、普通の自転車より重い車両を自分の踏力のみでペダルを漕ぐことにな

電動アシスト自転車

り、これまでのアシスト自転車では時速24キロメートル以上で走行することは極めて困難である。

　しかし、最近の若者の間では、スポーツ自転車のようにスピードを出して軽快な走り方を楽しみ、坂道や長距離ではアシストで楽に走行できる、スポーツ車と同じフレーム形状に、改良された電動アシスト機能を搭載した「イーバイク」が主流となりつつある。

　注意することは、アシスト自転車とほぼ同形状の「電動自転車」である。

　電動自転車は、ペダルを漕がなくても自走可能な電動モペット（フル電動自転車）であり、法規上自転車の扱いとなる電動アシスト自転車とは異なり、時速24キロメートル以上でもモーターが作動し、時速30キロメートル以上の走行が可能となるから、日本の公道を走らせる場合、保安部品を装備した上で原動

234

機付自転車又は自動二輪車としても登録が必要となる。

③ 自転車の構造等

1 全体の構造と各部の名称

〈自転車各部の名称〉

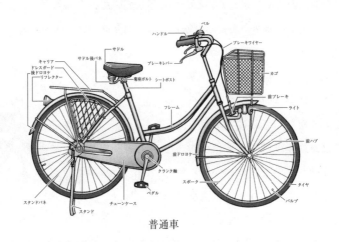

普通車

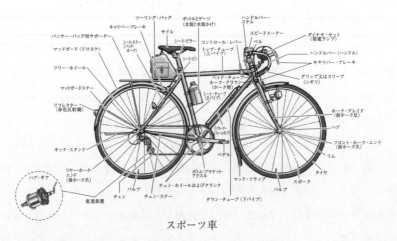

スポーツ車

2　骨幹部分

(1)　フレーム

自転車を構成する骨幹

(2)　フロントフォーク

前車輪を保持する部分

3　制動装置（ブレーキ）

自転車の運転者は、内閣府令で定める基準に適合する制動装置を備えていないため交通の危険を生じさせるおそれがある自転車を運転してはならない（法63条の9第1項）。

「交通の危険を生じさせるおそれ」とは、制動装置がないか、又は、制動装置はあるが調整されていない自転車を運転することによって、交通の危険発生が予想されることをいう。

その危険性は具体的に発生する必要はなく、社会通念上、当該自転車を運転した場合他の車両又は歩行者に対する危険の発生が予想されれば足りる。

内閣府令で定める基準は、前車輪及び後車輪を制動し、乾燥した平たんな乾燥路面で、制動初速度時速10キロメートルのときに、制動装置の操作を開始した場所から3メートル以内の距離で円滑に停止させる性能を有することである（規則9条の3）。

ブレーキは、手で操作できるようにハンドルにつけたブレーキレバーを指で引き、その力をケーブル等でブレーキキャリパーまで伝達してブレーキを遠隔操作するが、競技用自転車にはブレーキを装備しておらず、公道を走行する場合は整備不良に当たる。

(1) リムブレーキ

実用車に用いられているが、左右のブレーキシューに取り付けられたブロックを車輪のリムに押しつけて制動するもので、最も一般的なブレーキである。

ア キャリパーブレーキ

ブレーキシューの付いたキャリパー状の腕をフレームで固定し、両側から締め付けて制動する。

イ Ｖブレーキ

左右のキャリパーのそれぞれの下端に支点があり、ブレーキシューはアームの中間に付いている。

(2) ハブブレーキ

ハブに付けたブレーキによって制動。

ア バンドブレーキ

後輪ハブに付けたドラムを外側から締め付けて制動する。

イ エキスパンディングブレーキ

自転車後輪のハブをバンドブレーキとは逆に内側から広げて制動する。

(3) ディスクブレーキ

ホイールについているロータをパッドで挟むことにより制動する。
メカニカル式と油圧式がある。

4 警音器

車両等（自転車以外の軽車両を除く。）の運転者は、定められた場所において警音器を鳴らさなければならない。
警音器の整備されていない自転車を運転しないこと（公安委員会規則）。
警音器の規格について法規等に規定はない。

5　前照灯・尾灯

車両等は、夜間（日没時から日出時までの時間をいう。）道路にあるときは政令で定めるところにより、前照灯・車幅灯・尾灯その他の灯火をつけなければならない。政令で定める場合においては、夜間以外の時間にあっても、同様とする（法52条1項）。

前照灯　白色又は淡黄色で、前方約10メートルの距離にある障害物を確認できる光度のあるもの（都道府県公安委員会規則）。

尾灯　赤色で、夜間に後方100メートルの距離から点灯を容易に確認できる光度のあるもの（都道府県公安委員会規則）。

反射器材　赤色又は橙色で、夜間に後方100メートルの距離から前照灯の反射光が容易に確認できるもの（規則9条の4）。

自転車の運転者は、夜間（52条1項後段の場合を含む。）、内閣府令で定める基準に適合する反射器材を備えていない自転車を運転してはならない。ただし、52条1項前段の規定により尾灯をつけている場合は、この限りでない（法63条の9第2項）。

尾灯又は反射器材はいずれかでよい（法63条の9第2項、公安委員会規則）。

6　変速装置

スポーツ車に多く用いられているが、ギア比を変えることのできる装置である。

(1)　ハブギア（内装式）

後車輪のハブの内部にギア比を変える装置を組み込んだもの。

(2)　チェーンギア（外装式）

チェーンを左右に移行して歯数の違うギアにかけるようにディレイラー（脱線式）とチェーンが左右に動く代わりにフリーが左右に移動するもの（オンラ

238

イン式）がある。

4 走行速度

　一般的な自転車の走行速度は、自転車の用途（通学・買い物・サイクリング）、車種（実用車・シティ車・スポーツ車）、道路状況（車道・歩道・勾配）によって異なるが、平均的な速度は、時速15〜20キロメートルである。

　自転車は、道路標識等のある道路ではその速度規制に従わなければならないが、道路標識のない場所では自転車の最高速度については規制がない。

　一方で、歩道上では自転車は自転車通行可能な歩道であっても、通行の際は原則として徐行すべきものとされている（法63条の4第2項）。

　自転車の最高速度は、平地での最高到達速度記録は、2008年に、カウリングをつけた「ストリームライナー車」で時速約132.5キロメートルを達成しており、人力駆動の乗り物による自力最高速度記録である。

5 自転車の制動力

　ブレーキシューのパッドをリムに押しつける力と、パッドとリム又はローターの摩擦係数を掛けた値が制動力となり、制動力は摩擦係数によって大きく変わる。

　動摩擦係数に影響する要因として、水の付着、パッド材質の劣化等がある。

　前後輪のブレーキの効き具合を比較すると、人体及び自転車の慣性が影響して前に行こうとする力が働き、前輪が地面に押しつけられてブレーキの効きが高いのに対して、後輪は前輪の接地点を支点にして持ち上がろうとする力が働き、効きが低くなる。

　ブレーキのかけ過ぎにより車輪がロックする場合があり、前輪がロックすると操舵性がなくなるのは自動車と同じである。

　自転車は、制動することにより運動エネルギーが吸収されてやがて停止する

が、この場合の制動距離は自動車の制動距離を求める公式により算出することができる。

　走行速度を一定にして、車種別の停止距離を実験したところ、その停止距離は車種による相違はほとんどなかったとの実験結果がある。

　減速度の安全値は0.4gとし、限界値を0.6gとしてその制動距離を算出すると、初速度時速10キロメートルでは、安全値2.38メートル、限界値1.49メートル、同様に時速20キロメートルでは6.72メートル、4.3メートルであった。

6　自転車の効用等

　自転車の利用は、通勤・通学に利用されるほか、日常の買い物などにも利用されるが、新聞配達、郵便配達、警察官などの職業的な利用もある。

　駐車違反の取り締まり強化により、電動アシスト自転車を利用する運送業者も現れている。

　また、スポーツ振興法ではサイクリングが奨励され、自転車道の整備等に関する法律により河川沿いなどに自転車道が整備されている。

　自転車は原則として原動機を使用せず、人力により走行することから、自動車やバイクに比して一般に低速で走行するという特性がある。

　しかし、近年の自転車は性能が向上し、原動機付き自転車並の速度で走行できるものがあることなど、自転車の違反行為に対しては、自動車等と同じく罰則規定が厳しく適用されることになった。

7　法が規定する自転車の通行方法等

　自転車に関する道交法及び同令の一部が平成20年6月1日より、改正施行された。

　自転車は、車両であるにもかかわらず歩行者に近い扱いを受けることが多く、歩行者が保護される歩道を通行することが許されることもあり、車道通行が危険

であるとして歩道を通行するように促されることもある。

　自転車も軽車両であり、道交法により車両としての規制を受けるが、自動車や原動機付き自転車と異なり、道交法では、自転車は車道のみならず一定の条件下で歩道や路側帯を通行できる。

　道交法3章13節には、「自転車の交通方法の特例」として自転車の関係する規則が設けられているほか、規則2章の2に「自転車に関する基準」が定められている。

　また、現在、立ち乗りの二輪車「電動キックスケーター」について、自転車と同程度となる性能上の最高速度20km 以下の車体であれば、無免許で運転を認める内容の道交法改正の検討がなされている。

1　自転車は車道が原則、歩道は例外

　自転車は車両（法2条1項8号）であり、車両に関する規定が適用されるが、軽車両であって、通行区分に関する道路の左側部分に設けられた路側帯通行（法17条の2）、左側端寄り通行（法18条1項）、並進禁止、二人乗り禁止などの適用がある。「歩道」又は「路側帯」と車道の区分があるところでは、自転車は車道の中央よりも左側部分の左側端に寄って通行するのが原則である（法17条1項）。

　道交法上の「自転車道」が設けられている道路では、原則として自転車道を通行しなければならない（法63条の3）が、歩道に「自転車歩道通行可」の道路標識がある場合は歩道を通行することができる（法63条の4第1項）。

　子供や高齢者が運転している場合、車道又は交通の状況から見てやむを得ない場合には道路標識に関係なく歩道を走行することができる。

　しかし、「普通自転車の通行可の歩道」を通行する場合、歩道の中央から車道寄りの部分（あるいは道路標識により指定された部分）を徐行しなければならない（法63条の4第2項）。

　また、歩道を通行する場合、歩行者の通行を妨げることとなるときは、一時停止しなければならない（歩行者優先）。

　標識等により認められている道路では、他の普通自転車と並進することができ

る。ただし、3台以上の並進は不可（法63条の5）。

交差点への進入禁止を表示する道路標示があるときは、道路標示を越えて交差点に入ってはならない。

歩道における徐行と歩行者優先の義務が遵守されないことが多い。

歩道においてベル等で歩行者を排除しようとする行為は、法63条の4第2項に違反する行為であり、2万円以下の罰金又は科料となる（法121条1項5号）。

2　車道左側端走行の原則

車両通行帯の設けられた道路を通行する場合を除き、道路の左側端に寄って通行しなければならない。ただし、追い越しをする時又は道路の状況その他の事情によりやむを得ないときはこの限りではない（法17条1項、同条4項、18条1項）。

車道の左側通行は、車両としての基本的なルールであるが、自転車に関しては必ずしも守られていない。

自転車の右側走行（逆走行為）は、左側通行を遵守している自転車に本来必要のない回避行動を強いる上、最悪の場合には正面衝突や後続車の追突事故を惹起する危険もある。

歩道のない道路の左端の白線で区画された部分（路側帯）を通行する場合は、道路の左側部に設けられた路側帯の白線の内側を走行すること（逆走禁止）。

白線1本、白線1本と点線は自転車通行可であるが、白線2本の路側帯は歩行者用であり、自転車通行は不可。

3　安全確認

これまで、自転車側の交差点横断時の安全不確認、一時不停止、信号無視等を伴う自動車との衝突事故であっても、捜査、裁判では自転車側の過失を極めて低く認定した事案が多かったが、最近においては、赤信号を無視した自転車側の過失において、自動車側の確認義務の過失があったとしても回避不可能であったとして自動車側に無罪判決を言い渡した事例もあった。

4　ながら運転

　イヤホーン・ヘッドホーンをつけての走行、携帯電話の使用、傘さし運転等は、安全運転義務（法70条）違反として3月以下の懲役又は5万円以下の罰金となる。

5　その他安全ルール

(1)　二人乗りはしない。ただし、幼児を乗せる場合は例外的に認められている。
(2)　道路は並んで走行しない。ただし、「並進可」の標識がある場所では2台まで並進できる。
(3)　夜間は必ず灯火等を点灯する（法52条）。
(4)　信号を正しく守り、一時停止と安全確認をしっかり行う。
(5)　自転車は、やむを得ない場合を除き、急停止・急ブレーキをかけてはならない（法24条）。
(6)　みだりにその進路を変更してはならない（法26条の2第1項）。
(7)　車両通行帯の有無を問わず、自転車は最高速度が高い車両に追いつかれた場合若しくは遅い速度で進行しようとする場合は、その追いついた車両がその車両の追い越しを終わるまで速度を増してはならない（法27条1項）。

6　自転車による道路交通法違反の処罰

　自転車運転者が交通反則通告制度の対象から除外され、自転車運転の違反行為に対する処分は、自動車等の一般的な反則を対象とするいわゆる交通反則通告制度（青切符）ではなく、赤切符による刑事手続処分が行われていた。

　これまで自転車による道路交通法違反に対する罰則の適用はほとんど行われていないのが実情であったが、常習者や悪質・危険事犯や酒酔い運転等の違反により重篤傷害事故を惹起した場合で、証拠上明白な事件は、道路交通法の適用はもとより、事故の処罰についても厳罰で臨む必要がある。

ア　自転車の悪質運転

　　警察庁では、「悪質自転車」対策として自転車利用者による交通違反の指

導取締りの強化を打ち出し、「酒酔い運転、信号無視、一時停止違反、無灯火」等の悪質・危険な違反について積極的に検挙することになった。

　自転車の悪質運転の一例としては、次のような行為がある。

○　酒酔い運転　客観的に酒酔い運転と判断できる程度の蛇行運転や転倒等の状況が認められるもの。

○　信号無視　　赤信号で通行し、交差道路を進行する車両にブレーキをかけさせるなど、交通の危険又は迷惑を生じさせたもの。

○　無灯火　　　無灯火走行により通行する車両に急ブレーキをかけさせ、又は急な進路変更の避譲措置をさせるなどの交通の危険を生じさせたもの。

○　指定場所一時不停止

　　　　　　　交差点において一時停止せず、歩行者に接触し、若しくは転倒させ、他車両に急ブレーキをかけさせ、又は急な進路変更の避譲措置を余儀なくさせるなど交通の危険を生じさせたもの。

○　通行区分違反

　　　　　　　道路標識により歩道通行可の歩道において、歩行者を避譲若しくは立ち止まらせたり、接触・転倒させるなど、他の交通に迷惑又は危険を生じさせたもの。

○　通行禁止違反

　　　　　　　道路標識によって通行が禁止されている道路において、歩行者を避譲、若しくは立ち止まらせたり、又は接触若しくは転倒させるなど、他の交通に迷惑又は危険を生じさせたもの。

　平成25年6月14日に公布された改正道路交通法により、3年以内に2回以上自転車運転中の危険行為をくり返した14歳以上の運転者に対して、自転車運転者講習を受講するよう命令できることになった（平成27年6月1日施行）。自転車運転者講習の対象となる危険行為とは、①信号無視（法7条）、②通行禁止違反（法8条1項）、③歩行者用道路における車両の義務違反

（徐行違反）（法9条）、④通行区分違反（法17条1項、4項又は6項）、⑤路側帯通行時の歩行者への通行妨害（法17条の2第2項）、⑥遮断踏切立入り（法33条2項）、⑦交差点安全進行義務違反等（法36条）、⑧交差点優先車妨害等（法37条）、⑨環状交差点安全進行義務違反等（法37条の2）、⑩指定場所一時不停止等（法43条）、⑪歩道通行時の通行方法違反（法63条の4第2項）、⑫制動装置（ブレーキ）不良自転車運転（法63条の9第1項）、⑬酒酔い運転（法65条1項）、⑭安全運転義務違反（法70条）、⑮妨害運転（法117条の2第6号、117条の2の2第11号）の15類型である（⑮妨害運転は令和2年6月10日に公布された改正道路交通法により追加され、令和2年6月30日から施行された。）。なお、受講命令は都道府県公安委員会から発せられる。命令を受けた運転者は、3か月以内の指定された期間内に自転車運転者講習を受講しなければならない。受講命令に従わなかった場合は、5万円の罰金となる。

イ　取り締まりの強化

　悪質自転車対策として自転車による交通違反の指導取り締まりを強化し、「酒酔い運転、信号無視、通行区分違反、一時停止違反、無灯火」等の悪質・危険な違反について積極的に検挙することになった。

　また、自動車のあおり運転行為による重大事故が多発しており、いわゆる「あおり運転」などに関して、新たな規則を定めた罰則について、令和2年6月30日施行の改正道路交通法が施行され、自転車による「あおり運転」も規制対象になった。

　自転車に適用される「あおり運転」は、①通行区分違反、②急ブレーキ禁止違反、③車間距離の不保持、④進路変更禁止違反、⑤追越し違反、⑥警音器使用制限違反、⑦安全運転義務違反等があり、自転車があおり運転を行った場合も、自動車と同様の刑罰が科せられることになった。

8　自転車による交通事故

自転車運転は、手軽で容易かつ身近なものである反面、運転者には交通法規等

の教育を受けていない者が多く、自転車運転の危険性の自覚や認識、責任感に乏しいことから、取調べに対して反抗的で、責任を容易に認めようとしない被疑者が多い。

　また、自転車保険加入者はまれであり、損害賠償が容易ではなく、民事上も大きな問題となっている。

1　自転車事故の傾向・特徴

　自転車が一方の当事者となった事故は、自動車による対歩行者事故の2倍近く発生している。およその傾向・特徴は次のとおり。
○　自転車事故による死者数の6割以上が高齢者であり、特に75歳以上の年齢層が死亡事故の4割を占めている。
○　自転車側の法令違反では、安全不確認が約21％と多く、次いで動静不注視、交差点安全進行違反となっている。

2　過失割合の問題

　自転車が関係する交通事故のうち、自転車と自動車・バイクとの事故の過失割合はある程度定まってきたが、近年飛躍的な増加傾向が示されている歩行者と自転車、自転車同士の事故については、ほとんど定まった過失割合の基準がなく、民事訴訟上の大きな問題ともなっている。

3　自転車事故による救護・報告義務違反等の責任

　自転車による交通事故についても、負傷者の救護義務、警察への報告義務等が課せられていることに注意しなければならない（法117条の5）。この点の啓蒙が十分でない現状にある。

4　自転車による交通事故の刑事責任

　自転車が歩行者に衝突して歩行者が負傷する事故が多発している。
　この場合も自動車事故と同様に運転者を交通事故として問うことができるかが

問題となる。

(1)　自転車による交通事故

　　交通事故は、「車両等の交通による人の死傷又は物の損壊」をいい、自転車
はこの「車両等」に当たることから、自転車によって発生した交通事故につい
ては、自動車による場合と同様に、刑事責任を問うことができる。

　　これまで自転車による交通事故については、過失は業務上過失ではなく、重
過失として問擬されてきた。もとより重大な過失と認定されない場合は普通過
失に当たるかどうかが問題とされるわけであるが、両者の取扱いは質的に異な
るので注意を要する。

　　重過失致死傷罪（刑法211条後段）と過失致死罪（同法210条）では、法定刑
は重過失致死傷罪が業務上過失致死傷罪（同法211条前段）と同じく5年以下
の懲役若しくは禁錮又は100万円以下の罰金であるのに対し、過失致死罪は50
万円以下の罰金（同法210条）、過失傷害（同法209条1項）は30万円以下の罰
金又は科料であり（同法209条1項）、少年による過失致死傷罪事件は、検察官
送致ではなく家庭裁判所への直送事件（少年法41条前段）となり、逆送（同法
20条）にはならない。

　　過失傷害罪は親告罪であり（刑法209条2項）、告訴の有効期間は「犯人を
知ってから6か月」（刑訴法235条）であることから、被害者から告訴の意思を
速やかに確認する必要がある。

(2)　重過失と単純過失

　　重過失とは、「注意義務違反の程度が著しい場合、僅かな注意を払えば結果
の発生を容易に回避できたのに、これを怠って結果を発生させた場合」をい
い、

　○　その行為そのものが重大な結果を惹起する危険性の大きいこと
　○　僅かな注意を払えばその重大な結果発生を回避できる場合であること
である。

　判例によれば「重大な過失」とは、「普通人の払うべき注意義務を著しく欠くこと」、「僅かな注意を払えば危険な事態を認識することができ、結果の発生を回避し得た場合」などをいう（福岡高判昭31・1・28判時75・27、東京高判昭57・8・10高検速報2605）。

　結果の予見・回避が容易なときは、その予見、回避義務違反は違法性が高いので、重過失になる。

　法52条1項に「無灯火の車両を運転しないこと」、法62条に「交通の危険を生じさせ、又は他人に迷惑を及ぼすおそれのある整備不良車両を運転しないこと」、等とその注意義務が決められているので、これに違反して事故を起こせば重過失致死傷になるとみてよい。

　ただし、過失責任は行為者を中心にすえて判断すべきが原則であるから、例えば、普通の速度で、単なる前方不注視によって歩行者と接触した場合には、歩行者の傷害がたとえ重大であっても重過失ではなく、単純過失である。

　重過失か単純過失かを判断するには、「当該自転車の車種、構造、欠陥の有無・内容の程度と事故との関係、事故現場の状況（車道、横断歩道上、歩道、路側帯、道路の右側・左側、見通し、交通規制、交通状況）、速度、灯火の要否及び有無」等を総合し、それぞれの事案に即して個別的、具体的に認定すべきことになる。

ア　「重過失」を認めた判例

　○　雨降りの夜に、前照灯が壊れていたため、二人乗りして後部荷台の弟に3メートル前方しか照らすことができない懐中電灯を持たせて、時速30キロメートルで前方不注視のまま走行し、前方の歩行者に衝突。

　　→　自転車の高速走行、注意義務違反の程度が著しく、重大な過失である（仙台高裁秋田支部判昭44・9・18）。

　○　雨交じりの夜に、街路灯もないところを無灯火で自転車を運転し、歩行者に衝突させて死亡させた。

　　前照灯を点灯してさえいれば容易に被害者を発見でき、たやすく衝突を回避し得たはず。自転車運転手として当然に尽くすべき重大な注意義務を

怠った。

　　→　無灯火走行（高松高裁判昭44・11・27）

○　飲酒した後、ドロップハンドルの自転車を運転し、時速20キロメートル
　で黄色信号を無視し、歩行者や車両の多い交差点を横断しようとした際、
　その手前で信号の変わるのを待っている歩行者が多数立ち止まっているの
　を認めたのに、あえてうつむいたまま歩行者の動静を注意することなく進
　行し、横断を開始した歩行者に衝突。

　　→　酒酔い運転等（福岡高裁判昭55・6・12）

○　赤色信号を見落として時速10キロメートルで交差点内に進入し、青色信
　号に従って横断歩道を横断中の歩行者に衝突。

　　→　信号無視又は看過（東京高裁判決昭57・8・10）

○　無灯火で前方注視不十分のまま、道路右側を走行中、やはり無灯火で携
　帯電話を操作しながら対向してきた自転車と正面衝突し、死亡させた。

　　→無灯火等走行（福岡地裁平17・3・11）

○　左折のみ可能な一時停止標識のある交差点を直進し、対進してきたオー
　トバイと衝突、運転者が投げ出され、対向車にひかれて死亡

　　→　一時停止違反等走行（福岡地裁平21・9・18、福岡高裁で控訴棄却平
　　22・3・10）

○　赤信号で停止中の車両の陰から安全確認不十分のまま横断しようと進出
　したとき、左方から進行してきた貨物自動車が被告人自転車との衝突を避
　けるため左にハンドルを切ったところ、その左方から接近してきたタンク
　ローリー車が貨物自動車との衝突を避けるべく左にハンドルを切って歩道
　に乗り上げ、歩行者2名に衝突して死亡させた。

　　→　安全確認不十分横断走行（大阪地裁平23・11・28〈禁錮2年・実刑〉
　　判タ1373・250）

イ　「重過失」を認めなかった判例

○　青色信号で交差点に進入した際、赤色信号を無視して横断を開始した歩
　行者を発見し、警音器により歩行者に注意を喚起してその避譲を促す措置

を執らなかったとしても、重大な過失があったとは認められない（大阪高裁判昭42・1・18）。

○　対向して進行してくる自転車を認識しながら、これと相当な間隔を保つことなく進行したことから、その自転車と接触して転倒させ、これと並進していた大型車両に轢過させて死亡させた。

→　容易にその結果発生を確認し得たものとは言い難く、重大な過失ということはできないので、単純な過失である（広島高裁判昭44・2・27）。

○　子供を後部に乗せ、無灯火で車道右側を走行中、対向してきた単車と衝突、重傷を負わせた。

→　判決では自転車は停止していたと認定し、停止時にまでライトを点灯すべき注意義務を課すことは困難などとして無罪を言い渡した（神戸簡裁平9・6・1〈当初は神戸地裁に重過失で起訴したが、重過失には当たらないとして管轄違いの判決を受け、神戸簡裁に改めて単純過失として起訴していた〉）。

(3)　過失傷害罪と告訴

重過失が認められない場合、過失傷害罪は親告罪であることに注意しなければならない。

重過失と単純過失の限界は必ずしも明確とは言えず、仮に重過失で送致する場合でも、被害者に告訴の意思の有無を確認し、告訴の意思が認められれば告訴状を提出させておくことが重要である。

自転車による人身事故は、通常在宅事件であり、迅速に捜査を遂げるのは当然であるが、被害者の負傷程度を確認したり、被害者の回復を待って実況見分を行う場合など検察官に送致するまでに相当期間を要することもあり、送致を受けた検察官が改めて過失の程度を検討するころには既に告訴期間（犯人を知った日から6か月。刑訴法235条）を経過してしまうおそれがある。

また、当初、重過失事件として捜査を開始したが、捜査の結果、重過失には当たらず軽い単純過失にとどまると認定し、その時点で初めて告訴の意思の有

無を確認したり、告訴状の提出を求めたりすれば、被害者に捜査への不信感を抱かせることにもなりかねない。

　単純過失事件は親告罪であるが、告訴がなくても犯罪が不成立となるわけではないので、被害者その他の告訴権者に被疑者に対する告訴（処罰）の意思がない場合には、その旨を上申書等に記載させ、又は供述調書に録取し、犯罪の情状等に関する意見書に親告罪の告訴欠如である旨の意見を明記して、事件記録を送致（被疑者が少年の場合は家裁送致）する必要がある。

　第二種特例事件（簡約特例事件）では、「告訴に関する教示書」を交付して告訴に関する説明を行うとともに、告訴意思が少なくともその時点ではないことを確認しておく必要がある。

　検察官が重過失と認めて起訴しても、裁判所では重過失ではなく単純過失にとどまると判断した場合、有効な告訴がなければ、「公訴提起の手続がその規定に違反したため無効であるとき」に該当するとして公訴棄却（刑訴法338条4号）の判決を言い渡されることになる。

(4)　業務上過失傷害の成立の検討

　最近では、通勤、配達等反復継続して用いられるとともに、多段変速ギア装備の高性能タイプの自転車が普及して原動機付自転車に匹敵する速度性能を有する自転車があり、その運転行為は自動車等と同じ危険性があって、事案によっては積極的に業務上過失傷害の成立を考慮する必要がある。

　業務上過失致死傷罪の「業務」とは、「人が社会生活の中で反復継続して、又はその意思をもって行う行為で、他人の生命・身体に危害を加えるおそれがあることを要するが、行為者の目的がこれによって収入を得ることは問わない。」（最判昭33・4・18刑集12・6・1090）とされている。

　自転車は、通勤、買い物、配達等に反復継続して用いられるとともに、前述のとおり変速ギア装備の高速タイプ等、速度をはじめとして原動機付自転車と同じような性能を持つ自転車が増えていることから、自転車運転行為における過失を業務上過失として捉え、当該自転車運転者を業務上過失致死傷罪に問擬

できるかが問題となる。

　自転車の運転行為と原動機付自転車の運転行為とでは、危険性等において質的な差違は認められないので、自転車運行行為は基本的に「業務」として捉えることも根拠がある。現に原動機付自転車による事故について業務上過失を認定した判例がある（名高判昭32・6・13高裁特報4・13・304）。

　ところで、判例等によれば、「業務」といえるためには

①　人の社会上の地位に基づくものであること

②　反復継続して従事すること

③　他人の生命、身体に危害を与えるおそれがあること

の全てが必要であるが、自転車事故の場合は③の項目に該当するかが問題となるのである。

　他人の生命、身体に危害を与えるおそれがある業務とは、運転行為そのものが人の生命、身体に対する危険を伴うものであることを要するというのが判例・通説であり、この点について、自動車や原動機付自転車など動力による機械を利用する車の運転が「業務」であることには異論はない。

　そこで、自転車の運転行為が「業務」といえるかであるが、自転車はこれまで歩行の補助手段と位置づけられてきた。自転車を運転することは、自転車が人力で動くものであり、比較的軽量であることなど他人に危害を加える高度の危険性が少ないこと、又は危険の蓋然性が定型的でないこと等を理由に通説では自転車の運転行為の業務性を否定し、判例も一般的に業務性を認めておらず、重過失致死傷罪を適用することになるのである。

　しかしながら、下級審の判例の中には、自転車運転行為に業務性を認めたものがある。

○　生魚小売人として毎日自転車荷台に生魚を入れた荷箱を搭載して運搬している者に業務上の注意義務を認めた（玉島簡裁昭28・9・2）。

○　製本業者の従業員が、配達等で自転車運転業務に従事していた運転者に業務上の注意義務を認めた（岡山簡裁昭30・1・7）。

　したがって、実務の処理に当たっては、基本的には判例を遵守することは当

然としても、例えば、競技用自転車による歩道上の事故など、業務上過失として捉えるべき事案もあり得るという視点を持って捜査し、業務上過失致死傷罪として立件することも検討すべきであろう。

(5) 捜査上の注意事項

ア 自転車運転者の人定確認の場合、自動車運転免許証を所持しておればよいが、そうした公的な身分証を所持しない場合は、キャッシュカード、診断書、学生証等から本籍、住所、生年月日等人定事項を確実に確認するとともに、身上照会を行うこと。

イ 自転車事故の場合、被害者など告訴権者が告訴をしない事例が多いが、告訴権者に対し、告訴期間、告訴の必要な場合等を教示する必要がある。

ウ 自転車事故の「重過失」に関する判例は少ないが、自転車運転者の過失により発生した悪質、重大な事故については、「重大な過失」の立証に努め、重過失致死傷を適用するよう積極的に捜査する必要がある。

エ 過失の認定は、捜査結果と証拠に基づいて慎重に行う。

オ 酒酔い運転等危険かつ悪質な重過失による致死又は重篤傷害、否認事故等の場合には強制捜査等の要否を検討する必要がある。

　なお、自転車事故の場合、被疑者が逃走し、現場には衝突の痕跡も印象されず、遺留品もないというケースが少なくない。このような場合は、一般刑事事件の捜査におけると同様に、目撃者の発見に努め、現場の鑑識を徹底するなどして被疑者の発見、確保に全力を挙げ、事故の真相を究明しなければならない。

　普通自転車は、一般的に行動範囲が限られているものであるから、聞き込みによって犯人確保に至る可能性は高いとみられている。

5　民事上の責任

⑴　被害者に対する損害賠償の責任

　自転車の交通事故により人を死傷させた場合は、民法709条の「不法行為による損害賠償」に該当するものとして、治療費、休業補償費、遺族補償費などを含めた損害賠償責任が発生する。

　自転車による交通事故でも、被害の大きさによっては数千万円の損害賠償を支払わなくてはならない場合もある。この賠償責任は未成年であっても、責任能力がある限り、免れることはできず、その責任を果たせないときは親が賠償責任を負うことになる（民法712条ないし714条。詳細は省略）。

⑵　最近の高額賠償金事例

ア　男子小学生（11歳）が夜間、帰宅途中に自転車で走行中、歩道と車道の区別のない道路において歩行中の女性（62歳）と正面衝突。女性は頭蓋骨骨折等の傷害を負い、意識が戻らない状態となった。

　　→　9,521万円（神戸地判平25・7・4判時2197・84）

イ　男子高校生が昼間、自転車横断帯のかなり手前の歩道から車道を斜めに横断し、対向車線を自転車で直進してきた男性会社員（24歳）と衝突。男性会社員に重大な障害（言語機能の喪失等）が残った。

　　→　9,266万円（東京地判平20・6・5）

ウ　男性が夕方、ペットボトルを片手に下り坂をスピードを落とさず走行し交差点に進入、横断歩道を横断中の女性（38歳）と衝突。女性は脳挫傷等で3日後に死亡した。

　　→　6,779万円（東京地判平15・9・30）

⑨　保険

　捜査には直接関係がないが、被害者への助言のため、捜査官としても保険の概要について知っておく必要がある。

　自転車には、自動車等における自動車損害賠償責任保険（自賠責）に相当するような加入義務のある保険はない。

　自転車はいわゆる強制保険の加入対象になっていないため、現実に事故が発生し、民事で賠償問題が生じても、自動車やバイクと異なり、被害者が自賠責保険による救済が得られないという問題がある。

　事故によって第三者に損害を与えた場合の賠償責任保険として、「個人賠償責任保険」と事故によって被害を受けた場合に補償を受け得る「傷害保険」があるほか、専ら自転車事故による賠償責任保険と傷害保険の両者を備えた「自転車総合保険」もある。

　購入自転車に「SG マーク」（一般財団法人製品安全協会認定のマークで、Safety Goods、すなわち安全な製品の略号）や「TS マーク」（公益財団法人日本交通管理技術協会認定のマークで、TRAFFIC SAFETY、すなわち交通安全の略号）が車体に付いていれば、SG マークの保険では、自転車自体の欠陥による事故に限定されるが、1 人最高 1 億円までの賠償責任保険が付いており、また、TS マークの保険では、死亡、重度障害時に一律30万円又は100万円、入院加療15日以上の傷害に対して 1 万円又は10万円の賠償責任保険が付いている。

〈記載例 F91〜F93〉

資料　自転車の速度及び制動性能

用途別平均走行速度

用　途　別	標準速度	使用自転車
買　い　物　等	15 km/h	軽快車
通　勤　・　通　学	18 km/h	軽快車
普通サイクリング	20 km/h	スポーツ車
快走サイクリング	30 km/h	スポーツ車
ロ　ー　ド　レ　ー　ス	40 km/h	ロードレーサ
ト　ラ　ッ　ク　レ　ー　ス	50 km/h	トラックレーサ

(注)　実際走行の標準速度を示した。場所等の条件によって著しく異なり、幅員が狭隘
　　な自転車・歩行者道では時速10キロメートル前後と低速となり、また下り坂道では逆
　　に時速20キロメートル以上で走行する場合がある。

　　　　　　　　　　自転車の標準速度（自転車産業振興会『自転車実用便覧』昭和46年）

一般道路平均走行速度

		シティサイクル車		スポーツ車	
車　道	（男　性）	12台	23.7 km/h	35台	27.6 km
	（女　性）	6	19.9	3	22.3
	（高齢者）	4	18.2	1	20.1
歩　道	（男　性）	23	21.5	14	25.1
	（女　性）	18	18.2	8	20.7
	（高齢者）	16	17.2	0	
交差点	（男　性）	19	19.1	27	18.2
	（女　性）	24	18.8	7	17.5
	（高齢者）	14	14.1	3	15.3

(注1)　シティサイクルは、変速装置のない俗称「ママチャリ」を対象とした。

(注2)　スポーツ車は、一般道路を走行できる変速機付ツーリング車を対象とした。

(注3)　歩・車道は、直線部分での測定で、歩道はガードパイプが設置された自転車通
　　行可の歩道である。

一般道路での平均走行速度

走行態様	標準速度	使用自転車
ゆっくり走行	11 km/h	普通自転車
普 通 走 行	17 km/h	普通自転車
加 速 走 行	20 km/h	普通自転車

（科警研交通部編「道路交通管理の技術的基礎知識」によるまとめ）

（注）　自転車は、通常走行では時速5～30キロメートルの範囲であり、平均速度は時速15～20キロメートルである。

制動性能（自転車停止距離）

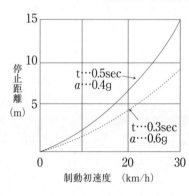

反応時間（空走時間）

反応　0.5 sec　普通停止

反応　0.3 sec　急停止

（レーサー反応）

時速 km/h	反応0.5秒	安全制動 減速度0.4g	停止距離 m	反応0.3秒	限界制動 減速度0.6g	停止距離 m
5	0.69	0.25	0.94	0.42	0.16	0.58
10	1.39	0.99	2.38	0.83	0.66	1.49
20	2.78	3.94	6.72	1.67	2.63	4.3
25	3.47	5.62	9.09	2.08	4.1	6.18
30	4.17	8.85	13.02	2.5	5.9	8.4

（注）　車種別の停止距離試験を実施したが、車種による平均値はほとんど相違ないが、安全制動（転倒せずに普通に停止できる制動）と限界制動（転倒を伴うかもしれない最大の制動）の幅が大きかった。

（交通捜査実務研究会編『交通捜査提要』東京法令出版からグラフを引用し、著者の検証に基づき、表の数値を算出したもの）

自転車の発進加速

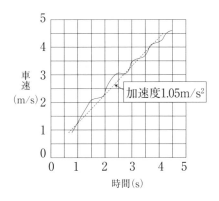

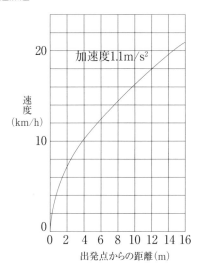

計算式

○　発進後の距離を求める。

$$S = 1/2 \times a\,g\,t^2$$

  S　：　発進後の距離（m）

  a　：　加速係数（普通発進0.1〜0.15）

  g　：　重力の加速度（9.8 m/s²）

  t　：　時間（t）

○　発進後の速度を求める。

$$V = a\,g\,t$$

  V　：　発進後の速度（m/s）

(『交通事故の現場観察要領（歩行者及び自転車事故編）』警察庁交通局編)

第7　自動車運転過失事件の犯罪事実構成と事実記載例

① はじめに

　自動車運転過失事件の被疑事実・公訴事実の構成には、長い間に築かれた型というものがあり、その基本的な型をマスターすることが自動車運転過失事件の捜査・処理を担当する警察官・検察官にとって極めて重要なことである。ベテランの捜査官の頭の中には、事故態様に応じた無数の事実構成がカードになって整理されており、いつでも取り出せるようになっているものである。しかし、誰でも初めからそういうわけにはいかないので、基本的な型とその変型を書物や具体的事件の捜査処理を通じて身につけていくしかない。

② 自動車運転過失事件と一般刑事事件の犯罪事実記載例の比較

　次表のとおりである。

一般刑事事件と自動車運転過失事件の犯罪事実記載例比較表

一般刑事事件の犯罪事実記載の原則			自動車運転過失事件の犯罪事実記載の原則		
定型（八何の原則）		具体的事実	定型（八何の原則の拡張）		具体的事実
①何　人　が	（主体）	被疑者甲は	①何　　人　　が	（主体）	被疑者は
②い　　　つ	（日時）	年 月 日 時 分ころ	②い　　　　　つ	（日時）	年　月　日　時　分ころ
③何人とともに	（共犯）	乙と共謀の上	③業務としての遂行	（業務）	業務として
			（③は自動車運転過失事件では省略する。）		
④な　ぜ　に	（動機）	（金銭に窮し）	④運　転　車　両	（車両）	○○○○自動車を運転し
⑤ど　こ　で	（場所）	○市○町○番地付近を進行中の○○発○○行電車○号車内において	⑤ど　　こ　　で	（場所）	○市○町○丁目○番○号先の信号機により交通整理の行われている交差点を
			⑥進　行　状　況	（方向）	○○方面から○○方面へ向かい
				（速度）	時速約○○キロメートルで
				（態様）	進行（直進・右折・左折・転回など）するにあたり
⑥何を（何に）誰に対し	（客体）	乗客Aを取り囲み、	⑦注意義務発生の前提となる運転状況と道路状況（予見可能性の存在状況）	（状況）	自車の前方を同方向に進行中の○○○○（当時○○歳）運転の○○○○自動車に追従して進行するのであるから
			⑧具体的注意義務の特定（予見義務・回避義務の内容）	（義務）	同車の動静を十分注視し、同車が急に停止したときでもこれとの追突を避けることができる安全な車間距離を保って進行すべき自動車運転上の注意義務があるのに
⑦いかなる方法で	（手段）（数量）	乙が右Aの前に立ち、新聞紙を拡げて幕にし、甲が右Aの背広内ポケットから同人所有の現金○万円及びキャッシュカードなど○点在中の二つ折り財布１個（時価合計約○万円相当）を抜き取り	⑨過　失　行　為⑦注意義務不履行の総括	（け怠）	これを怠り
			⑦不履行の原因	（原因）	同所の道路外左方の広告看板に気をとられ
			⑦不履行の内容	（過失）	同車の動静を十分注視せず、漫然前記速度で、約○メートルの車間距離を保ったまま進行した過失により
			⑩因　果　関　係（過失行為が終り回避不可能となった後は因果関係の経路説明となる）	（経路）	同車が対面信号機の黄色の灯火信号表示に従い急停止したのを約○メートル先に認め、急制動の措置をとったが間に合わず
			⑪衝　突　状　況	（衝突）	同車後部に自車前部を衝突させ
⑧何　を　し　た	（結果）	窃取したものである	⑫死　傷　の　結　果	（結果）	よって、同人に加療約○○間を要する○○○○等の傷害を負わせたものである。

③ 犯罪事実記載用語について

前記【一般刑事事件と自動車運転過失事件の犯罪事実記載例比較表】の右欄の記載が自動車運転過失致死傷（過失運転致死傷）事件のごく一般的な記載例であるが、そこに掲記された用語について解説すると、以下のとおりである。

1 「自動車を運転し」の意義

(1) 犯罪事実の記載例では、平成19年5月23日法律54号による刑法の一部改正以前は、「業務として○○自動車を運転し」、「自動車運転の業務に従事するものであるが」等が冒頭句として用いられていたが、改正以後は、法文が「自動車の運転上必要な注意を怠り、よって人を死傷させた者は……」（刑法211条2項）とされたので（自動車運転死傷処罰法（平成25年法律第86号）5条も同じ）、前ページの比較表右欄④、⑧のように、「自動車を運転し……」、「自動車運転上の注意義務があるのにこれを怠り、」で足りる。

(2) 「自動車」とは、道交法では「原動機を用い、かつ、レール又は架線によらないで運転する車であつて、原動機付自転車、軽車両及び身体障害者用の車椅子並びに歩行補助車、小児用の車その他の小型の車で政令で定めるもの以外のもの」をいう（法2条1項9号）。

原動機付自転車は道交法上の「自動車」ではないが、平成25年改正（平成26年5月20日施行）前の刑法208条の2、211条2項、同日に施行された自動車運転死傷処罰法の適用上は自動車である（同法1条1項）。ただし、表示としては「原動機付自転車を運転し」となる。

2 自動車等の種類の特定・表現

自動車運転過失致死傷（過失運転致死傷）事件犯罪事実における「自動車」の表現は、その種類が特定されるだけでよい。一般刑事事件ではその所有権・価格等が当然問題となってくるからそれらも併せて記載しているが、自動車運転過失

事件は財産犯ではないからその必要はない。

3　住居表示

　新しい住居表示では「○丁目○番○号」と表示することとされている。しかし、旧町名番地が存続している場所では「○○町1丁目23番地4」であるのに、居住者が安易に「○○町1─23─4」と略記使用している場合が多い。また、新住居表示施行場所では、同じ場所でも本籍表示と住居表示は異なっていることもあるので、人違い防止のためにも正確な住所表示に留意する必要がある。

4　「○番地先道路」と「○番地付近道路」の区別

　交通事故の場合は、事故発生地点が特定、限定されなければならない（さもなければ過失内容も変動することがあり得る。）ので、前者の表現が正しい。

　しかし、無免許、酒気帯び、酒酔い運転、速度違反など、運転進行したこと自体が違反となる場合は、後者の表現が正しい。「運転進行」とは時間的・場所的に幅のある概念であって、交通事故現場については点（地点）を表示することを要するのに対し、運転進行は面（運転ゾーン）を表示すべきことになるのである。

　このように区別することで、観念的競合と併合罪の区分をより明確にすることができる。

5　当時○○歳

　供述調書作成の時点では、その供述時の年齢表示として「当○○歳」（現在○○歳の意味）が妥当である。しかし、犯罪事実の記載は、その犯罪が行われた際の年齢を表示するものであるから、「当時○○歳」と表現しなければならない。

　従来は「○○歳」ではなく「○○年」が用いられていたが、これは訓令や通達によるものではなく、「検察講義案」（最高裁判所司法研修所・検察教官室編集）に基づく指針であって、以前は「○○年」と表記されていたが、最近の版では「○○歳」との表記が用いられており、すでにこの表示が定着したといえる。

6 「同車」及び「同人」

　同車とは、文章中その直前に表現されている「特定の車両」であるから、「A車」、「同車」、「B車」と続いて、次に「同車」とした場合、その「同車」は「A車」ではなく「B車」であることに注意を要する。また、「同人」を使用する場合でも同様である。文章が長くなると、「同車」「同人」の使い分けが混乱してくる場合があるので注意を要する。

　なお、女性の場合でも「同人」でよい。「同女」とする必要はない。

7 漫然

　注意義務の不履行を締めくくる文言として慣用的に用いられている。

8 「軽信し」と「誤信し」又は「誤認し」

　一般的には「軽信し」を用いているが、具体的な状況の下では「誤信」又は「誤認」を用いるのが適切な場合もある。

9 信号機の信号表示

　法4条4項は「信号機の表示する信号の意味（中略）は、政令で定める。」とし、令2条1項で「信号機の表示する信号の種類及び意味」は、次の表に掲げるとおりとして、信号の種類を同表上欄で「○色の灯火」及び「○色の灯火の点滅」などと表記し、更に同表下欄でそれぞれの「信号の意味」を説示している。

10 通行帯

　法20条1項本文は、「車両は、車両通行帯の設けられた道路においては、道路の左側端から数えて1番目の車両通行帯を通行しなければならない。」と規定している。1番目の車両通行帯、すなわち「第1通行帯」である。「第1車線」は、旧道交法の「通行区分帯」の通称であり、昭和39年の法改正以降は「第1通行帯」と明示されたので、現在はこの呼称が一般的である。

11　傷害の程度

　傷害の程度は、受傷以前の状態まで回復するにはどの程度の期間を要するかとの観点から判断すべきである。

　また、実際の傷害の程度は、受傷したけがが治癒した後の機能障害は後遺障害であることから、この後遺障害も傷害の程度として考慮する必要がある。

　人身事故における傷害の大きさは、起訴の要否、求刑等に大きく影響する。

　しかし、診断書に記載された傷害の程度については、「全治」、「加療」、「入院加療」と記載され、その治療期間の記載も医師によってはまちまちであるところ、これらの意味は、

　　「全治」→　受傷日からけがが治るまでの期間

　　「加療」→　けがを治すための治療行為等に必要な期間

　　「入院加療」→　けがを治すための治療行為等に必要な入院期間

である。

　頭部の損傷、骨幹部の骨折等について、事件処分時に未だ病状固定が認められない事案は、当初診断に漫然依拠することなく、適宜、病状照会を実施するなどして処理する必要がある。

　傷害程度の期間計算例

　　事　故　日　　　1 月 1 日

　　初　診　日　　　1 月 5 日

　　診断書記載内容

　　　○　「全治約 3 週間」

　　　　　受傷日から起算して 3 週間（1 月 1 日から約 3 週間）

　　　○　「加療約 3 週間」

　　　　　初診日から起算して 3 週間（1 月 1 日から加療約25日間）

　　　○　「本日より、向後加療約 2 週間」

　　　　　初診日から加療約 2 週間とし、事故日から初診日までを加算する。

　　　　　（1 月 1 日から加療約19日間）

交通事故犯罪事実要点記載例

―平成12年10月27日法務省刑総訓第1238号（例規）
　による事件事務規程の一部を改正する訓令等に伴
　い、横書きとした―

　以下に収録した犯罪事実要点記載例は、事故の態様を類型化・細分化して書式
化したものであるが、交通事故の形態は、千態万様であって、一つとして同じも
のはなく、あらゆる形態の交通事故に当てはまる書式を作成することは不可能な
ので、読者は、なるべく自分が担当している事故と同じような形態の事故の書式
を選び、それを参考にして自ら主体的に事実構成をしていただきたい。事実が
主、書式は従であり、書式はあくまで参考であることを心に留めておく必要があ
る。

　なお、本要点記載例の配列は、本文第5「事故の態様別にみた捜査上の留意
点」（148ページ以下）の記述順に従い、最後に自転車、無免許、酒気帯び・酒酔
い、不救護・不申告を伴う悪質事犯及び危険運転致死傷についての記載例を掲記
するという構成をとっている。

交通事故形態別分類表一覧								
事 故 の 態 様			過　　失　　の　　分　　類					
1	追突事故	A1 車間距離不保持追従中追突	A11	急停止した直前車に追突	A12	前車の急制動等に即応できず同車に追突	A13	直前車以外の車両に追突
		A2 車間距離保持追従中追突	A21	前車の急停止等に即応できず同車に追突・玉突	A22	発進遅滞の前車に追突		
		A3 停止距離外の前方停止車両に追突	A31	前方不注視等前車の発見遅滞による追突	A32	制動操作遅滞等による追突		
		A4 ブレーキ等操作不的確による追突	A41	悪路で不用意な急制動による滑走追突	A42	ブレーキとアクセルの踏み間違いで追突	A43	AT車ブレーキペダル弛緩発進で追突
2	交差点事故	B1 信号無視等による事故	B11	赤・黄信号無視	B12	赤・黄信号看過、誤認	B13	その他赤信号無視等
		B2 一時停止標識無視等による事故	B21	一停標識無視左右道路安全不確認	B22	一停標識看過左右道路安全不確認	B23	赤点滅信号無視看過左右道路安全不確認
		B3 無交通整理交差点内通行方法不遵守による事故	B31	徐行不履行・左右道路の安全不確認等	B32	交差する優先道路進入時の徐行不履行等	B33	交差する明広道路進入時の徐行不履行等
3		C 交差点右・左折方法不適切による事故	C11	左折方法不適切	C12	右折方法不適切	C13	連続停止車両の前面右折
4	対歩行者事故	D1 横断歩道外歩行者（含・自転車）に対する事故	D11	横断歩道外歩行者の不発見・発見遅滞	D12	横断歩道外歩行者の動静不注視・安全不確認		
		D2 歩行者のとび出し予見場所の事故	D21	とび出し等不発見・発見遅滞等	D22	狭路・混雑場所等歩行者の動静不注視等		
		D3 横断歩道歩行者に対する事故（含・自転車）	D31	横断歩道歩行者の発見遅滞・安全不確認	D32	横断歩道歩行者の動静不注視・安全不確認等	D33	連続停止車両間の横断歩道直前不停止
		E1 障害物発見遅滞事故	E11	前方不注視による進路前方の障害物の発見遅滞	E12	視界不良路での前方不注視・減速不履行	E13	発見遅滞に伴う急制動・急転把暴走

		コード	内容1	コード	内容2	コード	内容3	コード	内容4
⑤ その他進行中の事故	E2	高速疾走事故 進路変更事故 屈曲・湾曲路の事故	E21	高速疾走に伴う発見遅滞・急制動・急転把暴走等	E22	進路変更時の安全不確認	E23	屈曲路・湾曲路の適正進路不保持		
	E3	ハンドル・ブレーキ不的確操作による滑走・暴走事故	E31	悪路でのハンドル・ブレーキ不的確操作暴走	E32	悪路での不用意な急制動・急転把暴走	E33	ハンドル・ブレーキ等誤操作暴走		
	E4	追越し事故	E41	対向車の安全不確認・障害物発見遅滞	E42	被追越し車との側方間隔不保持	E43	追越し禁止場所での追越し		
	E5	離合の際の事故・げん惑による事故	E51	すれ違い不避譲	E52	すれ違い側方間隔不保持	E53	対向車の前照灯・太陽光線によるげん惑		
⑥ その他特殊形態の事故	F1	発進（前進・後退）	F11	発進時の前方安全不確認等	F12	後退時の後方安全不確認等	F13	後退時の誘導員挟圧事故		
	F2	転回・横断事故	F21	転回時の右後方・対向直進車の安全不確認	F22	横断右折時の左右道路の安全不確認	F23	右折横断時の対向直進車の安全不確認		
	F3	開扉事故	F31	車両停止時の開扉	F32	車両進行中の開扉	F33	同乗者の単独開扉		
	F4	駐車方法等事故	F41	駐車時制動措置不完全暴走	F42	危険場所（夜間・暗い場所のはみ出し）駐車	F43	危険場所（道路中央・トンネル内）駐車		
	F5	積荷事故	F51	転落防止対策不十分	F52	積荷過高積載による架道橋天井へ衝突	F53	進行中荷崩れ落下事故		
	F6	踏切事故	F61	踏切一時不停止進入	F62	3種踏切不停止進入	F63	踏切内立往生事故		
	F7	過労・居眠り・薬物影響運転事故	F71	過労・居眠り運転継続	F72	長距離運転・薬物影響運転継続		／		
	F8	制動装置・整備不良車両運転	F81	ベーパーロック車運転継続	F82	制動装置悪化車運転継続	F83	整備不良車運転開始		
⑦ 自転車による事故	F9	自転車による事故	F91	酒酔い運転事故	F92	高速疾走・前方不注視・赤信号無視	F93	不安定走行転倒		

8 悪質事故	G1	無免許運転事故	G11	自動車運転と認められ、かつ、技量未熟でない無免許運転事故	G12	1回の無免許運転事故		
	G2	酒気帯び・酒酔い運転事故	G21	酒気帯び運転、前方不注視	G22	酒気帯び運転、前方不注視制限速度超過		
	G3	酒気帯び・酒酔い運転事故と不救護・不申告	G31	酒気帯び・不救護不申告	G32	酒酔い・不救護不申告	G33	酒酔い・物損不申告
9 危険運転致死傷	H1	アルコール・薬物影響類型	H11	酒の酔いによる暴走	H12	酒の酔いによる居眠り	H13	酒の酔いによる前方注視困難
			H14	睡眠導入剤服用による居眠り				
	H2	高速度類型	H21	カーブでの高速走行路外逸脱				
	H3	無技能類型	H31	無免許・技量未熟運転発進				
	H4	通行妨害類型	H41	被追越車両への直前進入妨害	H42	対向車線の対向車への接近		
	H5	高速自動車国道前方停止等通行妨害類型	H51	高速自動車国道での前方停止				
	H6	赤信号無視類型	H61	接触事故後の逃走中の赤無視進入	H62	パトカーから逃走中の赤無視進入		
	H7	通行禁止道路類型	H71	一方通行道路を逆走				
	H8	アルコール・薬物影響類型	H81	酒気帯び状態の運転で居眠り				
	H9	病気（症状）影響類型	H91	薬の服用を怠り、意識喪失				

■交通事故形態別分類表細目次

276

280

交通事故犯罪事実要点記載例

<table>
<tr><td colspan="2"></td><td>①　追　突　事　故</td></tr>
<tr><td rowspan="2">事故の態様</td><td>事故の分類</td><td>車間距離不保持追従中追突　　　　A1</td></tr>
<tr><td>過失の態様</td><td>急停止した直前車に追突
（前車の動静不注視）

　　　　　　　　　　　　　　　　　A11</td></tr>
<tr><td rowspan="6">犯罪事実（過失の要点）の構成</td><td>行為の主体、日時、場所、業務性</td><td>被疑者（被告人）は、年月日時分ころ、○○自動車を運転し、</td></tr>
<tr><td>注意義務の前提となるべき具体的運転状況、道路状況など
（予見可能性の存在状況）</td><td rowspan="2">○○番地先道路を、○○方面から○○方面へ向かい、時速約50キロメートルで、自車の前方を同方向へ進行中の○○○○（当時○○歳）運転の○○○○自動車に追従して進行する</td></tr>
<tr><td>文節の接続詞
…………………に当たり、
………………のであるから、
………………から、ので</td></tr>
<tr><td>自動車運転上の注意義務すなわち予見義務又は回避義務の内容が注意義務である。
注1.その核心は法令、判例、条理等である。
注2.相手側の過失次第では信頼の原則の適用により予見義務が免除となることもある。</td><td>同車の動静を注視し、同車が急に停止したときでもこれとの追突を避けることができる安全な車間距離を保って進行すべき</td></tr>
<tr><td>文節の接続詞
………自動車運転上の注意義務があるのにこれを怠り</td><td></td></tr>
<tr><td>(由)注意義務不履行の動機・原因・理由
(失)予見義務違反すなわち同義務の不履行状況（前方不注視・発見遅滞等）又は回避義務の不履行状況（運転操作ミス・制動停止距離内接近等）が過失行為となる。
(経)過失行為の後に回避不能となったことは不可抗力であり、衝突との間の因果関係の経路説明である。</td><td>(由)左方へ進路変更することに気をとられ、
(失)同車の動静を十分注視せず、漫然前記速度で約8メートルの車間距離を保ったまま進行した過失により、
(経)同車が、その前方の車両に追突して急停止したのに即応できず、前記○○運転車両の後部に自車前部を衝突させ、</td></tr>
<tr><td>文節の接続詞
(由)…気をとられ、軽信し
(失)…過失により
(経)…衝突させ、</td><td></td></tr>
<tr><td>結果発生内容、よって</td><td>よって、（同人）に加療○○日間を要する○○等の傷害を負わせたものである。</td></tr>
</table>

282

交通事故犯罪事実要点記載例

		[1] 追 突 事 故	
事故の態様	事故の分類	車間距離不保持追従中追突 A1	
	過失の態様	前車の急制動等に即応できず、同車に追突（前車の動静不注視）A12	
犯罪事実（過失の要点）の構成	行為の主体、日時、場所、業務性	被疑者（被告人）は、年月日時分ころ、○○自動車を運転し、	
	注意義務の前提となるべき具体的運転状況、道路状況など（予見可能性の存在状況）	○市○町○番地先道路を、○○方面から○○方面へ向かい、時速約50キロメートルで、自車の前方を同方向へ進行中の○○○○（当時○○歳）運転の○○○○自動車に追従して進行する	
	文節の接続詞……………に当たり、……………のであるから、……………から、ので		
	自動車運転上の注意義務すなわち予見義務又は回避義務の内容が注意義務である。注1.その核心は法令、判例、条理等である。注2.相手側の過失次第では信頼の原則の適用により予見義務が免除となることもある。	同車の動静を注視し、同車が急制動又は急停止したときでも、これとの追突を避けることができる安全な車間距離を保って進行すべき	
	文節の接続詞………自動車運転上の注意義務があるのにこれを怠り		
	（由）注意義務不履行の動機・原因・理由（失）予見義務違反すなわち同義務の不履行状況（前方不注視・発見遅滞等）又は回避義務の不履行状況（運転操作ミス・制動停止距離内接近等）が過失行為となる。（経）過失行為の後に回避不能となったことは不可抗力であり、衝突との間の因果関係の経路説明である。	（由）同所先の交差点の対面信号機が、黄色の灯火信号を表示した直後であり、同車はそのまま進行を続けて同交差点を通過するものと軽信し、（失）同車の動静を十分注視せず、漫然前記速度で約7メートルの車間距離を保ったまま進行した過失により、（経）同車が、前記黄色の信号表示に従い、同交差点の手前で停止するため急制動したのを至近距離に迫ってようやく認めたが、急制動の措置をとる間もなく同車後部に自車前部を衝突させ、	
	文節の接続詞（由）…気をとられ、軽信し（失）…過失により（経）…衝突させ、		
	結果発生内容、よって	よって、（同人）に加療○○日間を要する○○○等の傷害を負わせたものである。	

交通事故犯罪事実要点記載例

	①　追　突　事　故	
事故の態様	事故の分類	車間距離不保持追従中追突　　　　　A1
	過失の態様	直前車以外の車両に追突 （直前車の進路急変により、その先行車に追突） 　　　　　　　　　　　　　　　　A13(1)
犯　罪　事　実　（過失の要点）　の　構　成	行為の主体、日時、場所、業務性	被疑者（被告人）は、年月日時分ころ、○○自動車を運転し、
	注意義務の前提となるべき具体的運転状況、道路状況など （予見可能性の存在状況） 文節の接続詞 …………………に当たり、 …………………のであるから、 …………………から、ので	○市○町○番地先道路を、○○方面から○○方面へ向かい、時速約60キロメートルで、自車の前方を同方向へ進行中の○○○○自動車に追従して進行するに当たり、同車の前方には先行車両があった
	自動車運転上の注意義務すなわち予見義務又は回避義務の内容が注意義務である。 注1.その核心は法令、判例、条理等である。 注2.相手側の過失次第では信頼の原則の適用により予見義務が免除となることもある。 文節の接続詞 ………自動車運転上の注意義務があるのにこれを怠り	自車の直前車両及びその先行車両の動静を注視するとともに、直前車両が急に進路変更したときでも、これに応じた措置がとれるよう、安全な車間距離を保って進行すべき
	(由)注意義務不履行の動機・原因・理由 (失)予見義務違反すなわち同義務の不履行状況（前方不注視・発見遅滞等）又は回避義務の不履行状況（運転操作ミス・制動停止距離内接近等）が過失行為となる。 (経)過失行為の後に回避不能となったことは不可抗力であり、衝突との間の因果関係の経路説明である。 文節の接続詞 (由)…気をとられ、軽信し (失)…過失により (経)…衝突させ、	(由)後続車両に気をとられ、 (失)自車の直前車両及びその先行車両の動静を十分注視せず、漫然前記速度で直前車両と約7メートルの車間距離を保ったまま進行した過失により、 (経)同車が、左方へ急に進路を変更したのに即応できず、同車の前方で急停止した○○○○（当時○○歳）運転の○○○○自動車を前方約20メートルの地点に迫ってようやく認め、急制動の措置をとったが間に合わず、同車後部に自車前部を衝突させ、
	結果発生内容、よって	よって、（同人）に加療○○日間を要する○○等の傷害を負わせたものである。

交通事故犯罪事実要点記載例

① 追 突 事 故

事故の態様 (A1 / A13)	事故の分類	車間距離不保持追従中追突　　　　A 1
	過失の態様	直前車以外の車両に追突 　（慌てて右急転把し、対向車に衝突） （注） 結果（衝突）は追突ではないが過失は、車間距離不保持等である。 　　　　　　　　　　　　　　A13⑵
犯罪事実（過失の要点）の構成	行為の主体、日時、場所、業務性	被疑者（被告人）は、年月日時分ころ、○○自動車を運転し、
	注意義務の前提となるべき具体的運転状況、道路状況など （予見可能性の存在状況）	○市○町○番地先道路を、○○方面から○○方面へ向かい、時速約50キロメートルで、自車の前方を同方向へ進行中の○○○○自動車に追従して進行する
	文節の接続詞 …………………に当たり、 ………………のであるから、 ………………から、ので	
	自動車運転上の注意義務すなわち予見義務又は回避義務の内容が注意義務である。 注1.その核心は法令、判例、条理等である。 注2.相手側の過失次第では信頼の原則の適用により予見義務が免除となることもある。	同車の動静を注視し、同車が急制動又は急停止したときでも、これとの追突を避けることができる安全な車間距離を保って進行すべき
	文節の接続詞 ………自動車運転上の注意義務があるのにこれを怠り	
	(由)注意義務不履行の動機・原因・理由 (失)予見義務違反すなわち同義務の不履行状況（前方不注視・発見遅滞等）又は回避義務の不履行状況（運転操作ミス・制動停止距離内接近等）が過失行為となる。 (経)過失行為の後に回避不能となったことは不可抗力であり、衝突との間の因果関係の経路説明である。	(由)左へ進路変更することに気をとられ、 (失)同車の動静を十分注視せず、漫然前記速度で約12メートルの車間距離を保ったまま進行した過失により、 (経)同車が、その前車に従い、急停止したのを認め、慌てて急制動の措置をとりながら右転把して、自車を道路右側部分に進出させ、折から、対向進行してきた○○○○（当時○○歳）運転の○○○○自動車の前部に自車左側面を衝突させ、
	文節の接続詞 (由)…気をとられ、軽信し (失)…過失により (経)…衝突させ、	
	結果発生内容、よって	よって、（同人）に加療○○日間を要する○○○等の傷害を負わせたものである。

交通事故犯罪事実要点記載例

	1 追 突 事 故	
事故の態様	事故の分類	車間距離保持追従中追突　　　　　A 2
	過失の態様	前車の急停止等に即応できず追突 　　　　　　　　　　　　　　　A21(1)
犯罪事実（過失の要点）の構成	行為の主体、日時、場所、業務性	被疑者（被告人）は、年月日時分ころ、○○自動車を運転し、
	注意義務の前提となるべき具体的運転状況、道路状況など （予見可能性の存在状況）	○市○町○番地先道路を、○○方面から○○方面へ向かい、時速約50キロメートルで、自車の前方を同方向へ進行中の○○○○（当時○○歳）運転の○○○○自動車に追従して進行する
	文節の接続詞 ……………………に当たり、 ………………のであるから、 ………………から、ので	
	自動車運転上の注意義務すなわち予見義務又は回避義務の内容が注意義務である。 注1.その核心は法令、判例、条理等である。 注2.相手側の過失次第では信頼の原則の適用により予見義務が免除となることもある。	同車の動静を注視し、その安全を確認しながら進行すべき
	文節の接続詞 ………自動車運転上の注意義務があるのにこれを怠り	
	(由)注意義務不履行の動機・原因・理由 (失)予見義務違反すなわち同義務の不履行状況（前方不注視・発見遅滞等）又は回避義務の不履行状況（運転操作ミス・制動停止距離内接近等）が過失行為となる。 (経)過失行為の後に回避不能となったことは不可抗力であり、衝突との間の因果関係の経路説明である。	(由)左方路外の広告看板に気をとられ、同車は急停止することはないものと軽信し、 (失)同車の動静を十分注視せず、その安全確認不十分のまま、漫然前記速度で追従して進行した過失により、 (経)同車が、渋滞のため、その先行車に続き急制動して減速したのを前方約5メートルの地点に迫ってようやく認め、急制動の措置をとったが間に合わず、右○○運転車両後部に自車前部を衝突させ、
	文節の接続詞 (由)…気をとられ、軽信し (失)…過失により (経)…衝突させ、	
	結果発生内容、よって	よって、（同人）に加療○○日間を要する○○○等の傷害を負わせたものである。

A2

A21

交通事故犯罪事実要点記載例

		① 追　突　事　故	
事故の態様		事故の分類	車間距離保持追従中追突　　　　　　A2
		過失の態様	前車の急停止等に即応できず追突 　（前車の進路変更に伴いこれに追従中、同車 の減速に即応できず追突） 　　　　　　　　　　　　　　　　　A21(2)
犯　罪　事　実（過失の要点）の　構　成		行為の主体、日時、場所、業務性	被疑者（被告人）は、年月日時分ころ、○○自動車を運転し、
		注意義務の前提となるべき具体的運転状況、道路状況など （予見可能性の存在状況）	○市○町○番地先道路を、○○方面から○○方面へ向かい、時速約40キロメートルで、先行する○○○○（当時○○歳）運転の○○○○自動車に追従して進行中、同車がその前車を避け右へ進路変更したのに続いて、自車も右へ進路変更しながら前記○○運転車両に追従して進行する
		文節の接続詞 ……………………に当たり、 ……………………のであるから、 ……………………から、ので	
		自動車運転上の注意義務すなわち予見義務又は回避義務の内容が注意義務である。 注1. その核心は法令、判例、条理等である。 注2. 相手側の過失次第では信頼の原則の適用により予見義務が免除となることもある。	同車の動静を注視し、その安全を確認しながら進行すべき
		文節の接続詞 ………自動車運転上の注意義務があるのにこれを怠り	
		(由)注意義務不履行の動機・原因・理由 (失)予見義務違反すなわち同義務の不履行状況（前方不注視・発見遅滞等）又は回避義務の不履行状況（運転操作ミス・制動停止距離内接近等）が過失行為となる。 (経)過失行為の後に回避不能となったことは不可抗力であり、衝突との間の因果関係の経路説明である。	(由)右への進路変更に伴い、自車右後方からの進行車両との安全確認にのみ気をとられ、 (失)前記○○運転車両の動静を十分注視せず、その安全確認不十分のまま、漫然前記速度で同車に追従して進行した過失により、 (経)同車が減速したことに気づかず、同車後部に自車前部を衝突させ、
		文節の接続詞 (由)…気をとられ、軽信し (失)…過失により (経)…衝突させ、	
		結果発生内容、よって	よって、（同人）に加療○○日間を要する○○○等の傷害を負わせたものである。

A2

A21

交通事故犯罪事実要点記載例

<table>
<tr><td rowspan="3">事故の態様</td><td colspan="2">① 追 突 事 故</td></tr>
<tr><td>事故の分類</td><td>車間距離保持追従中追突　　　　　　　A2</td></tr>
<tr><td>過失の態様</td><td>前車の急停止等に即応できず追突
（前車が対面黄色信号表示で、そのまま通過進行するものと軽信し、同車に追突）
　　　　　　　　　　　　　　　　A21(3)</td></tr>
<tr><td rowspan="8">犯　罪　事　実　（過失の要点）　の　構　成</td><td>行為の主体、日時、場所、業務性</td><td>被疑者（被告人）は、年月日時分ころ、○○自動車を運転し、</td></tr>
<tr><td>注意義務の前提となるべき具体的運転状況、道路状況など
（予見可能性の存在状況）</td><td rowspan="2">○市○町○番地先道路を、○○方面から○○方面へ向かい、時速約50キロメートルで、前方を同方向へ進行中の○○○○（当時○○歳）運転の○○○○自動車に追従して進行中、同所先交差点の対面信号機が黄色の灯火信号を表示したのを同交差点手前約30メートルの地点で認めたので、同車が同交差点の手前で同信号表示に従い停止することが予測された</td></tr>
<tr><td>文節の接続詞
………………に当たり、
………………のであるから、
………………から、ので</td></tr>
<tr><td>自動車運転上の注意義務すなわち予見義務又は回避義務の内容が注意義務である。
注1.その核心は法令、判例、条理等である。
注2.相手側の過失次第では信頼の原則の適用により予見義務が免除となることもある。</td><td rowspan="2">同車の動静を注視し、同車が急停止したときでも、これとの追突を避けることができるよう適宜速度を調節し、その安全を確認しながら進行すべき</td></tr>
<tr><td>文節の接続詞
………自動車運転上の注意義務があるのにこれを怠り</td></tr>
<tr><td>(由)注意義務不履行の動機・原因・理由
(失)予見義務違反すなわち同義務の不履行状況（前方不注視・発見遅滞等）又は回避義務の不履行状況（運転操作ミス・制動停止距離内接近等）が過失行為となる。
(経)過失行為の後に回避不能となったことは不可抗力であり、衝突との間の因果関係の経路説明である。</td><td>(由)同車は、同交差点の直前で停止せず、通過進行して行くものと軽信し、
(失)同車の動静を十分注視せず、その安全確認不十分のまま、漫然前記速度で追従して進行した過失により、
(経)同車が、同交差点手前で、信号に従って停止したのを前方約10メートルの地点に迫って、ようやく認め、急制動の措置をとったが間に合わず、同車後部に自車前部を衝突させ、</td></tr>
<tr><td>文節の接続詞
(由)…気をとられ、軽信し
(失)…過失により
(経)…衝突させ、</td><td></td></tr>
<tr><td></td><td>結果発生内容、よって</td><td>よって、（同人）に加療○○日間を要する○○○等の傷害を負わせたものである。</td></tr>
</table>

交通事故犯罪事実要点記載例

<table>
<tr><td colspan="2">事故の態様</td><td colspan="2">① 追 突 事 故</td></tr>
<tr><td rowspan="2">事故の態様</td><td>事故の分類</td><td>車間距離保持追従中追突　　　　　A 2</td></tr>
<tr><td>過失の態様</td><td>前車の急停止等に即応できず追突
　（渋滞による連続停止車両に玉突き追突）
　（付受傷状況一覧表）
　　　　　　　　　　　　　　　　A21(4)</td></tr>
<tr><td rowspan="7">犯　罪　事　実　（過失の要点）　の　構　成</td><td>行為の主体、日時、場所、業務性</td><td rowspan="3">被疑者（被告人）は、年月日時分ころ、○○自動車を運転し、

○市○町○番地先道路を、○○方面から○○方面へ向かい、時速約60キロメートルで、自車の前方を同方向へ進行中の○○○○（当時○○歳）運転の○○○○自動車に追従して進行する</td></tr>
<tr><td>注意義務の前提となるべき具体的運転状況、道路状況など
（予見可能性の存在状況）</td></tr>
<tr><td>文節の接続詞
…………………に当たり、
…………………のであるから、
…………………から、ので</td></tr>
<tr><td>自動車運転上の注意義務すなわち予見義務又は回避義務の内容が注意義務である。
注1.その核心は法令、判例、条理等である。
注2.相手側の過失次第では信頼の原則の適用により予見義務が免除となることもある。</td><td>同車の動静を注視し、その安全を確認しながら進行すべき</td></tr>
<tr><td>文節の接続詞
………自動車運転上の注意義務があるのにこれを怠り</td></tr>
<tr><td>(由)注意義務不履行の動機・原因・理由
(失)予見義務違反すなわち同義務の不履行状況（前方不注視・発見遅滞等）又は回避義務の不履行状況（運転操作ミス・制動停止距離内接近等）が過失行為となる。
(経)過失行為の後に回避不能となったことは不可抗力であり、衝突との間の因果関係の経路説明である。</td><td>(由)カーナビゲーション操作及び同画面に気をとられ、
(失)同車の動静を十分注視せず、その安全確認不十分のまま、漫然前記速度で同車に追従して進行した過失により、
(経)同車が、渋滞のため前車に続いて停止したのを前方約15メートルの地点に迫ってようやく認め、急制動の措置をとったが間に合わず、自車前部を前記○○運転車両の後部に衝突させて同車を前方に押し出し、その前方に前同様にして停止していた○○○○（当時○○歳）運転の○○○○自動車に追突させ、</td></tr>
<tr><td>文節の接続詞
(由)…気をとられ、軽信し
(失)…過失により
(経)…衝突させ、</td></tr>
<tr><td></td><td>結果発生内容、よって</td><td>よって、別表記載のとおり、前記○○ら5名に対し、同表記載の各傷害を負わせたものである。</td></tr>
</table>

別　表

	被　害　者　受　傷　状　況　一　覧　表				
番号	受　　　傷　　　者		受　　傷　　状　　況		備　　　　　考
	氏　　　　名	年　令 (当時　歳)	傷　病　名	要加療期間	
1	○ ○ ○ ○	○ ○	○○○○○○	約○○日間	○○運転車両の 運転者
2	○ ○ ○ ○	○ ○	○○○○○○	約○○日間	同車両の同乗者
3	○ ○ ○ ○	○ ○	○○○○○○	約○か月間	△△運転車両の 運転者
4	○ ○ ○ ○	○ ○	○○○○○○	約 ○ 週 間	同車両の同乗者
5	○ ○ ○ ○	○ ○	○○○○○○	全 治 不 明	同　　　　　上

交通事故犯罪事実要点記載例

	1　追　突　事　故	
事故の態様 A2 A22	事故の分類	車間距離保持追従中追突　　　　　A2
	過失の態様	発進遅滞の前車に追突 （前車に続いて発進の際、発進の遅れた同車に追突） 　　　　　　　　　　　　　　　A22
犯罪事実（過失の要点）の構成	行為の主体、日時、場所、業務性	被疑者（被告人）は、年月日時分ころ、○○自動車を運転し、
	注意義務の前提となるべき具体的運転状況、道路状況など （予見可能性の存在状況） 文節の接続詞 ……………に当たり、 ……………のであるから、 ……………から、ので	○市○町○番地先道路を、○○方面から○○方面へ向かい進行し、同所先交差点の手前で対面信号機の信号表示に従い停止した○○○○（当時○○歳）運転の○○○○自動車の後方に停止した後、信号表示に従い、同車の後方約2メートルの地点から同車に引き続き発進する
	自動車運転上の注意義務すなわち予見義務又は回避義務の内容が注意義務である。 注1.その核心は法令、判例、条理等である。 注2.相手側の過失次第では信頼の原則の適用により予見義務が免除となることもある。 文節の接続詞 ………自動車運転上の注意義務があるのにこれを怠り	同車の動静を注視し、その安全を確認しながら発進すべき
	（由）注意義務不履行の動機・原因・理由 （失）予見義務違反すなわち同義務の不履行状況（前方不注視・発見遅滞等）又は回避義務の不履行状況（運転操作ミス・制動停止距離内接近等）が過失行為となる。 （経）過失行為の後に回避不能となったことは不可抗力であり、衝突との間の因果関係の経路説明である。 文節の接続詞 （由）…気をとられ、軽信し （失）…過失により （経）…衝突させ、	（由）同車は、発進後加速進行するものと軽信し、交差道路の信号に気をとられ、 （失）同車の動静を十分注視せず、その安全確認不十分のまま、発進後漫然加速進行した過失により、 （経）同車が、その前車に従い、発進した直後停止したのを至近距離に迫ってようやく認めたが、急制動の措置をとる間もなく、前記○○運転車両後部に自車前部を衝突させ、
	結果発生内容、よって	よって、（同人）に加療○○日間を要する○○○等の傷害を負わせたものである。

交通事故犯罪事実要点記載例

事故の態様	1 追 突 事 故	
	事故の分類	停止距離外の前方停止車両に追突　　A3
	過失の態様	前方不注視・前車の発見遅滞追突 （前車の存在不確認、発見遅滞による追突） 　　　　　　　　　　　　　　　A31(1)
犯　罪　事　実　（過失の要点）　の　構　成	行為の主体、日時、場所、業務性	被疑者（被告人）は、年月日時分ころ、○○自動車を運転し、
	注意義務の前提となるべき具体的運転状況、道路状況など （予見可能性の存在状況）	○市○町○番地先道路を、○○方面から○○方面へ向かい、時速約50キロメートルで進行する
	文節の接続詞 ……………に当たり、 ……………のであるから、 ……………から、ので	
	自動車運転上の注意義務すなわち予見義務又は回避義務の内容が注意義務である。 注1.その核心は法令、判例、条理等である。 注2.相手側の過失次第では信頼の原則の適用により予見義務が免除となることもある。	前方左右を注視し、進路の安全を確認しながら進行すべき
	文節の接続詞 ………自動車運転上の注意義務があるのにこれを怠り	
	(由)注意義務不履行の動機・原因・理由 (失)予見義務違反すなわち同義務の不履行状況（前方不注視・発見遅滞等）又は回避義務の不履行状況（運転操作ミス・制動停止距離内接近等）が過失行為となる。 (経)過失行為の後に回避不能となったことは不可抗力であり、衝突との間の因果関係の経路説明である。	(由)携帯電話の送受信操作に気をとられ、 (失)前方左右を十分注視せず、進路の安全確認不十分のまま、漫然前記速度で進行した過失により、 (経)進路前方で、信号に従い停止中の○○○○（当時○○歳）運転の○○○○自動車に気付かず（至近距離に迫ってようやく認めたが、急制動の措置をとる間もなく）、同車後部に自車前部を衝突させ、
	文節の接続詞 (由)…気をとられ、軽信し (失)…過失により (経)…衝突させ、	
	結果発生内容、よって	よって、（同人）に加療○○日間を要する○○等の傷害を負わせたものである。

交通事故犯罪事実要点記載例

		1 追 突 事 故	
A3 **A31**	事故の態様	事故の分類	停止距離外の前方停止車両に追突　　A3
		過失の態様	前方不注視・進路変更後の前車発見遅滞 　（進路変更後の前車の不確認、発見遅滞による追突） （注） 結果は追突であるが、過失は進路変更時の右側車線の安全不確認である。　　　A31⑵
	犯罪事実（過失の要点）の構成	行為の主体、日時、場所、業務性	被疑者（被告人）は、年月日時分ころ、○○自動車を運転し、
		注意義務の前提となるべき具体的運転状況、道路状況など（予見可能性の存在状況） 文節の接続詞 …………………に当たり、 …………………のであるから、 …………………から、ので	○市○町○番地先道路の第1通行帯を、○○方面から○○方面へ向かい、時速約40キロメートルで進行中、先行車が減速したので、第2通行帯に進路を変更して進行する
		自動車運転上の注意義務すなわち予見義務又は回避義務の内容が注意義務である。 注1.その核心は法令、判例、条理等である。 注2.相手側の過失次第では信頼の原則の適用により予見義務が免除となることもある。 文節の接続詞 ………自動車運転上の注意義務があるのにこれを怠り	第2通行帯を後方から進行してくる車両の有無及びその安全を確認するはもとより、進路変更後の第2通行帯の前方左右を注視し、進路の安全を確認しながら進行すべき
		（由）注意義務不履行の動機・原因・理由 （失）予見義務違反すなわち同義務の不履行状況（前方不注視・発見遅滞等）又は回避義務の不履行状況（運転操作ミス・制動停止距離内接近等）が過失行為となる。 （経）過失行為の後に回避不能となったことは不可抗力であり、衝突との間の因果関係の経路説明である。	（由）第2通行帯後方から進行してくる車両の有無等を確認することに気をとられ、 （失）第2通行帯前方の安全確認不十分のまま、漫然前記速度で同通行帯へ進路を変更して進行した過失により、 （経）第2通行帯の進路前方で、渋滞のため停止していた○○○○（当時○○歳）運転の○○○○自動車に気付かず（○○○○自動車を前方約10メートルの地点に迫ってようやく認め、急制動の措置をとったが間に合わず）、同車後部に自車前部を衝突させ、
		文節の接続詞 （由）…気をとられ、軽信し （失）…過失により （経）…衝突させ、	
		結果発生内容、よって	よって、（同人）に加療○○日間を要する○○○等の傷害を負わせたものである。

交通事故犯罪事実要点記載例

	① 追 突 事 故	
事故の態様	事故の分類	停止距離外の前方停止車両に追突　　A 3
	過失の態様	進路の安全不確認、制動操作遅滞等による追突 （前車の側方通過が可能な場合） 　　　　　　　　　　　　　　　　　A 32(1)
犯　罪　事　実　（過失の要点）　の　構　成	行為の主体、日時、場所、業務性	被疑者（被告人）は、年月日時分ころ、〇〇自動車を運転し、
	注意義務の前提となるべき具体的運転状況、道路状況など （予見可能性の存在状況）	〇市〇町〇番地先道路の第2通行帯を、〇〇方面から〇〇方面へ向かい、時速約40キロメートルで、〇〇〇〇（当時〇〇歳）運転の〇〇〇〇自動車に追従して進行中、同車が進路前方約40メートルの地点で右折（横断）待ちのため停止したのを認めた
	文節の接続詞 …………………に当たり、 …………………のであるから、 ………………から、ので	
	自動車運転上の注意義務すなわち予見義務又は回避義務の内容が注意義務である。 注1.その核心は法令、判例、条理等である。 注2.相手側の過失次第では信頼の原則の適用により予見義務が免除となることもある。	同車の動静を注視し、同車に追突しないよう適宜速度を調節し、進路の安全を確認しながら第1通行帯に進路変更して進行するか、又は同車の後方に安全に停止すべき
	文節の接続詞 ………自動車運転上の注意義務があるのにこれを怠り	
	(由)注意義務不履行の動機・原因・理由 (失)予見義務違反すなわち同義務の不履行状況（前方不注視・発見遅滞等）又は回避義務の不履行状況（運転操作ミス・制動停止距離内接近等）が過失行為となる。 (経)過失行為の後に回避不能となったことは不可抗力であり、衝突との間の因果関係の経路説明である。	(由)同車は、自車の接近前に右折進行するものと軽信し、 (失)前記〇〇運転車両の動静を十分注視せず、第1通行帯の安全確認もしないで、漫然前記速度で同車の後方約7メートルの地点まで接近して進行した過失により、 (経)同車が、右折進行せず、停止したままであるのを認め、慌てて急制動しながら左転把したが間に合わず、同車左後部に自車右前部を衝突させ、
	文節の接続詞 (由)…気をとられ、軽信し (失)…過失により (経)…衝突させ、	
	結果発生内容、よって	よって、（同人）に加療〇〇日間を要する〇〇等の傷害を負わせたものである。

交通事故犯罪事実要点記載例

		① 追 突 事 故	
A3 **A32**	事故の態様	事故の分類	停止距離外の前方停止車両に追突　　A 3
		過失の態様	進路の安全不確認、制動操作遅滞等による追突 （前車の側方通過が困難な場合） 　　　　　　　　　　　　　　　　　A32(2)
	犯罪事実（過失の要点）の構成	行為の主体、日時、場所、業務性	被疑者（被告人）は、年月日時分ころ、○○自動車を運転し、
		注意義務の前提となるべき具体的運転状況、道路状況など（予見可能性の存在状況）	○市○町○番地先道路の第1通行帯を、○○方面から○○方面へ向かい、時速約50キロメートルで進行中、進路前方約40メートルの地点に、左折待ちのため停止中の○○○○（当時○○歳）運転の○○○○自動車を認め、かつ、第2通行帯には、右後方からの後続車が接近してくるのを認めた
		文節の接続詞 ……………に当たり、 ……………のであるから、 ……………から、ので	
		自動車運転上の注意義務すなわち予見義務又は回避義務の内容が注意義務である。 注1. その核心は法令、判例、条理等である。 注2. 相手側の過失次第では信頼の原則の適用により予見義務が免除となることもある。	進路変更は避け、前記○○運転車両の動静を注視し、同車に追突することのないよう速度を適宜調節し、ハンドル、ブレーキを的確に操作して、同車の後方に安全に停止すべき
		文節の接続詞 ………自動車運転上の注意義務があるのにこれを怠り	
		(由)注意義務不履行の動機・原因・理由 (失)予見義務違反すなわち同義務の不履行状況（前方不注視・発見遅滞等）又は回避義務の不履行状況（運転操作ミス・制動停止距離内接近等）が過失行為となる。 (経)過失行為の後に回避不能となったことは不可力であり、衝突との間の因果関係の経路説明である。	(由)右後方の安全確認をせず、第2通行帯に進路変更できるものと軽信し、 (失)前記○○運転車両の動静を十分注視せず、漫然前記速度で進行し、同車の後方約30メートルの地点で進路変更のため右転把したが、右後方からの後続車接近のため進路変更できず、慌てて第1通行帯に戻り、前記○○運転車両の後方約10メートルの地点まで自車を接近進行させた過失により、 (経)同車が、左折進行せず、停止したままであるのを認め、急制動の措置をとったが間に合わず、同車後部に自車前部を衝突させ、
		文節の接続詞 (由)…気をとられ、軽信し (失)…過失により (経)…衝突させ、	
		結果発生内容、よって	よって、（同人）に加療○○日間を要する○○○等の傷害を負わせたものである。

交通事故犯罪事実要点記載例

	① 追 突 事 故	
事故の態様	事故の分類	ブレーキ等操作不的確による追突　　A4
	過失の態様	悪路で、不用意な急制動により滑走し、前車に追突 　　　　　　　　　　　　　　　　　　A41
犯罪事実（過失の要点）の構成	行為の主体、日時、場所、業務性	被疑者（被告人）は、年月日時分ころ、○○自動車を運転し、
	注意義務の前提となるべき具体的運転状況、道路状況など（予見可能性の存在状況）	○市○町○番地先道路を、○○方面から○○方面へ向かい、時速約50キロメートルで、○○○○（当時○○歳）運転の○○○○自動車に追従して進行中、当時は降雨中で路面が湿潤し、車輪が滑走しやすい状態であった
	文節の接続詞 ………………に当たり、 ………………のであるから、 ………………から、ので	
	自動車運転上の注意義務すなわち予見義務又は回避義務の内容が注意義務である。 注1.その核心は法令、判例、条理等である。 注2.相手側の過失次第では信頼の原則の適用により予見義務が免除となることもある。	適宜速度を調節し、前方左右を注視し、ハンドル、ブレーキを的確に操作して、急激な制動措置などにより車輪を滑走させないよう留意しながら進行すべき
	文節の接続詞 ………自動車運転上の注意義務があるのにこれを怠り	
	(由)注意義務不履行の動機・原因・理由 (失)予見義務違反すなわち同義務の不履行状況（前方不注視・発見遅滞等）又は回避義務の不履行状況（運転操作ミス・制動停止距離内接近等）が過失行為となる。 (経)過失行為の後に回避不能となったことは不可抗力であり、衝突との間の因果関係の経路説明である。	(由)右側並進車両に気をとられ、 (失)前方を十分注視せず、漫然前記速度で進行し、前記○○運転車両が、進路前方で渋滞のため停止したのを前方約30メートルに迫って発見し、不用意に急制動の措置をとった過失により、 (経)自車の車輪を滑走するに至らせ、前方に暴走させて、前記○○運転車両の後部に自車右前部を衝突させ、
	文節の接続詞 (由)…気をとられ、軽信し (失)…過失により (経)…衝突させ、	
	結果発生内容、よって	よって、（同人）に加療○○日間を要する○○○等の傷害を負わせたものである。

A4

A41

交通事故犯罪事実要点記載例

	1 追 突 事 故	
事故の態様	事故の分類	ブレーキ等操作不的確による追突　　A4
	過失の態様	ブレーキとアクセルの踏み間違えで前車に追突 A42
犯罪事実〈過失の要点〉の構成	行為の主体、日時、場所、業務性	被疑者（被告人）は、年月日時分ころ、○○自動車を運転し、
	注意義務の前提となるべき具体的運転状況、道路状況など（予見可能性の存在状況）	○市○町○番地先道路を、○○方面から○○方面へ向かい、時速約50キロメートルで、○○○○（当時○○歳）運転の○○○○自動車に追従して進行中、進路前方で信号に従い停止した同車の後方に停止する
	文節の接続詞 …………………に当たり、 …………………のであるから、 …………………から、ので	
	自動車運転上の注意義務すなわち予見義務又は回避義務の内容が注意義務である。 注1.その核心は法令、判例、条理等である。 注2.相手側の過失次第では信頼の原則の適用により予見義務が免除となることもある。	ハンドル、ブレーキを的確に操作して、同車の後方に安全に停止すべき
	文節の接続詞 ………自動車運転上の注意義務があるのにこれを怠り	
	（由)注意義務不履行の動機・原因・理由 （失)予見義務違反すなわち同義務の不履行状況（前方不注視・発見遅滞等）又は回避義務の不履行状況（運転操作ミス・制動停止距離内接近等）が過失行為となる。 （経)過失行為の後に回避不能となったことは不可抗力であり、衝突との間の因果関係の経路説明である。	（由)考えごとをしていて、注意力散漫となり、 （失)ブレーキペダルを踏み込むところ、これを間違えてアクセルペダルを踏み込んだ過失により、 （経)自車を前方に暴走させて、前記○○運転車両の後方に安全に停止できず、同車後部に自車前部を衝突させ、
	文節の接続詞 （由)…気をとられ、軽信し （失)…過失により （経)…衝突させ、	
	結果発生内容、よって	よって、（同人）に加療○○日間を要する○○○等の傷害を負わせたものである。

交通事故犯罪事実要点記載例

	① 追 突 事 故	
事故の態様	事故の分類	ブレーキ等操作不的確による追突　　A 4
	過失の態様	ＡＴ車の停止時のブレーキペダル弛緩発進で前車に追突 A43
犯　罪　事　実（過失の要点）の　構　成	行為の主体、日時、場所、業務性	被疑者（被告人）は、年月日時分ころ、○○自動車を運転し、
	注意義務の前提となるべき具体的運転状況、道路状況など（予見可能性の存在状況）	○市○町○番地先の信号機による交通整理が行われている交差点手前で、○○○○（当時○○歳）運転の○○○○自動車の後方に停止した際、自車はオートマチック車であり、セレクトレバーをドライブに設定し、フットブレーキを踏み込んだままで停止していた
	文節の接続詞 …………………に当たり、 …………………のであるから、 …………………から、ので	
	自動車運転上の注意義務すなわち予見義務又は回避義務の内容が注意義務である。 注1.その核心は法令、判例、条理等である。 注2.相手側の過失次第では信頼の原則の適用により予見義務が免除となることもある。	同フットブレーキを確実に踏み続けて、停止状態を保持すべき
	文節の接続詞 ………自動車運転上の注意義務があるのにこれを怠り	
	（由）注意義務不履行の動機・原因・理由 （失）予見義務違反すなわち同義務の不履行状況（前方不注視・発見遅滞等）又は回避義務の不履行状況（運転操作ミス・制動停止距離内接近等）が過失行為となる。 （経）過失行為の後に回避不能となったことは不可抗力であり、衝突との間の因果関係の経路説明である。	（由）たばこに火をつけることなどに気をとられ、 （失）同ブレーキペダルを踏み込んでいた右足先の力を抜いたことに気が付かなかった過失により、 （経）自車を発進加速させて、前方に停止していた前記○○運転車両の後部に自車前部を衝突させ、
	文節の接続詞 （由）…気をとられ、軽信し （失）…過失により （経）…衝突させ、	
	結果発生内容、よって	よって、（同人）に加療○○日間を要する○○等の傷害を負わせたものである。

A4

A43

298

交通事故犯罪事実要点記載例

B1	事故の態様	② 交差点事故 (対歩行者等を除く)	
		事故の分類	信号無視等による事故　　　　　　B 1
B11		過失の態様	赤信号無視（青信号に変化見込交差点進入） B11(1)
	犯罪事実（過失の要点）の構成	行為の主体、日時、場所、業務性	被疑者（被告人）は、年月日時分ころ、○○自動車を運転し、
		注意義務の前提となるべき具体的運転状況、道路状況など（予見可能性の存在状況）	○市○町○番地先の信号機による交通整理が行われている交差点を、○○方面から○○方面へ向かい直進するに当たり、対面信号機が赤色の灯火信号を表示しているのを同交差点の手前約30メートルの地点で認めた
		文節の接続詞 ……………に当たり、 ……………のであるから、 ……………から、ので	
		自動車運転上の注意義務すなわち予見義務又は回避義務の内容が注意義務である。 注1.その核心は法令、判例、条理等である。 注2.相手側の過失次第では信頼の原則の適用により予見義務が免除となることもある。	同信号表示に従い、同交差点手前の停止位置で停止すべき
		文節の接続詞 ………自動車運転上の注意義務があるのにこれを怠り	
		(由)注意義務不履行の動機・原因・理由 (失)予見義務違反すなわち同義務の不履行状況（前方不注視・発見遅滞等）又は回避義務の不履行状況（運転操作ミス・制動停止距離内接近等）が過失行為となる。 (経)過失行為の後に回避不能となったことは不可抗力であり、衝突との間の因果関係の経路説明である。	(由)自車が、同停止位置を通過する以前に同信号機が青色の灯火信号を表示するものと軽信し、 (失)同停止位置で停止せず、漫然時速約40キロメートルで同交差点内に進入した過失により、 (経)折から、左（右）方道路から、信号表示に従って直進してきた○○○○（当時○○歳）運転の○○○○自動車右（左）側面に自車前部を衝突させ、
		文節の接続詞 (由)…気をとられ、軽信し (失)…過失により (経)…衝突させ、	
		結果発生内容、よって	よって、（同人）に加療○○日間を要する○○○等の傷害を負わせたものである。

交通事故犯罪事実要点記載例

	② 交差点事故 (対歩行者等を除く)	
事故の態様	事故の分類	信号無視等による事故　　　　　　　　B1
	過失の態様	赤信号無視（押ボタン式信号機付交差点の青信号に変化見込進入） （注） 交差道路にも車両用対面信号機がある信号切替方式交差点である。　　　　　　　B11(2)
犯罪事実（過失の要点）の構成	行為の主体、日時、場所、業務性	被疑者（被告人）は、年月日時分ころ、○○自動車を運転し、
	注意義務の前提となるべき具体的運転状況、道路状況など （予見可能性の存在状況） 文節の接続詞 ………………に当たり、 ………………のであるから、 ………………から、ので	○市○町○番地先の押ボタン式信号機による交通整理が行われている交差点を、○○方面から○○方面へ向かい、直進するに当たり、対面信号機が赤色の灯火信号を表示しているのを同交差点手前約50メートルの地点で認めた
	自動車運転上の注意義務すなわち予見義務又は回避義務の内容が注意義務である。 注1.その核心は法令、判例、条理等である。 注2.相手側の過失次第では信頼の原則の適用により予見義務が免除となることもある。 文節の接続詞 ………自動車運転上の注意義務があるのにこれを怠り	同信号表示に従い、同交差点手前の停止位置で停止すべき
	(由)注意義務不履行の動機・原因・理由 (失)予見義務違反すなわち同義務の不履行状況（前方不注視・発見遅滞等）又は回避義務の不履行状況（運転操作ミス・制動停止距離内接近等）が過失行為となる。 (経)過失行為の後に回避不能となったことは不可抗力であり、衝突との間の因果関係の経路説明である。	(由)同交差点入口に設けられている横断歩道による横断歩行者が渡り終えたことから、対面信号機の信号表示は間もなく青色の灯火信号を表示するものと軽信し、 (失)同停止位置で停止せず、漫然時速約50キロメートルで、同交差点内に進入した過失により、 (経)折から、左（右）方道路から信号表示に従って直進してきた○○○○（当時○○歳）運転の○○○○自動車の右（左）側面に自車前部を衝突させ、
	文節の接続詞 (由)…気をとられ、軽信し (失)…過失により (経)…衝突させ、	
	結果発生内容、よって	よって、（同人）に加療○○日間を要する○○○等の傷害を負わせたものである。

交通事故犯罪事実要点記載例

		② 交 差 点 事 故 (対歩行者等を除く)	
事故の態様	事故の分類	信号無視等による事故　　　　　　　　　B1	
	過失の態様	黄信号無視交差点進入 （交差点直前赤信号表示） 　　　　　　　　　　　　　　　　　　　B11(3)	
犯　罪　事　実（過失の要点）の　構　成	行為の主体、日時、場所、業務性	被疑者（被告人）は、年月日時分ころ、○○自動車を運転し、	
	注意義務の前提となるべき具体的運転状況、道路状況など（予見可能性の存在状況）	○市○町○番地先の信号機による交通整理が行われている交差点を、○○方面から○○方面へ向かい直進するに当たり、同交差点の手前約50メートルの地点で、対面信号機が黄色の灯火信号を表示していたのを認めた	
	文節の接続詞 ……………に当たり、 ……………のであるから、 ……………から、ので		
	自動車運転上の注意義務すなわち予見義務又は回避義務の内容が注意義務である。 注1.その核心は法令、判例、条理等である。 注2.相手側の過失次第では信頼の原則の適用により予見義務が免除となることもある。	引き続き同信号表示と変化に留意し、同信号表示に従い同交差点手前の停止位置で停止すべき	
	文節の接続詞 ………自動車運転上の注意義務があるのにこれを怠り		
	(由)注意義務不履行の動機・原因・理由 (失)予見義務違反すなわち同義務の不履行状況（前方不注視・発見遅滞等）又は回避義務の不履行状況（運転操作ミス・制動停止距離内接近等）が過失行為となる。 (経)過失行為の後に回避不能となったことは不可抗力であり、衝突との間の因果関係の経路説明である。	(由)交通閑散であったことから、交差道路から同交差点に進入する車両はないものと軽信し、 (失)同信号表示の変化に留意しないまま、漫然時速約40キロメートルで進行し、同交差点手前で同信号表示が赤色の灯火信号を表示していたのを確認せず、これに従わないで同交差点内に進入した過失により、 (経)折から、左（右）方道路から信号表示に従って直進してきた○○○○（当時○○歳）運転の○○○○自動車の右（左）側面に自車前部を衝突させ、	
	文節の接続詞 (由)…気をとられ、軽信し (失)…過失により (経)…衝突させ、		
	結果発生内容、よって	よって、（同人）に加療○○日間を要する○○○等の傷害を負わせたものである。	

B1

B11

交通事故犯罪事実要点記載例

事故の態様	② 交 差 点 事 故 (対歩行者等を除く)		
	事故の分類	信号無視等による事故　　　　　B1	
	過失の態様	黄信号無視交差点進入 （交差点進入直後赤信号表示・長大交差点） 　　　　　　　　　　　　　　　B11⑷	
犯 罪 事 実 （過失の要点） の 構 成	行為の主体、日時、場所、業務性	被疑者（被告人）は、年月日時分ころ、○○自動車を運転し、	
	注意義務の前提となるべき具体的運転状況、道路状況など（予見可能性の存在状況）	○市○町○番地先の信号機による交通整理が行われている交差点を、○○方面から○○方面へ向かい直進するに当たり、同交差点の手前約20メートルの地点で対面信号機が黄色の灯火信号を表示したのを認めたが、同交差点は、前後62メートルの長大交差点であった	
	文節の接続詞 ……………に当たり、 ……………のであるから、 ……………から、ので		
	自動車運転上の注意義務すなわち予見義務又は回避義務の内容が注意義務である。 注1.その核心は法令、判例、条理等である。 注2.相手側の過失次第では信頼の原則の適用により予見義務が免除となることもある。	同信号表示に従い、同交差点手前の停止位置で停止すべきはもとより、やむなく同交差点内に進入したときは、交差道路から信号に従って進行する車両等の有無に留意し、場合によっては、同車両等の進行妨害にならないような交差点内の位置で一時停止するなどして、その安全を確認しながら進行すべき	
	文節の接続詞 ………自動車運転上の注意義務があるのにこれを怠り		
	（由）注意義務不履行の動機・原因・理由 （失）予見義務違反すなわち同義務の不履行状況（前方不注視・発見遅滞等）又は回避義務の不履行状況（運転操作ミス・制動停止距離内接近等）が過失行為となる。 （経）過失行為の後に回避不能となったことは不可抗力であり、衝突との間の因果関係の経路説明である。	（由）先を急ぐあまり、 （失）同停止位置で停止せず、交差道路からの車両等の有無及びその安全確認不十分のまま、漫然従前の時速約40キロメートルから時速約50キロメートルに加速しながら直進進行した過失により、 （経）折から、左方道路から信号表示に従って直進してきた○○○○（当時○○歳）運転の自動二輪車を、左前方約15メートルの地点に迫ってようやく認め、急制動の措置をとったが間に合わず、同車右側面に自車前部を衝突させて、同人を右自動二輪車とともに路上に転倒させ、	
	文節の接続詞 （由）…気をとられ、軽信し （失）…過失により （経）…衝突させ、		
	結果発生内容、よって	よって、（同人）に加療○○日間を要する○○等の傷害を負わせたものである。	

交通事故犯罪事実要点記載例

	② 交差点事故（対歩行者等を除く）	
事故の態様	事故の分類	信号無視等による事故　　　　　　B1
	過失の態様	赤信号看過交差点進入 　　　　　　　　　　　　　　　B12(1)
犯罪事実（過失の要点）の構成	行為の主体、日時、場所、業務性	被疑者（被告人）は、年月日時分ころ、○○自動車を運転し、
	注意義務の前提となるべき具体的運転状況、道路状況など（予見可能性の存在状況）	○市○町○番地先の信号機による交通整理が行われている交差点を、○○方面から○○方面へ向かい直進する
	文節の接続詞 …………………に当たり、 …………………のであるから、 …………………から、ので	
	自動車運転上の注意義務すなわち予見義務又は回避義務の内容が注意義務である。 注1.その核心は法令、判例、条理等である。 注2.相手側の過失次第では信頼の原則の適用により予見義務が免除となることもある。	同交差点の対面信号機の信号表示に留意し、これに従って進行すべき
	文節の接続詞 ………自動車運転上の注意義務があるのにこれを怠り	
	（由）注意義務不履行の動機・原因・理由 （失）予見義務違反すなわち同義務の不履行状況（前方不注視・発見遅滞等）又は回避義務の不履行状況（運転操作ミス・制動停止距離内接近等）が過失行為となる。 （経）過失行為の後に回避不能となったことは不可抗力であり、衝突との間の因果関係の経路説明である。	（由）同乗者との会話に気をとられ、 （失）同信号表示が、赤色の灯火信号を表示しているのを看過し、漫然時速約50キロメートルで同交差点内に進入した過失により、 （経）折から、右方道路から信号表示に従って直進してきた○○○○（当時○○歳）運転の○○○○自動車の左側面に自車前部を衝突させ、
	文節の接続詞 （由）…気をとられ、軽信し （失）…過失により （経）…衝突させ、	
	結果発生内容、よって	よって、（同人）に加療○○日間を要する○○○等の傷害を負わせたものである。

303

交通事故犯罪事実要点記載例

	② 交 差 点 事 故 (対歩行者等を除く)	
事故の態様	事故の分類	信号無視等による事故　　　　　　　B 1
	過失の態様	交差点及び赤信号看過交差点進入 B 12(2)
犯罪事実（過失の要点）の構成	行為の主体、日時、場所、業務性	被疑者（被告人）は、年月日時分ころ、○○自動車を運転し、
	注意義務の前提となるべき具体的運転状況、道路状況など（予見可能性の存在状況）	○市○町○番地先道路を、○○方面から○○方面へ向かい、時速約40キロメートルで進行するに当たり、同所先には信号機による交通整理が行われている交差点があって、対面信号機が赤色の灯火信号を表示していた
	文節の接続詞 …………………に当たり、 …………………のであるから、 …………………から、ので	
	自動車運転上の注意義務すなわち予見義務又は回避義務の内容が注意義務である。 注1.その核心は法令、判例、条理等である。 注2.相手側の過失次第では信頼の原則の適用により予見義務が免除となることもある。	前方左右を注視し、進路前方の道路状況を確認するとともに、交差点及び信号機の有無と同信号表示に留意し、これに従って進行すべき
	文節の接続詞 ………自動車運転上の注意義務があるのにこれを怠り	
	(由)注意義務不履行の動機・原因・理由 (失)予見義務違反すなわち同義務の不履行状況（前方不注視・発見遅滞等）又は回避義務の不履行状況（運転操作ミス・制動停止距離内接近等）が過失行為となる。 (経)過失行為の後に回避不能となったことは不可抗力であり、衝突との間の因果関係の経路説明である。	(由)吸っていたたばこの吸いがらの始末に気をとられ、 (失)前方を注視せず、道路状況の確認及び信号機の有無、表示に留意もせず、同所先が信号機により交通整理の行われている交差点であり、対面信号機が赤色の灯火信号を表示しているのに気付かないまま、漫然前記速度で同交差点内に進入した過失により、 (経)折から、右方道路から信号表示に従って同交差点内に進入してきた○○○○（当時○○歳）運転の○○○○自動車を、至近距離に迫ってようやく認めたが、急制動の措置をとる間もなく、同車左側面に自車前部を衝突させ、
	文節の接続詞 (由)…気をとられ、軽信し (失)…過失により (経)…衝突させ、	
	結果発生内容、よって	よって、（同人）に加療○○日間を要する○○等の傷害を負わせたものである。

B1

B12

304

交通事故犯罪事実要点記載例

	② 交差点事故 (対歩行者等を除く)	
事故の態様	事故の分類	信号無視等による事故　　　　　　B1
	過失の態様	赤信号看過交差点進入 （赤信号確認遅滞） B12(3)
犯罪事実（過失の要点）の構成	行為の主体、日時、場所、業務性	被疑者（被告人）は、年月日時分ころ、○○自動車を運転し、
	注意義務の前提となるべき具体的運転状況、道路状況など（予見可能性の存在状況） 文節の接続詞 …………………に当たり、 …………………のであるから、 …………………から、ので	○市○町○番地先の信号機による交通整理が行われている交差点を、○○方面から○○方面へ向かい直進するに当たり、同交差点の手前約90メートル付近で、対面信号機が青色の灯火信号を表示していたのを認めた
	自動車運転上の注意義務すなわち予見義務又は回避義務の内容が注意義務である。 注1.その核心は法令、判例、条理等である。 注2.相手側の過失次第では信頼の原則の適用により予見義務が免除となることもある。	引き続き同信号表示を注視し、その表示と変化に留意し、これに従って進行すべき
	文節の接続詞 ………自動車運転上の注意義務があるのにこれを怠り	
	(由)注意義務不履行の動機・原因・理由 (失)予見義務違反すなわち同義務の不履行状況（前方不注視・発見遅滞等）又は回避義務の不履行状況（運転操作ミス・制動停止距離内接近等）が過失行為となる。 (経)過失行為の後に回避不能となったことは不可抗力であり、衝突との間の因果関係の経路説明である。	(由)左方路端の広告看板に気をとられ、 (失)視線を左方に向けたまま、同信号表示が赤色の灯火信号を表示したのを看過し、漫然時速約40キロメートルで進行した過失により (経)同交差点手前の停止位置の直前に迫ってようやく同信号表示に気付いたが、同停止位置で停止できず、同速度のまま同交差点に進入し、折から、左方道路から信号表示に従って直進してきた○○○○（当時○○歳）運転の○○○○自動車を、左斜め前方約10メートルの地点に迫ってようやく認め、急制動の措置をとったが間に合わず、同車右側面に自車前部を衝突させ、
	文節の接続詞 (由)…気をとられ、軽信し (失)…過失により (経)…衝突させ、	
	結果発生内容、よって	よって、（同人）に加療○○日間を要する○○○等の傷害を負わせたものである。

交通事故犯罪事実要点記載例

	② 交差点事故 (対歩行者等を除く)	
事故の態様	事故の分類	信号無視等による事故　　　　　　　B 1
	過失の態様	赤信号看過交差点進入 （青色左折可矢印を青色直進可矢印と誤認） 　　　　　　　　　　　　　　　　B12(4)
犯罪事実（過失の要点）の構成	行為の主体、日時、場所、業務性	被疑者（被告人）は、年月日時分ころ、〇〇自動車を運転し、
	注意義務の前提となるべき具体的運転状況、道路状況など（予見可能性の存在状況）	〇市〇町〇番地先の信号機による交通整理が行われている交差点を、〇〇方面から〇〇方面へ向かい直進する
	文節の接続詞 ………………に当たり、 ………………のであるから、 ………………から、ので	
	自動車運転上の注意義務すなわち予見義務又は回避義務の内容が注意義務である。 注1. その核心は法令、判例、条理等である。 注2. 相手側の過失次第では信頼の原則の適用により予見義務が免除となることもある。	同交差点の対面信号機の信号表示に留意し、これに従って進行すべき
	文節の接続詞 ………自動車運転上の注意義務があるのにこれを怠り	
	(由)注意義務不履行の動機・原因・理由 (失)予見義務違反すなわち同義務の不履行行状況（前方不注視・発見遅滞等）又は回避義務の不履行状況（運転操作ミス・制動停止距離内接近等）が過失行為となる。 (経)過失行為の後に回避不能となったことは不可抗力であり、衝突との間の因果関係の経路説明である。	(由)同信号表示が、赤色（青色左折可矢印）の灯火信号を表示していたのに、青色の直進可の灯火信号を表示しているものと誤認し、 (失)同信号表示を確認せず、漫然時速約50キロメートルで進行し、同信号表示が赤色の灯火信号（青色左折可矢印信号）を表示しているのを同交差点手前約10メートルの地点に至ってようやく気付いた過失により、 (経)慌てて急制動の措置をとったが、同交差点手前の停止位置に停止できず、交差点に進入し、折から、右方道路から信号表示に従って進行してきた〇〇〇〇（当時〇〇歳）運転の〇〇〇〇自動車の左側面に自車前部を衝突させ、
	文節の接続詞 (由)…気をとられ、軽信し (失)…過失により (経)…衝突させ、	
	結果発生内容、よって	よって、（同人）に加療〇〇日間を要する〇〇等の傷害を負わせたものである。

交通事故犯罪事実要点記載例

B1

B13

		② 交差点事故（対歩行者等を除く）	
事故の態様		事故の分類	信号無視等による事故　　　　　B1
		過失の態様	その他赤信号無視交差点進入 （青信号変化見込み発進） 　　　　　　　　　　　　　　　B13⑴
犯罪事実（過失の要点）の構成		行為の主体、日時、場所、業務性	被疑者（被告人）は、年月日時分ころ、○○自動車を運転し、
		注意義務の前提となるべき具体的運転状況、道路状況など （予見可能性の存在状況）	○市○町○番地先の信号機による交通整理が行われている交差点を、○○方面から○○方面へ向かって進行し、同交差点手前の停止位置で対面信号機の赤色の灯火信号表示に従い停止した後、発進する
		文節の接続詞 ………………に当たり、 ………………のであるから、 ………………から、ので	
		自動車運転上の注意義務すなわち予見義務又は回避義務の内容が注意義務である。 注1. その核心は法令、判例、条理等である。 注2. 相手側の過失次第では信頼の原則の適用により予見義務が免除となることもある。	同信号表示が青色の灯火信号を表示したのを確認してから発進すべき
		文節の接続詞 ………自動車運転上の注意義務があるのにこれを怠り	
		(由)注意義務不履行の動機・原因・理由 (失)予見義務違反すなわち同義務の不履行状況（前方不注視・発見遅滞等）又は回避義務の不履行状況（運転操作ミス・制動停止距離内接近等）が過失行為となる。 (経)過失行為の後に回避不能となったことは不可抗力であり、衝突との間の因果関係の経路説明である。	(由)交差道路の信号機が黄色の灯火信号を表示したのを認め、自車の対面信号機は間もなく青色の灯火信号を表示するものと軽信し、 (失)同信号機が、まだ赤色の灯火信号を表示しているのを認めながら発進し、時速約20キロメートルに加速しながら同交差点内に進入した過失により、 (経)折から、右方道路からその対面信号機の黄色の灯火信号表示に従って直進してきた○○○○（当時○○歳）運転の○○○○自動車に気付かないまま、同車左側面に自車前部を衝突させ、
		文節の接続詞 (由)…気をとられ、軽信し (失)…過失により (経)…衝突させ、	
		結果発生内容、よって	よって、（同人）に加療○○日間を要する○○○等の傷害を負わせたものである。

交通事故犯罪事実要点記載例

	② 交 差 点 事 故 (対歩行者等を除く)	
事故の態様	事故の分類	信号無視等による事故　　　　　　B 1
	過失の態様	その他赤信号無視交差点進入 （緊急車両の交差点赤信号徐行不履行） 　　　　　　　　　　　　　　B 13⑵
犯　罪　事　実（過失の要点）の　構　成	行為の主体、日時、場所、業務性	被疑者（被告人）は、年月日時分ころ、○○自動車を運転し、
	注意義務の前提となるべき具体的運転状況、道路状況など（予見可能性の存在状況） 文節の接続詞 ……………に当たり、 ……………のであるから、 ……………から、ので	○市○町○番地先の信号機による交通整理の行われている交差点を、○○方面から○○方面へ向かい時速約70キロメートルで進行するに当たり、同交差点の対面信号機が赤色の灯火信号を表示しているのを認めていたが、自車は緊急車両として通行するのであるから同信号表示に従い同交差点手前で停止することを要しなかった
	自動車運転上の注意義務すなわち予見義務又は回避義務の内容が注意義務である。 注1.その核心は法令、判例、条理等である。 注2.相手側の過失次第では信頼の原則の適用により予見義務が免除となることもある。 文節の接続詞 ………自動車運転上の注意義務があるのにこれを怠り	他の交通に注意して徐行し、交差道路から信号に従って進行する車両の有無に留意し、その安全を確認して進行すべき
	(由)注意義務不履行の動機・原因・理由 (失)予見義務違反すなわち同義務の不履行状況（前方不注視・発見遅滞等）又は回避義務の不履行状況（運転操作ミス・制動停止距離内接近等）が過失行為となる。 (経)過失行為の後に回避不能となったことは不可抗力であり、衝突との間の因果関係の経路説明である。 文節の接続詞 (由)…気をとられ、軽信し (失)…過失により (経)…衝突させ、	(由)自車の発する緊急用サイレンの音により、すべての車両が避譲するものと軽信し、 (失)交差道路からの車両の安全確認不十分のまま、速度を時速約40キロメートルに減じたのみで進行した過失により、 (経)折から同サイレンの音に気がつかないで対面信号に従って右方道路から同交差点に直進してきた○○○○（当時○○歳）運転の大型貨物自動車を右前方約15メートルに迫って発見し急制動の措置をとったが間にあわず、同車左側面に自車前部を衝突させ、
	結果発生内容、よって	よって、（同人）に加療○○日間を要する○○○等の傷害を負わせたものである。

交通事故犯罪事実要点記載例

<table>
<tr><td rowspan="4">

事故の態様</td><td colspan="2">② 交差点事故（対歩行者等を除く）</td></tr>
<tr><td>事故の分類</td><td>信号無視等による事故　　　　　　B1</td></tr>
<tr><td>過失の態様</td><td>その他赤信号無視交差点進入
（交差点での緊急車両の進行妨害）

B13(3)</td></tr>
</table>

B1

B13

<table>
<tr><td rowspan="8">犯罪事実（過失の要点）の構成</td><td>行為の主体、日時、場所、業務性</td><td>被疑者（被告人）は、年月日時分ころ、〇〇自動車を運転し、</td></tr>
<tr><td>注意義務の前提となるべき具体的運転状況、道路状況など（予見可能性の存在状況）</td><td rowspan="2">〇市〇町〇番地先の信号機による交通整理の行われている交差点を、〇〇方面から〇〇方面へ向かい対面信号機の青色表示信号に従い時速50キロメートルで進行するに当たり、左方道路から同交差点に接近してくる緊急車両のサイレンの音を聞いた</td></tr>
<tr><td>文節の接続詞
……………に当たり、
……………のであるから、
……………から、ので</td></tr>
<tr><td>自動車運転上の注意義務すなわち予見義務又は回避義務の内容が注意義務である。
注1.その核心は法令、判例、条理等である。
注2.相手側の過失次第では信頼の原則の適用により予見義務が免除となることもある。</td><td>同緊急車両の通行を妨げることのないよう、交差点進入を避け、かつ、道路の左端に寄って一時停止すべき</td></tr>
<tr><td>文節の接続詞
………自動車運転上の注意義務があるのにこれを怠り</td><td></td></tr>
<tr><td>（由）注意義務不履行の動機・原因・理由
（失）予見義務違反すなわち同義務の不履行状況（前方不注視・発見遅滞等）又は回避義務の不履行状況（運転操作ミス・制動停止距離内接近等）が過失行為となる。
（経）過失行為の後に回避不能となったことは不可抗力であり、衝突との間の因果関係の経路説明である。</td><td>（由）自車が同緊急車両より先に同交差点を通過できるものと軽信し、
（失）漫然前記速度のまま同交差点内に進入して直進した過失により、
（経）左方道路から、同交差点内を直進してきた緊急車両である〇〇〇〇（当時〇〇歳）運転の〇〇〇〇自動車を左前方約25メートルに迫って発見し、急制動の措置をとったが間にあわず、同車前部に自車左側面を衝突させ、</td></tr>
<tr><td>文節の接続詞
（由）…気をとられ、軽信し
（失）…過失により
（経）…衝突させ、</td><td></td></tr>
<tr><td>結果発生内容、よって</td><td>よって、（同人）に加療〇〇日間を要する〇〇等の傷害を負わせたものである。</td></tr>
</table>

交通事故犯罪事実要点記載例

	② **交 差 点 事 故**（対歩行者等を除く）	
事故の態様	事故の分類	一時停止標識無視等による事故　　　B2
	過失の態様	一時停止不履行と左右道路の安全不確認 B21(1)
犯 罪 事 実（過失の要点）の 構 成	行為の主体、日時、場所、業務性	被疑者（被告人）は、年月日時分ころ、○○自動車を運転し、
	注意義務の前提となるべき具体的運転状況、道路状況など（予見可能性の存在状況）	○市○町○番地先の交通整理の行われていない交差点を、○○方面から○○方面へ向かい直進（右折・左折）するに当たり、同交差点手前には、一時停止の道路標識が設置され、左右（左方、右方）道路の見通しがきかなかった
	文節の接続詞 ………………に当たり、 ………………のであるから、 ………………から、ので	
	自動車運転上の注意義務すなわち予見義務又は回避義務の内容が注意義務である。 注1.その核心は法令、判例、条理等である。 注2.相手側の過失次第では信頼の原則の適用により予見義務が免除となることもある。	同交差点の停止位置で一時停止して左右（左方、右方）道路からの車両の有無に留意して、その安全を確認しながら進行すべき
	文節の接続詞 ………自動車運転上の注意義務があるのにこれを怠り	
	(由)注意義務不履行の動機・原因・理由 (失)予見義務違反すなわち同義務の不履行状況（前方不注視・発見遅滞など）又は回避義務の不履行状況（運転操作ミス・制動停止距離内接近等）が過失行為となる。 (経)過失行為の後に回避不能となったことは不可抗力であり、衝突との間の因果関係の経路説明である。	(由)交通閑散であったことに気を許し、 (失)同交差点の停止位置で一時停止せず（一時停止はしたが）、左右（左方・右方）道路からの車両の有無に留意しないで、その安全確認不十分のまま、漫然時速約20キロメートルで同交差点内に進入した過失により、 (経)折から、右方（左方）道路から直進してきた○○○○（当時○○歳）運転の○○○○自動車の前部（右・左側面）に自車右（左）側面（前部）を衝突させ、
	文節の接続詞 (由)…気をとられ、軽信し (失)…過失により (経)…衝突させ、	
	結果発生内容、よって	よって、（同人）に加療○○日間を要する○○等の傷害を負わせたものである。

B2

B21

310

交通事故犯罪事実要点記載例

<table>
<tr><td rowspan="3">B2

B21

事故の態様</td><td colspan="2">② 交 差 点 事 故 (対歩行者等を除く)</td></tr>
<tr><td>事故の分類</td><td>一時停止標識無視等による事故　　B2</td></tr>
<tr><td>過失の態様</td><td>一時停止履行後、左右道路の安全不確認

 B21(2) </td></tr>
<tr><td rowspan="9">犯

罪

事

実

（過失の要点）

の

構

成</td><td>行為の主体、日時、場所、業務性</td><td rowspan="3">被疑者（被告人）は、年月日時分ころ、○○自動車を運転し、
○市○町○番地先の交通整理の行われていない交差点を、○○方面から○○方面へ向かい直進するに当たり、同交差点手前には一時停止の道路標識が設置され、同交差点右（左）角の建物のため右（左）方道路の見通しがきかなかった上、交差道路は幅員が狭く、自車前部を同交差点内に進出させなければ右（左）方道路の交通の安全確認が困難であった</td></tr>
<tr><td>注意義務の前提となるべき具体的運転状況、道路状況など
（予見可能性の存在状況）</td></tr>
<tr><td>文節の接続詞
…………………に当たり、
…………………のであるから、
…………………から、ので</td></tr>
<tr><td>自動車運転上の注意義務すなわち予見義務又は回避義務の内容が注意義務である。
注1.その核心は法令、判例、条理等である。
注2.相手側の過失次第では信頼の原則の適用により予見義務が免除となることもある。</td><td rowspan="2">同交差点の停止位置で一時停止するはもとより、その後最徐行するか、停止、微発進を繰返すなどして、右（左）方道路からの車両の有無に留意し、その安全を確認しながら進行すべき</td></tr>
<tr><td>文節の接続詞
………自動車運転上の注意義務があるのにこれを怠り</td></tr>
<tr><td>（由）注意義務不履行の動機・原因・理由
（失）予見義務違反すなわち同義務の不履行状況（前方不注視・発見遅滞等）又は回避義務の不履行状況（運転操作ミス・制動停止距離内接近等）が過失行為となる。
（経）過失行為の後に回避不能となったことは不可抗力であり、衝突との間の因果関係の経路説明である。</td><td rowspan="2">（由）交通閑散であったことに気を許し、
（失）同交差点手前の停止位置で一時停止はしたが、右（左）方道路からの車両の有無に留意せず、その安全を確認しないまま、漫然時速約10キロメートルで同交差点内に進入した過失により、
（経）折から、右（左）方道路から進行してきた○○○○（当時○○歳）運転の原動機付自転車を、右（左）斜め前方約4メートルの地点に迫ってようやく認めたが、急制動の措置をとる間もなく、自車右（左）側面を上記原動機付自転車前部に衝突させて、同車とともに同人を路上に転倒させ、</td></tr>
<tr><td>文節の接続詞
（由）…気をとられ、軽信し
（失）…過失により
（経）…衝突させ、</td></tr>
<tr><td>結果発生内容、よって</td><td>よって、（同人）に加療○○日間を要する○○○等の傷害を負わせたものである。</td></tr>
</table>

交通事故犯罪事実要点記載例

	② 交 差 点 事 故 (対歩行者等を除く)	
事故の態様	事故の分類	一時停止標識無視等による事故　　B 2
	過失の態様	一時停止履行後、左方道路から進行してくる車両の動静不注視と安全不確認 B 21(3)
犯罪事実（過失の要点）の構成	行為の主体、日時、場所、業務性	被疑者（被告人）は、年月日時分ころ、○○自動車を運転し、
	注意義務の前提となるべき具体的運転状況、道路状況など（予見可能性の存在状況） 文節の接続詞 …………………に当たり、 ………………のであるから、 ………………から、ので	○市○町○番地先の交通整理の行われていない、左右の見通しがきかない交差点を、○○方面から○○方面へ向かい直進するに当たり、同交差点手前で、一時停止の標識に従い、一時停止後発進したが、同交差点入口付近で、左方道路から進行してくる○○○○（当時○○歳）運転の○○○○自動車を左前方約40メートルの地点に認めた
	自動車運転上の注意義務すなわち予見義務又は回避義務の内容が注意義務である。 注1.その核心は法令、判例、条理等である。 注2.相手側の過失次第では信頼の原則の適用により予見義務が免除となることもある。 文節の接続詞 ………自動車運転上の注意義務があるのにこれを怠り	直ちに減速徐行し、同車の動静を注視して、その安全を確認しながら進行すべき
	(由)注意義務不履行の動機・原因・理由 (失)予見義務違反すなわち同義務の不履行状況（前方不注視・発見遅滞等）又は回避義務の不履行状況（運転操作ミス・制動停止距離内接近等）が過失行為となる。 (経)過失行為の後に回避不能となったことは不可抗力であり、衝突との間の因果関係の経路説明である。 文節の接続詞 (由)…気をとられ、軽信し (失)…過失により (経)…衝突させ、	(由)自車が先に同交差点を通過できるものと軽信し、 (失)前記○○運転車両の動静に注視せず、その安全確認不十分のまま、漫然時速約10キロメートルで同交差点内に進入した過失により、 (経)同車前部に自車左側面後部を衝突させ、
	結果発生内容、よって	よって、（同人）に加療○○日間を要する○○○等の傷害を負わせたものである。

B2

B21

312

交通事故犯罪事実要点記載例

		2 交 差 点 事 故 (対歩行者等を除く)	
事故の態様		事故の分類	一時停止標識無視等による事故　　　B 2
		過失の態様	一時停止標識看過と左右道路の安全不確認 B22
犯罪事実（過失の要点）の構成		行為の主体、日時、場所、業務性	被疑者（被告人）は、年月日時分ころ、〇〇自動車を運転し、
		注意義務の前提となるべき具体的運転状況、道路状況など（予見可能性の存在状況）	〇市〇町〇番地先の交通整理の行われていない交差点を、〇〇方面から〇〇方面へ向かい直進するに当たり、同交差点手前には一時停止の道路標識が設置され、かつ、左右道路の見通しがきかなかった
		文節の接続詞 ……………に当たり、 ……………のであるから、 ……………から、ので	
		自動車運転上の注意義務すなわち予見義務又は回避義務の内容が注意義務である。 注1.その核心は法令、判例、条理等である。 注2.相手側の過失次第では信頼の原則の適用により予見義務が免除となることもある。	前方を注視し、同道路標識に従って同交差点手前で一時停止した上、左右道路からの車両の有無に留意し、その安全を確認しながら進行すべき
		文節の接続詞 ………自動車運転上の注意義務があるのにこれを怠り	
		(由)注意義務不履行の動機・原因・理由 (失)予見義務違反すなわち同義務の不履行状況（前方不注視・発見遅滞等）又は回避義務の不履行状況（運転操作ミス・制動停止距離内接近等）が過失行為となる。 (経)過失行為の後に回避不能となったことは不可抗力であり、衝突との間の因果関係の経路説明である。	(由)考えごとをしていて、 (失)同標識を看過し、同交差点の手前で一時停止せず、かつ、左右道路からの車両の有無に留意もせず、その安全確認不十分のまま、漫然時速約30キロメートルで同交差点に進入した過失により、 (経)折から、右方道路から進行してきた〇〇〇〇（当時〇〇歳）運転の〇〇〇〇自動車前部に自車右側面前部を衝突させ、
		文節の接続詞 (由)…気をとられ、軽信し (失)…過失により (経)…衝突させ、	
		結果発生内容、よって	よって、（同人）に加療〇〇日間を要する〇〇等の傷害を負わせたものである。

B2

B22

交通事故犯罪事実要点記載例

	② **交 差 点 事 故** (対歩行者等を除く)	
事故の態様	事故の分類	一時停止標識無視等による事故　　　　B2
	過失の態様	赤点滅信号無視と左右道路の安全不確認
		B23⑴
犯罪事実（過失の要点）の構成	行為の主体、日時、場所、業務性	被疑者（被告人）は、年月日時分ころ、○○自動車を運転し、
	注意義務の前提となるべき具体的運転状況、道路状況など（予見可能性の存在状況）	○市○町○番地先の交通整理の行われていない交差点を、○○方面から○○方面へ向かい直進するに当たり、同交差点の対面信号機の信号が赤色の灯火の点滅を表示しており、かつ、左右道路の見通しがきかなかった
	文節の接続詞 …………………に当たり、 …………………のであるから、 …………………から、ので	
	自動車運転上の注意義務すなわち予見義務又は回避義務の内容が注意義務である。 注1.その核心は法令、判例、条理等である。 注2.相手側の過失次第では信頼の原則の適用により予見義務が免除となることもある。	同交差点手前の停止位置で一時停止し、左右道路からの車両の有無に留意して、その安全を確認しながら進行すべき
	文節の接続詞 ………自動車運転上の注意義務があるのにこれを怠り	
	(由)注意義務不履行の動機・原因・理由 (失)予見義務違反すなわち同義務の不履行状況（前方不注視・発見遅滞等）又は回避義務の不履行状況（運転操作ミス・制動停止距離内接近等）が過失行為となる。 (経)過失行為の後に回避不能となったことは不可抗力であり、衝突との間の因果関係の経路説明である。	(由)交通閑散であったことに気を許し、 (失)同交差点の停止位置で一時停止せず（したが）、左右道路からの車両の有無に留意もせず、その安全確認不十分のまま、漫然時速約20キロメートルで同交差点内に進入した過失により、 (経)折から、右方道路から進行してきた○○○○（当時○○歳）運転の○○○○自動車の前部に自車右側面前部を衝突させ、
	文節の接続詞 (由)…気をとられ、軽信し (失)…過失により (経)…衝突させ、	
	結果発生内容、よって	よって、（同人）に加療○○日間を要する○○等の傷害を負わせたものである。

B2

B23

314

交通事故犯罪事実要点記載例

B2

B23

事故の態様	② 交差点事故 (対歩行者等を除く)	
	事故の分類	一時停止標識無視等による事故　　　B 2
	過失の態様	交差点及び赤点滅信号看過交差点進入 B 23(2)
犯罪事実（過失の要点）の構成	行為の主体、日時、場所、業務性	被疑者（被告人）は、年月日時分ころ、○○自動車を運転し、
	注意義務の前提となるべき具体的運転状況、道路状況など（予見可能性の存在状況）	○市○町○番地先道路を、○○方面から○○方面へ向かい、時速約40キロメートルで進行するに当たり、同所先には左右の見通しがきかない交差点があり、同交差点の対面信号機の信号は赤色の灯火の点滅を表示していた
	文節の接続詞 ………………に当たり、 ………………のであるから、 ………………から、ので	
	自動車運転上の注意義務すなわち予見義務又は回避義務の内容が注意義務である。 注1.その核心は法令、判例、条理等である。 注2.相手側の過失次第では信頼の原則の適用により予見義務が免除となることもある。	前方左右を注視し、進路前方の道路状況を確認するとともに、同交差点の早期発見と信号機の有無及び同信号表示に留意し、これに従って進行すべき
	文節の接続詞 ………自動車運転上の注意義務があるのにこれを怠り	
	(由)注意義務不履行の動機・原因・理由 (失)予見義務違反すなわち同義務の不履行状況（前方不注視・発見遅滞等）又は回避義務の不履行状況（運転操作ミス・制動停止距離内接近等）が過失行為となる。 (経)過失行為の後に回避不能となったことは不可抗力であり、衝突との間の因果関係の経路説明である。	(由)運転席床に落ちた伝票を拾うことに気をとられ、 (失)前方を注視せず、道路状況の確認及び信号機の有無とその表示にも留意せず、同所先が左右見通しのきかない交差点であり、かつ、対面信号機が赤色の灯火の点滅を表示しているのに気付かないまま、漫然前記速度で同交差点内に進入した過失により、 (経)折から、右方道路から進行してきた○○○○（当時○○歳）運転の○○○○自動車の左側面に自車前部を衝突させ、
	文節の接続詞 (由)…気をとられ、軽信し (失)…過失により (経)…衝突させ、	
	結果発生内容、よって	よって、（同人）に加療○○日間を要する○○○等の傷害を負わせたものである。

交通事故犯罪事実要点記載例

	② 交差点事故（対歩行者等を除く）		
事故の態様	事故の分類	無交通整理交差点内通行方法不遵守による事故　　　　　　　　　　　　　　　　　　B 3	**B3**
	過失の態様	左方進入車優先無視 （左右の見通しのきく、交通整理の行われていない交差点）　　　　　　　　　　　　B31⑴	**B31**
犯罪事実（過失の要点）の構成	行為の主体、日時、場所、業務性	被疑者（被告人）は、年月日時分ころ、○○自動車を運転し、	
	注意義務の前提となるべき具体的運転状況、道路状況など（予見可能性の存在状況）	○市○町○番地先の交通整理の行われていない交差点を、○○方面から○○方面へ向かい直進するに当たり、左方道路から同交差点内に進入しようとしていた○○○○（当時○○歳）運転の○○○○自動車を、左方約30メートルの地点に認めた	
	文節の接続詞 ……………に当たり、 ……………のであるから、 ……………から、ので		
	自動車運転上の注意義務すなわち予見義務又は回避義務の内容が注意義務である。 注1.その核心は法令、判例、条理等である。 注2.相手側の過失次第では信頼の原則の適用により予見義務が免除となることもある。	直ちに減速徐行し、同車の動静を注視して、その安全を確認しながら進行すべき	
	文節の接続詞 ………自動車運転上の注意義務があるのにこれを怠り		
	（由）注意義務不履行の動機・原因・理由 （失）予見義務違反すなわち同義務の不履行状況（前方不注視・発見遅滞等）又は回避義務の不履行状況（運転操作ミス・制動停止距離内接近等）が過失行為となる。 （経）過失行為の後に回避不能となったことは不可抗力であり、衝突との間の因果関係の経路説明である。	（由）自車が、同交差点内を先に通過できるものと軽信し、 （失）前記○○運転車両の動静を十分注視せず、同車との安全確認不十分のまま、漫然時速約40キロメートルで同交差点に進入した過失により、 （経）同車前部に自車左側面を衝突させ、	
	文節の接続詞 （由）…気をとられ、軽信し （失）…過失により （経）…衝突させ、		
	結果発生内容、よって	よって、（同人）に加療○○日間を要する○○○等の傷害を負わせたものである。	

316

交通事故犯罪事実要点記載例

		② 交 差 点 事 故 (対歩行者等を除く)	
事故の態様 **B3** **B31**	事故の分類	無交通整理交差点内通行方法不遵守による事故　　　　　　　　　　　B 3	
	過失の態様	左右の見通しのきかない交差点の徐行不履行と交差道路の安全不確認 　　　　　　　　　　　　　　　　B 31(2)	
犯 罪 事 実 (過失の要点) の 構 成	行為の主体、日時、場所、業務性	被疑者（被告人）は、年月日時分ころ、○○自動車を運転し、	
	注意義務の前提となるべき具体的運転状況、道路状況など（予見可能性の存在状況）	○市○町○番地先の交通整理の行われていない、かつ、左右道路の見通しのきかない交差点を、○○方面から○○方面へ向かい直進する	
	文節の接続詞 …………………に当たり、 …………………のであるから、 …………………から、ので		
	自動車運転上の注意義務すなわち予見義務又は回避義務の内容が注意義務である。 注1.その核心は法令、判例、条理等である。 注2.相手側の過失次第では信頼の原則の適用により予見義務が免除となることもある。	同交差点手前で徐行し、左右道路からの車両の有無に留意して、その安全を確認しながら進行すべき	
	文節の接続詞 ………自動車運転上の注意義務があるのにこれを怠り		
	(由)注意義務不履行の動機・原因・理由 (失)予見義務違反すなわち同義務の不履行状況（前方不注視・発見遅滞等）又は回避義務の不履行状況（運転操作ミス・制動停止距離内接近等）が過失行為となる。 (経)過失行為の後に回避不能となったことは不可抗力であり、衝突との間の因果関係の経路説明である。	(由)交通閑散であり、交差道路からの交通はないものと軽信し、 (失)同交差点手前で徐行せず、左右道路からの車両の有無に留意もせず、その安全確認不十分のまま、漫然時速約30キロメートルで同交差点内に進入した過失により、 (経)折から、左方道路から直進してきた○○○○（当時○○歳）運転の○○○○自動車を、左前方約5メートルの地点に迫ってようやく認め、急制動の措置をとったが間に合わず、同車右側面に自車前部を衝突させ、	
	文節の接続詞 (由)…気をとられ、軽信し (失)…過失により (経)…衝突させ、		
	結果発生内容、よって	よって、（同人）に加療○○日間を要する○○○等の傷害を負わせたものである。	

交通事故犯罪事実要点記載例

<table>
<tr><td rowspan="3">事故の態様</td><td colspan="2">② 交 差 点 事 故 （対歩行者等を除く）</td></tr>
<tr><td>事故の分類</td><td>無交通整理交差点内通行方法不遵守による事故　　　　　　　　　B 3</td></tr>
<tr><td>過失の態様</td><td>左右見通しのきかない交差点の黄点滅信号無視による徐行不履行と交差道路の安全不確認

B 31(3)</td></tr>
<tr><td rowspan="9">犯　罪　事　実（過失の要点）の　構　成</td><td>行為の主体、日時、場所、業務性</td><td>被疑者（被告人）は、年月日時分ころ、○○自動車を運転し、</td></tr>
<tr><td>注意義務の前提となるべき具体的運転状況、道路状況など（予見可能性の存在状況）</td><td rowspan="2">○市○町○番地先の、信号機は設置されているが、これによる交通整理が行われていない、左右見通しのきかない交差点を、○○方面から○○方面へ向かい直進するに当たり、対面信号機が黄色の灯火の点滅を表示していた</td></tr>
<tr><td>文節の接続詞
…………………に当たり、
…………………のであるから、
…………………から、ので</td></tr>
<tr><td>自動車運転上の注意義務すなわち予見義務又は回避義務の内容が注意義務である。
注1. その核心は法令、判例、条理等である。
注2. 相手側の過失次第では信頼の原則の適用により予見義務が免除となることもある。</td><td rowspan="2">同交差点の手前で徐行し、左右道路からの車両の有無に留意して、その安全を確認しながら進行すべき</td></tr>
<tr><td>文節の接続詞
………自動車運転上の注意義務があるのにこれを怠り</td></tr>
<tr><td>(由)注意義務不履行の動機・原因・理由
(失)予見義務違反すなわち同義務の不履行状況（前方不注視・発見遅滞等）又は回避義務の不履行状況（運転操作ミス・制動停止距離内接近等）が過失行為となる。
(経)過失行為の後に回避不能となったことは不可抗力であり、衝突との間の因果関係の経路説明である。</td><td>(由)交通閑散であり、交差道路から車両があったとしても、同車が自車に進路を譲ってくれるものと軽信し、
(失)前記黄色の灯火の点滅信号表示を無視し、同交差点手前で徐行せず、左方道路からの車両の有無に留意もせず、その安全確認不十分のまま、漫然時速約50キロメートルで同交差点内に進入した過失により、</td></tr>
<tr><td>文節の接続詞
(由)…気をとられ、軽信し
(失)…過失により
(経)…衝突させ、</td><td>(経)折から、左方道路から直進してきた○○（当時○○歳）運転の自動二輪車を、左斜め前方約4メートルの地点に迫ってようやく認めたが、急制動の措置をとる間もなく、同車右側面に自車前部を衝突させ、</td></tr>
<tr><td>結果発生内容、よって</td><td>よって、（同人）に加療○○日間を要する○○等の傷害を負わせたものである。</td></tr>
</table>

B3

B31

交通事故犯罪事実要点記載例

	② 交差点事故 (対歩行者等を除く)	
事故の態様 B3 B32	事故の分類	無交通整理交差点内通行方法不遵守による事故　　　　　　　　　　　　　　　　　B3
	過失の態様	交差する優先道路へ進入する際の徐行不履行と交差道路の安全不確認 （注） 左右の見通しのきく交差点でも徐行義務がある。（道交法36条3項）　　　　　B32
犯罪事実（過失の要点）の構成	行為の主体、日時、場所、業務性	被疑者（被告人）は、年月日時分ころ、○○自動車を運転し、
	注意義務の前提となるべき具体的運転状況、道路状況など（予見可能性の存在状況） 文節の接続詞 …………………に当たり、 …………………のであるから、 …………………から、ので	○市○町○番地先の交通整理の行われていない交差点を、○○方面から○○方面へ向かい左折進行するに当たり、交差道路に中央線が設けられている交差点に入る
	自動車運転上の注意義務すなわち予見義務又は回避義務の内容が注意義務である。 注1. その核心は法令、判例、条理等である。 注2. 相手側の過失次第では信頼の原則の適用により予見義務が免除となることもある。 文節の接続詞 ………自動車運転上の注意義務があるのにこれを怠り	同交差点の手前で徐行し、右方道路からの車両の有無に留意して、その安全を確認しながら進行すべき
	（由）注意義務不履行の動機・原因・理由 （失）予見義務違反すなわち同義務の不履行状況（前方不注視・発見遅滞等）又は回避義務の不履行状況（運転操作ミス・制動停止距離内接近等）が過失行為となる。 （経）過失行為の後に回避不能となったことは不可抗力であり、衝突との間の因果関係の経路説明である。	（由）交通閑散であったことに気を許し、 （失）同交差点手前で徐行せず、右方道路からの車両の有無に留意もせず、その安全確認不十分のまま、漫然時速約20キロメートルで同交差点内に進入した過失により、 （経）折から、右方道路から進行してきた○○○○（当時○○歳）運転の原動機付自転車を、右斜め前方至近距離に迫ってようやく認めたが、急制動の措置をとる間もなく、同車前部に自車右側面前部を衝突させ、
	文節の接続詞 （由）…気をとられ、軽信し （失）…過失により （経）…衝突させ、	
	結果発生内容、よって	よって、（同人）に加療○○日間を要する○○○等の傷害を負わせたものである。

交通事故犯罪事実要点記載例

	② 交差点事故（対歩行者等を除く）	
事故の態様	事故の分類	無交通整理交差点内通行方法不遵守による事故　　　　　　　　　　　　　　　　B 3
	過失の態様	交差する明らかに広い道路へ進入する際の徐行不履行と交差道路の安全不確認　　　　　　　　　　　　　　　　　　B 33
犯罪事実（過失の要点）の構成	行為の主体、日時、場所、業務性	被疑者（被告人）は、年月日時分ころ、○○自動車を運転し、
	注意義務の前提となるべき具体的運転状況、道路状況など（予見可能性の存在状況）	○市○町○番地先の交通整理の行われていない交差点を、○○方面から○○方面へ向かい直進するに当たり、自車進路の幅員４メートルの道路から、これと交差する幅員13メートルの明らかに広い道路と交差する交差点に入る
	文節の接続詞………………に当たり、………………のであるから、………………から、ので	
	自動車運転上の注意義務すなわち予見義務又は回避義務の内容が注意義務である。注1.その核心は法令、判例、条理等である。注2.相手側の過失次第では信頼の原則の適用により予見義務が免除となることもある。	同交差点の手前で徐行し、左右道路からの車両の有無に留意して、その安全を確認しながら進行すべき
	文節の接続詞………自動車運転上の注意義務があるのにこれを怠り	
	(由)注意義務不履行の動機・原因・理由(失)予見義務違反すなわち同義務の不履行状況（前方不注視・発見遅滞等）又は回避義務の不履行状況（運転操作ミス・制動停止距離内接近等）が過失行為となる。(経)過失行為の後に回避不能となったことは不可抗力であり、衝突との間の因果関係の経路説明である。	(由)交通閑散であったことに気を許し、(失)同交差点手前で徐行せず、左右道路からの交通の有無に留意もせず、その安全確認不十分のまま、漫然時速約30キロメートルで同交差点内に進入した過失により、(経)折から、右方道路から進行してきた○○○○（当時○○歳）運転の○○○○自動車の前部に自車右側面を衝突させ、
	文節の接続詞(由)…気をとられ、軽信し(失)…過失により(経)…衝突させ、	
	結果発生内容、よって	よって、（同人）に加療○○日間を要する○○等の傷害を負わせたものである。

320

交通事故犯罪事実要点記載例

		③ **右・左折方法不適切による事故**	
事故の態様 C C11	事故の分類	右・左折方法不適切による事故　　　C	
	過失の態様	左折方法不適切 （あらかじめ左側端に寄らない左折進行と左側直進車両の不発見等） <div align="right">C11(1)</div>	
犯罪事実（過失の要点）の構成	行為の主体、日時、場所、業務性	被疑者（被告人）は、年月日時分ころ、○○自動車を運転し、	
	注意義務の前提となるべき具体的運転状況、道路状況など（予見可能性の存在状況）	○市○町○番地先の交通整理の行われていない（信号機による交通整理が行われている）交差点を、○○方向から○○方面へ向かい左折進行する	
	文節の接続詞 …………………に当たり、 …………………のであるから、 …………………から、ので		
	自動車運転上の注意義務すなわち予見義務又は回避義務の内容が注意義務である。 注1.その核心は法令、判例、条理等である。 注2.相手側の過失次第では信頼の原則の適用により予見義務が免除となることもある。	左折の合図をし、あらかじめできる限り道路の左側端に寄って徐行し、左側並進車両及び左後方から直進してくる車両の有無に留意して、その安全を確認しながら左折進行すべき	
	文節の接続詞 ………自動車運転上の注意義務があるのにこれを怠り		
	(由)注意義務不履行の動機・原因・理由 (失)予見義務違反すなわち同義務の不履行状況（前方不注視・発見遅滞等）又は回避義務の不履行状況（運転操作ミス・制動停止距離接近等）が過失行為となる。 (経)過失行為の後に回避不能となったことは不可抗力であり、衝突との間の因果関係の経路説明である。	(由)左側並進車両等はないものと軽信し、 (失)左折の合図はしたが（適切な合図をせず・合図をせず）、左後方から直進してくる車両の有無に留意せず、その安全確認不十分のまま、十分左側に寄ることなく道路中央寄りから漫然時速約20キロメートルで左折進行した過失により、 (経)折から、左後方から直進してきた○○○○（当時○○歳）運転の自動二輪車に気付かず、同車の右側面に自車左側面中央部を衝突させて、同自動二輪車とともに同人を路上に転倒させた上、自車左後輪で同人の腰部をれき圧し、	
	文節の接続詞 (由)…気をとられ、軽信し (失)…過失により (経)…衝突させ、		
	結果発生内容、よって	よって、（同人）に加療○○日間を要する○○○等の傷害を負わせたものである。	

交通事故犯罪事実要点記載例

事故の態様	③ 右・左折方法不適切による事故	
	事故の分類	右・左折方法不適切による事故　　　C
	過失の態様	左折方法不適切 （信号待ち停止後の発進左折と左側直進車両の不発見） <div align="right">C11⑵</div>
犯罪事実（過失の要点）の構成	行為の主体、日時、場所、業務性	被疑者（被告人）は、年月日時分ころ、○○自動車を運転し、
	注意義務の前提となるべき具体的運転状況、道路状況など（予見可能性の存在状況）	○市○町○番地先の信号機による交通整理が行われている交差点を、○○方面から○○方面へ向かい、同交差点手前で信号待ち停止した後、信号表示に従い発進し、左折進行するに当たり、自車左側と同所車道左側端との間には約1メートルの通行余地があり、信号待ち直進又は左後方から直進してくる自動二輪車等のあることが予測された
	文節の接続詞 …………………に当たり、 …………………のであるから、 …………………から、ので	
	自動車運転上の注意義務すなわち予見義務又は回避義務の内容が注意義務である。 注1.その核心は法令、判例、条理等である。 注2.相手側の過失次第では信頼の原則の適用により予見義務が免除となることもある。	自車の左側方直近及び左後方から直進してくる自動二輪車等の有無に留意し、その安全を確認しながら発進して、左折進行すべき
	文節の接続詞 ………自動車運転上の注意義務があるのにこれを怠り	
	(由)注意義務不履行の動機・原因・理由 (失)予見義務違反すなわち同義務の不履行状況（前方不注視・発見遅滞など）又は回避義務の不履行状況（運転操作ミス・制動停止距離内接近等）が過失行為となる。 (経)過失行為の後に回避不能となったことは不可抗力であり、衝突との間の因果関係の経路説明である。	(由)自車の左サイドミラーで自車左側方を一べつしたのみで、左後方からの直進車両はないものと軽信し、 (失)自車の左側直近の車両及び左後方から直進してくる自動二輪車等の有無に留意せず、その安全確認不十分のまま漫然発進し、時速約20キロメートルで左折進行した過失により、 (経)折から、自車左側方で自車同様信号待ち停止後発進した○○○○（当時○○歳）運転の自動二輪車に気付かず、自車左側面中央部を上記自動二輪車に衝突させて、同車とともに同人を路上に転倒させ、
	文節の接続詞 (由)…気をとられ、軽信し (失)…過失により (経)…衝突させ、	
	結果発生内容、よって	よって、（同人）に加療○○日間を要する○○○等の傷害を負わせたものである。

交通事故犯罪事実要点記載例

		③　右・左折方法不適切による事故
事故の態様	事故の分類	右・左折方法不適切による事故　　　　C
	過失の態様	右折方法不適切 （対向直進車の不発見・発見遅滞） C12(1)
犯罪事実（過失の要点）の構成	行為の主体、日時、場所、業務性	被疑者（被告人）は、年月日時分ころ、〇〇自動車を運転し、
	注意義務の前提となるべき具体的運転状況、道路状況など（予見可能性の存在状況）	〇市〇町〇番地先の交通整理の行われていない（信号機による交通整理が行われている）交差点を、〇〇方面から〇〇方面へ向かい右折進行する
	文節の接続詞 ……………に当たり、 ……………のであるから、 ……………から、ので	
	自動車運転上の注意義務すなわち予見義務又は回避義務の内容が注意義務である。 注1.その核心は法令、判例、条理等である。 注2.相手側の過失次第では信頼の原則の適用により予見義務が免除となることもある。	右折の合図をし、対向直進車両の有無に留意し、その安全を確認しながら右折進行すべき
	文節の接続詞 ………自動車運転上の注意義務があるのにこれを怠り	
	（由）注意義務不履行の動機・原因・理由 （失）予見義務違反すなわち同義務の不履行状況（前方不注視・発見遅滞等）又は回避義務の不履行状況（運転操作ミス・制動停止距離内接近等）が過失行為となる。 （経）過失行為の後に回避不能となったことは不可抗力であり、衝突との間の因果関係の経路説明である。	（由）同交差点の右折方向出口の横断歩道上の歩行者の動静に気をとられ、 （失）右折の合図はしたが、対向直進車両の有無に留意せず、その安全確認不十分のまま、漫然時速約20キロメートルで右折進行した過失により、 （経）折から、対向直進してきた〇〇〇〇（当時〇〇歳）運転の〇〇〇〇自動車に気付かず（〇〇〇〇自動車を直前に迫ってようやく認めたが、急制動の措置をとる間もなく）、同車右前部に自車左側面前部を衝突させ、
	文節の接続詞 （由）…気をとられ、軽信し （失）…過失により （経）…衝突させ、	
	結果発生内容、よって	よって、（同人）に加療〇〇日間を要する〇〇〇等の傷害を負わせたものである。

交通事故犯罪事実要点記載例

	③ 右・左折方法不適切による事故	
事故の態様	事故の分類	右・左折方法不適切による事故　　　C
	過失の態様	右折方法不適切 （対向直進車の不発見・自動二輪車非接触転倒） 　　　　　　　　　　　　　　　　　　C 12(2)
犯罪事実（過失の要点）の構成	行為の主体、日時、場所、業務性	被疑者（被告人）は、年月日時分ころ、○○自動車を運転し、
	注意義務の前提となるべき具体的運転状況、道路状況など（予見可能性の存在状況）	○市○町○番地先の交通整理の行われていない交差点を、○○方面から○○方面へ向かい右折進行する
	文節の接続詞 ……………に当たり、 ……………のであるから、 ……………から、ので	
	自動車運転上の注意義務すなわち予見義務又は回避義務の内容が注意義務である。 注1.その核心は法令、判例、条理等である。 注2.相手側の過失次第では信頼の原則の適用により予見義務が免除となることもある。	対向直進してくる車両の有無に留意し、その安全を確認しながら右折進行すべき
	文節の接続詞 ………自動車運転上の注意義務があるのにこれを怠り	
	(由)注意義務不履行の動機・原因・理由 (失)予見義務違反すなわち同義務の不履行状況（前方不注視・発見遅滞等）又は回避義務の不履行状況（運転操作ミス・制動停止距離内接近等）が過失行為となる。 (経)過失行為の後に回避不能となったことは不可抗力であり、衝突との間の因果関係の経路説明である。	(由)交通閑散であったことに気を許し、 (失)対向直進車両の有無に留意せず、その安全確認不十分のまま、漫然時速約20キロメートルで右折進行した過失により、 (経)折から、対向直進してきた○○○○（当時○○歳）運転の自動二輪車の進路直前に進出し、同人をして自車との衝突を避けるためやむなく急制動、左急転把の措置をとるに至らしめ、同人を同自動二輪車とともに路上に転倒させて滑走させた上、同所先路端の電柱に衝突させ、
	文節の接続詞 (由)…気をとられ、軽信し (失)…過失により (経)…衝突させ、	
	結果発生内容、よって	よって、（同人）に加療○○日間を要する○○○等の傷害を負わせたものである。

交通事故犯罪事実要点記載例

		③　右・左折方法不適切による事故	
事故の態様		事故の分類	右・左折方法不適切による事故　　　C
		過失の態様	右折方法不適切 （対向直進車の動静不注視と安全不確認） C12(3)
犯罪事実（過失の要点）の構成		行為の主体、日時、場所、業務性	被疑者（被告人）は、年月日時分ころ、○○自動車を運転し、
		注意義務の前提となるべき具体的運転状況、道路状況など （予見可能性の存在状況）	○市○町○番地先の信号機による交通整理が行われている交差点を、○○方面から○○方面へ向かい右折進行するに当たり、対向直進してくる○○○○（当時○○歳）運転の○○○○自動車を、前方約50メートルの地点に認めた
		文節の接続詞 ……………に当たり、 ……………のであるから、 ……………から、ので	
		自動車運転上の注意義務すなわち予見義務又は回避義務の内容が注意義務である。 注1.その核心は法令、判例、条理等である。 注2.相手側の過失次第では信頼の原則の適用により予見義務が免除となることもある。	同車の進行を妨害しないよう、同交差点の中心の直近内側で一時停止するなどして、同車の動静を注視し、その安全を確認しながら右折進行すべき
		文節の接続詞 ………自動車運転上の注意義務があるのにこれを怠り	
		（由）注意義務不履行の動機・原因・理由 （失）予見義務違反すなわち同義務の不履行状況（前方不注視・発見遅滞等）又は回避義務の不履行状況（運転操作ミス・制動停止距離内接近等）が過失行為となる。 （経）過失行為の後に回避不能となったことは不可抗力であり、衝突との間の因果関係の経路説明である。	（由）同車が接近するまでに、自車は右折を完了できるものと軽信し、 （失）同交差点の中心の直近内側で一時停止せず、前記○○運転車両の動静にも注視せず、その安全確認不十分のまま、漫然時速約20キロメートルで右折進行した過失により、 （経）折から、対向直進してきた同車の前部に自車左側面後部を衝突させ、
		文節の接続詞 （由）…気をとられ、軽信し （失）…過失により （経）…衝突させ、	
		結果発生内容、よって	よって、（同人）に加療○○日間を要する○○等の傷害を負わせたものである。

C

C12

交通事故犯罪事実要点記載例

事故の態様	③　右・左折方法不適切による事故		
	事故の分類	右・左折方法不適切による事故　　　C	C
	過失の態様	右折方法不適切 （対向直進車の進路上に進出停止） 　　　　　　　　　　　　　　　C12(4)	C12
犯罪事実（過失の要点）の構成	行為の主体、日時、場所、業務性	被疑者（被告人）は、年月日時分ころ、○○自動車を運転し、	
	注意義務の前提となるべき具体的運転状況、道路状況など（予見可能性の存在状況）	○市○町○番地先の信号機による交通整理が行われている交差点を、○○方面から○○方面へ向かい、時速約10キロメートルで右折進行するに当たり、対向直進してくる○○○○（当時○○歳）運転の○○○○自動車を前方約40メートルの地点に認めた	
	文節の接続詞 …………………に当たり、 …………………のであるから、 …………………から、ので		
	自動車運転上の注意義務すなわち予見義務又は回避義務の内容が注意義務である。 注1.その核心は法令、判例、条理等である。 注2.相手側の過失次第では信頼の原則の適用により予見義務が免除となることもある。	同車の進行を妨害しないよう、同交差点の中心の直近内側で一時停止するなどして、同車の動静を注視し、その安全を確認しながら右折進行すべき	
	文節の接続詞 ………自動車運転上の注意義務があるのにこれを怠り		
	(由)注意義務不履行の動機・原因・理由 (失)予見義務違反すなわち同義務の不履行状況（前方不注視・発見遅滞等）又は回避義務の不履行状況（運転操作ミス・制動停止距離内接近等）が過失行為となる。 (経)過失行為の後に回避不能となったことは不可抗力であり、衝突との間の因果関係の経路説明である。	(由)同車が進路変更するなどして自車を回避してくれるものと軽信し、 (失)同交差点の中心の直近の内側で停止せず、中央線寄りを進行してくる前記○○運転車両との安全を確認しないまま、同車の進路上まで進出し、同車の進行してくる直前で停止した過失により、 (経)同車の前部右端に自車右前部を衝突させ、	
	文節の接続詞 (由)…気をとられ、軽信し (失)…過失により (経)…衝突させ、		
	結果発生内容、よって	よって、（同人）に加療○○日間を要する○○等の傷害を負わせたものである。	

交通事故犯罪事実要点記載例

	③　右・左折方法不適切による事故	
事故の態様	事故の分類	右・左折方法不適切による事故　　　C
	過失の態様	右折方法不適切 （右折方向出口の横断歩道直前停止による対向直進車の進行妨害） 既右折優先（法37条第2項）は廃止された C12(5)
犯罪事実（過失の要点）の構成	行為の主体、日時、場所、業務性	被疑者（被告人）は、年月日時分ころ、○○自動車を運転し、
	注意義務の前提となるべき具体的運転状況、道路状況など（予見可能性の存在状況） 文節の接続詞 ……………………に当たり、 ……………………のであるから、 ……………………から、ので	○市○町○番地先の信号機による交通整理が行われている交差点を、○○方面から○○方面へ向かい右折進行するに当たり、○○方面から対向直進してくる○○○○（当時○○歳）運転の○○○○自動車を前方約50メートルの地点に認めたが、同交差点右折方向出口には横断歩道が設けられていたので、同横断歩道により歩行しようとする歩行者等があるときは、同横断歩道の直前で一時停止することになり、これが同車の進路妨害となるおそれがあった
	自動車運転上の注意義務すなわち予見義務又は回避義務の内容が注意義務である。 注1. その核心は法令、判例、条理等である。 注2. 相手側の過失次第では信頼の原則の適用により予見義務が免除となることもある。 文節の接続詞 ………自動車運転上の注意義務があるのにこれを怠り	同横断歩道により横断しようとする歩行者等のないことを確認し、かつ、同車の動静を注視し、その安全を確認しながら右折進行すべき
	(由)注意義務不履行の動機・原因・理由 (失)予見義務違反すなわち同義務の不履行状況（前方不注視・発見遅滞等）又は回避義務の不履行状況（運転操作ミス・制動停止距離内接近等）が過失行為となる。 (経)過失行為の後に回避不能となったことは不可抗力であり、衝突との間の因果関係の経路説明である。 文節の接続詞 (由)…気をとられ、軽信し (失)…過失により (経)…衝突させ、	(由)同車が接近する前に、自車の方で右折を完了しようとあせるあまり、 (失)同横断歩道により横断しようとする歩行者等のないことを確認せず、かつ、前記○○運転車両との安全確認不十分のまま、漫然時速約20キロメートルで右折進行した過失により、 (経)折から、同横断歩道上を右方から左方へ進行を始めた自転車を認め、同横断歩道の直前で一時停止したが、これが前記○○運転車両の進行を妨害し、同車前部に自車左側面後部を衝突させ、
	結果発生内容、よって	よって、（同人）に加療○○日間を要する○○○等の傷害を負わせたものである。

交通事故犯罪事実要点記載例

	③ **右・左折方法不適切による事故**	
事故の態様	事故の分類	右・左折方法不適切による事故　　　C
	過失の態様	右折方法不適切 　（右後方からの直進車の進行妨害） 　（注） 適切な合図をして、衝突地点が中央線を越えていた場合は右折車の過失が否定されることがある。　　　　　　　　　　　　　　C12(6)
犯罪事実（過失の要点）の構成	行為の主体、日時、場所、業務性	被疑者（被告人）は、年月日時分ころ、○○自動車を運転し、
	注意義務の前提となるべき具体的運転状況、道路状況など（予見可能性の存在状況）	○市○町○番地先の交通整理の行われていない交差点を、○○方面から○○方面へ向かい右折進行する
	文節の接続詞 …………………に当たり、 …………………のであるから、 …………………から、ので	
	自動車運転上の注意義務すなわち予見義務又は回避義務の内容が注意義務である。 注1.その核心は法令、判例、条理等である。 注2.相手側の過失次第では信頼の原則の適用により予見義務が免除となることもある。	適切な右折の合図をし、あらかじめできる限り道路の中央に寄り、交差点の中心の直近内側を徐行し、対向直進車両及び右後方から直進してくる車両の有無に留意し、その安全を確認しながら右折進行すべき
	文節の接続詞 ………自動車運転上の注意義務 　　があるのにこれを怠り	
	(由)注意義務不履行の動機・原因・理由 (失)予見義務違反すなわち同義務の不履行状況（前方不注視・発見遅滞等）又は回避義務の不履行状況（運転操作ミス・制動停止距離内接近等）が過失行為となる。 (経)過失行為の後に回避不能となったことは不可抗力であり、衝突との間の因果関係の経路説明である。	(由)交通閑散であり、対向直進車両のないことに気を許し、 (失)適切な合図をせず（その合図はしたが）、あらかじめできる限り道路の中央に寄ることなく、右後方からの後続車の有無に留意もせず、その安全確認不十分のまま、漫然時速約20キロメートルで右折進行した過失により、 (経)折から、右後方から直進してきた○○○○（当時○○歳）運転の○○○○自動車に気付かず、同車左前部に自車右側面を衝突させ、
	文節の接続詞 (由)…気をとられ、軽信し (失)…過失により (経)…衝突させ、	
	結果発生内容、よって	よって、（同人）に加療○○日間を要する○○○等の傷害を負わせたものである。

交通事故犯罪事実要点記載例

		③ 右・左折方法不適切による事故	
事故の態様		事故の分類	右・左折方法不適切による事故　　C
		過失の態様	右折方法不適切 （高架道の橋脚のため見通しのきかない変型交差点右折の際、対向直進車の安全不確認） C12(7)
犯罪事実（過失の要点）の構成		行為の主体、日時、場所、業務性	被疑者（被告人）は、年月日時分ころ、○○自動車を運転し、
		注意義務の前提となるべき具体的運転状況、道路状況など（予見可能性の存在状況）	○市○町○番地先の信号機による交通整理が行われている交差点を、○○方面から○○方面へ向かい右折進行するに当たり、同交差点は高架道路の下に位置し、その橋脚に遮られて左方道路の見通しがきかない変形交差点であった
		文節の接続詞 ……………………に当たり、 ……………………のであるから、 ……………………から、ので	
		自動車運転上の注意義務すなわち予見義務又は回避義務の内容が注意義務である。 注1.その核心は法令、判例、条理等である。 注2.相手側の過失次第では信頼の原則の適用により予見義務が免除となることもある。	同交差点の中心付近で一時停止し、又は最徐行しながら小刻み発進して、左方道路からの直進車両の有無に留意し、その安全を確認しながら進行すべき
		文節の接続詞 ………自動車運転上の注意義務があるのにこれを怠り	
		(由)注意義務不履行の動機・原因・理由 (失)予見義務違反すなわち同義務の不履行状況（前方不注視・発見遅滞等）又は回避義務の不履行状況（運転操作ミス・制動停止距離内接近等）が過失行為となる。 (経)過失行為の後に回避不能となったことは不可抗力であり、衝突との間の因果関係の経路説明である。	(由)交通閑散なことから、対向直進車両はないものと軽信し、 (失)交差点中心付近で一時停止も最徐行もせず、対向直進車の有無に留意もせず、その安全確認不十分のまま、漫然時速約20キロメートルで右折進行した過失により、 (経)折から、信号に従い左方道路から直進してきた○○○○（当時○○歳）運転の○○○○自動車に気付かず、同車前部に自車左側面を衝突させ、
		文節の接続詞 (由)…気をとられ、軽信し (失)…過失により (経)…衝突させ、	
		結果発生内容、よって	よって、（同人）に加療○○日間を要する○○○等の傷害を負わせたものである。

交通事故犯罪事実要点記載例

事故の態様	③ 右・左折方法不適切による事故	
	事故の分類	右・左折方法不適切による事故　　C
	過失の態様	連続停止車両の前面右折（交差点内右折と対向直進車の安全不確認）
		C13(1)

犯罪事実（過失の要点）の構成	行為の主体、日時、場所、業務性	被疑者（被告人）は、年月日時分ころ、○○自動車を運転し、
	注意義務の前提となるべき具体的運転状況、道路状況など（予見可能性の存在状況）	○市○町○番地先の信号機による交通整理が行われている交差点を、○○方面から○○方面へ向かい右折進行するに当たり、対向車線には渋滞車両が連続停止しており、同停止車両とその左側方の歩道との間には幅約1.5メートルの通行余地があった
	文節の接続詞 …………………に当たり、 ………………のであるから、 ………………から、ので	
	自動車運転上の注意義務すなわち予見義務又は回避義務の内容が注意義務である。 注1.その核心は法令、判例、条理等である。 注2.相手側の過失次第では信頼の原則の適用により予見義務が免除となることもある。	上記停止車両の前面で一時停止するか、又は最徐行して同通行余地を対向直進してくる車両等の有無に留意し、その安全を確認しながら右折すべき
	文節の接続詞 ………自動車運転上の注意義務があるのにこれを怠り	
	(由)注意義務不履行の動機・原因・理由 (失)予見義務違反すなわち同義務の不履行状況（前方不注視・発見遅滞等）又は回避義務の不履行状況（運転操作ミス・制動停止距離内接近等）が過失行為となる。 (経)過失行為の後に回避不能となったことは不可抗力であり、衝突との間の因果関係の経路説明である。	(由)同通行余地を進行してくる車両等はないものと軽信し、 (失)同停止車両の前面で一時停止も徐行もせず、同通行余地を対向直進してくる車両等の有無に留意もせず、その安全確認不十分のまま、漫然時速約10キロメートルで右折した過失により、 (経)折から、同通行余地を対向直進してきた○○○○（当時○○歳）運転の原動機付自転車に気付かず、自車左側面を同原動機付自転車に衝突させて、同車とともに同人を路上に転倒させ、
	文節の接続詞 (由)…気をとられ、軽信し (失)…過失により (経)…衝突させ、	
	結果発生内容、よって	よって、（同人）に加療○○日間を要する○○○等の傷害を負わせたものである。

C

C13

交通事故犯罪事実要点記載例

	③ 右・左折方法不適切による事故	
事故の態様	事故の分類	右・左折方法不適切による事故　　　C
	過失の態様	連続停止車両の前面右折（交差点外道路の横断右折と対向直進車の安全不確認） C 13(2)
犯罪事実（過失の要点）の構成	行為の主体、日時、場所、業務性	被疑者（被告人）は、年月日時分ころ、○○自動車を運転し、
	注意義務の前提となるべき具体的運転状況、道路状況など（予見可能性の存在状況）	○市○町○番地先道路を、○○方面から○○方面へ向かい進行し、同所の道路右側にある駐車場へ入るため、対向車線の渋滞連続停止車両間を横断して右折進行するに当たり、同停止車両とその左側方の歩道との間には幅約1.5メートルの通行余地があった
	文節の接続詞 …………………に当たり、 ………………のであるから、 ………………から、ので	
	自動車運転上の注意義務すなわち予見義務又は回避義務の内容が注意義務である。 注1.その核心は法令、判例、条理等である。 注2.相手側の過失次第では信頼の原則の適用により予見義務が免除となることもある。	同停止車両の前面で一時停止するか、又は最徐行して同通行余地を対向直進してくる車両等の有無に留意し、その安全を確認しながら右へ横断すべき
	文節の接続詞 ………自動車運転上の注意義務があるのにこれを怠り	
	(由)注意義務不履行の動機・原因・理由 (失)予見義務違反すなわち同義務の不履行状況（前方不注視・発見遅滞等）又は回避義務の不履行状況（運転操作ミス・制動停止距離内接近等）が過失行為となる。 (経)過失行為の後に回避不能となったことは不可抗力であり、衝突との間の因果関係の経路説明である。	(由)同通行余地を進行してくる車両等はないものと軽信し、 (失)同停止車両の前面で一時停止も徐行もせず、同通行余地を対向直進してくる車両等の有無に留意もせず、その安全確認不十分のまま、漫然時速約10キロメートルで右折横断した過失により、 (経)折から、同通行余地を対向直進してきた○○○○（当時○○歳）運転の自動二輪車に気付かず、自車左側面を同自動二輪車に衝突させて、同車とともに同人を路上に転倒させ、
	文節の接続詞 (由)…気をとられ、軽信し (失)…過失により (経)…衝突させ、	
	結果発生内容、よって	よって、（同人）に加療○○日間を要する○○○等の傷害を負わせたものである。

交通事故犯罪事実要点記載例

	④ 対歩行者事故（含自転車）	
事故の態様	事故の分類	横断歩道外歩行者等の不発見・発見遅滞による事故　　　　　D1
	過失の態様	単路歩行者等の不発見 （前方不注視） （注） 障害物（含・歩行者等）の発見遅滞、同不発見の過失は原則として前方不注視となる。 　　　　　D11(1)
犯罪事実（過失の要点）の構成	行為の主体、日時、場所、業務性	被疑者（被告人）は、年月日時分ころ、○○自動車を運転し、
	注意義務の前提となるべき具体的運転状況、道路状況など（予見可能性の存在状況）	○市○町○番地先道路を、○○方面から○○方面へ向かい、時速約40キロメートルで進行する
	文節の接続詞 ……………に当たり、 ……………のであるから、 ……………から、ので	
	自動車運転上の注意義務すなわち予見義務又は回避義務の内容が注意義務である。 注1. その核心は法令、判例、条理等である。 注2. 相手側の過失次第では信頼の原則の適用により予見義務が免除となることもある。	前方左右を注視し、進路の安全を確認しながら進行すべき
	文節の接続詞 ………自動車運転上の注意義務があるのにこれを怠り	
	(由)注意義務不履行の動機・原因・理由 (失)予見義務違反すなわち同義務の不履行状況（前方不注視・発見遅滞等）又は回避義務の不履行状況（運転操作ミス・制動停止距離内接近等）が過失行為となる。 (経)過失行為の後に回避不能となったことは不可抗力であり、衝突との間の因果関係の経路説明である。	(由)左方路外の広告看板に気をとられ (失)前方左右を十分注視せず、進路の安全確認不十分のまま、漫然前記速度で進行した過失により、 (経)進路前方を左（右）から右（左）へ横断歩行中の○○○○（当時○○歳）に全く気付かず、自車前部を同人に衝突させて路上に転倒させ、
	文節の接続詞 (由)…気をとられ、軽信し (失)…過失により (経)…衝突させ、	
	結果発生内容、よって	よって、（同人）に加療○○日間を要する○○等の傷害を負わせたものである。

交通事故犯罪事実要点記載例

		④ **対歩行者事故**（含自転車）	
事故の態様		事故の分類	横断歩道外歩行者等の発見遅滞・不発見による事故　　　　　　　　　　　　　D 1
		過失の態様	単路歩行者等の発見遅滞 （前方不注視） D11(2)
犯罪事実（過失の要点）の構成		行為の主体、日時、場所、業務性	被疑者（被告人）は、年月日時分ころ、○○自動車を運転し、
		注意義務の前提となるべき具体的運転状況、道路状況など（予見可能性の存在状況）	○市○町○番地先道路を、○○方面から○○方面へ向かい、時速約50キロメートルで進行する
		文節の接続詞 ……………………に当たり、 ………………のであるから、 ………………から、ので	
		自動車運転上の注意義務すなわち予見義務又は回避義務の内容が注意義務である。 注1.その核心は法令、判例、条理等である。 注2.相手側の過失次第では信頼の原則の適用により予見義務が免除となることもある。	前方左右を注視し、進路の安全を確認しながら進行すべき
		文節の接続詞 ………自動車運転上の注意義務があるのにこれを怠り	
		(由)注意義務不履行の動機・原因・理由 (失)予見義務違反すなわち同義務の不履行状況（前方不注視・発見遅滞等）又は回避義務の不履行状況（運転操作ミス・制動停止距離内接近等）が過失行為となる。 (経)過失行為の後に回避不能となったことは不可抗力であり、衝突との間の因果関係の経路説明である。	(由)遠方の信号機の信号表示に気をとられて、 (失)前方左右を十分注視せず、進路の安全確認不十分のまま、漫然前記速度で進行した過失により、 (経)進路前方を右方から左方へ小走りで横断歩行中の○○○○○（当時○○歳）を至近距離に迫ってようやく認めたが、急制動の措置をとる間もなく、自車前部を同人に衝突させて路上に転倒させ、
		文節の接続詞 (由)…気をとられ、軽信し (失)…過失により (経)…衝突させ、	
		結果発生内容、よって	よって、（同人）に加療○○日間を要する○○等の傷害を負わせたものである。

交通事故犯罪事実要点記載例

	4 　対歩行者事故 (含自転車)		
事故の態様	事故の分類	横断歩道外歩行者等の発見遅滞・不発見による事故　　　　　　　　　　　　　　D 1	**D1**
	過失の態様	交差点の横断歩行者等の発見遅滞 （交通整理の行われていない、左右見通しのきかない交差点直進と左方道路からの歩行者）　　　　　　　　　　　　　D11(3)	**D11**
犯　罪　事　実　（過失の要点）　の　構　成	行為の主体、日時、場所、業務性	被疑者（被告人）は、年月日時分ころ、○○自動車を運転し、	
	注意義務の前提となるべき具体的運転状況、道路状況など（予見可能性の存在状況）	○市○町○番地先の交通整理の行われていない、左右見通しのきかない交差点を、○○方面から○○方面へ向かい直進する	
	文節の接続詞 ……………に当たり、 ……………のであるから、 ……………から、ので		
	自動車運転上の注意義務すなわち予見義務又は回避義務の内容が注意義務である。 注1.その核心は法令、判例、条理である。 注2.相手側の過失次第では信頼の原則の適用により予見義務が免除となることもある。	同交差点手前で減速徐行し、左右道路からの交通の有無に留意して、その安全を確認しながら進行すべき	
	文節の接続詞 ………自動車運転上の注意義務があるのにこれを怠り		
	(由)注意義務不履行の動機・原因・理由 (失)予見義務違反すなわち同義務の不履行状況（前方不注視・発見遅滞等）又は回避義務の不履行状況（運転操作ミス・制動停止距離内接近等）が過失行為となる。 (経)過失行為の後に回避不能となったことは不可抗力であり、衝突との間の因果関係の経路説明である。	(由)交通閑散であったことに気を許し、 (失)同交差点の手前で徐行せず、左右道路からの交通の有無に留意もせず、その安全確認不十分のまま、漫然時速約30キロメートルで同交差点内に進入した過失により、 (経)折から、左方道路から、小走りで同交差点内に進入してきた○○○○（当時○○歳）を至近距離に迫ってようやく認めたが、急制動の措置をとる間もなく、同人に自車左前部を衝突させて路上に転倒させ、	
	文節の接続詞 (由)…気をとられ、軽信し (失)…過失により (経)…衝突させ、		
	結果発生内容、よって	よって、（同人）に加療○○日間を要する○○等の傷害を負わせたものである。	

交通事故犯罪事実要点記載例

	4 **対歩行者事故** (含自転車)	
事故の態様	事故の分類	横断歩道外歩行者等の発見遅滞・不発見による事故　　　　　　　　　　　　　　D 1
	過失の態様	交差点の横断歩行者等の発見遅滞 （一時停止標識設置交差点直進と左方道路からの自転車） （注） B 21⑴と同旨である。　　　　　　　D 11⑷
犯罪事実（過失の要点）の構成	行為の主体、日時、場所、業務性	被疑者（被告人）は、年月日時分ころ、○○自動車を運転し、
	注意義務の前提となるべき具体的運転状況、道路状況など （予見可能性の存在状況）	○市○町○番地先の交通整理の行われていない交差点を、○○方面から○○方面へ向かい直進するに当たり、同交差点手前には一時停止の道路標識が設置され、左右道路の見通しがきかなかった
	文節の接続詞 ………………に当たり、 ………………のであるから、 ………………から、ので	
	自動車運転上の注意義務すなわち予見義務又は回避義務の内容が注意義務である。 注1.その核心は法令、判例、条理等である。 注2.相手側の過失次第では信頼の原則の適用により予見義務が免除となることもある。	同交差点の停止位置で一時停止し、左右道路からの交通の有無に留意して、その安全を確認しながら進行すべき
	文節の接続詞 ………自動車運転上の注意義務があるのにこれを怠り	
	（由）注意義務不履行の動機・原因・理由 （失）予見義務違反すなわち同義務の不履行状況（前方不注視・発見遅滞等）又は回避義務の不履行状況（運転操作ミス・制動停止距離内接近等）が過失行為となる。 （経）過失行為の後に回避不能となったことは不可抗力であり、衝突との間の因果関係の経路説明である。	（由）交通閑散であったことに気を許し、 （失）同交差点の停止位置で一時停止せず（一時停止はしたが）、左右道路からの交通の有無に留意もせず、その安全確認不十分のまま、漫然時速約30キロメートルで同交差点内に進入した過失により、 （経）折から、左方道路から進行してきた○○○○（当時○歳）運転の自転車を、左前方約3メートルの地点に迫ってようやく認めたが、急制動の措置をとる間もなく、自車左前部を同自転車に衝突させて、同自転車とともに同人を路上に転倒させ、
	文節の接続詞 （由）…気をとられ、軽信し （失）…過失により （経）…衝突させ、	
	結果発生内容、よって	よって、（同人）に加療○○日を要する○○○等の傷害を負わせたものである。

D1

D11

交通事故犯罪事実要点記載例

	4 対歩行者事故(含自転車)	
事故の態様	事故の分類	横断歩道外歩行者等の発見遅滞・不発見による事故　　　　　　　　　　　　　D 1
	過失の態様	交差点の横断歩行者等の発見遅滞 （交差点の左折進行と左側方の並進自転車） (注) C11(1)と同旨である。 　　　　　　　　　　　　　　　D11(5)
犯　罪　事　実　（過失の要点）の　構　成	行為の主体、日時、場所、業務性	被疑者（被告人）は、年月日時分ころ、○○自動車を運転し、
	注意義務の前提となるべき具体的運転状況、道路状況など （予見可能性の存在状況）	○市○町○番地先の交通整理の行われていない（信号機による交通整理が行われている）交差点を、○○方面から○○方面へ向かい左折進行する
	文節の接続詞 ………………に当たり、 ………………のであるから、 ………………から、ので	
	自動車運転上の注意義務すなわち予見義務又は回避義務の内容が注意義務である。 注1.その核心は法令、判例、条理等である。 注2.相手側の過失次第では信頼の原則の適用により予見義務が免除となることもある。	左折の合図をし、あらかじめできる限り道路の左側端に寄って徐行し、左側並進車両等の有無に留意して、その安全を確認しながら左折進行すべき
	文節の接続詞 ………自動車運転上の注意義務があるのにこれを怠り	
	(由)注意義務不履行の動機・原因・理由 (失)予見義務違反すなわち同義務の不履行状況（前方不注視・発見遅滞等）又は回避義務の不履行状況（運転操作ミス・制動停止距離内接近等）が過失行為となる。 (経)過失行為の後に回避不能となったことは不可抗力であり、衝突との間の因果関係の経路説明である。	(由)左側並進車両等はないものと軽信し、 (失)左折の合図はしたが（適切な合図をせず・合図をせず）、左側並進車両等の有無に留意せず、その安全確認不十分のまま、道路中央寄りから、漫然時速約30キロメートルで左折進行した過失により、 (経)折から、自車左側方を並進していた○○○○（当時○○歳）運転の自転車に気付かず、自車左側面前部を同自転車に衝突させて、同車とともに同人を路上に転倒させ、
	文節の接続詞 (由)…気をとられ、軽信し (失)…過失により (経)…衝突させ、	
	結果発生内容、よって	よって、（同人）に加療○○日間を要する○○○等の傷害を負わせたものである。

D1

D11

交通事故犯罪事実要点記載例

		4 対歩行者事故（含自転車）	
事故の態様		事故の分類	横断歩道外歩行者等の発見遅滞・不発見による事故　　　　　　　　　　　　　　D1
		過失の態様	交差点の横断歩行者等の発見遅滞 （信号待ち停止後の発進左折と左後方からの直進自転車） 　　　　　　　　　　　　　　D11(6)
犯罪事実（過失の要点）の構成		行為の主体、日時、場所、業務性	被疑者（被告人）は、年月日時分ころ、〇〇自動車を運転し、
		注意義務の前提となるべき具体的運転状況、道路状況など（予見可能性の存在状況） 文節の接続詞 …………………に当たり、 ………………のであるから、 ………………から、ので	〇市〇町〇番地先の信号機により交通整理の行われている交差点を、〇〇方面から〇〇方面へ向かい、同交差点手前で信号待ち停止後、信号表示に従い発進し、左折進行するに当たり、自車左側と同所車道左側端との間には約1メートルの通行余地があり、同通行余地には、信号待ち直進又は左後方から直進してくる自転車等のあることが予測された
		自動車運転上の注意義務すなわち予見義務又は回避義務の内容が注意義務である。 注1.その核心は法令、判例、条理等である。 注2.相手側の過失次第では信頼の原則の適用により予見義務が免除となることもある。 文節の接続詞 ………自動車運転上の注意義務があるのにこれを怠り	自車の左側方直近及び左後方から直進してくる自転車等の有無に留意し、その安全を確認しながら発進左折すべき
		(由)注意義務不履行の動機・原因・理由 (失)予見義務違反すなわち同義務の不履行状況（前方不注視・発見遅滞等）又は回避義務の不履行状況（運転操作ミス・制動停止距離内接近等）が過失行為となる。 (経)過失行為の後に回避不能となったことは不可抗力であり、衝突との間の因果関係の経路説明である。 文節の接続詞 (由)…気をとられ、軽信し (失)…過失により (経)…衝突させ、	(由)自車の左サイドミラーで、自車左側方を一べつしたのみで、左後方からの直進車両はないものと軽信し、 (失)自車の左側直近の車両及び左後方から直進してくる自転車等の有無に留意せず、その安全確認不十分のまま漫然発進し、時速約20キロメートルで発進左折した過失により、 (経)折から、左後方から直進してきた〇〇〇〇（当時〇〇歳）運転の自転車に気付かず、自車左側面前部を同自転車に衝突させて、同車とともに同人を路上に転倒させ、
		結果発生内容、よって	よって、（同人）に加療〇〇日間を要する〇〇〇等の傷害を負わせたものである。

交通事故犯罪事実要点記載例

<table>
<tr><td colspan="2" rowspan="2"></td><td colspan="2">④　対歩行者事故（含自転車）</td></tr>
<tr><td></td><td></td></tr>
<tr><td rowspan="4">事故の態様</td><td>事故の分類</td><td colspan="2">横断歩道外歩行者等の発見遅滞・不発見による事故　　　　　　　　　　　　　　D 1</td></tr>
<tr><td>過失の態様</td><td colspan="2">交差点の横断歩行者等の発見遅滞
（交差点の右折進行と対向直進自転車）
（注）
B11(1)と同旨である。
　　　　　　　　　　　　　　D11(7)</td></tr>
<tr><td rowspan="8">犯　罪　事　実　（過失の要点）　の　構　成</td><td>行為の主体、日時、場所、業務性</td><td rowspan="3">被疑者（被告人）は、年月日時分ころ、○○自動車を運転し、○市○町○番地先の交通整理の行われていない交差点（信号機による交通整理が行われている交差点）を、○○方面から○○方面へ向かい右折進行する</td></tr>
<tr><td>注意義務の前提となるべき具体的運転状況、道路状況など（予見可能性の存在状況）</td></tr>
<tr><td>文節の接続詞
…………………に当たり、
…………………のであるから、
…………………から、ので</td></tr>
<tr><td>自動車運転上の注意義務すなわち予見義務又は回避義務の内容が注意義務である。
注1.その核心は法令、判例、条理等である。
注2.相手側の過失次第では信頼の原則の適用により予見義務が免除となることもある。</td><td>右折の合図をし、対向直進車両等の有無に留意して、その安全を確認しながら右折進行すべき</td></tr>
<tr><td>文節の接続詞
………自動車運転上の注意義務があるのにこれを怠り</td><td></td></tr>
<tr><td>(由)注意義務不履行の動機・原因・理由
(失)予見義務違反すなわち同義務の不履行状況（前方不注視・発見遅滞等）又は回避義務の不履行状況（運転操作ミス・制動停止距離内接近等）が過失行為となる。
(経)過失行為の後に回避不能となったことは不可抗力であり、衝突との間の因果関係の経路説明である。</td><td>(由)交通閑散なことに気を許し、
(失)右折の合図はしたが、対向直進車両等の有無に留意せず、その安全確認不十分のまま、漫然時速約20キロメートルで右折進行した過失により、
(経)折から、○○方面から対向直進してきた○○○○（当時○○歳）運転の自転車を、左斜め前方約5メートルの地点に迫ってようやく認め、急制動の措置をとったが間に合わず、自車前部を同自転車右側面に衝突させて、同人を同自転車とともに路上に転倒させ、</td></tr>
<tr><td>文節の接続詞
(由)…気をとられ、軽信し
(失)…過失により
(経)…衝突させ、</td></tr>
<tr><td>結果発生内容、よって</td><td>よって、（同人）に加療○○日間を要する○○等の傷害を負わせたものである。</td></tr>
</table>

交通事故犯罪事実要点記載例

		4 　**対歩行者事故** (含自転車)	
事故の態様		事故の分類	横断歩道外歩行者等の動静不注視等による事故　　　　　　　　　　　　　　　D 1
		過失の態様	不安定歩行者等の側方通過時の安全間隔不保持 D 12(1)
犯　罪　事　実　（過失の要点）　の　構　成		行為の主体、日時、場所、業務性	被疑者（被告人）は、年月日時分ころ、○○自動車を運転し、
		注意義務の前提となるべき具体的運転状況、道路状況など（予見可能性の存在状況）	○市○町○番地先道路を、○○方面から○○方面へ向かい、時速約40キロメートルで進行中、自車左前方側端（路側帯）付近を、自車と同方向へ幼児（老人・酩酊者・重量物）を乗せた自転車を運転中の○○○○（当時○○歳）を、左斜め前方約20メートルの地点に認め、その右側方を通過する
		文節の接続詞 ……………に当たり、 ……………のであるから、 ……………から、ので	
		自動車運転上の注意義務すなわち予見義務又は回避義務の内容が注意義務である。 注1.その核心は法令、判例、条理等である。 注2.相手側の過失次第では信頼の原則の適用により予見義務が免除となることもある。	その動静を十分注視し、安全な側方間隔を保ち、又は徐行し、その安全を確認しながら右側方を通過すべき
		文節の接続詞 ………自動車運転上の注意義務があるのにこれを怠り	
		(由)注意義務不履行の動機・原因・理由 (失)予見義務違反すなわち同義務の不履行状況（前方不注視・発見遅滞等）又は回避義務の不履行状況（運転操作ミス・制動停止距離内接近等）が過失行為となる。 (経)過失行為の後に回避不能となったことは不可抗力であり、衝突との間の因果関係の経路説明である。	(由)対向車とのすれ違いのための右側方間隔保持に気をとられ、 (失)同人の動静を十分注視せず、その安全確認不十分のまま、漫然前記速度で、その右側方直近を進行した過失により、 (経)同人が、やゝ右方へ進路変更したのに即応できず、自車左側面前部を同人（同自転車）に衝突させて、同自転車とともに同人等を路上に転倒させ、
		文節の接続詞 (由)…気をとられ、軽信し (失)…過失により (経)…衝突させ、	
		結果発生内容、よって	よって、（同人）に加療○○日間を要する○○○等の傷害を負わせたものである。

交通事故犯罪事実要点記載例

	④ 対歩行者事故 (含自転車)	
事故の態様	事故の分類	横断歩道外歩行者等の動静不注視等による事故　　D1
	過失の態様	交通整理の行われていない交差点付近横断歩行者等の安全不確認 D12(2)
犯罪事実（過失の要点）の構成	行為の主体、日時、場所、業務性	被疑者（被告人）は、年月日時分ころ、○○自動車を運転し、
	注意義務の前提となるべき具体的運転状況、道路状況など（予見可能性の存在状況）	○市○町○番地先の交通整理の行われていない交差点を、○○方面から○○方面へ向かい、時速約30キロメートルで直進するに当たり、同交差点の出口（入口）付近を、右（左）から左（右）へ横断歩行している○○○○（当時○○歳）を右（左）前方約20メートルの地点に認めた
	文節の接続詞 ………………に当たり、 ………………のであるから、 ………………から、ので	
	自動車運転上の注意義務すなわち予見義務又は回避義務の内容が注意義務である。 注1.その核心は法令、判例、条理等である。 注2.相手側の過失次第では信頼の原則の適用により予見義務が免除となることもある。	同人の動静を注視し、直ちに減速徐行して、同人との安全を確認しながら進行すべき
	文節の接続詞 ………自動車運転上の注意義務があるのにこれを怠り	
	(由)注意義務不履行の動機・原因・理由 (失)予見義務違反すなわち同義務の不履行状況（前方不注視・発見遅滞等）又は回避義務の不履行状況（運転操作ミス・制動停止距離内接近等）が過失行為となる。 (経)過失行為の後に回避不能となったことは不可抗力であり、衝突との間の因果関係の経路説明である。	(由)同人が、自車を避譲して立ち止まる（歩行した背後を通過できる・直前を通過できる）ものと軽信し、 (失)同人の動静を十分注視せず、その安全確認不十分のまま、漫然前記速度で進行した過失により、 (経)自車右前部を同人に衝突させて路上に転倒させ、
	文節の接続詞 (由)…気をとられ、軽信し (失)…過失により (経)…衝突させ、	
	結果発生内容、よって	よって、（同人）に加療○○日間を要する○○等の傷害を負わせたものである。

D1

D12

交通事故犯罪事実要点記載例

	④　対歩行者事故（含自転車）	
事故の態様	事故の分類	横断歩道外歩行者等の動静不注視等による事故　　D1
	過失の態様	同方向に歩行中の歩行者等の安全不確認 D12(3)
犯罪事実（過失の要点）の構成	行為の主体、日時、場所、業務性	被疑者（被告人）は、年月日時分ころ、○○自動車を運転し、
	注意義務の前提となるべき具体的運転状況、道路状況など（予見可能性の存在状況）	○市○町○番地先道路を、○○方面から○○方面へ向かい、時速約40キロメートルで進行中、進路前方を同方向に歩行している○○○○（当時○○歳）を前方約40メートルの地点に認めた
	文節の接続詞 …………………に当たり、 …………………のであるから、 …………………から、ので	
	自動車運転上の注意義務すなわち予見義務又は回避義務の内容が注意義務である。 注1.その核心は法令、判例、条理等である。 注2.相手側の過失次第では信頼の原則の適用により予見義務が免除となることもある。	その動静を注視し、同人との十分な側方間隔を保つなどしてその安全を確認しながら進行すべき
	文節の接続詞 ………自動車運転上の注意義務があるのにこれを怠り	
	（由）注意義務不履行の動機・原因・理由 （失）予見義務違反すなわち同義務の不履行状況（前方不注視・発見遅滞等）又は回避義務の不履行状況（運転操作ミス・制動停止距離内接近等）が過失行為となる。 （経）過失行為の後に回避不能となったことは不可抗力であり、衝突との間の因果関係の経路説明である。	（由）前方の道路標識の確認に気をとられ、 （失）同人の動静を十分注視せず、側方間隔保持に留意もせず、その安全確認不十分のまま、漫然前記速度で進行した過失により、 （経）同人が前方の停止車両を避けるため進路上に1、2歩進出してきたのを、至近距離に迫ってようやく認め、急制動の措置をとったが間に合わず、自車前部左端を同人に衝突させて路上に転倒させ、
	文節の接続詞 （由）…気をとられ、軽信し （失）…過失により （経）…衝突させ、	
	結果発生内容、よって	よって、（同人）に加療○○日間を要する○○○等の傷害を負わせたものである。

交通事故犯罪事実要点記載例

<table>
<tr><td rowspan="3">事故の態様</td><td colspan="2">④ 対歩行者事故（含自転車）</td></tr>
<tr><td>事故の分類</td><td>横断歩道外歩行者等の動静不注視等による事故　　　　　　　　　　　　　　　D 1</td></tr>
<tr><td>過失の態様</td><td>横断中の道路中央部分佇立者の安全不確認

D 12(4)</td></tr>
<tr><td rowspan="8">犯罪事実（過失の要点）の構成</td><td>行為の主体、日時、場所、業務性</td><td>被疑者（被告人）は、年月日時分ころ、○○自動車を運転し、</td></tr>
<tr><td>注意義務の前提となるべき具体的運転状況、道路状況など（予見可能性の存在状況）</td><td>○市○町○番地先道路を、○○方面から○○方面へ向かい、時速約40キロメートルで進行中、進路右前方約30メートルの道路の中央線付近に、横断途中の○○○○（当時○○歳）が右方を向いて立ち止まっているのを認め、その後方を通過する</td></tr>
<tr><td>文節の接続詞
……………に当たり、
……………のであるから、
……………から、ので</td><td></td></tr>
<tr><td>自動車運転上の注意義務すなわち予見義務又は回避義務の内容が注意義務である。
注1.その核心は法令、判例、条理等である。
注2.相手側の過失次第では信頼の原則の適用により予見義務が免除となることもある。</td><td>その動静を注視して減速徐行、警音器を鳴らすなどして同人の避譲、又は通過を待つなどして、その安全を確認しながら進行すべき</td></tr>
<tr><td>文節の接続詞
………自動車運転上の注意義務があるのにこれを怠り</td><td></td></tr>
<tr><td>(由)注意義務不履行の動機・原因・理由
(失)予見義務違反すなわち同義務の不履行状況（前方不注視・発見遅滞等）又は回避義務の不履行状況（運転操作ミス・制動停止距離内接近等）が過失行為となる。
(経)過失行為の後に回避不能となったことは不可抗力であり、衝突との間の因果関係の経路説明である。</td><td>(由)同人はそのまま立ち止まっているものと軽信し、
(失)同人の動静を十分注視せず、その安全確認不十分のまま、漫然前記速度でその直近後方を進行した過失により、
(経)対向進行してきた車両を避けて1、2歩後退した同人に、自車右前部を衝突させて路上に転倒させ、</td></tr>
<tr><td>文節の接続詞
(由)…気をとられ、軽信し
(失)…過失により
(経)…衝突させ、</td><td></td></tr>
<tr><td></td><td>結果発生内容、よって</td><td>よって、（同人）に加療○○日間を要する○○○等の傷害を負わせたものである。</td></tr>
</table>

交通事故犯罪事実要点記載例

事故の態様	**④　対歩行者事故**（含自転車）	
	事故の分類	横断歩道外（とび出し予見場所）の歩行者等の発見遅滞等による事故　　　　　　D2
	過失の態様	スーパー・児童遊園地等の出入口からのとび出し発見遅滞 D21(1)
犯　罪　事　実（過失の要点）の　構　成	行為の主体、日時、場所、業務性	被疑者（被告人）は、年月日時分ころ、〇〇自動車を運転し、
	注意義務の前提となるべき具体的運転状況、道路状況など（予見可能性の存在状況） 文節の接続詞 …………………に当たり、 ………………のであるから、 ………………から、ので	〇市〇町〇番地先道路を、〇〇方面から〇〇方面へ向かい、時速約30キロメートルで進行中、同所付近は商店街（住宅街）であって、進路左（右）前方には〇〇〇〇スーパー店舗（児童遊園地）の出入口があり、付近には歩行者が散見され、同出入口から進路上に横断歩行者らの出現が予測された
	自動車運転上の注意義務すなわち予見義務又は回避義務の内容が注意義務である。 注1. その核心は法令、判例、条理等である。 注2. 相手側の過失次第では信頼の原則の適用により予見義務が免除となることもある。 文節の接続詞 ………自動車運転上の注意義務があるのにこれを怠り	同所手前で減速徐行し、横断歩行者の有無に留意し、その安全を確認しながら進行すべき
	(由)注意義務不履行の動機・原因・理由 (失)予見義務違反すなわち同義務の不履行状況（前方不注視・発見遅滞等）又は回避義務の不履行状況（運転操作ミス・制動停止距離内接近等）が過失行為となる。 (経)過失行為の後に回避不能となったことは不可抗力であり、衝突との間の因果関係の経路説明である。	(由)考えごとをしていて、 (失)前方左右を十分注視せず、歩行者の有無等に留意もせず、その安全確認不十分のまま、漫然前記速度で進行した過失により、 (経)折から、同スーパー店舗出入口から小走りで右方へ横断を開始した〇〇〇〇（当時〇〇歳）を左斜め前方約5メートルの地点に迫ってようやく認め、急制動の措置をとったが間に合わず、自車左前部を同人に衝突させて路上に転倒させ、
	文節の接続詞 (由)…気をとられ、軽信し (失)…過失により (経)…衝突させ、	
	結果発生内容、よって	よって、（同人）に加療〇〇日間を要する〇〇等の傷害を負わせたものである。

交通事故犯罪事実要点記載例

事故の態様	④ 対歩行者事故 (含自転車)	
	事故の分類	横断歩道外（とび出し予見場所）の歩行者等の発見遅滞等による事故　　D2
	過失の態様	学校の校門前からのとび出し発見遅滞 D21(2)
犯罪事実（過失の要点）の構成	行為の主体、日時、場所、業務性	被疑者（被告人）は、年月日時分ころ、○○自動車を運転し、
	注意義務の前提となるべき具体的運転状況、道路状況など（予見可能性の存在状況）	○市○町○番地先道路を、○○方面から○○方面へ向かい、時速約30キロメートルで進行中、同所は小学校の正門前で、当時は登（下）校時間帯であり、付近には児童も散見され、同校門前（内）から自車進路上に進出してくる児童のいることが予測された
	文節の接続詞 …………………に当たり、 …………………のであるから、 …………………から、ので	
	自動車運転上の注意義務すなわち予見義務又は回避義務の内容が注意義務である。 注1.その核心は法令、判例、条理等である。 注2.相手側の過失次第では信頼の原則の適用により予見義務が免除となることもある。	同所手前で減速徐行し、横断歩行者の有無に留意し、その安全を確認しながら進行すべき
	文節の接続詞 ………自動車運転上の注意義務があるのにこれを怠り	
	(由)注意義務不履行の動機・原因・理由 (失)予見義務違反すなわち同義務の不履行状況（前方不注視・発見遅滞等）又は回避義務の不履行状況（運転操作ミス・制動停止距離内接近等）が過失行為となる。 (経)過失行為の後に回避不能となったことは不可抗力であり、衝突との間の因果関係の経路説明である。	(由)横断歩行者はないものと軽信し、 (失)同歩行者の有無に留意せず、その安全確認不十分のまま、漫然前記速度で進行した過失により、 (経)折から、左前方の校門前から小走りで右方へ横断を開始した○○○○（当時○○歳）を至近距離に迫ってようやく認めたが、急制動の措置をとる間もなく、自車前部を同人に衝突させて路上に転倒させ、
	文節の接続詞 (由)…気をとられ、軽信し (失)…過失により (経)…衝突させ、	
	結果発生内容、よって	よって、（同人）に加療○○日間を要する○○○等の傷害を負わせたものである。

D2

D21

344

交通事故犯罪事実要点記載例

		④ **対歩行者事故**（含自転車）	
事故の態様	事故の分類	横断歩道外（とび出し予見場所）の歩行者等の発見遅滞等による事故　　　　D2	
	過失の態様	バス・タクシーの直前・直後の降車客の発見遅滞 D21(3)	
犯罪事実（過失の要点）の構成	行為の主体、日時、場所、業務性	被疑者（被告人）は、年月日時分ころ、○○自動車を運転し、	
	注意義務の前提となるべき具体的運転状況、道路状況など（予見可能性の存在状況）	○市○町○番地先道路を、○○方面から○○方面へ向かい、時速約40キロメートルで進行中、進路前方道路右（左）側にはバス（タクシー）が停止していて、その左（右）側方を通過する	
	文節の接続詞 ………………に当たり、 ………………のであるから、 ………………から、ので		
	自動車運転上の注意義務すなわち予見義務又は回避義務の内容が注意義務である。 注1.その核心は法令、判例、条理等である。 注2.相手側の過失次第では信頼の原則の適用により予見義務が免除となることもある。	同バス（タクシー）の直後（前）からの横断歩行者等の有無に留意し、同車とできる限り側方間隔を保ち、その安全を確認しながら進行すべき	
	文節の接続詞 ………自動車運転上の注意義務があるのにこれを怠り		
	（由）注意義務不履行の動機・原因・理由 （失）予見義務違反すなわち同義務の不履行状況（前方不注視・発見遅滞等）又は回避義務の不履行状況（運転操作ミス・制動停止距離内接近等）が過失行為となる。 （経）過失行為の後に回避不能となったことは不可抗力であり、衝突との間の因果関係の経路説明である。	（由）同バス（タクシー）からの横断歩行者はないものと軽信し、 （失）同歩行者の有無に留意せず、その安全確認不十分のまま、漫然前記速度で同車の左（右）側方直近を進行した過失により、 （経）折から、同車の後方を右（左）から左（右）へ横断歩行を開始した○○○○（当時○○歳）を至近距離に迫ってようやく認めたが、急制動の措置をとる間もなく、自車右前部を同人に衝突させて路上に転倒させ、	
	文節の接続詞 （由）…気をとられ、軽信し （失）…過失により （経）…衝突させ、		
	結果発生内容、よって	よって、（同人）に加療○○日間を要する○○○等の傷害を負わせたものである。	

交通事故犯罪事実要点記載例

	④　対歩行者事故 (含自転車)	
事故の態様	事故の分類	横断歩道外（とび出し予見場所）の歩行者等の発見遅滞等による事故　　　D 2
	過失の態様	生活道路上の障害物の陰からの歩行者のとび出し不発見 D 21(4)
犯罪事実（過失の要点）の構成	行為の主体、日時、場所、業務性	被疑者（被告人）は、年月日時分ころ、○○自動車を運転し、
	注意義務の前提となるべき具体的運転状況、道路状況など（予見可能性の存在状況）	○市○町○番地先道路を、○○方面から○○方面へ向かい、時速約30キロメートルで進行中、同所は幅員4メートルの狭あいな商店街の道路であり、前方道路左端には駐車車両があって、その前方左側は大型スーパー店舗の出入口でもあり、同出入口から進出する歩行者のあることが予測された
	文節の接続詞 ………………に当たり、 ………………のであるから、 ………………から、ので	
	自動車運転上の注意義務すなわち予見義務又は回避義務の内容が注意義務である。 注1.その核心は法令、判例、条理等である。 注2.相手側の過失次第では信頼の原則の適用により予見義務が免除となることもある。	減速徐行して、進路前方の歩行者の有無に留意し、その安全を確認しながら進行すべき
	文節の接続詞 ………自動車運転上の注意義務があるのにこれを怠り	
	(由)注意義務不履行の動機・原因・理由 (失)予見義務違反すなわち同義務の不履行状況（前方不注視・発見遅滞等）又は回避義務の不履行状況（運転操作ミス・制動停止距離内接近等）が過失行為となる。 (経)過失行為の後に回避不能となったことは不可抗力であり、衝突との間の因果関係の経路説明である。	(由)同乗者との会話に気をとられ、 (失)進路前方の歩行者の有無に留意せず、その安全確認不十分のまま、漫然前記速度で、前記駐車車両の右側方を通過進行した過失により、 (経)折から、右大型スーパー店の出入口から右方へ横断歩行を開始した○○○○（当時○○歳）に全く気付かず、自車左前部を同人に衝突させて路上に転倒させ、
	文節の接続詞 (由)…気をとられ、軽信し (失)…過失により (経)…衝突させ、	
	結果発生内容、よって	よって、（同人）に加療○○日間を要する○○○等の傷害を負わせたものである。

交通事故犯罪事実要点記載例

		④ **対歩行者事故**（含自転車）
事故の態様	事故の分類	横断歩道外（狭路・混雑場所）の横断歩行者等の動静不注視等による事故　　　D2
	過失の態様	狭路上の障害物を避けての歩行者の動静不注視等 D22(1)
犯罪事実（過失の要点）の構成	行為の主体、日時、場所、業務性	被疑者（被告人）は、年月日時分ころ、○○自動車を運転し、
	注意義務の前提となるべき具体的運転状況、道路状況など（予見可能性の存在状況） 文節の接続詞 ……………………に当たり、 ……………………のであるから、 ……………………から、ので	○市○町○番地先道路を、○○方面から○○方面へ向かい、時速約30キロメートルで進行中、同所は幅員4メートルの狭あいな道路であり、左前方には同方向に歩行中の○○○○（当時○○歳）を認めたが、その前方道路左端には駐車車両があって、同人は同車両を避けて道路中央寄りに進出して歩行することが予測され、その場合自車の通行余地も不十分となる状況であった
	自動車運転上の注意義務すなわち予見義務又は回避義務の内容が注意義務である。 注1.その核心は法令、判例、条理等である。 注2.相手側の過失次第では信頼の原則の適用により予見義務が免除となることもある。	同人の動静を注視し、警音器を鳴らすなどして、同人の避譲を待って通過するか、又は減速徐行して同人の通過を待つなど、その安全を確認しながら進行すべき
	文節の接続詞 ………自動車運転上の注意義務があるのにこれを怠り	
	（由）注意義務不履行の動機・原因・理由 （失）予見義務違反すなわち同義務の不履行状況（前方不注視・発見遅滞等）又は回避義務の不履行状況（運転操作ミス・制動停止距離内接近等）が過失行為となる。 （経）過失行為の後に回避不能となったことは不可抗力であり、衝突との間の因果関係の経路説明である。	（由）同人は、自車の接近に気付いて駐車車両の手前で立ち止まってくれるものと軽信し、 （失）同人の動静を十分注視せず、その安全確認不十分のまま、漫然前記速度で、その右側方直近を進行した過失により、 （経）前記○○が、駐車車両を避けて、その右側へ急に進出してきたのに即応できず、自車左前部を同人に衝突させて同人を路上に転倒させ、
	文節の接続詞 （由）…気をとられ、軽信し （失）…過失により （経）…衝突させ、	
	結果発生内容、よって	よって、（同人）に加療○○日間を要する○○等の傷害を負わせたものである。

交通事故犯罪事実要点記載例

	4 対歩行者事故 (含自転車)	
事故の態様	事故の分類	横断歩道外（狭路・混雑場所）の横断歩行者等の動静不注視等による事故　　D 2
	過失の態様	斜め横断中の歩行者の動静不注視等 D 22(2)
犯罪事実（過失の要点）の構成	行為の主体、日時、場所、業務性	被疑者（被告人）は、年月日時分ころ、○○自動車を運転し、
	注意義務の前提となるべき具体的運転状況、道路状況など（予見可能性の存在状況） 文節の接続詞 …………………に当たり、 …………………のであるから、 …………………から、ので	○市○町○番地先道路を、○○方面から○○方面へ向かい、時速約30キロメートルで進行中、同所は幅員４メートルの狭あいな道路であり、進路右前方から左斜め前方へ向かい横断している○○○○（当時○○歳）を前方約20メートルの地点に認めた
	自動車運転上の注意義務すなわち予見義務又は回避義務の内容が注意義務である。 注1.その核心は法令、判例、条理等である。 注2.相手側の過失次第では信頼の原則の適用により予見義務が免除となることもある。 文節の接続詞 ………自動車運転上の注意義務があるのにこれを怠り	直ちに減速徐行して、同人の動静を注視し、その安全を確認しながら進行すべき
	(由)注意義務不履行の動機・原因・理由 (失)予見義務違反すなわち同義務の不履行状況（前方不注視・発見遅滞等）又は回避義務の不履行状況（運転操作ミス・制動停止距離内接近等）が過失行為となる。 (経)過失行為の後に回避不能となったことは不可抗力であり、衝突との間の因果関係の経路説明である。 文節の接続詞 (由)…気をとられ、軽信し (失)…過失により (経)…衝突させ、	(由)同人は、自車を避けて立ち止まるものと軽信し、 (失)その動静を十分注視せず、その安全確認不十分のまま、漫然前記速度で進行した過失により、 (経)同人が、そのまま斜め横断歩行を継続しているのを直前に迫って認めたが、急制動の措置をとる間もなく、自車右前部を同人に衝突させて路上に転倒させ、
	結果発生内容、よって	よって、（同人）に加療○○日間を要する○○等の傷害を負わせたものである。

D2

D22

348

交通事故犯罪事実要点記載例

D2

D22

事故の態様	4 対歩行者事故 (含自転車)	
	事故の分類	横断歩道外（狭路・混雑場所）の横断歩行者等の動静不注視等による事故　　　D2
	過失の態様	同方向へ歩行中の幼児の動静不注視等 D22(3)
犯罪事実（過失の要点）の構成	行為の主体、日時、場所、業務性	被疑者（被告人）は、年月日時分ころ、○○自動車を運転し、
	注意義務の前提となるべき具体的運転状況、道路状況など（予見可能性の存在状況）	○市○町○番地先道路を、○○方面から○○方面へ向かい、時速約40キロメートルで進行中、同所は幅員4メートルの狭あいな道路であり、自車の左前方には○○○○（当時○歳）ら幼児3名が戯れながら同方向へ歩行しているのを認めた
	文節の接続詞 …………………に当たり、 ………………のであるから、 ………………から、ので	
	自動車運転上の注意義務すなわち予見義務又は回避義務の内容が注意義務である。 注1.その核心は法令、判例、条理等である。 注2.相手側の過失次第では信頼の原則の適用により予見義務が免除となることもある。	同人らの動静を注視し、警音器を吹鳴した上、その反応を待ち、同人らが避譲するのを確認して、その安全を確認しながら、最徐行して同人らの側方を通過すべき
	文節の接続詞 ………自動車運転上の注意義務があるのにこれを怠り	
	(由)注意義務不履行の動機・原因・理由 (失)予見義務違反すなわち同義務の不履行状況（前方不注視・発見遅滞等）又は回避義務の不履行状況（運転操作ミス・制動停止距離内接近等）が過失行為となる。 (経)過失行為の後に回避不能となったことは不可抗力であり、衝突との間の因果関係の経路説明である。	(由)警音器を一回鳴らしただけで、同人らが避譲するものと軽信し、 (失)同人らの動静を十分注視せず、その安全確認不十分のまま、時速約10キロメートルに減速したのみで、漫然同人らの右側方直近を進行した過失により、 (経)前記○○が、1、2歩右へ歩行進路を変えたのに即応できず、自車前部左端を同人に衝突させて路上に転倒させ、
	文節の接続詞 (由)…気をとられ、軽信し (失)…過失により (経)…衝突させ、	
	結果発生内容、よって	よって、（同人）に加療○○日間を要する○○等の傷害を負わせたものである。

交通事故犯罪事実要点記載例

	4 　対歩行者事故 (含自転車)		
事故の態様	事故の分類	横断歩道外（狭路・混雑場所）の横断歩行者等の動静不注視等による事故　　　D 2	**D2**
	過失の態様	自動車進入禁止場所の看過と遊戯中の幼児の動静不注視等　　　　　　　　　　　D 22(4)	**D22**
犯罪事実（過失の要点）の構成	行為の主体、日時、場所、業務性	被疑者（被告人）は、年月日時分ころ、○○自動車を運転し、	
	注意義務の前提となるべき具体的運転状況、道路状況など（予見可能性の存在状況）	○市○町○番地先の道路を、○○方面から○○方面へ向かい、時速約20キロメートルで進行中、同所は道路標識により自動車の進入が禁止されている幅員３メートルの狭あいな道路であって、両側は人家が並び、右斜め前方には幼児３名が路上で遊んでいたところ、上記の１名が左斜め前方の人家に入ったのを認め、更に同人が路上へ出てくることが予測された	
	文節の接続詞 ……………に当たり、 ……………のであるから、 ……………から、ので		
	自動車運転上の注意義務すなわち予見義務又は回避義務の内容が注意義務である。 注1.その核心は法令、判例、条理等である。 注2.相手側の過失次第では信頼の原則の適用により予見義務が免除となることもある。	同道路への進入にあたっては、道路標識の有無に留意し、これに従うはもとより、前方左右を注視し、路上で遊ぶ幼児等の動静を注視して、その安全を確認しながら最徐行して同人らの側方を通過すべき	
	文節の接続詞 ………自動車運転上の注意義務があるのにこれを怠り		
	(由)注意義務不履行の動機・原因・理由 (失)予見義務違反すなわち同義務の不履行状況（前方不注視・発見遅滞等）又は回避義務の不履行状況（運転操作ミス・制動停止距離内接近等）が過失行為となる。 (経)過失行為の後に回避不能となったことは不可抗力であり、衝突との間の因果関係の経路説明である。	(由)道に迷い、目標の建物を探すことに気をとられ、 (失)同所が自動車進入禁止場所であることの道路標識を看過し、前方の路上で遊ぶ幼児の動静を十分注視せず、その安全確認不十分のまま、漫然前記速度で進行した過失により、 (経)折から、進路左斜め前方の人家出入口から進路上に駆け出してきた○○○○（当時○歳）に全く気付かないまま、自車左前部を同人に衝突させて路上に転倒させた上、左前輪で同人の左足先をれき過し、	
	文節の接続詞 (由)…気をとられ、軽信し (失)…過失により (経)…衝突させ、		
	結果発生内容、よって	よって、(同人)に加療○○日間を要する○○等の傷害を負わせたものである。	

交通事故犯罪事実要点記載例

		4 対歩行者事故 （含自転車）	
事故の態様		事故の分類	横断歩道外（狭路・混雑場所）の横断歩行者等の動静不注視等による事故　　　D 2
		過失の態様	生活道路上の歩行者の有無・動静不注視等
			D 22(5)
犯罪事実（過失の要点）の構成		行為の主体、日時、場所、業務性	被疑者（被告人）は、年月日時分ころ、○○自動車を運転し、
		注意義務の前提となるべき具体的運転状況、道路状況など（予見可能性の存在状況）	○市○町○番地先道路を、○○方面から○○方面へ向かい、時速約20キロメートルで進行中、同所は幅員４メートルの狭あいな道路であって、両側は商店が並び、進路前方には多数の買物客が往来していた
		文節の接続詞 ……………………に当たり、 ……………………のであるから、 ……………………から、ので	
		自動車運転上の注意義務すなわち予見義務又は回避義務の内容が注意義務である。 注1.その核心は法令、判例、条理等である。 注2.相手側の過失次第では信頼の原則の適用により予見義務が免除となることもある。	減速徐行して、進路上の歩行者の有無・動静を十分注視し、場合によっては、警音器を鳴らすなどして、その安全を確認しながら進行すべき
		文節の接続詞 ………自動車運転上の注意義務があるのにこれを怠り	
		(由)注意義務不履行の動機・原因・理由 (失)予見義務違反すなわち同義務の不履行状況（前方不注視・発見遅滞等）又は回避義務の不履行状況（運転操作ミス・制動停止距離内接近等）が過失行為となる。 (経)過失行為の後に回避不能となったことは不可抗力であり、衝突との間の因果関係の経路説明である。	(由)遠方の歩行者の状況に気をとられ、 (失)進路直近の歩行者の有無・動静を十分注視せず、その安全確認不十分のまま、漫然前記速度で進行した過失により、 (経)進路直前を左から右へ横断中の○○○○（当時○○歳）を至近距離に迫ってようやく認めたが、急制動の措置をとる間もなく、自車左前部を同人に衝突させて路上に転倒させ、
		文節の接続詞 (由)…気をとられ、軽信し (失)…過失により (経)…衝突させ、	
		結果発生内容、よって	よって、（同人）に加療○○日間を要する○○等の傷害を負わせたものである。

D2

D22

交通事故犯罪事実要点記載例

<table>
<tr><td rowspan="3">事故の態様</td><td colspan="2">④ 対歩行者事故 <small>(含自転車)</small></td></tr>
<tr><td>事故の分類</td><td>横断歩道歩行者等の発見遅滞等による事故
D 3</td></tr>
<tr><td>過失の態様</td><td>交差点の横断歩道歩行者等の発見遅滞等（赤信号看過と安全不確認）

D31(1)</td></tr>
<tr><td rowspan="7">犯罪事実（過失の要点）の構成</td><td>行為の主体、日時、場所、業務性</td><td>被疑者（被告人）は、年月日時分ころ、○○自動車を運転し、</td></tr>
<tr><td>注意義務の前提となるべき具体的運転状況、道路状況など
（予見可能性の存在状況）</td><td rowspan="2">○市○町○番地先の信号機による交通整理が行われている交差点を、○○方面から○○方面へ向かい直進するに当たり、同交差点入口には横断歩道が設けられており、対面信号機が赤色の灯火信号を表示していた</td></tr>
<tr><td>文節の接続詞
………………に当たり、
………………のであるから、
………………から、ので</td></tr>
<tr><td>自動車運転上の注意義務すなわち予見義務又は回避義務の内容が注意義務である。
注1.その核心は法令、判例、条理等である。
注2.相手側の過失次第では信頼の原則の適用により予見義務が免除となることもある。</td><td rowspan="2">信号機の有無、表示に留意し、これに従って進行するはもとより、同横断歩道による横断歩行者等の有無に留意し、その安全を確認しながら進行すべき</td></tr>
<tr><td>文節の接続詞
………自動車運転上の注意義務があるのにこれを怠り</td></tr>
<tr><td>(由)注意義務不履行の動機・原因・理由
(失)予見義務違反すなわち同義務の不履行状況（前方不注視・発見遅滞等）又は回避義務の不履行状況（運転操作ミス・制動停止距離内接近等）が過失行為となる。
(経)過失行為の後に回避不能となったことは不可抗力であり、衝突との間の因果関係の経路説明である。</td><td>(由)遠方の信号表示に気をとられ、
(失)同交差点の信号機の対面信号が赤色の灯火信号を表示していたのを看過し、同横断歩道による横断歩行者等の有無に留意せず、その安全確認不十分のまま、漫然時速約40キロメートルで同交差点内に進入した過失により、
(経)折から、同横断歩道上を信号に従い左から右へ横断歩行していた○○○○（当時○○歳）に気付かず、自車左前部を同人に衝突させて路上に転倒させ、</td></tr>
<tr><td>文節の接続詞
(由)…気をとられ、軽信し
(失)…過失により
(経)…衝突させ、</td></tr>
<tr><td>結果発生内容、よって</td><td>よって、（同人）に加療○○日間を要する○○○等の傷害を負わせたものである。</td></tr>
</table>

D3

D31

交通事故犯罪事実要点記載例

	④ **対歩行者事故** (含自転車)	
事故の態様	事故の分類	横断歩道歩行者等の発見遅滞等による事故 D 3
	過失の態様	交差点の横断歩道歩行者等の発見遅滞等（交差点及び赤信号看過） D 31(2)
犯罪事実（過失の要点）の構成	行為の主体、日時、場所、業務性	被疑者（被告人）は、年月日時分ころ、○○自動車を運転し、
	注意義務の前提となるべき具体的運転状況、道路状況など（予見可能性の存在状況）	○市○町○番地先道路を、○○方面から○○方面へ向かい、時速約40キロメートルで進行するに当たり、前方には信号機による交通整理が行われている交差点があって、同交差点の入口には横断歩道が設けられており、対面信号機が赤色の灯火信号を表示していた
	文節の接続詞 ………………に当たり、 ………………のであるから、 ………………から、ので	
	自動車運転上の注意義務すなわち予見義務又は回避義務の内容が注意義務である。 注1.その核心は法令、判例、条理等である。 注2.相手側の過失次第では信頼の原則の適用により予見義務が免除となることもある。	前方を注視し、進路前方の道路状況を確認しながら、交差点及び信号機の有無と同信号表示に留意し、これに従って進行すべき
	文節の接続詞 ………自動車運転上の注意義務があるのにこれを怠り	
	(由)注意義務不履行の動機・原因・理由 (失)予見義務違反すなわち同義務の不履行状況（前方不注視・発見遅滞等）又は回避義務の不履行状況（運転操作ミス・制動停止距離内接近等）が過失行為となる。 (経)過失行為の後に回避不能となったことは不可抗力であり、衝突との間の因果関係の経路説明である。	(由)目的地確認のため助手席に置いた地図に目を落とし、（カーナビゲーションの画面表示に注意を奪われ） (失)前方を十分注視せず、道路状況の確認及び信号機の有無・表示にも留意せず、漫然前記速度で進行した過失により、 (経)同交差点を看過し、対面信号機が赤色の灯火信号を表示していたことにも気付かないまま、同交差点内に進入し、折から、同交差点入口の横断歩道上を左方から右方へ信号に従い横断歩行中の○○○○（当時○○歳）を至近距離に迫ってようやく認めたが、急制動の措置をとる間もなく、自車左前部を同人に衝突させて路上に転倒させ、
	文節の接続詞 (由)…気をとられ、軽信し (失)…過失により (経)…衝突させ、	
	結果発生内容、よって	よって、（同人）に加療○○日間を要する○○○等の傷害を負わせたものである。

交通事故犯罪事実要点記載例

	4 対歩行者事故 (含自転車)	
事故の態様	事故の分類	横断歩道歩行者等の発見遅滞等による事故 D 3
	過失の態様	交差点の横断歩道歩行者等の発見遅滞等（黄信号無視と安全不確認） D 31(3)
犯罪事実（過失の要点）の構成	行為の主体、日時、場所、業務性	被疑者（被告人）は、年月日時分ころ、○○自動車を運転し、
	注意義務の前提となるべき具体的運転状況、道路状況など （予見可能性の存在状況）	○市○町○番地先の信号機により交通整理の行われている交差点を、○○方面から○○方面へ向かい直進するに当たり、同交差点入口には横断歩道が設けられており、同交差点手前約50メートルの地点で対面信号機が黄色の灯火信号を表示していたのを認めた
	文節の接続詞 ………………に当たり、 ………………のであるから、 ………………から、ので	
	自動車運転上の注意義務すなわち予見義務又は回避義務の内容が注意義務である。 注1.その核心は法令、判例、条理等である。 注2.相手側の過失次第では信頼の原則の適用により予見義務が免除となることもある。	引き続き同信号表示と変化に留意し、同信号表示に従うべきはもとより、同横断歩道上の横断歩行者等の有無に留意し、その安全を確認しながら進行すべき
	文節の接続詞 ………自動車運転上の注意義務があるのにこれを怠り	
	(由)注意義務不履行の動機・原因・理由 (失)予見義務違反すなわち同義務の不履行状況（前方不注視・発見遅滞等）又は回避義務の不履行状況（運転操作ミス・制動停止距離内接近等）が過失行為となる。 (経)過失行為の後に回避不能となったことは不可抗力であり、衝突との間の因果関係の経路説明である。	(由)交差道路の対面信号機が青色の灯火信号を表示する以前に自車が交差点を通過できるものと軽信し、 (失)同信号表示の変化に留意せず、同交差点手前で同信号機が赤色の灯火信号を表示したのを看過し、同横断歩道による横断歩行者等の有無に留意もせず、その安全確認不十分のまま、漫然時速約40キロメートルで進行した過失により、 (経)折から、同交差点入口の横断歩道上を信号表示に従い左方から右方へ小走りで横断を開始した○○○○（当時○歳）を左前方至近距離に迫って認めたが、急制動の措置をとる間もなく、自車左前部を同人に衝突させて路上に転倒させ、
	文節の接続詞 (由)…気をとられ、軽信し (失)…過失により (経)…衝突させ、	
	結果発生内容、よって	よって、（同人）に加療○○日間を要する○○等の傷害を負わせたものである。

D3

D31

354

交通事故犯罪事実要点記載例

D3

D31

		4 対歩行者事故（含自転車）	
事故の態様	事故の分類	横断歩道歩行者等の発見遅滞等による事故　　　　　　　　　　　　　　　　D3	
	過失の態様	交差点の横断歩道歩行者等の発見遅滞等（押ボタン式信号機の黄信号無視と安全不確認）（注）交差道路には車両用対面信号機は設置されていない。　　　　　　　　　　　D31⑷	
犯罪事実（過失の要点）の構成	行為の主体、日時、場所、業務性	被疑者（被告人）は、年月日時分ころ、○○自動車を運転し、	
	注意義務の前提となるべき具体的運転状況、道路状況など（予見可能性の存在状況）	○市○町○番地先の交差点を、○○方面から○○方面へ向かい直進するに当たり、同交差点出口には押ボタン式信号機の設置された横断歩道が設けられており、同信号機の対面信号が黄色の灯火信号を表示していたのを同交差点手前約40メートルの地点で認めた	
	文節の接続詞…………………に当たり、…………………のであるから、…………………から、ので		
	自動車運転上の注意義務すなわち予見義務又は回避義務の内容が注意義務である。注1．その核心は法令、判例、条理等である。注2．相手側の過失次第では信頼の原則の適用により予見義務が免除となることもある。	同交差点手前の停止位置で停止すべきはもとより、同交差点内に進入したときは、その後の信号の変化に留意するとともに、同交差点出口に設けられた横断歩道の歩行者等の有無に留意し、その安全を確認しながら進行すべき	
	文節の接続詞………自動車運転上の注意義務があるのにこれを怠り		
	（由）注意義務不履行の動機・原因・理由（失）予見義務違反すなわち同義務の不履行状況（前方不注視・発見遅滞等）又は回避義務の不履行状況（運転操作ミス・制動停止距離内接近等）が過失行為となる。（経）過失行為の後に回避不能となったことは不可抗力であり、衝突との間の因果関係の経路説明である。	（由）同横断歩道上に横断歩行者が見えなかったことに気を許し、（失）同交差点手前の停止位置で停止せず、その後の信号の変化及び同横断歩道による横断歩行者等の有無に留意もせず、その安全確認不十分のまま、漫然時速約40キロメートルで進行を続けた過失により、（経）折から、信号に従い、同横断歩道上を左から右へ自転車を運転して横断進行してきた○○○○（当時○○歳）を、左斜め前方約10メートルの地点に迫ってようやく認め、急制動の措置をとったが間に合わず、自車前部を同自転車に衝突させて、同車とともに同人を路上に転倒させ、	
	文節の接続詞（由）…気をとられ、軽信し（失）…過失により（経）…衝突させ、		
	結果発生内容、よって	よって、（同人）に加療○○日間を要する○○○等の傷害を負わせたものである。	

交通事故犯罪事実要点記載例

	4 **対歩行者事故**（含自転車）	
事故の態様	事故の分類	横断歩道歩行者等の発見遅滞等による事故 D 3
	過失の態様	交差点の横断歩道歩行者等の発見遅滞等〔右（左）折（直進）方向出口の横断歩道の歩行者等の発見遅滞〕 （注） 法38条1項により、横断歩道直前では速度の不調整も過失の一部となる。　　　D31(5)
犯　罪　事　実（過失の要点）の　構　成	行為の主体、日時、場所、業務性	被疑者（被告人）は、年月日時分ころ、○○自動車を運転し、
	注意義務の前提となるべき具体的運転状況、道路状況など （予見可能性の存在状況）	○市○町○番地先の信号機による交通整理が行われている（交通整理の行われていない）交差点を、○○方面から○○方面へ向かい右折（左折・直進）するに当たり、同交差点の右折（左折・直進）方向出口には横断歩道が設けられていた
	文節の接続詞 ……………………に当たり、 ………………のであるから、 ………………から、ので	
	自動車運転上の注意義務すなわち予見義務又は回避義務の内容が注意義務である。 注1.その核心は法令、判例、条理等である。 注2.相手側の過失次第では信頼の原則の適用により予見義務が免除となることもある。	前方左右を注視し、同横断歩道による歩行者等の有無に留意し、速度を調節して、その安全を確認しながら進行すべき
	文節の接続詞 ………自動車運転上の注意義務があるのにこれを怠り	
	(由)注意義務不履行の動機・原因・理由 (失)予見義務違反すなわち同義務の不履行状況（前方不注視・発見遅滞等）又は回避義務の不履行状況（運転操作ミス・制動停止距離内接近等）が過失行為となる。 (経)過失行為の後に回避不能となったことは不可抗力であり、衝突との間の因果関係の経路説明である。	(由)左（右）側の並進車両に気をとられ、 (失)同横断歩道による横断歩行者等の有無に留意せず、その安全確認不十分のまま、漫然時速約30キロメートルで右折（左折・直進）進行した過失により、 (経)折から、同横断歩道上を(信号に従い)、右（左）から左（右）へ横断歩行中の○○○○（当時○○歳）を、右（左）前方約3メートルの地点に迫ってようやく認め、急制動の措置をとったが間に合わず（全く気付かず）、自車前部を同人に衝突させて路上に転倒させ、
	文節の接続詞 (由)…気をとられ、軽信し (失)…過失により (経)…衝突させ、	
	結果発生内容、よって	よって、(同人)に加療○○日間を要する○○○等の傷害を負わせたものである。

D3

D31

交通事故犯罪事実要点記載例

事故の態様	4 対歩行者事故 (含自転車)	
	事故の分類	横断歩道歩行者等の発見遅滞等による事故 D 3
	過失の態様	交差点の横断歩道歩行者等の発見遅滞等（交差点各方向出入口の横断歩道直前停止車両の側方通過時の一時不停止）　　　　D 31(6)
犯罪事実（過失の要点）の構成	行為の主体、日時、場所、業務性	被疑者（被告人）は、年月日時分ころ、○○自動車を運転し、
	注意義務の前提となるべき具体的運転状況、道路状況など（予見可能性の存在状況）	○市○町○番地先の交通整理の行われていない（信号機による交通整理が行われている）交差点を、○○方面から○○方面へ向かい直進（右折・左折）するに当たり、同交差点入口（出口・右折方向出口・左折方向出口）には横断歩道が設けられ、同横断歩道直前右（左）側には停止車両があり、同車両のため、同横断歩道上の右側部分（左側部分）の見通しが困難であった
	文節の接続詞 …………………に当たり、 …………………のであるから、 …………………から、ので	
	自動車運転上の注意義務すなわち予見義務又は回避義務の内容が注意義務である。 注1.その核心は法令、判例、条理等である。 注2.相手側の過失次第では信頼の原則の適用により予見義務が免除となることもある。	同横断歩道の直前で一時停止又は最徐行して、同横断歩道上の横断歩行者等の有無に留意し、その安全を確認しながら進行すべき
	文節の接続詞 ………自動車運転上の注意義務があるのにこれを怠り	
	(由)注意義務不履行の動機・原因・理由 (失)予見義務違反すなわち同義務の不履行状況（前方不注視・発見遅滞等）又は回避義務の不履行状況（運転操作ミス・制動停止距離内接近等）が過失行為となる。 (経)過失行為の後に回避不能となったことは不可抗力であり、衝突との間の因果関係の経路説明である。	(由)先を急ぐあまり、横断歩行者等はないものと軽信し、 (失)同横断歩道の直前で一時停止せず、横断歩道上の横断歩行者等の有無に留意もせず、その安全確認不十分のまま、漫然時速約30キロメートルで進行した過失により、 (経)折から、同横断歩道上を右（左）から左（右）へ小走りで横断していた○○○○（当時○○歳）を、前方約4メートルの地点に迫ってようやく認め、急制動の措置をとったが間に合わず、自車前部を同人に衝突させて路上に転倒させ、
	文節の接続詞 (由)…気をとられ、軽信し (失)…過失により (経)…衝突させ、	
	結果発生内容、よって	よって、(同人)に加療○○日間を要する○○○等の傷害を負わせたものである。

交通事故犯罪事実要点記載例

	4	対歩行者事故 (含自転車)
事故の態様	事故の分類	横断歩道歩行者等の発見遅滞等による事故 D 3
	過失の態様	交差点の横断歩道歩行者等の発見遅滞等（交差点各方向出入口の横断歩道直前で一時停止後の発進と残留歩行者の有無及び安全不確認） D31(7)
犯罪事実（過失の要点）の構成	行為の主体、日時、場所、業務性	被疑者（被告人）は、年月日時分ころ、○○自動車を運転し、
	注意義務の前提となるべき具体的運転状況、道路状況など（予見可能性の存在状況） 文節の接続詞 ………………に当たり、 ………………のであるから、 ………………から、ので	○市○町○番地先の交通整理の行われていない交差点を、○○方面から○○方面へ向かい直進（右折・左折）するに当たり、同交差点入口（出口、右折方向出口・左折方向出口）には横断歩道が設けられていたので、その手前で一時停止し、前方を横断歩行者が通過した後発進する
	自動車運転上の注意義務すなわち予見義務又は回避義務の内容が注意義務である。 注1.その核心は法令、判例、条理等である。 注2.相手側の過失次第では信頼の原則の適用により予見義務が免除となることもある。 文節の接続詞 ………自動車運転上の注意義務があるのにこれを怠り	前方左右を注視し、同横断歩道上の残留歩行者等の有無に留意し、その安全を確認しながら発進すべき
	(由)注意義務不履行の動機・原因・理由 (失)予見義務違反すなわち同義務の不履行状況（前方不注視・発見遅滞等）又は回避義務の不履行状況（運転操作ミス・制動停止距離内接近等）が過失行為となる。 (経)過失行為の後に回避不能となったことは不可抗力であり、衝突との間の因果関係の経路説明である。 文節の接続詞 (由)…気をとられ、軽信し (失)…過失により (経)…衝突させ、	(由)左方から一団の歩行者が通過したことに気を許し、他の歩行者等はないものと軽信し、 (失)残留歩行者の有無に留意せず、その安全確認不十分のまま漫然発進し、時速約10キロメートルに加速して進行した過失により、 (経)折から、同横断歩道上を（信号に従い）右（左）から左（右）へ自転車を運転して進行してきた○○○○（当時○○歳）を直前に迫ってようやく認め、急制動の措置をとったが間に合わず、自車前部を同自転車に衝突させて、同車とともに同人を路上に転倒させ、
	結果発生内容、よって	よって、（同人）に加療○○日間を要する○○○等の傷害を負わせたものである。

D3

D31

交通事故犯罪事実要点記載例

事故の態様	4 **対歩行者事故**（含自転車）	
	事故の分類	横断歩道歩行者等の発見遅滞等による事故 D 3
	過失の態様	交差点の横断歩道歩行者等の発見遅滞等（交差点入口一時停止標識と横断歩道併設場所の横断歩道直前での一時不停止） D 31(8)
犯　罪　事　実　（過失の要点）　の　構　成	行為の主体、日時、場所、業務性	被疑者（被告人）は、年月日時分ころ、○○自動車を運転し、
	注意義務の前提となるべき具体的運転状況、道路状況など（予見可能性の存在状況）	○市○町○番地先の交通整理の行われていない交差点を、○○方面から○○方面へ向かい直進するに当たり、同交差点入口には横断歩道が設けられており、その手前には一時停止の道路標識が設置され、左右道路の見通しもきかない状況であった
	文節の接続詞 ………………に当たり、 ………………のであるから、 ………………から、ので	
	自動車運転上の注意義務すなわち予見義務又は回避義務の内容が注意義務である。 注1.その核心は法令、判例、条理等である。 注2.相手側の過失次第では信頼の原則の適用により予見義務が免除となることもある。	同交差点手前の停止位置で一時停止し、左右道路からの交通の安全を確認するはもとより、同横断歩道により横断する歩行者等の有無に留意し、その安全を確認しながら進行すべき
	文節の接続詞 ………自動車運転上の注意義務があるのにこれを怠り	
	(由)注意義務不履行の動機・原因・理由 (失)予見義務違反すなわち同義務の不履行状況（前方不注視・発見遅滞等）又は回避義務の不履行状況（運転操作ミス・制動停止距離内接近等）が過失行為となる。 (経)過失行為の後に回避不能となったことは不可抗力であり、衝突との間の因果関係の経路説明である。	(由)右方道路からの車両の有無にのみ気をとられ、 (失)同交差点手前の停止位置で一時停止せず（停止したが）、同横断歩道による横断歩行者等の有無に留意もせず、その安全確認不十分のまま、漫然時速約30キロメートルで進行した（発進した）過失により、 (経)同横断歩道上を左から右へ歩行してきた○○○○（当時○○歳）を直前に迫ってようやく認め、急制動の措置をとったが間に合わず、自車左前部を同人に衝突させて路上に転倒させ、
	文節の接続詞 (由)…気をとられ、軽信し (失)…過失により (経)…衝突させ、	
	結果発生内容、よって	よって、（同人）に加療○○日間を要する○○○等の傷害を負わせたものである。

D3

D31

交通事故犯罪事実要点記載例

	④ 対歩行者事故 (含自転車)	
事故の態様	事故の分類	横断歩道歩行者等の発見遅滞等による事故 D3
	過失の態様	交差点の横断歩道歩行者等の発見遅滞等(交差点入口の横断歩道直前での一時停止及び徐行不履行) D31(9)
犯罪事実(過失の要点)の構成	行為の主体、日時、場所、業務性	被疑者(被告人)は、年月日時分ころ、〇〇自動車を運転し、
	注意義務の前提となるべき具体的運転状況、道路状況など (予見可能性の存在状況)	〇市〇町〇番地先の交通整理の行われていない交差点を、〇〇方面から〇〇方面へ向かい直進するに当たり、同交差点入口には横断歩道が設けられていた
	文節の接続詞 ………………に当たり、 ………………のであるから、 ………………から、ので	
	自動車運転上の注意義務すなわち予見義務又は回避義務の内容が注意義務である。 注1.その核心は法令、判例、条理等である。 注2.相手側の過失次第では信頼の原則の適用により予見義務が免除となることもある。	同横断歩道の直前で一時停止又は減速徐行し、横断歩行者等の有無及びその安全を確認して進行すべき
	文節の接続詞 ………自動車運転上の注意義務があるのにこれを怠り	
	(由)注意義務不履行の動機・原因・理由 (失)予見義務違反すなわち同義務の不履行状況(前方不注視・発見遅滞等)又は回避義務の不履行状況(運転操作ミス・制動停止距離内接近等)が過失行為となる。 (経)過失行為の後に回避不能となったことは不可抗力であり、衝突との間の因果関係の経路説明である。	(由)交通閑散であったことに気を許し、 (失)同交差点手前で一時停止も徐行もせず、同横断歩道による歩行者等の有無及びその安全確認不十分のまま、漫然時速約30キロメートルで進行した過失により、 (経)同横断歩道上を左から右へ歩行してきた〇〇〇〇(当時〇〇歳)に全く気付かず、自車前部を同人に衝突させて路上に転倒させ、
	文節の接続詞 (由)…気をとられ、軽信し (失)…過失により (経)…衝突させ、	
	結果発生内容、よって	よって、(同人)に加療〇〇日間を要する〇〇等の傷害を負わせたものである。

交通事故犯罪事実要点記載例

事故の態様	**4 対歩行者事故** (含自転車)	
	事故の分類	横断歩道歩行者等の発見遅滞等による事故 D3
	過失の態様	単路横断歩道手前での速度調節及び安全確認不十分 D31⑽
犯罪事実（過失の要点）の構成	行為の主体、日時、場所、業務性	被疑者（被告人）は、年月日時分ころ、○○自動車を運転し、
	注意義務の前提となるべき具体的運転状況、道路状況など（予見可能性の存在状況）	○市○町○番地先道路を、○○方面から○○方面へ向かい進行するに当たり、前方には横断歩道が設けられていた
	文節の接続詞 …………………に当たり、 …………………のであるから、 …………………から、ので	
	自動車運転上の注意義務すなわち予見義務又は回避義務の内容が注意義務である。 注1. その核心は法令、判例、条理等である。 注2. 相手側の過失次第では信頼の原則の適用により予見義務が免除となることもある。	前方左右を注視し、速度を調節して、横断歩行者等の有無及びその安全を確認しながら進行すべき
	文節の接続詞 ………自動車運転上の注意義務があるのにこれを怠り	
	(由)注意義務不履行の動機・原因・理由 (失)予見義務違反すなわち同義務の不履行状況（前方不注視・発見遅滞等）又は回避義務の不履行状況（運転操作ミス・制動停止距離内接近等）が過失行為となる。 (経)過失行為の後に回避不能となったことは不可抗力であり、衝突との間の因果関係の経路説明である。	(由)遠方の信号機の信号表示を望見することに気をとられ、 (失)横断歩行者等の有無に留意せず、その安全確認不十分のまま、漫然時速約40キロメートルで進行した過失により、 (経)同横断歩道上を左から右へ小走りで横断を開始した○○○○（当時○○歳）を左前方約4メートルの地点に迫ってようやく認め、急制動の措置をとったが間に合わず、自車前部を同人に衝突させて路上に転倒させ、
	文節の接続詞 (由)…気をとられ、軽信し (失)…過失により (経)…衝突させ、	
	結果発生内容、よって	よって、（同人）に加療○○日間を要する○○等の傷害を負わせたものである。

D3 D31

交通事故犯罪事実要点記載例

	④　**対歩行者事故** (含自転車)	
事故の態様	事故の分類	横断歩道歩行者等の動静不注視等による事故 D 3
	過失の態様	交差点の横断歩道歩行者等の動静不注視等 〔右（左）折方向出口の横断歩道歩行者の動静不注視〕 D 32(1)
犯　罪　事　実　（過失の要点）の　構　成	行為の主体、日時、場所、業務性	被疑者（被告人）は、年月日時分ころ、○○自動車を運転し、
	注意義務の前提となるべき具体的運転状況、道路状況など （予見可能性の存在状況）	○市○町○番地先の信号機による交通整理が行われている交差点を、○○方面から○○方面へ向かい右（左）折進行するに当たり、同交差点の右（左）折方向出口に設けられている横断歩道上を、右（左）から左（右）へ向かい横断歩行中の○○○○（当時○○歳）を右（左）前方約15メートルの地点に認めた
	文節の接続詞 ……………に当たり、 ……………のであるから、 ……………から、ので	
	自動車運転上の注意義務すなわち予見義務又は回避義務の内容が注意義務である。 注1.その核心は法令、判例、条理等である。 注2.相手側の過失次第では信頼の原則の適用により予見義務が免除となることもある。	直ちに同横断歩道の直前で一時停止し、同人の動静を注視し、その安全を確認しながら進行すべき
	文節の接続詞 ………自動車運転上の注意義務があるのにこれを怠り	
	(由)注意義務不履行の動機・原因・理由 (失)予見義務違反すなわち同義務の不履行状況（前方不注視・発見遅滞等）又は回避義務の不履行状況（運転操作ミス・制動停止距離内接近等）が過失行為となる。 (経)過失行為の後に回避不能となったことは不可抗力であり、衝突との間の因果関係の経路説明である。	(由)同人が、自車に気付き避譲してくれるものと軽信し、 (失)同横断歩道の直前で一時停止せず、同人の動静にも注視せず、その安全確認不十分のまま、漫然時速約30キロメートルで進行した過失により、 (経)同人が、同横断歩道上を信号に従い、そのまま横断歩行を継続しているのを至近距離に迫ってようやく認めたが、急制動の措置をとる間もなく、自車前部を同人に衝突させて路上に転倒させ、
	文節の接続詞 (由)…気をとられ、軽信し (失)…過失により (経)…衝突させ、	
	結果発生内容、よって	よって、（同人）に加療○○日間を要する○○等の傷害を負わせたものである。

D3

D32

交通事故犯罪事実要点記載例

	4 対歩行者事故 (含自転車)	
事故の態様	事故の分類	横断歩行者等の動静不注視等による事故 D 3
	過失の態様	交差点の横断歩道歩行者等の動静不注視等 （長大交差点出口の横断歩道）　　　D 32(2)
犯罪事実（過失の要点）の構成	行為の主体、日時、場所、業務性	被疑者（被告人）は、年月日時分ころ、○○自動車を運転し、
	注意義務の前提となるべき具体的運転状況、道路状況など（予見可能性の存在状況） 文節の接続詞 ………………に当たり、 ………………のであるから、 ………………から、ので	○市○町○番地先の信号機による交通整理が行われている交差点を、○○方面から○○方面へ向かい、時速約40キロメートルで直進するに当たり、同交差点手前約20メートルで対面信号機が既に黄色の灯火信号を表示しているのを認めたのであり、同所から同交差点出口の横断歩道までは約60メートルあった上、同横断歩道左端には○○○○（当時○○歳）が横断のため立ち止まっているのを認めたので、同人が信号の変化とともに横断を開始することも予測された
	自動車運転上の注意義務すなわち予見義務又は回避義務の内容が注意義務である。 注1.その核心は法令、判例、条理等である。 注2.相手側の過失次第では信頼の原則の適用により予見義務が免除となることもある。	同人の動静を注視し、同横断歩道の直前で最徐行又は一時停止するなどして、その安全を確認しながら進行すべき
	文節の接続詞 ………自動車運転上の注意義務があるのにこれを怠り	
	（由）注意義務不履行の動機・原因・理由 （失）予見義務違反すなわち同義務の不履行状況（前方不注視・発見遅滞等）又は回避義務の不履行状況（運転操作ミス・制動停止距離内接近等）が過失行為となる。 （経）過失行為の後に回避不能となったことは不可抗力であり、衝突との間の因果関係の経路説明である。	（由）自車は、同人の前方を先に通過できるものと軽信し、 （失）同人の動静を注視せず、その安全確認不十分のまま、漫然前記速度で進行した過失により、 （経）信号に従い、小走りで横断を開始した同人を直前に迫ってようやく認め、急制動の措置をとったが間に合わず、自車前部を同人に衝突させて路上に転倒させ、
	文節の接続詞 （由）…気をとられ、軽信し （失）…過失により （経）…衝突させ、	
	結果発生内容、よって	よって、（同人）に加療○○日間を要する○○等の傷害を負わせたものである。

交通事故犯罪事実要点記載例

事故の態様	④ 対歩行者事故 (含自転車)	
	事故の態様	横断歩道歩行者等の動静不注視等による事故 D 3
	過失の態様	交差点の横断歩道歩行者等の動静不注視等（交通整理の行われていない交差点入口横断歩道に接近中の歩行者の動静不注視）D 32(3)
犯罪事実（過失の要点）の構成	行為の主体、日時、場所、業務性	被疑者（被告人）は、年月日時分ころ、○○自動車を運転し、
	注意義務の前提となるべき具体的運転状況、道路状況など（予見可能性の存在状況） 文節の接続詞 ………………に当たり、 ………………のであるから、 ………………から、ので	○市○町○番地先の交通整理の行われていない交差点を、○○方面から○○方面へ向かい直進するに当たり、同交差点入口には横断歩道が設けられ、左方道路から○○○○（当時○○歳）が子供用自転車を運転して同横断歩道に接近しているのを認めた
	自動車運転上の注意義務すなわち予見義務又は回避義務の内容が注意義務である。 注1. その核心は法令、判例、条理等である。 注2. 相手側の過失次第では信頼の原則の適用により予見義務が免除となることもある。 文節の接続詞 ………自動車運転上の注意義務があるのにこれを怠り	直ちに減速徐行して、同人の動静を注視し、その安全を確認しながら進行すべき
	(由)注意義務不履行の動機・原因・理由 (失)予見義務違反すなわち同義務の不履行状況（前方不注視・発見遅滞等）又は回避義務の不履行状況（運転操作ミス・制動停止距離内接近等）が過失行為となる。 (経)過失行為の後に回避不能となったことは不可抗力であり、衝突との間の因果関係の経路説明である。	(由)同人は、同横断歩道上を通行しないものと軽信し、 (失)同人の動静を注視せず、その安全確認不十分のまま、漫然時速約40キロメートルで進行した過失により、 (経)同横断歩道により横断を開始した同自転車を至近距離に迫ってようやく認め、急制動の措置をとったが間に合わず、自車前部を同自転車に衝突させて、同自転車とともに同人を路上に転倒させ、
	文節の接続詞 (由)…気をとられ、軽信し (失)…過失により (経)…衝突させ、	
	結果発生内容、よって	よって、（同人）に加療○○日間を要する○○等の傷害を負わせたものである。

D3

D32

交通事故犯罪事実要点記載例

事故の態様		④ 対歩行者事故 (含自転車)	
	事故の分類	横断歩道歩行者等の動静不注視等による事故 D 3	
	過失の態様	単路横断歩道の直前一時不停止と安全確認不十分 D 32(4)	
犯罪事実（過失の要点）の構成	行為の主体、日時、場所、業務性	被疑者（被告人）は、年月日時分ころ、○○自動車を運転し、	
	注意義務の前提となるべき具体的運転状況、道路状況など（予見可能性の存在状況）	○市○町○番地先道路を、○○方面から○○方面へ向かい、時速約40キロメートルで進行中、前方に設けられた横断歩道上を○○○○（当時○○歳）が右（左）から、左（右）へ向かい横断歩行しているのを前方約40メートルの地点に認めた	
	文節の接続詞 …………………に当たり、 ………………のであるから、 ………………から、ので		
	自動車運転上の注意義務すなわち予見義務又は回避義務の内容が注意義務である。 注1.その核心は法令、判例、条理等である。 注2.相手側の過失次第では信頼の原則の適用により予見義務が免除となることもある。	同横断歩道の直前で一時停止して、同人の避譲、又は通過を待ち、その安全を確認しながら進行すべき	
	文節の接続詞 ………自動車運転上の注意義務があるのにこれを怠り		
	(由)注意義務不履行の動機・原因・理由 (失)予見義務違反すなわち同義務の不履行状況（前方不注視・発見遅滞等）又は回避義務の不履行状況（運転操作ミス・制動停止距離内接近等）が過失行為となる。 (経)過失行為の後に回避不能となったことは不可抗力であり、衝突との間の因果関係の経路説明である。	(由)同人の直前を通過できる（同人の通過後その背後を通行できる・同人が同所で、自車を避けて立ち止まる）ものと軽信し、 (失)同横断歩道の直前で一時停止せず、その安全確認不十分のまま漫然前記速度で進行した過失により、 (経)同人が、そのまま歩行を続けているのを前方約7メートルの地点に迫ってようやく認め、急制動の措置をとったが間に合わず、自車前部を同人に衝突させて路上に転倒させ、	
	文節の接続詞 (由)…気をとられ、軽信し (失)…過失により (経)…衝突させ、		
	結果発生内容、よって	よって、（同人）に加療○○日間を要する○○○等の傷害を負わせたものである。	

交通事故犯罪事実要点記載例

	④ 対歩行者事故 (含自転車)	
事故の態様	事故の分類	横断歩道歩行者等の発見遅滞等による事故 D3
	過失の態様	連続渋滞停止車両間の横断歩道直前一時不停止 D33
犯罪事実（過失の要点）の構成	行為の主体、日時、場所、業務性	被疑者（被告人）は、年月日時分ころ、○○自動車を運転し、
	注意義務の前提となるべき具体的運転状況、道路状況など（予見可能性の存在状況） 文節の接続詞 …………………に当たり、 ………………のであるから、 ………………から、ので	○○市○町○番地先道路を、○○方面から○○方面へ向かい、時速約40キロメートルで進行中、前方に設けられた横断歩道の右（左）側には、反対方向（同方向）に向かう車両が連続停止していて、同横断歩道の右（左）側部分の見通しがきかなかった
	自動車運転上の注意義務すなわち予見義務又は回避義務の内容が注意義務である。 注1.その核心は法令、判例、条理等である。 注2.相手側の過失次第では信頼の原則の適用により予見義務が免除となることもある。	同横断歩道の直前で一時停止して、同横断歩道により横断する歩行者等の有無及びその安全を確認しながら進行すべき
	文節の接続詞 ………自動車運転上の注意義務があるのにこれを怠り	
	（由）注意義務不履行の動機・原因・理由 （失）予見義務違反すなわち同義務の不履行状況（前方不注視・発見遅滞等）又は回避義務の不履行状況（運転操作ミス・制動停止距離内接近等）が過失行為となる。 （経）過失行為の後に回避不能となったことは不可抗力であり、衝突との間の因果関係の経路説明である。	（由）同横断歩道による横断歩行者等はないものと軽信し、 （失）同横断歩道の直前で一時停止せず、同横断歩道による歩行者等の有無及びその安全確認不十分のまま、漫然前記速度で前記停止車両の側方を通過進行した過失により、 （経）同横断歩道上を右（左）から左（右）へ横断歩行中の○○○○（当時○○歳）を直前に迫ってようやく認め、急制動の措置をとったが間に合わず、自車前部を同人に衝突させて路上に転倒させ、
	文節の接続詞 （由）…気をとられ、軽信し （失）…過失により （経）…衝突させ、	
	結果発生内容、よって	よって、（同人）に加療○○日間を要する○○○等の傷害を負わせたものである。

交通事故犯罪事実要点記載例

		⑤　その他進行中の事故（他の分類を除く）	
事故の態様	事故の分類	障害物の発見遅滞による事故　　　　　　E1	
	過失の態様	前方不注視による路上の工事現場の発見遅滞 E11(1)	
犯罪事実（過失の要点）の構成	行為の主体、日時、場所、業務性	被疑者（被告人）は、年月日時分ころ、○○自動車を運転し、	
	注意義務の前提となるべき具体的運転状況、道路状況など（予見可能性の存在状況）	○市○町○番地先道路を、○○方面から○○方面へ向かい、時速約50キロメートルで進行する	
	文節の接続詞 …………………に当たり、 …………………のであるから、 …………………から、ので		
	自動車運転上の注意義務すなわち予見義務又は回避義務の内容が注意義務である。 注1. その核心は法令、判例、条理等である。 注2. 相手側の過失次第では信頼の原則の適用により予見義務が免除となることもある。	前方左右を注視し、進路の安全を確認しながら進行すべき	
	文節の接続詞 ………自動車運転上の注意義務があるのにこれを怠り		
	(由)注意義務不履行の動機・原因・理由 (失)予見義務違反すなわち同義務の不履行状況（前方不注視・発見遅滞等）又は回避義務の不履行状況（運転操作ミス・制動停止距離内接近等）が過失行為となる。 (経)過失行為の後に回避不能となったことは不可抗力であり、衝突との間の因果関係の経路説明である。	(由)たばこに火をつけることに気をとられ、 (失)前方左右を十分注視せず、進路の安全確認不十分のまま、漫然前記速度で進行した過失により、 (経)進路前方に道路工事用の資材が置かれ、○○○○（当時○○歳）が作業していたのをその直前に迫ってようやく認め、急制動の措置をとったが間に合わず、自車を上記工事用資材のコンクリート柱などに衝突させて跳ねとばし、同柱などを同人に衝突させて路上に転倒させ、	
	文節の接続詞 (由)…気をとられ、軽信し (失)…過失により (経)…衝突させ、		
	結果発生内容、よって	よって、（同人）に加療○○日間を要する○○○等の傷害を負わせたものである。	

（左欄外）E1　E11

交通事故犯罪事実要点記載例

事故の態様	5 その他進行中の事故 (他の分類を除く)	
	事故の分類	障害物発見遅滞による事故　　　　　　E1
	過失の態様	前方不注視による障害物（泥酔横臥者）の発見遅滞 （注） 保安基準32条4項により、自動車（特殊車両を除く）のすれ違い用前照灯は夜間前方40メートル、走行用は同100メートル先の距離にある障害物を確認できる性能を有することとされている　　　　　　　　　　E11(2)
犯罪事実（過失の要点）の構成	行為の主体、日時、場所、業務性	被疑者（被告人）は、年月日時分ころ、○○自動車を運転し、
	注意義務の前提となるべき具体的運転状況、道路状況など（予見可能性の存在状況）	○市○町○番地先道路を、○○方面から○○方面へ向かい、時速約60キロメートルで進行する
	文節の接続詞 ……………………に当たり、 ………………のであるから、 ………………から、ので	
	自動車運転上の注意義務すなわち予見義務又は回避義務の内容が注意義務である。 注1.その核心は法令、判例、条理等である。 注2.相手側の過失次第では信頼の原則の適用により予見義務が免除となることもある。	前方左右を注視し、進路の安全を確認しながら進行すべき
	文節の接続詞 ………自動車運転上の注意義務があるのにこれを怠り	
	(由)注意義務不履行の動機・原因・理由 (失)予見義務違反すなわち同義務の不履行状況（前方不注視・発見遅滞等）又は回避義務の不履行状況（運転操作ミス・制動停止距離内接近等）が過失行為となる。 (経)過失行為の後に回避不能となったことは不可抗力であり、衝突との間の因果関係の経路説明である。	(由)道路照明がなく、路面が暗い上、遠方を望見していたため、 (失)前方左右を十分注視せず、進路の安全確認不十分のまま、漫然前記速度で進行した過失により、 (経)進路前方で、酒に酔い路上で寝込んでいた○○○○（当時○○歳）を前方約20メートルの地点に迫ってようやく認め、急制動の措置をとったが間に合わず、自車左前輪で同人をれき過し、
	文節の接続詞 (由)…気をとられ、軽信し (失)…過失により (経)…衝突させ、	
	結果発生内容、よって	よって、（同人）に加療○○日間を要する○○○等の傷害を負わせたものである。

交通事故犯罪事実要点記載例

	⑤ **その他進行中の事故** (他の分類を除く)	
事故の態様	事故の分類	障害物発見遅滞による事故　　　　　　E 1
	過失の態様	濃霧・豪雨等の視界不良路での前方不注視・減速不履行による発見遅滞追突 　　　　　　　　　　　　　　　　　　E 12(1)
犯罪事実（過失の要点）の構成	行為の主体、日時、場所、業務性	被疑者（被告人）は、年月日時分ころ、○○自動車を運転し、
	注意義務の前提となるべき具体的運転状況、道路状況など（予見可能性の存在状況）	○市○町○番地先道路を、○○方面から○○方面へ向かい、時速約60キロメートルで進行するに当たり、当時同所は路面が暗く、濃霧（豪雨）のため前方の見通しがわるい状況であった
	文節の接続詞 ……………に当たり、 ……………のであるから、 ……………から、ので	
	自動車運転上の注意義務すなわち予見義務又は回避義務の内容が注意義務である。 注1. その核心は法令、判例、条理等である。 注2. 相手側の過失次第では信頼の原則の適用により予見義務が免除となることもある。	適宜減速し、前方注視につとめ、進路の安全を確認しながら進行すべき
	文節の接続詞 ………自動車運転上の注意義務があるのにこれを怠り	
	(由)注意義務不履行の動機・原因・理由 (失)予見義務違反すなわち同義務の不履行状況（前方不注視・発見遅滞等）又は回避義務の不履行状況（運転操作ミス・制動停止距離内接近等）が過失行為となる。 (経)過失行為の後に回避不能となったことは不可抗力であり、衝突との間の因果関係の経路説明である。	(由)カーラジオの調整に気をとられ、 (失)前方左右を十分注視せず、進路の安全確認不十分のまま、漫然前記速度で進行した過失により、 (経)渋滞のため、前車に続いて停止していた○○○○（当時○○歳）運転の○○○○自動車を前方約30メートルの地点に迫ってようやく認め、急制動の措置をとるとともに右へ急転把したが間に合わず、同車右後部に自車左前部を衝突させ、
	文節の接続詞 (由)…気をとられ、軽信し (失)…過失により (経)…衝突させ、	
	結果発生内容、よって	よって、（同人）に加療○○日間を要する○○○等の傷害を負わせたものである。

E1

E12

交通事故犯罪事実要点記載例

事故の態様	⑤　その他進行中の事故 (他の分類を除く)		
	事故の分類	障害物発見遅滞による事故　　　E1	
	過失の態様	見通しの悪い湾曲路での前方不注視・減速不履行による発見遅滞追突　　　　　　　　　　　　　　　　　　　E12(2)	
犯罪事実（過失の要点）の構成	行為の主体、日時、場所、業務性	被疑者（被告人）は、年月日時分ころ、○○自動車を運転し、	
	注意義務の前提となるべき具体的運転状況、道路状況など（予見可能性の存在状況）	○市○町○番地先道路を、○○方面から○○方面へ向かい、時速約50キロメートルで進行するに当たり、同所は左方へ湾曲した見通しのわるい道路であった	
	文節の接続詞……………に当たり、……………のであるから、……………から、ので		
	自動車運転上の注意義務すなわち予見義務又は回避義務の内容が注意義務である。注1. その核心は法令、判例、条理等である。注2. 相手側の過失次第では信頼の原則の適用により予見義務が免除となることもある。	適宜減速し、前方注視につとめ、進路の安全を確認しながら進行すべき	
	文節の接続詞………自動車運転上の注意義務があるのにこれを怠り		
	(由)注意義務不履行の動機・原因・理由(失)予見義務違反すなわち同義務の不履行状況（前方不注視・発見遅滞等）又は回避義務の不履行状況（運転操作ミス・制動停止距離内接近等）が過失行為となる。(経)過失行為の後に回避不能となったことは不可抗力であり、衝突との間の因果関係の経路説明である。	(由)先を急ぐあまり、(失)前方左右を十分注視せず、進路の安全確認不十分のまま、漫然前記速度で進行した過失により、(経)進路前方で、渋滞により前車に続いて停止した○○○○（当時○○歳）運転の○○○○自動車を前方約15メートルの地点に迫ってようやく認め、急制動の措置をとったが間に合わず、同車後部に自車左前部を衝突させ、	
	文節の接続詞(由)…気をとられ、軽信し(失)…過失により(経)…衝突させ、		
	結果発生内容、よって	よって、（同人）に加療○○日間を要する○○等の傷害を負わせたものである。	

交通事故犯罪事実要点記載例

	5 その他進行中の事故（他の分類を除く）		
事故の態様	事故の分類	障害物発見遅滞による事故	E1
	過失の態様	障害物発見遅滞に伴う急制動・急転把による暴走	
			E13(1)
犯罪事実（過失の要点）の構成	行為の主体、日時、場所、業務性	被疑者（被告人）は、年月日時分ころ、〇〇自動車を運転し、	
	注意義務の前提となるべき具体的運転状況、道路状況など（予見可能性の存在状況）	〇市〇町〇番地先の信号機による交通整理が行われている交差点を、〇〇方面から〇〇方面へ向かい、信号表示に従い時速約50キロメートルで直進する	
	文節の接続詞 …………………に当たり、 …………………のであるから、 …………………から、ので		
	自動車運転上の注意義務すなわち予見義務又は回避義務の内容が注意義務である。 注1.その核心は法令、判例、条理等である。 注2.相手側の過失次第では信頼の原則の適用により予見義務が免除となることもある。	前方左右を注視し、進路の安全を確認しながら進行すべき	
	文節の接続詞 ………自動車運転上の注意義務があるのにこれを怠り		
	（由）注意義務不履行の動機・原因・理由 （失）予見義務違反すなわち同義務の不履行状況（前方不注視・発見遅滞等）又は回避義務の不履行状況（運転操作ミス・制動停止距離内接近等）が過失行為となる。 （経）過失行為の後に回避不能となったことは不可抗力であり、衝突との間の因果関係の経路説明である。	（由）運転席の時計表示を見るのに気をとられ、 （失）前方左右を十分注視せず、進路の安全確認不十分のまま、漫然前記速度で進行した過失により、 （経）進路前方で、右折待ち停止中の普通乗用自動車を前方約10メートルの地点に迫ってようやく認め、急制動の措置をとるとともに右へ急転把したが、自車を右斜め前方に滑走させて道路右側部分に暴走させた上、折から、対向進行してきた〇〇〇〇（当時〇〇歳）運転の〇〇〇〇〇自動車前部に自車左側面を衝突させ、	
	文節の接続詞 （由）…気をとられ、軽信し （失）…過失により （経）…衝突させ、		
	結果発生内容、よって	よって、（同人）に加療〇〇日間を要する〇〇〇等の傷害を負わせたものである。	

交通事故犯罪事実要点記載例

事故の態様	⑤ その他進行中の事故 (他の分類を除く)	
	事故の分類	障害物発見遅滞による事故　　　　E1
	過失の態様	障害物発見遅滞に伴う急制動・急転把で中央分離帯に接触後暴走 　　　　　　　　　　　　　　E13(2)
犯　罪　事　実　(過失の要点)　の　構　成	行為の主体、日時、場所、業務性	被疑者（被告人）は、年月日時分ころ、○○自動車を運転し、
	注意義務の前提となるべき具体的運転状況、道路状況など（予見可能性の存在状況）	○市○町○番地先道路を、○○方面から○○方面へ向かい、時速約60キロメートルで進行する
	文節の接続詞 …………………に当たり、 …………………のであるから、 …………………から、ので	
	自動車運転上の注意義務すなわち予見義務又は回避義務の内容が注意義務である。 注1. その核心は法令、判例、条理等である。 注2. 相手側の過失次第では信頼の原則の適用により予見義務が免除となることもある。	前方左右を注視し、進路を適正に保持するなどその安全を確認しながら進行すべき
	文節の接続詞 ………自動車運転上の注意義務があるのにこれを怠り	
	(由)注意義務不履行の動機・原因・理由 (失)予見義務違反すなわち同義務の不履行状況（前方不注視・発見遅滞等）又は回避義務の不履行状況（運転操作ミス・制動停止距離内接近等）が過失行為となる。 (経)過失行為の後に回避不能となったことは不可抗力であり、衝突との間の因果関係の経路説明である。	(由)左前方路外の広告看板に気をとられ、 (失)前方左右を十分注視せず、進路の安全確認不十分のまま、漫然前記速度で進行した過失により、 (経)自車を右斜めに進行させて、中央分離帯に接近し、慌てて急制動の措置をとるとともに左へ急転把したが間に合わず、自車右後部を同分離帯に接触させた上、自車の走行の自由を失い、左斜め前方に暴走させて路端の電柱に衝突させ、
	文節の接続詞 (由)…気をとられ、軽信し (失)…過失により (経)…衝突させ、	
	結果発生内容、よって	よって、自車の同乗者○○○○（当時○○歳）に加療○○日間を要する○○○等の傷害を負わせたものである。

交通事故犯罪事実要点記載例

<table>
<tr>
<td rowspan="3">事故の態様

E2

E21</td>
<td colspan="2">⑤　その他進行中の事故 <small>(他の分類を除く)</small></td>
</tr>
<tr>
<td>事故の分類</td>
<td>高速疾走に伴う事故　　　　　　　E2</td>
</tr>
<tr>
<td>過失の態様</td>
<td>横断歩行者の発見遅滞

E21(1)</td>
</tr>
<tr>
<td rowspan="7">犯罪事実（過失の要点）の構成</td>
<td>行為の主体、日時、場所、業務性</td>
<td>被疑者（被告人）は、年月日時分ころ、○○自動車を運転し、</td>
</tr>
<tr>
<td>注意義務の前提となるべき具体的運転状況、道路状況など（予見可能性の存在状況）</td>
<td rowspan="2">○市○町○番地先道路を、○○方面から○○方面へ向かい進行するに当たり、同所は道路標識によりその最高速度が40キロメートル毎時と指定された場所であった</td>
</tr>
<tr>
<td>文節の接続詞
…………………に当たり、
………………のであるから、
…………………から、ので</td>
</tr>
<tr>
<td>自動車運転上の注意義務すなわち予見義務又は回避義務の内容が注意義務である。
注1.その核心は法令、判例、条理等である。
注2.相手側の過失次第では信頼の原則の適用により予見義務が免除されることもある。</td>
<td>同最高速度を遵守するはもとより、前方左右を注視し、進路の安全を確認しながら進行すべき</td>
</tr>
<tr>
<td>文節の接続詞
………自動車運転上の注意義務があるのにこれを怠り</td>
<td></td>
</tr>
<tr>
<td>(由)注意義務不履行の動機・原因・理由
(失)予見義務違反すなわち同義務の不履行状況（前方不注視・発見遅滞等）又は回避義務の不履行状況（運転操作ミス・制動停止距離内接近等）が過失行為となる。
(経)過失行為の後に回避不能となったことは不可抗力であり、衝突との間の因果関係の経路説明である。</td>
<td>(由)交通閑散であったことに気を許し、
(失)前方左右を十分注視せず、進路の安全確認不十分のまま、漫然時速約70キロメートルで進行した過失により、
(経)進路前方を右から左へ自転車を運転して横断を開始した○○○○（当時○○歳）を、右前方約30メートルの地点に迫ってようやく認め、急制動の措置をとるとともに左転把したが間に合わず、自車前部を同自転車に衝突させて、同人を同自転車とともに路上に転倒させ、</td>
</tr>
<tr>
<td></td>
<td>文節の接続詞
(由)…気をとられ、軽信し
(失)…過失により
(経)…衝突させ、</td>
<td></td>
</tr>
<tr>
<td></td>
<td>結果発生内容、よって</td>
<td>よって、（同人）に加療○○日間を要する○○○等の傷害を負わせたものである。</td>
</tr>
</table>

交通事故犯罪事実要点記載例

<table>
<tr><td rowspan="4">事故の態様</td><td colspan="2">⑤　その他進行中の事故（他の分類を除く）</td></tr>
<tr><td>事故の分類</td><td>高速疾走に伴う事故　　　　　　　E 2</td></tr>
<tr><td rowspan="2">過失の態様</td><td>渋滞停止車両の発見遅滞追突
（携帯電話送受信操作のため）

　　　　　　　　　　　　　　E 21(2)</td></tr>
<tr></tr>
<tr><td rowspan="9">犯　罪　事　実（過失の要点）の　構　成</td><td>行為の主体、日時、場所、業務性</td><td>被疑者（被告人）は、年月日時分ころ、○○自動車を運転し、</td></tr>
<tr><td>注意義務の前提となるべき具体的運転状況、道路状況など（予見可能性の存在状況）</td><td rowspan="2">○市○町○番地先道路を、○○方面から○○方面へ向かい進行するに当たり、同所は道路標識によりその最高速度が40キロメートル毎時と指定された場所であった</td></tr>
<tr><td>文節の接続詞
……………に当たり、
……………のであるから、
……………から、ので</td></tr>
<tr><td>自動車運転上の注意義務すなわち予見義務又は回避義務の内容が注意義務である。
注1.その核心は法令、判例、条理等である。
注2.相手側の過失次第では信頼の原則の適用により予見義務が免除となることもある。</td><td>同最高速度を遵守するはもとより、前方左右を注視し、進路の安全を確認しながら進行すべき</td></tr>
<tr><td>文節の接続詞
………自動車運転上の注意義務があるのにこれを怠り</td><td></td></tr>
<tr><td>(由)注意義務不履行の動機・原因・理由
(失)予見義務違反すなわち同義務の不履行状況（前方不注視・発見遅滞等）又は回避義務の不履行状況（運転操作ミス・制動停止距離内接近等）が過失行為となる。
(経)過失行為の後に回避不能となったことは不可抗力であり、衝突との間の因果関係の経路説明である。</td><td>(由)携帯電話機の送受信操作に気をとられ、進路前方の車両も進行中であると軽信し、
(失)前方左右を十分注視せず、進路の安全確認不十分のまま、漫然時速約80キロメートルの高速度で進行した過失により、
(経)進路前方で、渋滞のため停止した○○○○（当時○○歳）運転の○○○○自動車を、前方約40メートルの地点に迫ってようやく認め、急制動の措置をとったが間に合わず、同車後部に自車前部を衝突させ、</td></tr>
<tr><td>文節の接続詞
(由)…気をとられ、軽信し
(失)…過失により
(経)…衝突させ、</td><td></td></tr>
<tr><td>結果発生内容、よって</td><td>よって、（同人）に加療○○日間を要する○○○等の傷害を負わせたものである。</td></tr>
</table>

E2

E21

交通事故犯罪事実要点記載例

	5 その他進行中の事故（他の分類を除く）	
事故の態様	事故の分類	高速疾走に伴う事故　　　　　　　　E2
	過失の態様	対向転回・横断・右折車の発見遅滞 　　　　　　　　　　　　　　　　E21(3)
犯罪事実（過失の要点）の構成	行為の主体、日時、場所、業務性	被疑者（被告人）は、年月日時分ころ、○○自動車を運転し、
	注意義務の前提となるべき具体的運転状況、道路状況など（予見可能性の存在状況）	○市○町○番地付近道路を、○○方面から○○方面へ向かい進行するに当たり、同所は道路標識によりその最高速度が40キロメートル毎時と指定された場所であった
	文節の接続詞 ………………に当たり、 ………………のであるから、 ………………から、ので	
	自動車運転上の注意義務すなわち予見義務又は回避義務の内容が注意義務である。 注1. その核心は法令、判例、条理等である。 注2. 相手側の過失次第では信頼の原則の適用により予見義務が免除となることもある。	同最高速度を遵守するはもとより、前方左右を注視し、進路の安全を確認しながら進行すべき
	文節の接続詞 ………自動車運転上の注意義務があるのにこれを怠り	
	(由)注意義務不履行の動機・原因・理由 (失)予見義務違反すなわち同義務の不履行状況（前方不注視・発見遅滞等）又は回避義務の不履行状況（運転操作ミス・制動停止距離内接近等）が過失行為となる。 (経)過失行為の後に回避不能となったことは不可抗力であり、衝突との間の因果関係の経路説明である。	(由)先を急ぐあまり、 (失)前方左右を十分注視せず、進路の安全確認不十分のまま、漫然時速約90キロメートルの高速度で進行した過失により、 (経)折から、反対方向から進行してきて同所先道路で転回（横断・右折）を開始し、自車進路上に進出した○○○○（当時○○歳）運転の○○○○自動車を、前方約50メートルの地点に迫ってようやく認め、急制動の措置をとるとともに右転把したが間に合わず、同車左側面に自車左前部を衝突させ、
	文節の接続詞 (由)…気をとられ、軽信し (失)…過失により (経)…衝突させ、	
	結果発生内容、よって	よって、（同人）に加療○○日間を要する○○○等の傷害を負わせたものである。

交通事故犯罪事実要点記載例

	⑤ その他進行中の事故 （他の分類を除く）	
事故の態様	事故の分類	高速疾走に伴う事故　　　　　　　　E2
	過失の態様	不用意な急転把による暴走 E21(4)
犯罪事実（過失の要点）の構成	行為の主体、日時、場所、業務性	被疑者（被告人）は、年月日時分ころ、○○自動車を運転し、
	注意義務の前提となるべき具体的運転状況、道路状況など（予見可能性の存在状況） 文節の接続詞 …………………に当たり、 …………………のであるから、 …………………から、ので	○市○町○番地先道路を、○○方面から○○方面へ向かい進行するに当たり、同所は道路標識によりその最高速度が50キロメートル毎時と指定された場所であった
	自動車運転上の注意義務すなわち予見義務又は回避義務の内容が注意義務である。 注1.その核心は法令、判例、条理等である。 注2.相手側の過失次第では信頼の原則の適用により予見義務が免除となることもある。 文節の接続詞 ………自動車運転上の注意義務があるのにこれを怠り	同最高速度を遵守するはもとより、ハンドル・ブレーキを的確に操作し、進路の安全を確認しながら進行すべき
	(由)注意義務不履行の動機・原因・理由 (失)予見義務違反すなわち同義務の不履行状況（前方不注視・発見遅滞等）又は回避義務の不履行状況（運転操作ミス・制動停止距離内接近等）が過失行為となる。 (経)過失行為の後に回避不能となったことは不可抗力であり、衝突との間の因果関係の経路説明である。 文節の接続詞 (由)…気をとられ、軽信し (失)…過失により (経)…衝突させ、	(由)先を急ぐあまり、 (失)進路の安全確認不十分のまま、漫然時速約90キロメートルの高速度で進行し、進路前方を同方向に進行していた○○○○（当時○○歳）運転の○○○○自動車が制動灯を点灯させたのを見てろうばいし、不用意に右へ急転把した過失により、 (経)自車後部車輪を左方へ滑走させて、ハンドル操作の自由を失い、自車を右斜め前方に暴走させて中央分離帯に衝突し、その反動により更に自車を左斜め前方に暴走させて、前記○○運転車両後部に自車左側面を衝突させ、
	結果発生内容、よって	よって、自車の同乗者○○○○（当時○○歳）に加療○○日間を要する○○○等の傷害を負わせたものである。

E2

E21

交通事故犯罪事実要点記載例

	⑤ その他進行中の事故 (他の分類を除く)	
事故の態様 E2 E22	事故の分類	進路変更の際の事故　　　　　　　　　　E2
	過失の態様	左へ進路変更時の左後続車の安全不確認 E22(1)
犯罪事実（過失の要点）の構成	行為の主体、日時、場所、業務性	被疑者（被告人）は、年月日時分ころ、〇〇自動車を運転し、
	注意義務の前提となるべき具体的運転状況、道路状況など（予見可能性の存在状況）	〇市〇町〇番地先道路を、〇〇方面から〇〇方面へ向かい、時速約40キロメートルで進行中、左折準備のため第2通行帯（道路中央線寄り）から第1通行帯（左側寄り）へ進路を変更する
	文節の接続詞 ……………………に当たり、 ……………………のであるから、 ……………………から、ので	
	自動車運転上の注意義務すなわち予見義務又は回避義務の内容が注意義務である。 注1. その核心は法令、判例、条理等である。 注2. 相手側の過失次第では信頼の原則の適用により予見義務が免除となることもある。	その合図をし、自車の左側方並進車両及び左後方から進行してくる車両の有無に留意し、その安全を確認しながら進路を変更すべき
	文節の接続詞 ………自動車運転上の注意義務があるのにこれを怠り	
	(由)注意義務不履行の動機・原因・理由 (失)予見義務違反すなわち同義務の不履行状況（前方不注視・発見遅滞等）又は回避義務の不履行状況（運転操作ミス・制動停止距離内接近等）が過失行為となる。 (経)過失行為の後に回避不能となったことは不可抗力であり、衝突との間の因果関係の経路説明である。	(由)先行する〇〇〇〇自動車との車間距離保持に気をとられ、 (失)その合図（適切な合図）をせず、左側方並進車両及び左後方から進行してくる車両の有無に留意もせず、その安全確認不十分のまま、漫然前記速度で左へ進路を変更した過失により、 (経)折から、左後方から進行してきた〇〇〇〇（当時〇〇歳）運転の自動二輪車に気付かず、自車左側面を同自動二輪車に衝突させて、同車とともに同人を路上に転倒させ、
	文節の接続詞 (由)…気をとられ、軽信し (失)…過失により (経)…衝突させ、	
	結果発生内容、よって	よって、（同人）に加療〇〇日間を要する〇〇〇等の傷害を負わせたものである。

交通事故犯罪事実要点記載例

事故の態様	⑤ その他進行中の事故（他の分類を除く）	
	事故の分類	進路変更の際の事故　　　　　　　　E 2
	過失の態様	右へ進路変更時の右後続車の安全不確認
		E 22(2)
犯罪事実（過失の要点）の構成	行為の主体、日時、場所、業務性	被疑者（被告人）は、年月日時分ころ、○○自動車を運転し、
	注意義務の前提となるべき具体的運転状況、道路状況など（予見可能性の存在状況）	○市○町○番地先道路を、○○方面から○○方面へ向かい、時速約50キロメートルで進行中、右折準備のため、右側の道路中央線寄りへ進路を変更する
	文節の接続詞 ……………に当たり、 ……………のであるから、 ……………から、ので	
	自動車運転上の注意義務すなわち予見義務又は回避義務の内容が注意義務である。 注1. その核心は法令、判例、条理等である。 注2. 相手側の過失次第では信頼の原則の適用により予見義務が免除となることもある。	その合図をし、自車の右側方並進車両及び右後方から進行してくる車両の有無に留意し、その安全を確認しながら進路を変更すべき
	文節の接続詞 ………自動車運転上の注意義務があるのにこれを怠り	
	（由）注意義務不履行の動機・原因・理由 （失）予見義務違反すなわち同義務の不履行状況（前方不注視・発見遅滞等）又は回避義務の不履行状況（運転操作ミス・制動停止距離内接近等）が過失行為となる。 （経）過失行為の後に回避不能となったことは不可抗力であり、衝突との間の因果関係の経路説明である。	（由）対向車の進行状況に気をとられ、 （失）その合図（適切な合図）をせず、右側方並進車両及び右側後続車両の有無に留意せず、その安全確認不十分のまま、漫然前記速度で右へ進路を変更した過失により、 （経）右後方から進行してきた○○○○（当時○○歳）運転の自動二輪車に気付かず、自車右側面を同自動二輪車に衝突させて、同車とともに同人を路上に転倒させ、
	文節の接続詞 （由）…気をとられ、軽信し （失）…過失により （経）…衝突させ、	
	結果発生内容、よって	よって、（同人）に加療○○日間を要する○○○等の傷害を負わせたものである。

E2

E22

378

交通事故犯罪事実要点記載例

	⑤　その他進行中の事故（他の分類を除く）	
事故の態様 E2 E22	事故の分類	進路変更の際の事故　　　　　　　　E 2
	過失の態様	右へ進路変更時の右側車線前方進行車の安全不確認 E 22(3)
犯罪事実（過失の要点）の構成	行為の主体、日時、場所、業務性	被疑者（被告人）は、年月日時分ころ、○○自動車を運転し、
	注意義務の前提となるべき具体的運転状況、道路状況など （予見可能性の存在状況） 文節の接続詞 ……………に当たり、 ……………のであるから、 ……………から、ので	○市○町○番地先道路の第1通行帯を、○○方面から○○方面へ向かい、時速約80キロメートルで進行中、先行する○○○○自動車を追い越すため、第2通行帯へ進路を変更する
	自動車運転上の注意義務すなわち予見義務又は回避義務の内容が注意義務である。 注1.その核心は法令、判例、条理等である。 注2.相手側の過失次第では信頼の原則の適用により予見義務が免除となることもある。	その合図をし、右後方から進行してくる車両のみならず、第2通行帯の先行車両の有無にも留意し、その安全を確認しながら進路を変更すべき
	文節の接続詞 ………自動車運転上の注意義務があるのにこれを怠り	
	(由)注意義務不履行の動機・原因・理由 (失)予見義務違反すなわち同義務の不履行状況（前方不注視・発見遅滞等）又は回避義務の不履行状況（運転操作ミス・制動停止距離内接近等）が過失行為となる。 (経)過失行為の後に回避不能となったことは不可抗力であり、衝突との間の因果関係の経路説明である。	(由)右後方から進行してくる車両の動静に気をとられ、 (失)第2通行帯の先行車両の有無に留意せず、その安全確認不十分のまま、漫然時速約100キロメートルに加速しながら第2通行帯へ進路を変更した過失により、 (経)進路変更直後、同通行帯を先行中の○○○○自動車に急接近し、同車との衝突の危険を感じて急制動の措置をとったため、自車を右斜め前方に滑走させて、中央分離帯に衝突して横転させ、
	文節の接続詞 (由)…気をとられ、軽信し (失)…過失により (経)…衝突させ、	
	結果発生内容、よって	よって、自車の同乗者○○○○（当時○○歳）に加療○○日間を要する○○○等の傷害を負わせたものである。

交通事故犯罪事実要点記載例

	5 その他進行中の事故（他の分類を除く）	
事故の態様	事故の分類	進路変更の際の事故　　　　　　　　E 2
	過失の態様	交差点内で左へ進路変更時の左後続車の安全不確認 E 22(4)
犯罪事実（過失の要点）の構成	行為の主体、日時、場所、業務性	被疑者（被告人）は、年月日時分ころ、○○自動車を運転し、
	注意義務の前提となるべき具体的運転状況、道路状況など（予見可能性の存在状況）	○市○町○番地先の信号機により交通整理の行われている交差点手前の第2通行帯を、○○方面から○○方面へ向かい、時速約50キロメートルで進行中、進路前方の交差点中心付近で右折待ち停止中の自動二輪車を認め、その左側方を通過するため進路を左へ変更する
	文節の接続詞 …………………に当たり、 …………………のであるから、 …………………から、ので	
	自動車運転上の注意義務すなわち予見義務又は回避義務の内容が注意義務である。 注1.その核心は法令、判例、条理等である。 注2.相手側の過失次第では信頼の原則の適用により予見義務が免除となることもある。	その合図をし、左側方の並進車両及び左後方から進行してくる車両の有無に留意し、その安全を確認しながら進路を変更すべき
	文節の接続詞 ………自動車運転上の注意義務があるのにこれを怠り	
	(由)注意義務不履行の動機・原因・理由 (失)予見義務違反すなわち同義務の不履行状況（前方不注視・発見遅滞等）又は回避義務の不履行状況（運転操作ミス・制動停止距離内接近等）が過失行為となる。 (経)過失行為の後に回避不能となったことは不可抗力であり、衝突との間の因果関係の経路説明である。	(由)進路変更の程度も小幅で、左後方から進行してくる車両の進行妨害にはならないものと軽信し、 (失)その合図をせず、左側方並進車両及び左側後続車両の有無に留意せず、その安全確認不十分のまま、漫然前記速度で左へ急転把して進路変更した過失により、 (経)左後方から進行してきた○○○○（当時○○歳）運転の自動二輪車に気付かず、自車左側面を同自動二輪車に衝突させて、同車とともに同人を路上に転倒させ、
	文節の接続詞 (由)…気をとられ、軽信し (失)…過失により (経)…衝突させ、	
	結果発生内容、よって	よって、（同人）に加療○○日間を要する○○○等の傷害を負わせたものである。

交通事故犯罪事実要点記載例

	5　その他進行中の事故（他の分類を除く）	
事故の態様	事故の分類	屈曲・湾曲路での事故　　　　　　　　E2
	過失の態様	適正な進路の不保持（左カーブでの路側帯進入） E23(1)
犯罪事実（過失の要点）の構成	行為の主体、日時、場所、業務性	被疑者（被告人）は、年月日時分ころ、○○自動車を運転し、
	注意義務の前提となるべき具体的運転状況、道路状況など（予見可能性の存在状況）	○市○町○番地先の道路を、○○方面から○○方面へ向かい、時速約50キロメートルで進行するに当たり、同所は左方に曲がる見通しの悪い道路であった
	文節の接続詞 ……………………に当たり、 ……………………のであるから、 ……………………から、ので	
	自動車運転上の注意義務すなわち予見義務又は回避義務の内容が注意義務である。 注1.その核心は法令、判例、条理等である。 注2.相手側の過失次第では信頼の原則の適用により予見義務が免除となることもある。	同道路状況に応じて適宜減速し、適正な進路を保持して、その安全を確認しながら進行すべき
	文節の接続詞 ………自動車運転上の注意義務があるのにこれを怠り	
	(由)注意義務不履行の動機・原因・理由 (失)予見義務違反すなわち同義務の不履行状況（前方不注視・発見遅滞等）又は回避義務の不履行状況（運転操作ミス・制動停止距離内接近等）が過失行為となる。 (経)過失行為の後に回避不能となったことは不可抗力であり、衝突との間の因果関係の経路説明である。	(由)先を急ぐあまり、 (失)進路左側端の交通の安全確認不十分のまま、左小回りに路側帯に進入して漫然前記速度で進行した過失により、 (経)折から、同路側帯上を対向して進行してきた○○○○（当時○○歳）運転の自転車を直前に迫ってようやく認め、急制動の措置をとったが間に合わず、自車左前部を同自転車に衝突させて、同自転車とともに同人を路上に転倒させ、
	文節の接続詞 (由)…気をとられ、軽信し (失)…過失により (経)…衝突させ、	
	結果発生内容、よって	よって、（同人）に加療○○日間を要する○○○等の傷害を負わせたものである。

交通事故犯罪事実要点記載例

	⑤　　その他進行中の事故（他の分類を除く）		
事故の態様	事故の分類	屈曲・湾曲路での事故　　　　　　　　E2	
	過失の態様	適正な進路の不保持 （左カーブでの道路右側部分進出） 　　　　　　　　　　　　　　　E23(2)	
犯罪事実（過失の要点）の構成	行為の主体、日時、場所、業務性	被疑者（被告人）は、年月日時分ころ、○○自動車を運転し、	
	注意義務の前提となるべき具体的運転状況、道路状況など（予見可能性の存在状況）	○市○町○番地先の道路を、○○方面から○○方面へ向かい、時速約70キロメートルで進行するに当たり、同所は左方に曲がる見通しの悪い、かつ、下り勾配の道路であった	
	文節の接続詞 …………………に当たり、 ………………のであるから、 ………………から、ので		
	自動車運転上の注意義務すなわち予見義務又は回避義務の内容が注意義務である。 注1.その核心は法令、判例、条理等である。 注2.相手側の過失次第では信頼の原則の適用により予見義務が免除となることもある。	同道路状況に応じて適宜減速し、適正な進路を保持して、その安全を確認しながら進行すべき	
	文節の接続詞 ………自動車運転上の注意義務があるのにこれを怠り		
	(由)注意義務不履行の動機・原因・理由 (失)予見義務違反すなわち同義務の不履行状況（前方不注視・発見遅滞等）又は回避義務の不履行状況（運転操作ミス・制動停止距離内接近等）が過失行為となる。 (経)過失行為の後に回避不能となったことは不可抗力であり、衝突との間の因果関係の経路説明である。	(由)コーナーリング走行をするため、 (失)減速せず、漫然前記速度であえて道路右側部分に進出し、左大回りで進行した過失により、 (経)折から、対向して進行してきた○○○○（当時○○歳）運転の○○○○自動車を右前方約20メートルの地点に迫ってようやく認め、左転把しながら急制動の措置をとったが間に合わず、同車右側面に自車右前部を衝突させ、	
	文節の接続詞 (由)…気をとられ、軽信し (失)…過失により (経)…衝突させ、		
	結果発生内容、よって	よって、（同人）に加療○○日間を要する○○○等の傷害を負わせたものである。	

交通事故犯罪事実要点記載例

		5　その他進行中の事故（他の分類を除く）	
事故の態様	事故の分類	屈曲・湾曲路での事故	E 2
	過失の態様	適正な進路の不保持 （右カーブでの道路右側部分進出） 　　　　　　　　　　　　　　　　　　E 23⑶	
犯罪事実（過失の要点）の構成	行為の主体、日時、場所、業務性	被疑者（被告人）は、年月日時分ころ、〇〇自動車を運転し、	
	注意義務の前提となるべき具体的運転状況、道路状況など（予見可能性の存在状況）	〇市〇町〇番地先の道路を、〇〇方面から〇〇方面へ向かい、時速約50キロメートルで進行するに当たり、同所は右方に曲がる見通しの悪い道路であった	
	文節の接続詞 ………………に当たり、 ………………のであるから、 ………………から、ので		
	自動車運転上の注意義務すなわち予見義務又は回避義務の内容が注意義務である。 注1.その核心は法令、判例、条理等である。 注2.相手側の過失次第では信頼の原則の適用により予見義務が免除となることもある。	同道路状況に応じて適宜減速し、適正な進路を保持して、その安全を確認しながら進行すべき	
	文節の接続詞 ………自動車運転上の注意義務があるのにこれを怠り		
	(由)注意義務不履行の動機・原因・理由 (失)予見義務違反すなわち同義務の不履行状況（前方不注視・発見遅滞等）又は回避義務の不履行状況（運転操作ミス・制動停止距離内接近等）が過失行為となる。 (経)過失行為の後に回避不能となったことは不可抗力であり、衝突との間の因果関係の経路説明である。	(由)交通閑散であり、対向車両はないものと軽信し、 (失)減速せず、漫然前記速度で道路右側部分に進出し、右小回りで進行した過失により、 (経)折から、対向して進行してきた〇〇〇〇（当時〇〇歳）運転の〇〇〇〇自動車を右前方約20メートルの地点に迫ってようやく認め、左転把しながら急制動の措置をとったが間に合わず、同車右側面に自車右前部を衝突させ、	
	文節の接続詞 (由)…気をとられ、軽信し (失)…過失により (経)…衝突させ、		
	結果発生内容、よって	よって、（同人）に加療〇〇日間を要する〇〇〇等の傷害を負わせたものである。	

E2

E23

交通事故犯罪事実要点記載例

	5　その他進行中の事故 (他の分類を除く)	
事故の態様	事故の分類	屈曲・湾曲路での事故　　　　　　　　　E 2
	過失の態様	適正な進路の不保持 （狭路・変型交差点での道路右側部分進出） 　　　　　　　　　　　　　　　　　　E 23(4)
犯　罪　事　実　（過失の要点）　の　構　成	行為の主体、日時、場所、業務性	被疑者（被告人）は、年月日時分ころ、○○自動車を運転し、
	注意義務の前提となるべき具体的運転状況、道路状況など （予見可能性の存在状況）	○市○町○番地先の交通整理の行われていない交差点を、○○方面から○○方面へ向かい、左折進行するに当たり、同所は左方の見通しの悪い変形交差点であった
	文節の接続詞 ………………に当たり、 ………………のであるから、 ………………から、ので	
	自動車運転上の注意義務すなわち予見義務又は回避義務の内容が注意義務である。 注1.その核心は法令、判例、条理等である。 注2.相手側の過失次第では信頼の原則の適用により予見義務が免除となることもある。	同道路状況に応じて適宜減速し、適正な進路を保持して、その安全を確認しながら進行すべき
	文節の接続詞 ………自動車運転上の注意義務があるのにこれを怠り	
	(由)注意義務不履行の動機・原因・理由 (失)予見義務違反すなわち同義務の不履行状況（前方不注視・発見遅滞等）又は回避義務の不履行状況（運転操作ミス・制動停止距離内接近等）が過失行為となる。 (経)過失行為の後に回避不能となったことは不可抗力であり、衝突との間の因果関係の経路説明である。	(由)先を急ぐあまり、 (失)減速せず、漫然時速約30キロメートルで左大回りに左折方向道路の右側部分に進出して、左折進行した過失により、 (経)折から、対向して進行してきた○○○○（当時○○歳）運転の○○○○自動車を直前に迫ってようやく認め、急制動の措置をとったが間に合わず、同車右前部に自車右前部を衝突させ、
	文節の接続詞 (由)…気をとられ、軽信し (失)…過失により (経)…衝突させ、	
	結果発生内容、よって	よって、（同人）に加療○○日間を要する○○○等の傷害を負わせたものである。

384

交通事故犯罪事実要点記載例

	⑤　その他進行中の事故（他の分類を除く）	
事故の態様（E2／E23）	事故の分類	屈曲・湾曲路での事故　　　　　　　　　E 2
	過失の態様	適正な進路の不保持 （カーブの発見遅滞、道路右側部分進出） E 23(5)
犯罪事実（過失の要点）の構成	行為の主体、日時、場所、業務性	被疑者（被告人）は、年月日時分ころ、○○自動車を運転し、
	注意義務の前提となるべき具体的運転状況、道路状況など （予見可能性の存在状況）	○市○町○番地先道路を、○○方面から○○方面へ向かい、時速約60キロメートルで進行するに当たり、同所は左方に鋭く湾曲する道路であった
	文節の接続詞 ………………に当たり、 ………………のであるから、 ………………から、ので	
	自動車運転上の注意義務すなわち予見義務又は回避義務の内容が注意義務である。 注1.その核心は法令、判例、条理等である。 注2.相手側の過失次第では信頼の原則の適用により予見義務が免除となることもある。	前方左右を注視し、進路前方の道路状況を確認するとともに、道路の湾曲状況に留意し、進路を適正に保持して、その安全を確認しながら進行すべき
	文節の接続詞 ………自動車運転上の注意義務があるのにこれを怠り	
	(由)注意義務不履行の動機・原因・理由 (失)予見義務違反すなわち同義務の不履行状況（前方不注視・発見遅滞等）又は回避義務の不履行状況（運転操作ミス・制動停止距離内接近等）が過失行為となる。 (経)過失行為の後に回避不能となったことは不可抗力であり、衝突との間の因果関係の経路説明である。	(経)道路照明がなく、路面も暗いため、直線道路であるものと軽信し、 (失)前方を十分注視せず、道路状況の確認不十分のまま、漫然前記速度で進行した過失により、 (由)同所が左方に鋭く湾曲する道路であることに気付くのが遅れて直進を続け、前記の湾曲部分の道路中央線を越えて道路右側部分に進出し、折から、対向進行してきた○○○○（当時○○歳）運転の○○○○自動車を前方約30メートルの地点に迫ってようやく認め、急制動の措置をとったが間に合わず、同車右側面に自車前部を衝突させ、
	文節の接続詞 (由)…気をとられ、軽信し (失)…過失により (経)…衝突させ、	
	結果発生内容、よって	よって、（同人）に加療○○日間を要する○○等の傷害を負わせたものである。

交通事故犯罪事実要点記載例

	5　その他進行中の事故（他の分類を除く）	
事故の態様	事故の分類	ハンドル・ブレーキ不的確操作による滑走・暴走事故　　　　　　　　　E 3
	過失の態様	悪路（段差等）でのハンドル等操作不的確による暴走 E 31
犯罪事実（過失の要点）の構成	行為の主体、日時、場所、業務性	被疑者（被告人）は、年月日時分ころ、○○自動車を運転し、
	注意義務の前提となるべき具体的運転状況、道路状況など（予見可能性の存在状況）	○市○町○番地先道路を、○○方面から○○方面へ向かい、時速約60キロメートルで進行するに当たり、同所は道路工事のため路面には覆工板が不規則に敷かれ、かつ、段差もあり、ハンドルをとられるおそれがあった
	文節の接続詞 ………………に当たり、 ………………のであるから、 ………………から、ので	
	自動車運転上の注意義務すなわち予見義務又は回避義務の内容が注意義務である。 注1.その核心は法令、判例、条理等である。 注2.相手側の過失次第では信頼の原則の適用により予見義務が免除となることもある。	適宜速度を調節し、路面状況に応じてハンドル・ブレーキを的確に操作し、進路の安全を確認しながら進行すべき
	文節の接続詞 ………自動車運転上の注意義務があるのにこれを怠り	
	(由)注意義務不履行の動機・原因・理由 (失)予見義務違反すなわち同義務の不履行状況（前方不注視・発見遅滞等）又は回避義務の不履行状況（運転操作ミス・制動停止距離内接近等）が過失行為となる。 (経)過失行為の後に回避不能となったことは不可抗力であり、衝突との間の因果関係の経路説明である。	(由)ライターを左手に持ち、たばこに火をつけることに気をとられ、 (失)路面状況に留意せず、右片手のみで、かつ、握持不十分のままハンドルを操作し、漫然前記速度で進行した過失により、 (経)路面の段差にハンドルをとられ、自車を道路右側部分に暴走させて、折から、対向進行してきた○○○○（当時○○歳）運転の○○○○自動車に自車を正面衝突させ、
	文節の接続詞 (由)…気をとられ、軽信し (失)…過失により (経)…衝突させ、	
	結果発生内容、よって	よって、（同人）に加療○○日間を要する○○等の傷害を負わせたものである。

E3

E31

交通事故犯罪事実要点記載例

		⑤ その他進行中の事故 （他の分類を除く）	
事故の態様	事故の分類	ハンドル・ブレーキ不的確操作による滑走・暴走事故　　　　　　　　　　　　　　 E 3
	過失の態様	湿潤道路での不用意な急制動による滑走で、道路右側部分へ暴走
		E 32 (1)
犯罪事実（過失の要点）の構成	行為の主体、日時、場所、業務性	被疑者（被告人）は、年月日時分ころ、○○自動車を運転し、
	注意義務の前提となるべき具体的運転状況、道路状況など（予見可能性の存在状況）	○市○町○番地先道路を、○○方面から○○方面へ向かい、時速約60キロメートルで進行するに当たり、当時同所は降雨のため路面が湿潤し、かつ、下り坂であって、滑走しやすい状態であった
	文節の接続詞 …………………に当たり、 ………………のであるから、 ………………から、ので	
	自動車運転上の注意義務すなわち予見義務又は回避義務の内容が注意義務である。 注1.その核心は法令、判例、条理等である。 注2.相手側の過失次第では信頼の原則の適用により予見義務が免除となることもある。	適宜速度を調節し、ハンドル・ブレーキを的確に操作して急激な制動及び急転把は避け、進路の安全を確認しながら進行すべき
	文節の接続詞 ………自動車運転上の注意義務があるのにこれを怠り	
	（由）注意義務不履行の動機・原因・理由 （失）予見義務違反すなわち同義務の不履行状況（前方不注視・発見遅滞等）又は回避義務の不履行状況（運転操作ミス・制動停止距離内接近等）が過失行為となる。 （経）過失行為の後に回避不能となったことは不可抗力であり、衝突との間の因果関係の経路説明である。	（由）同乗者との会話に気をとられ、 （失）漫然前記速度で進行し、先行する○○○○自動車の制動灯が点灯するのを認めて、不用意に急制動の措置をとった過失により、 （経）自車の後輪を左前方へ滑走させ、慌てて左へ急転把したため走行の自由を失って右前方の道路右側部分に暴走させて、折から、対向進行してきた○○○○（当時○○歳）運転の○○○○自動車の前部に自車左側面を衝突させ、
	文節の接続詞 （由）…気をとられ、軽信し （失）…過失により （経）…衝突させ、	
	結果発生内容、よって	よって、（同人）に加療○○日間を要する○○○等の傷害を負わせたものである。

交通事故犯罪事実要点記載例

	⑤ その他進行中の事故（他の分類を除く）	
事故の態様	事故の分類	ハンドル・ブレーキ不的確操作による滑走・暴走事故　　　　　　　　E 3
	過失の態様	凍結道路での不用意な急転把暴走 E 32(2)
犯罪事実（過失の要点）の構成	行為の主体、日時、場所、業務性	被疑者（被告人）は、年月日時分ころ、○○自動車を運転し、
	注意義務の前提となるべき具体的運転状況、道路状況など（予見可能性の存在状況）	○市○町○番地先道路を、○○方面から○○方面へ向かい、時速約60キロメートルで進行するに当たり、当時同所の路面が凍結していて、滑走しやすい状態であった
	文節の接続詞 ………………に当たり、 ………………のであるから、 ………………から、ので	
	自動車運転上の注意義務すなわち予見義務又は回避義務の内容が注意義務である。 注1.その核心は法令、判例、条理等である。 注2.相手側の過失次第では信頼の原則の適用により予見義務が免除となることもある。	適宜速度を調節し、ハンドル・ブレーキを的確に操作して急激な制動及び急転把は避け、進路の安全を確認しながら進行すべき
	文節の接続詞 ………自動車運転上の注意義務があるのにこれを怠り	
	(由)注意義務不履行の動機・原因・理由 (失)予見義務違反すなわち同義務の不履行状況（前方不注視・発見遅滞等）又は回避義務の不履行状況（運転操作ミス・制動停止距離内接近等）が過失行為となる。 (経)過失行為の後に回避不能となったことは不可抗力であり、衝突との間の因果関係の経路説明である。	(由)カーラジオ（カーナビゲーション）の操作に気をとられ (失)漫然前記速度で進行し、車線を変更すべく不用意に右へ急転把した過失により、 (経)自車を滑走させて、右斜め前方の道路右側部分に暴走させた上、折から、対向進行してきた○○○○（当時○○歳）運転の○○○○自動車の前部に自車右前部を衝突させ、
	文節の接続詞 (由)…気をとられ、軽信し (失)…過失により (経)…衝突させ、	
	結果発生内容、よって	よって、（同人）に加療○○日間を要する○○等の傷害を負わせたものである。

E3

E32

交通事故犯罪事実要点記載例

	⑤ その他進行中の事故（他の分類を除く）	
事故の態様	事故の分類	ハンドル・ブレーキ不的確操作による滑走・暴走事故　　　　　　　　　　　E 3
	過失の態様	湾曲路で高速走行のまま急転把暴走 E 32(3)
犯罪事実（過失の要点）の構成	行為の主体、日時、場所、業務性	被疑者（被告人）は、年月日時分ころ、○○自動車を運転し、
	注意義務の前提となるべき具体的運転状況、道路状況など（予見可能性の存在状況）	○市○町○番地先道路を、○○方面から○○方面へ向かい進行中、同所は道路標識によりその最高速度が40キロメートル毎時と指定されている上、左に湾曲する道路であった
	文節の接続詞 ……………に当たり、 ……………のであるから、 ……………から、ので	
	自動車運転上の注意義務すなわち予見義務又は回避義務の内容が注意義務である。 注1.その核心は法令、判例、条理等である。 注2.相手側の過失次第では信頼の原則の適用により予見義務が免除となることもある。	同最高速度を遵守するはもとより、道路状況に応じて適宜速度を調節し、追越しを避け、ハンドル・ブレーキを的確に操作し、進路の安全を確認しながら進行すべき
	文節の接続詞 ………自動車運転上の注意義務があるのにこれを怠り	
	(由)注意義務不履行の動機・原因・理由 (失)予見義務違反すなわち同義務の不履行状況（前方不注視・発見遅滞等）又は回避義務の不履行状況（運転操作ミス・制動停止距離内接近等）が過失行為となる。 (経)過失行為の後に回避不能となったことは不可抗力であり、衝突との間の因果関係の経過説明である。	(由)先を急ぐあまり、 (失)前方を同方向に進行する○○○○（当時○○歳）運転の○○○○自動車を追い上げ、その後方約20メートルの地点から同車の左側を追い越そうとして、漫然時速約70キロメートルで左へ急転把した過失により、 (経)自車を道路左端へ暴走させ、慌てて右へ急転把して、右斜め前方へ更に暴走させた上、前記○○運転車両の左側面に自車右前部を衝突させ、
	文節の接続詞 (由)…気をとられ、軽信し (失)…過失により (経)…衝突させ、	
	結果発生内容、よって	よって、（同人）に加療○○日間を要する○○等の傷害を負わせたものである。

E3

E32

交通事故犯罪事実要点記載例

事故の態様	⑤ その他進行中の事故 (他の分類を除く)	
	事故の分類	ハンドル・ブレーキ不的確操作による滑走・暴走事故　　　　　　　　E 3
	過失の態様	前方不注視、ハンドル操作不的確による道路右側部分進出 E 33⑴
犯罪事実（過失の要点）の構成	行為の主体、日時、場所、業務性	被疑者（被告人）は、年月日時分ころ、○○自動車を運転し、
	注意義務の前提となるべき具体的運転状況、道路状況など（予見可能性の存在状況）	○市○町○番地先道路を、○○方面から○○方面へ向かい、時速約60キロメートルで進行する
	文節の接続詞 ……………………に当たり、 ……………………のであるから、 ……………………から、ので	
	自動車運転上の注意義務すなわち予見義務又は回避義務の内容が注意義務である。 注1.その核心は法令、判例、条理等である。 注2.相手側の過失次第では信頼の原則の適用により予見義務が免除となることもある。	前方左右を注視し、ハンドル・ブレーキを的確に操作し、進路を適正に保持して進行すべき
	文節の接続詞 ………自動車運転上の注意義務があるのにこれを怠り	
	(由)注意義務不履行の動機・原因・理由 (失)予見義務違反すなわち同義務の不履行状況（前方不注視・発見遅滞等）又は回避義務の不履行状況（運転操作ミス・制動停止距離内接近等）が過失行為となる。 (経)過失行為の後に回避不能となったことは不可抗力であり、衝突との間の因果関係の経路説明である。	(由)運転席床に落ちたたばこの火を消すことに気をとられ、 (失)前方注視を怠り、右片手のみで、かつ握持不十分のままハンドルを操作し、落ちたたばこを拾おうと左手を下に伸ばしながら、漫然前記速度で進行し、自車を道路右側部分に進出させた過失により、 (経)折から、対向進行してきた○○○○（当時○○歳）運転の○○○○自動車の右側面に自車右前部を衝突させ、
	文節の接続詞 (由)…気をとられ、軽信し (失)…過失により (経)…衝突させ、	
	結果発生内容、よって	よって、（同人）に加療○○日間を要する○○○等の傷害を負わせたものである。

交通事故犯罪事実要点記載例

<table>
<tr><td rowspan="3">事故の態様
E3
E33</td><td colspan="2">⑤　その他進行中の事故（他の分類を除く）</td></tr>
<tr><td>事故の分類</td><td>ハンドル・ブレーキ不的確操作による滑走・暴走事故　　　　E 3</td></tr>
<tr><td>過失の態様</td><td>ブレーキとアクセルの誤操作暴走

E 33(2)</td></tr>
<tr><td rowspan="8">犯罪事実（過失の要点）の構成</td><td>行為の主体、日時、場所、業務性</td><td>被疑者（被告人）は、年月日時分ころ、○○自動車を運転し、</td></tr>
<tr><td>注意義務の前提となるべき具体的運転状況、道路状況など（予見可能性の存在状況）</td><td rowspan="2">○市○町○番地先道路を、○○方面から○○方面へ向かい、時速約50キロメートルで進行するに当たり、同所は左方に曲がる下り勾配の道路であった</td></tr>
<tr><td>文節の接続詞
………………に当たり、
………………のであるから、
………………から、ので</td></tr>
<tr><td>自動車運転上の注意義務すなわち予見義務又は回避義務の内容が注意義務である。
注1.その核心は法令、判例、条理等である。
注2.相手側の過失次第では信頼の原則の適用により予見義務が免除となることもある。</td><td>適宜速度を調節し、ハンドル・ブレーキを的確に操作して進行すべき</td></tr>
<tr><td>文節の接続詞
………自動車運転上の注意義務があるのにこれを怠り</td><td></td></tr>
<tr><td>(由)注意義務不履行の動機・原因・理由
(失)予見義務違反すなわち同義務の不履行状況（前方不注視・発見遅滞等）又は回避義務の不履行状況（運転操作ミス・制動停止距離内接近等）が過失行為となる。
(経)過失行為の後に回避不能となったことは不可抗力であり、衝突との間の因果関係の経路説明である。</td><td>(由)自然加速状態となったところへ対向車両の接近を認め、
(失)減速すべく、ブレーキペダルと間違えて不用意にアクセルペダルを踏み込んだ過失により、
(経)自車を急加速暴走させて、道路の右方路外に逸走させ（て崖下に転落させ）、</td></tr>
<tr><td>文節の接続詞
(由)…気をとられ、軽信し
(失)…過失により
(経)…衝突させ、</td><td></td></tr>
<tr><td>結果発生内容、よって</td><td>よって、自車の同乗者○○○○（当時○○歳）に加療○○日間を要する○○○等の傷害を負わせたものである。</td></tr>
</table>

交通事故犯罪事実要点記載例

	5 その他進行中の事故 (他の分類を除く)	
事故の態様	事故の分類	追越し事故　　　　　　　　　　　E 4
	過失の態様	対向車の安全不確認
		E 41⑴
犯罪事実（過失の要点）の構成	行為の主体、日時、場所、業務性	被疑者（被告人）は、年月日時分ころ、○○自動車を運転し、
	注意義務の前提となるべき具体的運転状況、道路状況など（予見可能性の存在状況）	○市○町○番地先道路を、○○方面から○○方面へ向かい、時速約60キロメートルで進行中、前方を同方向へ進行する○○○○自動車を右側から追い越す
	文節の接続詞 …………………に当たり、 …………………のであるから、 …………………から、ので	
	自動車運転上の注意義務すなわち予見義務又は回避義務の内容が注意義務である。 注1.その核心は法令、判例、条理等である。 注2.相手側の過失次第では信頼の原則の適用により予見義務が免除となることもある。	同車の前方の交通に十分注意し、その安全を確認しながら追い越すべき
	文節の接続詞 ………自動車運転上の注意義務があるのにこれを怠り	
	(由)注意義務不履行の動機・原因・理由 (失)予見義務違反すなわち同義務の不履行状況（前方不注視・発見遅滞等）又は回避義務の不履行状況（運転操作ミス・制動停止距離内接近等）が過失行為となる。 (経)過失行為の後に回避不能となったことは不可抗力であり、衝突との間の因果関係の経路説明である。	(由)先を急ぐあまり、 (失)同車の前方の交通に注意せず、その安全確認不十分のまま、漫然時速約80キロメートルに加速し、道路右側部分に進出して追越しを開始した過失により、 (経)折から、対向進行してきた○○○○（当時○○歳）運転の○○○○自動車を認めたが、元の車線には連続進行車両があって戻れず、急制動の措置をとったが間に合わず、自車右前部を前記○○運転車両の右前部に衝突させ、
	文節の接続詞 (由)…気をとられ、軽信し (失)…過失により (経)…衝突させ、	
	結果発生内容、よって	よって、（同人）に加療○○日間を要する○○○等の傷害を負わせたものである。

交通事故犯罪事実要点記載例

	⑤　その他進行中の事故(他の分類を除く)	
事故の態様	事故の分類	追越し事故　　　　　　　　　　　　　E 4
	過失の態様	道路右側部分の障害物不確認
		E 41⑵
犯罪事実(過失の要点)の構成	行為の主体、日時、場所、業務性	被疑者（被告人）は、年月日時分ころ、○○自動車を運転し、
	注意義務の前提となるべき具体的な運転状況、道路状況など（予見可能性の存在状況）	○市○町○番地先道路を、○○方面から○○方面へ向かい、時速約60キロメートルで進行中、前方を同方向へ進行する○○○○自動車を右側から追い越す
	文節の接続詞 ………………に当たり、 ………………のであるから、 ………………から、ので	
	自動車運転上の注意義務すなわち予見義務又は回避義務の内容が注意義務である。 注1. その核心は法令、判例、条理等である。 注2. 相手側の過失次第では信頼の原則の適用により予見義務が免除となることもある。	対向車や駐・停車車両の有無に留意し、進路の安全を確認しながら追い越すべき
	文節の接続詞 ………自動車運転上の注意義務があるのにこれを怠り	
	(由)注意義務不履行の動機・原因・理由 (失)予見義務違反すなわち同義務の不履行状況（前方不注視・発見遅滞等）又は回避義務の不履行状況（運転操作ミス・制動停止距離内接近等）が過失行為となる。 (経)過失行為の後に回避不能となったことは不可抗力であり、衝突との間の因果関係の経路説明である。	(由)交通が閑散であったことに気を許して、対向車や駐・停車車両はないものと軽信し、 (失)対向車等の有無に留意せず、その安全確認不十分のまま、漫然時速約80キロメートルに加速し、道路右側部分に進出して追越しを開始した過失により、 (経)前方道路右側端に駐車中の○○○○自動車を直近に迫ってようやく認め、急制動の措置をとるとともに左へ急転把したが間に合わず、同車前部に自車前部を衝突させ、
	文節の接続詞 (由)…気をとられ、軽信し (失)…過失により (経)…衝突させ、	
	結果発生内容、よって	よって、自車の同乗者○○○○（当時○○歳）に加療○○日間を要する○○○等の傷害を負わせたものである。

交通事故犯罪事実要点記載例

事故の態様	⑤ その他進行中の事故 （他の分類を除く）		
	事故の分類	追越し事故　　　　　　　　　　　E 4	
	過失の態様	対向車の動静不注視（追越し避止義務） E41(3)	
犯罪事実（過失の要点）の構成	行為の主体、日時、場所、業務性	被疑者（被告人）は、年月日時分ころ、○○自動車を運転し、	
	注意義務の前提となるべき具体的運転状況、道路状況など（予見可能性の存在状況） 文節の接続詞 ……………に当たり、 ……………のであるから、 ……………から、ので	○市○町○番地先道路を、○○方面から○○方面へ向かい、時速約60キロメートルで進行中、前方を同方向へ進行中の○○○○自動車を右側から追い越そうとしたが、折から対向進行してくる○○○○（当時○○歳）運転の○○○○自動車を右前方約400メートルの地点に認めたが、同所は片側1車線道路であった	
	自動車運転上の注意義務すなわち予見義務又は回避義務の内容が注意義務である。 注1.その核心は法令、判例、条理等である。 注2.相手側の過失次第では信頼の原則の適用により予見義務が免除となることもある。 文節の接続詞 ………自動車運転上の注意義務があるのにこれを怠り	同所での追越しは厳に差し控えるべき	
	（由）注意義務不履行の動機・原因・理由 （失）予見義務違反すなわち同義務の不履行状況（前方不注視・発見遅滞等）又は回避義務の不履行状況（運転操作ミス・制動停止距離内接近等）が過失行為となる。 （経）過失行為の後に回避不能となったことは不可抗力であり、衝突との間の因果関係の経路説明である。	（由）同車が、対向接近する前に追越しが完了できるものと軽信し、 （失）漫然時速約80キロメートルに加速し、道路右側部分に進出して追越しを開始した過失により、 （経）同車との距離が急接近したため、左転把して同車との衝突を避けようとしたが、元の車線には連続進行車両があって、左へ十分転把できないまま、自車右前部を前記○○運転車両の右側面に衝突させ、	
	文節の接続詞 （由）…気をとられ、軽信し （失）…過失により （経）…衝突させ、		
	結果発生内容、よって	よって、（同人）に加療○○日間を要する○○等の傷害を負わせたものである。	

E4

E41

交通事故犯罪事実要点記載例

<table>
<tr>
<td rowspan="3">E4

E42

事故の態様</td>
<td colspan="2">⑤　その他進行中の事故（他の分類を除く）</td>
</tr>
<tr>
<td>事故の分類</td>
<td>追越し事故　　　　　　　　　　　E 4</td>
</tr>
<tr>
<td>過失の態様</td>
<td>被追越し車との側方間隔不保持

E 42</td>
</tr>
<tr>
<td rowspan="7">犯

罪

事

実

（過失の要点）
の

構

成</td>
<td>行為の主体、日時、場所、業務性</td>
<td>被疑者（被告人）は、年月日時分ころ、○○自動車を運転し、</td>
</tr>
<tr>
<td>注意義務の前提となるべき具体的運転状況、道路状況など
（予見可能性の存在状況）</td>
<td rowspan="2">○市○町○番地先道路を、○○方面から○○方面へ向かい、時速約50キロメートルで進行中、前方を同方向へ進行中の○○○○（当時○○歳）運転の原動機付自転車を右側から追い越す（追い抜く）</td>
</tr>
<tr>
<td>文節の接続詞
……………に当たり、
……………のであるから、
……………から、ので</td>
</tr>
<tr>
<td>自動車運転上の注意義務すなわち予見義務又は回避義務の内容が注意義務である。
注1. その核心は法令、判例、条理等である。
注2. 相手側の過失次第では信頼の原則の適用により予見義務が免除となることもある。</td>
<td>同車の動静を注視し、同車との側方間隔を十分に保持し、その安全を確認しながら進行すべき</td>
</tr>
<tr>
<td>文節の接続詞
………自動車運転上の注意義務があるのにこれを怠り</td>
<td></td>
</tr>
<tr>
<td>（由）注意義務不履行の動機・原因・理由
（失）予見義務違反すなわち同義務の不履行状況（前方不注視・発見遅滞等）又は回避義務の不履行状況（運転操作ミス・制動停止距離内接近等）が過失行為となる。
（経）過失行為の後に回避不能となったことは不可抗力であり、衝突との間の因果関係の経路説明である。</td>
<td>（由）右側並進車両に気をとられ、
（失）上記原動機付自転車の動静注視を怠り、その安全確認不十分のまま、漫然前記速度で同車の右側直近を追い越そう（追い抜こう）とした過失により、
（経）自車左側面を、上記原動機付自転車の右ハンドル先端部分に衝突させて、同車とともに同人を路上に転倒させ、</td>
</tr>
<tr>
<td>文節の接続詞
（由）…気をとられ、軽信し
（失）…過失により
（経）…衝突させ、</td>
<td></td>
</tr>
<tr>
<td></td>
<td>結果発生内容、よって</td>
<td>よって、（同人）に加療○○日間を要する○○○等の傷害を負わせたものである。</td>
</tr>
</table>

交通事故犯罪事実要点記載例

	5　その他進行中の事故（他の分類を除く）	
事故の態様	事故の分類	追越し事故　　　　　　　　　　E 4
	過失の態様	追越し禁止場所での追越し避止義務 　　　　　　　　　　　　　　　E 43
犯罪事実（過失の要点）の構成	行為の主体、日時、場所、業務性	被疑者（被告人）は、年月日時分ころ、〇〇自動車を運転し、
	注意義務の前提となるべき具体的運転状況、道路状況など（予見可能性の存在状況）	〇市〇町〇番地先道路を、〇〇方面から〇〇方面へ向かい、時速約40キロメートルで進行中、前方を同方向へ進行中の〇〇〇〇自動車を右側から追い越そうとしたが、同所は道路標識により追越しのための右側部分はみ出し通行禁止場所と指定されている幅員7メートルの左方へ湾曲する前方の見通しの悪い場所であり、追越しを完了して道路左側部分に戻るまでに対向車の接近が予測された
	文節の接続詞 ………………に当たり、 ………………のであるから、 ………………から、ので	
	自動車運転上の注意義務すなわち予見義務又は回避義務の内容が注意義務である。 注1.その核心は法令、判例、条理等である。 注2.相手側の過失次第では信頼の原則の適用により予見義務が免除となることもある。	追越しは厳に差し控えるべき
	文節の接続詞 ………自動車運転上の注意義務があるのにこれを怠り	
	(由)注意義務不履行の動機・原因・理由 (失)予見義務違反すなわち同義務の不履行状況（前方不注視・発見遅滞等）又は回避義務の不履行状況（運転操作ミス・制動停止距離内接近等）が過失行為となる。 (経)過失行為の後に回避不能となったことは不可抗力であり、衝突との間の因果関係の経路説明である。	(由)先を急ぐあまり、対向車はないものと軽信し、 (失)漫然時速約60キロメートルに加速して、道路右側部分に進出して追越しを開始した過失により、 (経)折から、対向進行してきた〇〇〇〇（当時〇〇歳）運転の〇〇〇〇自動車を、前方約80メートルの地点に認めたが、道路左側部分には連続進行車両があって左転把できず、急制動の措置をとったが間に合わず、前記〇〇運転車両の右前部に自車右前部を衝突させ、
	文節の接続詞 (由)…気をとられ、軽信し (失)…過失により (経)…衝突させ、	
	結果発生内容、よって	よって、（同人）に加療〇〇日間を要する〇〇等の傷害を負わせたものである。

E4

E43

交通事故犯罪事実要点記載例

事故の態様 E5 E51		**5** **その他進行中の事故**（他の分類を除く）	
	事故の分類	離合（すれ違い）事故	E5
	過失の態様	すれ違い不避譲 （中央線のない狭路すれ違い） E51	
犯罪事実（過失の要点）の構成	行為の主体、日時、場所、業務性	被疑者（被告人）は、年月日時分ころ、○○自動車を運転し、	
	注意義務の前提となるべき具体的運転状況、道路状況など（予見可能性の存在状況）	○市○町○番地先道路を、○○方面から○○方面へ向かい、時速約40キロメートルで進行中、反対方向から道路中央寄りを進行してきた○○○○（当時○○歳）運転の○○○○自動車とすれ違うに当たり、同所は幅員5メートルの道路で、左前方には駐車車両があり、その右側を通過してすれ違うことは困難な状況であった	
	文節の接続詞 ……………に当たり、 ……………のであるから、 ……………から、ので		
	自動車運転上の注意義務すなわち予見義務又は回避義務の内容が注意義務である。 注1. その核心は法令、判例、条理等である。 注2. 相手側の過失次第では信頼の原則の適用により予見義務が免除となることもある。	徐行又は一時停止して避譲した後すれ違うべき	
	文節の接続詞 ………自動車運転上の注意義務があるのにこれを怠り		
	(由)注意義務不履行の動機・原因・理由 (失)予見義務違反すなわち同義務の不履行状況（前方不注視・発見遅滞等）又は回避義務の不履行状況（運転操作ミス・制動停止距離内接近等）が過失行為となる。 (経)過失行為の後に回避不能となったことは不可抗力であり、衝突との間の因果関係の経路説明である。	(由)上記○○運転車両の方で避譲してくれるものと軽信し、 (失)漫然前記速度で、道路中央寄りに進出し、駐車車両の右側方を通過進行した過失により、 (経)上記○○車両が避譲せず、進行してくるのに即応できず、同車右前部に自車右前部を衝突させ、	
	文節の接続詞 (由)…気をとられ、軽信し (失)…過失により (経)…衝突させ、		
	結果発生内容、よって	よって、（同人）に加療○○日間を要する○○等の傷害を負わせたものである。	

交通事故犯罪事実要点記載例

	5　その他進行中の事故（他の分類を除く）	
事故の態様	事故の分類	離合（すれ違い）事故　　　　　　E5
	過失の態様	右側方間隔不保持 （中央線はみ出し進行） 　　　　　　　　　　　　　　　　E52⑴
犯罪事実（過失の要点）の構成	行為の主体、日時、場所、業務性	被疑者（被告人）は、年月日時分ころ、○○自動車を運転し、
	注意義務の前提となるべき具体的運転状況、道路状況など（予見可能性の存在状況）	○市○町○番地先道路を、○○方面から○○方面へ向かい、時速約50キロメートルで進行中、同所は急角度で左へ湾曲する見通しの悪い道路で、やむなく道路右側部分に進出したが、その際、対向進行してきた○○○○（当時○○歳）運転の○○○○自動車を前方約40メートルの地点に認め、同車とすれ違う
	文節の接続詞 …………………に当たり、 …………………のであるから、 …………………から、ので	
	自動車運転上の注意義務すなわち予見義務又は回避義務の内容が注意義務である。 注1.その核心は法令、判例、条理等である。 注2.相手側の過失次第では信頼の原則の適用により予見義務が免除となることもある。	直ちに減速するとともに、道路左側部分へ進路変更し、前記○○運転車両の動静を注視しながら、安全にすれ違いができる側方間隔を保持して進行すべき
	文節の接続詞 ………自動車運転上の注意義務があるのにこれを怠り	
	(由)注意義務不履行の動機・原因・理由 (失)予見義務違反すなわち同義務の不履行状況（前方不注視・発見遅滞等）又は回避義務の不履行状況（運転操作ミス・制動停止距離内接近等）が過失行為となる。 (経)過失行為の後に回避不能となったことは不可抗力であり、衝突との間の因果関係の経路説明である。	(由)そのままの進路ですれ違いができるものと軽信し、 (失)同車の動静及び側方間隔に留意せず、道路右側部分に自車右側車輪等を残したまま、漫然前記速度で進行した過失により、 (経)自車右側面を前記○○運転車両の右前部に衝突させ、
	文節の接続詞 (由)…気をとられ、軽信し (失)…過失により (経)…衝突させ、	
	結果発生内容、よって	よって、（同人）に加療○○日間を要する○○等の傷害を負わせたものである。

交通事故犯罪事実要点記載例

	5 その他進行中の事故（他の分類を除く）	
事故の態様	事故の分類	離合（すれ違い）事故　　　　　　　　E5
	過失の態様	狭路右側方間隔不保持 E52(2)
犯罪事実（過失の要点）の構成	行為の主体、日時、場所、業務性	被疑者（被告人）は、年月日時分ころ、○○自動車を運転し、
	注意義務の前提となるべき具体的運転状況、道路状況など（予見可能性の存在状況）	○市○町○番地先道路を、○○方面から○○方面へ向かい、時速約50キロメートルで進行中、反対方向から道路中央付近を進行してきた○○○○（当時○○歳）運転の○○○○自動車とすれ違うに当たり、同所は幅員4メートルの狭い道路であった
	文節の接続詞 …………………に当たり、 …………………のであるから、 …………………から、ので	
	自動車運転上の注意義務すなわち予見義務又は回避義務の内容が注意義務である。 注1.その核心は法令、判例、条理等である。 注2.相手側の過失次第では信頼の原則の適用により予見義務が免除となることもある。	同車の動静を注視し、安全にすれ違うことができる側方間隔に留意し、それが不十分であれば減速徐行するか、又は一時停止して避譲すべき
	文節の接続詞 ………自動車運転上の注意義務があるのにこれを怠り	
	(由)注意義務不履行の動機・原因・理由 (失)予見義務違反すなわち同義務の不履行状況（前方不注視・発見遅滞等）又は回避義務の不履行状況（運転操作ミス・制動停止距離内接近等）が過失行為となる。 (経)過失行為の後に回避不能となったことは不可抗力であり、衝突との間の因果関係の経路説明である。	(由)進路左前方を同方向に歩行中の歩行者を避けることに気をとられ、 (失)同車の動静及び側方間隔に留意せず、漫然前記速度で道路中央部分を越えて進行した過失により、 (経)同車右側面に自車右前部を衝突させ、
	文節の接続詞 (由)…気をとられ、軽信し (失)…過失により (経)…衝突させ、	
	結果発生内容、よって	よって、（同人）に加療○○日間を要する○○○等の傷害を負わせたものである。

交通事故犯罪事実要点記載例

事故の態様	⑤ その他進行中の事故 (他の分類を除く)	
	事故の分類	離合 (すれ違い) 事故　　　　　　　　E5
	過失の態様	狭路左側方間隔不保持
		E52⑶
犯罪事実(過失の要点)の構成	行為の主体、日時、場所、業務性	被疑者 (被告人) は、年月日時分ころ、○○自動車を運転し、
	注意義務の前提となるべき具体的運転状況、道路状況など (予見可能性の存在状況)	○市○町○番地先道路を、○○方面から○○方面へ向かい、時速約20キロメートルで進行中、反対方向から進行してくる車両とすれ違うに当たり、同所は両側に路側帯の設けられている車道幅員4メートルの狭い道路である上、当時左側の路側帯内には同方向に向かう自転車や歩行者が多数あった
	文節の接続詞 …………………に当たり、 …………………のであるから、 …………………から、ので	
	自動車運転上の注意義務すなわち予見義務又は回避義務の内容が注意義務である。 注1.その核心は法令、判例、条理等である。 注2.相手側の過失次第では信頼の原則の適用により予見義務が免除となることもある。	反対方向から進行してくる車両及び左側路側帯内を通行している自転車等と安全にすれ違うことができる側方間隔の保持に留意し、それが不十分であれば減速徐行するか、又は一時停止し、その安全を確認しながら進行すべき
	文節の接続詞 ………自動車運転上の注意義務があるのにこれを怠り	
	(由)注意義務不履行の動機・原因・理由 (失)予見義務違反すなわち同義務の不履行状況 (前方不注視・発見遅滞など) 又は回避義務の不履行状況 (運転操作ミス・制動停止距離内接近等) が過失行為となる。 (経)過失行為の後に回避不能となったことは不可抗力であり、衝突との間の因果関係の経路説明である。	(由)反対方向から進行してくる車両との右側方間隔保持に気をとられ、 (失)同路側帯内の自転車等との側方間隔保持とその動静に留意せず、その安全確認不十分のまま、漫然前記速度で左に転把しながら進行した過失により、 (経)同路側帯内を同方向に進行中の○○○○ (当時○○歳) 運転の自転車に自車左側面前部を衝突させて、同自転車とともに同人を路上に転倒させ、
	文節の接続詞 (由)…気をとられ、軽信し (失)…過失により (経)…衝突させ、	
	結果発生内容、よって	よって、(同人) に加療○○日間を要する○○等の傷害を負わせたものである。

E5

E52

交通事故犯罪事実要点記載例

	⑤　その他進行中の事故 (他の分類を除く)	
事故の態様	事故の分類	げん惑事故　　　　　　　　　　　　E5
	過失の態様	対向車の前照灯によるげん惑、歩行者発見遅滞 　　　　　　　　　　　　　　　E53(1)
犯罪事実（過失の要点）の構成	行為の主体、日時、場所、業務性	被疑者（被告人）は、年月日時分ころ、○○自動車を運転し、
	注意義務の前提となるべき具体的運転状況、道路状況など（予見可能性の存在状況）	○市○町○番地先道路を、○○方面から○○方面へ向かい、時速約50キロメートルで進行中、反対方向から前照灯を上向きにして進行してくる車両を約100メートル前方に認め、同車の前照灯にげん惑されて著しく視力が減退した
	文節の接続詞 ……………に当たり、 ……………のであるから、 ……………から、ので	
	自動車運転上の注意義務すなわち予見義務又は回避義務の内容が注意義務である。 注1.その核心は法令、判例、条理等である。 注2.相手側の過失次第では信頼の原則の適用により予見義務が免除となることもある。	直ちに減速徐行して進路の安全を確認しつつ進行するか、又は一時停止して同車を先に通過させ、視力の回復を待って進行すべき
	文節の接続詞 ………自動車運転上の注意義務があるのにこれを怠り	
	(由)注意義務不履行の動機・原因・理由 (失)予見義務違反すなわち同義務の不履行状況（前方不注視・発見遅滞等）又は回避義務の不履行状況（運転操作ミス・制動停止距離内接近等）が過失行為となる。 (経)過失行為の後に回避不能となったことは不可抗力であり、衝突との間の因果関係の経過説明である。	(由)対向車とすれ違うまでの間、自車進路上に人車等はないものと軽信し、 (失)進路前方の安全確認不十分のまま、漫然前記速度で進行した過失により、 (経)前記対向車とすれ違った直後、左前方約20メートルの地点を左から右へ横断歩行中の○○○○（当時○○歳）を認め、急制動の措置をとったが間に合わず、自車前部を同人に衝突させて路上に転倒させ、
	文節の接続詞 (由)…気をとられ、軽信し (失)…過失により (経)…衝突させ、	
	結果発生内容、よって	よって、（同人）に加療○○日間を要する○○等の傷害を負わせたものである。

交通事故犯罪事実要点記載例

		⑤ その他進行中の事故 （他の分類を除く）	
事故の態様	事故の分類	げん惑事故　　　　　　　　　　　　E 5	
	過失の態様	対向車の前照灯によるげん惑、不用意な急転把暴走 　　　　　　　　　　　　　　　　　E 53(2)	
犯罪事実（過失の要点）の構成	行為の主体、日時、場所、業務性	被疑者（被告人）は、年月日時分ころ、○○自動車を運転し、	
	注意義務の前提となるべき具体的運転状況、道路状況など（予見可能性の存在状況）	○市○町○番地先道路を、○○方面から○○方面へ向かい、時速約60キロメートルで進行中、反対方向から前照灯を上向きにして進行してくる車両の前照灯にげん惑されて一時視力を失い、前方注視が困難となった	
	文節の接続詞 …………………に当たり、 …………………のであるから、 …………………から、ので		
	自動車運転上の注意義務すなわち予見義務又は回避義務の内容が注意義務である。 注1.その核心は法令、判例、条理等である。 注2.相手側の過失次第では信頼の原則の適用により予見義務が免除となることもある。	直ちに減速徐行又は一時停止し、十分な視力の回復を待ってから、ハンドル、ブレーキを的確に操作し、進路の安全を確認しながら進行すべき	
	文節の接続詞 ………自動車運転上の注意義務があるのにこれを怠り		
	(由)注意義務不履行の動機・原因・理由 (失)予見義務違反すなわち同義務の不履行状況（前方不注視・発見遅滞等）又は回避義務の不履行状況（運転操作ミス・制動停止距離内接近等）が過失行為となる。 (経)過失行為の後に回避不能となったことは不可抗力であり、衝突との間の因果関係の経路説明である。	(由)先を急ぐあまり、 (失)進路前方の安全確認不十分のまま、漫然前記速度で進行し、前記対向車とすれ違う直前に不用意に左へ急転把した過失により、 (経)自車を左斜め前方へ暴走させて、同所先路端のガードレールに衝突させ、	
	文節の接続詞 (由)…気をとられ、軽信し (失)…過失により (経)…衝突させ、		
	結果発生内容、よって	よって、同車の同乗者○○○○（当時○○歳）に加療○○日間を要する○○○等の傷害を負わせたものである。	

交通事故犯罪事実要点記載例

		5　その他進行中の事故（他の分類を除く）	
E5 **E53**	事故の態様	事故の分類	げん惑事故　　　　　　　　　　　　　　E5
		過失の態様	太陽光線によるげん惑、信号看過 E53(3)
	犯罪事実（過失の要点）の構成	行為の主体、日時、場所、業務性	被疑者（被告人）は、年月日時分ころ、○○自動車を運転し、
		注意義務の前提となるべき具体的運転状況、道路状況など（予見可能性の存在状況）	○市○町○番地先道路を、○○方面（東方）から○○方面（西方）へ向かい、時速約50キロメートルで進行中、正面から夕日の照射を受けてげん惑され、一時視力を失い、前方の道路状況及び進路の安全確認が困難となった
		文節の接続詞 ……………に当たり、 ……………のであるから、 ……………から、ので	
		自動車運転上の注意義務すなわち予見義務又は回避義務の内容が注意義務である。 注1.その核心は法令、判例、条理等である。 注2.相手側の過失次第では信頼の原則の適用により予見義務が免除となることもある。	直ちに減速徐行又は一時停止し、十分な視力の回復を待って、進路の安全を確認しながら進行すべき
		文節の接続詞 ………自動車運転上の注意義務があるのにこれを怠り	
		（由）注意義務不履行の動機・原因・理由 （失）予見義務違反すなわち同義務の不履行状況（前方不注視・発見遅滞等）又は回避義務の不履行状況（運転操作ミス・制動停止距離内接近等）が過失行為となる。 （経）過失行為の後に回避不能となったことは不可抗力であり、衝突との間の因果関係の経路説明である。	（由）交通が閑散で、進路前方に人車はないものと軽信し、 （失）進路前方の安全確認不十分のまま、減速徐行することなく、漫然前記速度で進行した過失により、 （経）前方の押ボタン式信号機の対面信号が赤色の灯火を表示しているのに気付かず、同所の横断歩道上を左から右へ信号に従って歩行中の○○○○（当時○○歳）を前方約10メートルの地点に迫ってようやく認め、急制動の措置をとったが間に合わず、自車前部を同人に衝突させて路上に転倒させ、
		文節の接続詞 （由）…気をとられ、軽信し （失）…過失により （経）…衝突させ、	
		結果発生内容、よって	よって、（同人）に加療○○日間を要する○○○等の傷害を負わせたものである。

交通事故犯罪事実要点記載例

	⑥　その他特殊形態の事故	
事故の態様	事故の分類	発進（前進・後退）事故　　　　　　　F 1
	過失の態様	道路左端からの発進時、右後方の安全不確認 F 11(1)
犯罪事実（過失の要点）の構成	行為の主体、日時、場所、業務性	被疑者（被告人）は、年月日時分ころ、○○自動車を運転し、
	注意義務の前提となるべき具体的運転状況、道路状況など（予見可能性の存在状況）	○市○町○番地先道路左端に駐車し、付近で買物をした後、同所から○○方面へ向かい、右斜め前方に向け発進する
	文節の接続詞 ……………………に当たり、 ……………………のであるから、 ……………………から、ので	
	自動車運転上の注意義務すなわち予見義務又は回避義務の内容が注意義務である。 注1.その核心は法令、判例、条理等である。 注2.相手側の過失次第では信頼の原則の適用により予見義務が免除となることもある。	前方左右を注視するとともに、右側後方から進行してくる車両等の有無に留意し、その安全を確認しながら発進すべき
	文節の接続詞 ………自動車運転上の注意義務があるのにこれを怠り	
	(由)注意義務不履行の動機・原因・理由 (失)予見義務違反すなわち同義務の不履行状況（前方不注視・発見遅滞等）又は回避義務の不履行状況（運転操作ミス・制動停止距離内接近等）が過失行為となる。 (経)過失行為の後に回避不能となったことは不可抗力であり、衝突との間の因果関係の経路説明である。	(由)右後方をドアミラーで一べつしたのみで、同方向の交通はないものと軽信し、 (失)自車右側後方からの車両等の有無に留意せず、その安全確認不十分のまま、漫然発進し、時速約10キロメートルに加速して右斜め前方に進行した過失により、 (経)折から、右後方から進行してきた○○○（当時○○歳）運転の原動機付自転車に気付かず、自車右側面前部を右原動機付自転車に衝突させて、同車とともに同人を路上に転倒させ、
	文節の接続詞 (由)…気をとられ、軽信し (失)…過失により (経)…衝突させ、	
	結果発生内容、よって	よって、（同人）に加療○○日間を要する○○等の傷害を負わせたものである。

交通事故犯罪事実要点記載例

		6 その他特殊形態の事故	
事故の態様		事故の分類	発進（前進・後退）事故　　　　　F 1
		過失の態様	発進の際の前方の安全不確認 　　　　　　　　　　　　　　　　　F 11(2)
犯罪事実（過失の要点）の構成		行為の主体、日時、場所、業務性	被疑者（被告人）は、年月日時分ころ、○○自動車を運転し、
		注意義務の前提となるべき具体的運転状況、道路状況など（予見可能性の存在状況）	○市○町○番地先道路左端に駐車し、付近の店舗に立ち寄った後、○○方面へ向かい、同所から右斜め前方に向け発進するに当たり、同所付近は幅員5メートルの住宅街の道路で、幼児数名が路上で遊んでいた
		文節の接続詞 …………………に当たり、 …………………のであるから、 …………………から、ので	
		自動車運転上の注意義務すなわち予見義務又は回避義務の内容が注意義務である。 注1.その核心は法令、判例、条理である。 注2.相手側の過失次第では信頼の原則の適用により予見義務が免除となることもある。	自車の前方左右を注視し、路上で遊んでいる幼児らの動静を十分注視し、その安全を確認しながら発進すべき
		文節の接続詞 ………自動車運転上の注意義務があるのにこれを怠り	
		(由)注意義務不履行の動機・原因・理由 (失)予見義務違反すなわち同義務の不履行状況（前方不注視・発見遅滞等）又は回避義務の不履行状況（運転操作ミス・制動停止距離内接近等）が過失行為となる。 (経)過失行為の後に回避不能となったことは不可抗力であり、衝突との間の因果関係の経路説明である。	(由)右後方からの車両の動向に気をとられ、 (失)自車の直前左右及び遊戯中の幼児らの動静を十分注視せず、その安全確認不十分のまま、漫然発進し、時速約10キロメートルに加速して進行した過失により、 (経)折から、自車前方約1.5メートルの地点の路上で絵かき遊びをしていた○○○○（当時○歳）に自車左前部を衝突させて路上に転倒させた上、自車左前輪で同人の右足をれき過し、
		文節の接続詞 (由)…気をとられ、軽信し (失)…過失により (経)…衝突させ、	
		結果発生内容、よって	よって、（同人）に加療○○日間を要する○○○等の傷害を負わせたものである。

交通事故犯罪事実要点記載例

	⑥　その他特殊形態の事故	
事故の態様	事故の分類	発進（前進・後退）事故　　　　　F 1
	過失の態様	歩道上からの発進時、前方の安全不確認 F 11(3)
犯罪事実（過失の要点）の構成	行為の主体、日時、場所、業務性	被疑者（被告人）は、年月日時分ころ、○○自動車を運転し、
	注意義務の前提となるべき具体的運転状況、道路状況など（予見可能性の存在状況）	○市○町○番地先の歩道上に駐車した後、同所から○○方面へ向かい発進する
	文節の接続詞 …………………に当たり、 …………………のであるから、 …………………から、ので	
	自動車運転上の注意義務すなわち予見義務又は回避義務の内容が注意義務である。 注1.その核心は法令、判例、条理等である。 注2.相手側の過失次第では信頼の原則の適用により予見義務が免除となることもある。	前方左右を注視し、特に自車直前の歩行者の有無に留意して、その安全を確認しながら発進すべき
	文節の接続詞 ………自動車運転上の注意義務があるのにこれを怠り	
	(由)注意義務不履行の動機・原因・理由 (失)予見義務違反すなわち同義務の不履行状況（前方不注視・発見遅滞等）又は回避義務の不履行状況（運転操作ミス・制動停止距離内接近等）が過失行為となる。 (経)過失行為の後に回避不能となったことは不可抗力であり、衝突との間の因果関係の経路説明である。	(由)右方の車道の交通が途切れたことに気をとられ、 (失)自車直前の歩行者の有無に留意せず、その安全確認不十分のまま、漫然発進し、時速約10キロメートルに加速して進行した過失により、 (経)折から、自車直前歩道上を左方から右方へ走ってきた○○○○（当時○○歳）に気付かず、自車前部を同人に衝突させて路上に転倒させ、
	文節の接続詞 (由)…気をとられ、軽信し (失)…過失により (経)…衝突させ、	
	結果発生内容、よって	よって、（同人）に加療○○日間を要する○○等の傷害を負わせたものである。

交通事故犯罪事実要点記載例

		6　その他特殊形態の事故	
事故の態様		事故の分類	発進（前進・後退）事故　　　　F 1
		過失の態様	バス停留所からの発進時、降車客の安全不確認 F 11(4)
犯罪事実（過失の要点）の構成		行為の主体、日時、場所、業務性	被疑者（被告人）は、年月日時分ころ、○○自動車を運転し、
		注意義務の前提となるべき具体的運転状況、道路状況など（予見可能性の存在状況）	○市○町○番地先に設けられた○○バス○○停留所に停止し、乗客を降車させた後、○○方面へ向かい発進するに当たり、自車と道路左端との間は約１メートルと狭あいで、当時降車客の中に幼児や児童を伴った降車客が数名おり、同人らが自車の直前を横断し、又は横断のため車体近くに佇立していることが予測された
		文節の接続詞 ……………………に当たり、 ……………………のであるから、 ……………………から、ので	
		自動車運転上の注意義務すなわち予見義務又は回避義務の内容が注意義務である。 注1.その核心は法令、判例、条理等である。 注2.相手側の過失次第では信頼の原則の適用により予見義務が免除となることもある。	サイドミラー等で自車左側方の降車客の動静及び自車直前を横断し、又は横断しようとする降車客の有無に留意し、その安全を確認しながら発進すべき
		文節の接続詞 ………自動車運転上の注意義務があるのにこれを怠り	
		(由)注意義務不履行の動機・原因・理由 (失)予見義務違反すなわち同義務の不履行状況（前方不注視・発見遅滞）又は回避義務の不履行状況（運転操作ミス・制動停止距離内接近等）が過失行為となる。 (経)過失行為の後に回避不能となったことは不可抗力であり、衝突との間の因果関係の経路説明である。	(由)乗降口直近の降車客との安全を確認したのみで、 (失)自車直前の歩行者等の有無に留意せず、その安全確認不十分のまま、漫然発進し、時速約10キロメートルに加速して進行した過失により、 (経)折から、自車から降車し、自車前部左端付近に佇立していた○○○○（当時○○歳）に気付かず、自車左前部を同人に衝突させて路上に転倒させ、
		文節の接続詞 (由)…気をとられ、軽信し (失)…過失により (経)…衝突させ、	
		結果発生内容、よって	よって、（同人）に加療○○日間を要する○○○等の傷害を負わせたものである。

F1

F11

交通事故犯罪事実要点記載例

	6 その他特殊形態の事故	
事故の態様	事故の分類	発進（前進・後退）事故 　　　　　　F1
	過失の態様	後退の際の後方の安全不確認 F12(1)
犯罪事実（過失の要点）の構成	行為の主体、日時、場所、業務性	被疑者（被告人）は、年月日時分ころ、○○自動車を運転し、
	注意義務の前提となるべき具体的運転状況、道路状況など（予見可能性の存在状況）	○市○町○番地先道路を、○○方面から○○方面へ向かい進行し、同所でいったん停止した後、○○方面に向かい後退する
	文節の接続詞 …………………に当たり、 …………………のであるから、 …………………から、ので	
	自動車運転上の注意義務すなわち予見義務又は回避義務の内容が注意義務である。 注1.その核心は法令、判例、条理等である。 注2.相手側の過失次第では信頼の原則の適用により予見義務が免除となることもある。	自車の後方左右の交通の安全を確認しながら、最徐行して後退すべき
	文節の接続詞 ………自動車運転上の注意義務があるのにこれを怠り	
	(由)注意義務不履行の動機・原因・理由 (失)予見義務違反すなわち同義務の不履行状況（前方不注視・発見遅滞等）又は回避義務の不履行状況（運転操作ミス・制動停止距離内接近等）が過失行為となる。 (経)過失行為の後に回避不能となったことは不可抗力であり、衝突との間の因果関係の経路説明である。	(由)自車のサイドミラーで後方を一べつしたのみで、歩行者等はいないものと軽信し、 (失)自車後方左右の交通の安全確認不十分のまま、漫然時速約10キロメートルで後退進行した過失により、 (経)折から、自車後方を○○方面から○○方面へ向かい歩行してきた○○○○（当時○○歳）に気付かず、自車後部を同人に衝突させて路上に転倒させ、
	文節の接続詞 (由)…気をとられ、軽信し (失)…過失により (経)…衝突させ、	
	結果発生内容、よって	よって、（同人）に加療○○日間を要する○○等の傷害を負わせたものである。

交通事故犯罪事実要点記載例

		⑥　その他特殊形態の事故	
F1 **F12**	事故の態様	事故の分類	発進（前進・後退）事故　　　　　　F1
		過失の態様	歩道を横断後退時の後方の安全不確認 　　　　　　　　　　　　　　　　　　F12(2)
	犯罪事実（過失の要点）の構成	行為の主体、日時、場所、業務性	被疑者（被告人）は、年月日時分ころ、○○自動車を運転し、
		注意義務の前提となるべき具体的運転状況、道路状況など（予見可能性の存在状況）	○市○町○番地先道路を、○○方面から○○方面へ向かい進行し、同所でいったん停止した後、左方歩道を横断して路外の○○会社倉庫へ左折後退する
		文節の接続詞 ……………………に当たり、 ……………………のであるから、 ……………………から、ので	
		自動車運転上の注意義務すなわち予見義務又は回避義務の内容が注意義務である。 注1.その核心は法令、判例、条理等である。 注2.相手側の過失次第では信頼の原則の適用により予見義務が免除となることもある。	自車の後方左右、特に歩道上の歩行者の有無に留意し、その安全を確認しながら、最徐行して後退すべき
		文節の接続詞 ………自動車運転上の注意義務があるのにこれを怠り	
		(由)注意義務不履行の動機・原因・理由 (失)予見義務違反すなわち同義務の不履行状況（前方不注視・発見遅滞等）又は回避義務の不履行状況（運転操作ミス・制動停止距離内接近等）が過失行為となる。 (経)過失行為の後に回避不能となったことは不可抗力であり、衝突との間の因果関係の経路説明である。	(由)早朝で、交通が閑散であったことに気を許し、 (失)自車後方及びその左右の歩道上の歩行者の有無に留意せず、その安全確認不十分のまま、漫然時速約10キロメートルで左折後退した過失により、 (経)折から、右歩道上を○○方面から○○方面へ向かい歩行していた○○○○（当時○○歳）に気付かず、自車後部を同人に衝突させて路上に転倒させ、
		文節の接続詞 (由)…気をとられ、軽信し (失)…過失により (経)…衝突させ、	
		結果発生内容、よって	よって、（同人）に加療○○日間を要する○○○等の傷害を負わせたものである。

交通事故犯罪事実要点記載例

	6　その他特殊形態の事故	
事故の態様	事故の分類	発進（前進・後退）事故　　　　　　F 1
	過失の態様	箱型車の後退時の後方の安全不確認 F 12(3)
犯　罪　事　実（過失の要点）の　構　成	行為の主体、日時、場所、業務性	被疑者（被告人）は、年月日時分ころ、○○自動車を運転し、
	注意義務の前提となるべき具体的運転状況、道路状況など（予見可能性の存在状況）	○市○町○番地○○会社倉庫内から後退進行して車道に進出するに当たり、同倉庫出入口は歩道に接しており、自車の後部荷台は箱型となっていて、直近後方の見通しは不可能な状態であった
	文節の接続詞 ………………に当たり、 ………………のであるから、 ………………から、ので	
	自動車運転上の注意義務すなわち予見義務又は回避義務の内容が注意義務である。 注1.その核心は法令、判例、条理等である。 注2.相手側の過失次第では信頼の原則の適用により予見義務が免除となることもある。	後退する前に自らいったん下車し、又は車外に誘導員等を配置して、自車後方の歩行者等の有無に留意し、その安全を確認しながら最徐行して後退すべき
	文節の接続詞 ………自動車運転上の注意義務があるのにこれを怠り	
	(由)注意義務不履行の動機・原因・理由 (失)予見義務違反すなわち同義務の不履行状況（前方不注視・発見遅滞等）又は回避義務の不履行状況（運転操作ミス・制動停止距離内接近等）が過失行為となる。 (経)過失行為の後に回避不能となったことは不可抗力であり、衝突との間の因果関係の経路説明である。	(由)歩道上の交通が閑散であったことに気を許し、 (失)自ら下車せず、また誘導員等も配置しないで、自車後方の歩行者等の有無に留意せず、その安全確認不十分のまま、漫然時速約10キロメートルで後退進行した過失により、 (経)折から、自車後方の歩道上を○○方面から○○方面へ向かい歩行していた○○○○（当時○○歳）に気付かず、自車後部を同人に衝突させて路上に転倒させ、
	文節の接続詞 (由)…気をとられ、軽信し (失)…過失により (経)…衝突させ、	
	結果発生内容、よって	よって、（同人）に加療○○日間を要する○○等の傷害を負わせたものである。

F1

F12

交通事故犯罪事実要点記載例

<table>
<tr><td rowspan="3">事故の態様

F1

F12</td><td colspan="2">6　その他特殊形態の事故</td></tr>
<tr><td>事故の分類</td><td>発進（前進・後退）事故　　　　　　F1</td></tr>
<tr><td>過失の態様</td><td>狭路から広路へ後退時の後方の安全不確認

F12(4)</td></tr>
<tr><td rowspan="8">犯
罪
事
実
（過失の要点）の
構
成</td><td>行為の主体、日時、場所、業務性</td><td>被疑者（被告人）は、年月日時分ころ、○○自動車を運転し、</td></tr>
<tr><td>注意義務の前提となるべき具体的運転状況、道路状況など
（予見可能性の存在状況）</td><td>○市○町○番地先の幅員4メートルの道路から幅員10メートルの道路に向かい左折後退する</td></tr>
<tr><td>文節の接続詞
………………に当たり、
………………のであるから、
………………から、ので</td><td></td></tr>
<tr><td>自動車運転上の注意義務すなわち予見義務又は回避義務の内容が注意義務である。
注1.その核心は法令、判例、条理等である。
注2.相手側の過失次第では信頼の原則の適用により予見義務が免除となることもある。</td><td>自車の後方左右道路からの車両等の有無に留意し、その安全を確認しながら、最徐行して後退すべき</td></tr>
<tr><td>文節の接続詞
………自動車運転上の注意義務があるのにこれを怠り</td><td></td></tr>
<tr><td>（由）注意義務不履行の動機・原因・理由
（失）予見義務違反すなわち同義務の不履行状況（前方不注視・発見遅滞等）又は回避義務の不履行状況（運転操作ミス・制動停止距離内接近等）が過失行為となる。
（経）過失行為の後に回避不能となったことは不可抗力であり、衝突との間の因果関係の経路説明である。</td><td>（由）交通閑散であったことに気を許し、
（失）後方左右道路から進行してくる車両等の有無に留意せず、その安全確認不十分のまま、漫然時速約10キロメートルで左折後退した過失により、
（経）折から、○○方面から○○方面へ向かい進行してきた○○○○（当時○○歳）運転の○○○○自動車前部に自車後部を衝突させ、</td></tr>
<tr><td>文節の接続詞
（由）…気をとられ、軽信し
（失）…過失により
（経）…衝突させ、</td><td></td></tr>
<tr><td>結果発生内容、よって</td><td>よって、（同人）に加療○○日間を要する○○等の傷害を負わせたものである。</td></tr>
</table>

交通事故犯罪事実要点記載例

	6 その他特殊形態の事故	
事故の態様	事故の分類	発進（前進・後退）事故　　　　　　　F 1
	過失の態様	後退時の後退誘導員の挟圧事故 F 13
犯罪事実（過失の要点）の構成	行為の主体、日時、場所、業務性	被疑者（被告人）は、年月日時分ころ、○○自動車を運転し、
	注意義務の前提となるべき具体的運転状況、道路状況など（予見可能性の存在状況）	○市○町○番地先道路において、○○方面から○○方面へ向かい後退するに当たり、自車は後方の見通しが悪く、後退誘導のため○○○○（当時○○歳）が下車して自車の後部死角部分へ回った
	文節の接続詞 …………………に当たり、 …………………のであるから、 …………………から、ので	
	自動車運転上の注意義務すなわち予見義務又は回避義務の内容が注意義務である。 注1. その核心は法令、判例、条理等である。 注2. 相手側の過失次第では信頼の原則の適用により予見義務が免除となることもある。	同人の誘導により自車後方左右の交通の安全及び同人の誘導発声等により同人の誘導位置などの安全を確認しつつ後退すべき
	文節の接続詞 ………自動車運転上の注意義務があるのにこれを怠り	
	(由)注意義務不履行の動機・原因・理由 (失)予見義務違反すなわち同義務の不履行状況（前方不注視・発見遅滞等）又は回避義務の不履行状況（運転操作ミス・制動停止距離内接近等）が過失行為となる。 (経)過失行為の後に回避不能となったことは不可抗力であり、衝突との間の因果関係の経路説明である。	(由)同人が未だ誘導を開始しないのに、同人は安全な場所で自車の後退方向の交通整理をしているものと軽信し、 (失)同人の誘導によらず、その安全も自車後方左右の安全も確認せず漫然時速約4キロメートルで後退した過失により、 (経)同人が自車の直近後方の石塊除去作業中であったのに気付かないまま同人を同所にあった小型コンテナと自車後部で挟圧し、
	文節の接続詞 (由)…気をとられ、軽信し (失)…過失により (経)…衝突させ、	
	結果発生内容、よって	よって、（同人）に加療○○日間を要する○○等の傷害を負わせたものである。

交通事故犯罪事実要点記載例

		⑥ その他特殊形態の事故	
事故の態様		事故の分類	転回・横断事故　　　　　　　　F 2
		過失の態様	転回時の右後方の安全不確認 F 21(1)
犯罪事実（過失の要点）の構成		行為の主体、日時、場所、業務性	被疑者（被告人）は、年月日時分ころ、○○自動車を運転し、
		注意義務の前提となるべき具体的運転状況、道路状況など（予見可能性の存在状況）	○市○町○番地先道路を、○○方面から○○方面へ向かい進行し、同所道路左端に一時停止した後、○○方面へ向かい転回する
		文節の接続詞 …………………に当たり、 …………………のであるから、 …………………から、ので	
		自動車運転上の注意義務すなわち予見義務又は回避義務の内容が注意義務である。 注1. その核心は法令、判例、条理等である。 注2. 相手側の過失次第では信頼の原則の適用により予見義務が免除となることもある。	その合図をし、徐行しながら、右後方からの車両及び対向直進車の有無に留意し、その安全を確認しながら転回すべき
		文節の接続詞 ………自動車運転上の注意義務があるのにこれを怠り	
		(由)注意義務不履行の動機・原因・理由 (失)予見義務違反すなわち同義務の不履行状況（前方不注視・発見遅滞等）又は回避義務の不履行状況（運転操作ミス・制動停止距離内接近等）が過失行為となる。 (経)過失行為の後に回避不能となったことは不可抗力であり、衝突との間の因果関係の経路説明である。	(由)その合図をせず（適切な合図をせず・合図はしたが）、右後方を右サイドミラーで一べつしたのみで、同方向からの車両はないものと軽信し、 (失)右後方からの車両の有無に留意せず、その安全確認不十分のまま、漫然時速約10キロメートルで転回を始めた過失により、 (経)折から、右後方から進行してきた○○○○（当時○○歳）運転の自動二輪車に気付かず、自車右側面前部を上記自動二輪車に衝突させて、同車とともに同人を路上に転倒させ、
		文節の接続詞 (由)…気をとられ、軽信し (失)…過失により (経)…衝突させ、	
		結果発生内容、よって	よって、（同人）に加療○○日間を要する○○○等の傷害を負わせたものである。

交通事故犯罪事実要点記載例

	6 その他特殊形態の事故	
事故の態様	事故の分類	転回・横断事故　　　　　　　F 2
	過失の態様	転回時の対向直進車の安全不確認 F 21(2)
犯罪事実（過失の要点）の構成	行為の主体、日時、場所、業務性	被疑者（被告人）は、年月日時分ころ、○○自動車を運転し、
	注意義務の前提となるべき具体的運転状況、道路状況など（予見可能性の存在状況）	○市○町○番地先道路を、○○方面から○○方面へ向かい進行し、同所道路左端に一時停止した後、○○方面へ転回する
	文節の接続詞 ………………に当たり、 ………………のであるから、 ………………から、ので	
	自動車運転上の注意義務すなわち予見義務又は回避義務の内容が注意義務である。 注1.その核心は法令、判例、条理等である。 注2.相手側の過失次第では信頼の原則の適用により予見義務が免除となることもある。	その合図をし、徐行しながら、右後方からの車両及び対向直進車の有無に留意し、その安全を確認しながら転回すべき
	文節の接続詞 ………自動車運転上の注意義務があるのにこれを怠り	
	(由)注意義務不履行の動機・原因・理由 (失)予見義務違反すなわち同義務の不履行状況（前方不注視・発見遅滞等）又は回避義務の不履行状況（運転操作ミス・制動停止距離内接近等）が過失行為となる。 (経)過失行為の後に回避不能となったことは不可抗力であり、衝突との間の因果関係の経路説明である。	(由)その合図をせず（適切な合図をせず・合図はしたが）、右後方からの車両の有無等の確認に気をとられ、 (失)対向直進車の有無に留意せず、その安全確認不十分のまま、漫然時速約10キロメートルで転回した過失により、 (経)折から、○○方面から○○方面に向かい対向直進してきた○○○○（当時○○歳）運転の○○○○自動車に気付かず、同車右前部に自車左側面を衝突させ、
	文節の接続詞 (由)…気をとられ、軽信し (失)…過失により (経)…衝突させ、	
	結果発生内容、よって	よって、（同人）に加療○○日間を要する○○○等の傷害を負わせたものである。

F2

F21

交通事故犯罪事実要点記載例

	6 その他特殊形態の事故	
事故の態様	事故の分類	転回・横断事故　　　　　　F 2
	過失の態様	横断右折時の左右道路の安全不確認 F 22
犯罪事実（過失の要点）の構成	行為の主体、日時、場所、業務性	被疑者（被告人）は、年月日時分ころ、○○自動車を運転し、
	注意義務の前提となるべき具体的運転状況、道路状況など（予見可能性の存在状況）	○市○町○番地先道路を、同所路外の駐車場から進出して、○○方面へ向かい横断右折する
	文節の接続詞 ……………に当たり、 ……………のであるから、 ……………から、ので	
	自動車運転上の注意義務すなわち予見義務又は回避義務の内容が注意義務である。 注1.その核心は法令、判例、条理等である。 注2.相手側の過失次第では信頼の原則の適用により予見義務が免除となることもある。	左右道路からの車両等の有無に留意し、その安全を確認しながら横断右折すべき
	文節の接続詞 ………自動車運転上の注意義務があるのにこれを怠り	
	(由)注意義務不履行の動機・原因・理由 (失)予見義務違反すなわち同義務の不履行状況（前方不注視・発見遅滞等）又は回避義務の不履行状況（運転操作ミス・制動停止距離内接近等）が過失行為となる。 (経)過失行為の後に回避不能となったことは不可抗力であり、衝突との間の因果関係の経路説明である。	(由)右方道路からの車両の有無に気をとられ、 (失)左方道路から進行してくる車両の有無に留意せず、その安全確認不十分のまま、漫然時速約20キロメートルで横断右折進行した過失により、 (経)折から、左方道路から進行してきた○○○○（当時○○歳）運転の原動機付自転車を、左前方直近に迫ってようやく認めたが、急制動の措置をとる間もなく、自車左側面前部を右原動機付自転車に衝突させて、同車とともに同人を路上に転倒させ、
	文節の接続詞 (由)…気をとられ、軽信し (失)…過失により (経)…衝突させ、	
	結果発生内容、よって	よって、（同人）に加療○○日間を要する○○等の傷害を負わせたものである。

F2

F22

交通事故犯罪事実要点記載例

		⑥　その他特殊形態の事故	
事故の態様	事故の分類	転回・横断事故　　　　　　　　　　F 2	
	過失の態様	右折横断時の対向直進車の安全不確認 （C13⑵と同旨） 　　　　　　　　　　　　　　　　　F 23	
犯罪事実（過失の要点）の構成	行為の主体、日時、場所、業務性	被疑者（被告人）は、年月日時分ころ、〇〇自動車を運転し、	
	注意義務の前提となるべき具体的運転状況、道路状況など（予見可能性の存在状況）	〇市〇町〇番地先道路を〇〇方面から〇〇方面に向かい進行し、同所先右方路外施設であるガソリンスタンドに入るため同所道路を右折横断するに当たり、対向直進してくる〇〇〇〇（当時〇〇歳）運転の〇〇〇〇自動車を右前方約50メートルの地点に認めた	
	文節の接続詞 …………………に当たり、 …………………のであるから、 …………………から、ので		
	自動車運転上の注意義務すなわち予見義務又は回避義務の内容が注意義務である。 注1.その核心は法令、判例、条理等である。 注2.相手側の過失次第では信頼の原則の適用により予見義務が免除となることもある。	同車の進行を妨害しないよう、自車進路の中央線寄りで徐行するなどして前記〇〇運転車両の動静を注視し、その安全を確認しながら右折横断すべき	
	文節の接続詞 ………自動車運転上の注意義務があるのにこれを怠り		
	(由)注意義務不履行の動機・原因・理由 (失)予見義務違反すなわち同義務の不履行状況（前方不注視・発見遅滞等）又は回避義務の不履行状況（運転操作ミス・制動停止距離内接近等）が過失行為となる。 (経)過失行為の後に回避不能となったことは不可抗力であり、衝突との間の因果関係の経路説明である。	(由)同車が接近する前に自車が右折横断を完了できるものと軽信し、 (失)前記〇〇運転車両との安全確認不十分のまま、漫然時速約25キロメートルで右折横断した過失により、 (経)対向直進中の同車前部に自車左側面後部を衝突させ、	
	文節の接続詞 (由)…気をとられ、軽信し (失)…過失により (経)…衝突させ、		
	結果発生内容、よって	よって、（同人）に加療〇〇日間を要する〇〇等の傷害を負わせたものである。	

F2

F23

交通事故犯罪事実要点記載例

		⑥　その他特殊形態の事故	
事故の態様	事故の分類	開扉事故	F 3
	過失の態様	車両停止時の安全不確認 （左側開扉） F 31(1)	
犯罪事実（過失の要点）の構成	行為の主体、日時、場所、業務性	被疑者（被告人）は、年月日時分ころ、○○自動車を運転し、	
	注意義務の前提となるべき具体的運転状況、道路状況など （予見可能性の存在状況）	○市○町○番地先道路を、○○方面から○○方面へ向かい進行してきて道路左側端寄りに停止し乗客を下車させるに当たり、自車左側面と道路左端までは約1メートルの間隔があり、その間を左後方から原動機付自転車等が進行してくることが予測された	
	文節の接続詞 …………………に当たり、 …………………のであるから、 …………………から、ので		
	自動車運転上の注意義務すなわち予見義務又は回避義務の内容が注意義務である。 注1.その核心は法令、判例、条理等である。 注2.相手側の過失次第では信頼の原則の適用により予見義務が免除となることもある。	自車の左後方から進行してくる車両の有無に留意し、その安全を確認しながら自車の左側ドアを開扉すべき	
	文節の接続詞 ………自動車運転上の注意義務があるのにこれを怠り		
	(由)注意義務不履行の動機・原因・理由 (失)予見義務違反すなわち同義務の不履行状況（前方不注視・発見遅滞等）又は回避義務の不履行状況（運転操作ミス・制動停止距離内接近等）が過失行為となる。 (経)過失行為の後に回避不能となったことは不可抗力であり、衝突との間の因果関係の経路説明である。	(由)乗客を降車させることのみに気をとられ、 (失)左後方からの交通の有無に留意せず、その安全確認不十分のまま、漫然自車左側後部ドアを開扉した過失により、 (経)折から、左後方から進行してきた○○○○（当時○○歳）運転の原動機付自転車に気付かず、開いた同ドアを同車に衝突させて、同車とともに同人を路上に転倒させ、	
	文節の接続詞 (由)…気をとられ、軽信し (失)…過失により (経)…衝突させ、		
	結果発生内容、よって	よって、（同人）に加療○○日間を要する○○等の傷害を負わせたものである。	

F3

F31

交通事故犯罪事実要点記載例

	6　その他特殊形態の事故	
事故の態様	事故の分類	開扉事故　　　　　　　　　　　　F 3
	過失の態様	車両停止時の安全不確認 （右側開扉）（業務上過失傷害） F 31(2)
犯罪事実（過失の要点）の構成	行為の主体、日時、場所、業務性	被疑者（被告人）は、年月日時分ころ、○○自動車を運転し、
	注意義務の前提となるべき具体的運転状況、道路状況など（予見可能性の存在状況）	○市○町○番地先道路を、○○方面から○○方面へ向かい進行してきて道路左端に停止し、降車のため自車の右側運転席ドアを開扉する
	文節の接続詞 ……………………に当たり、 ……………………のであるから、 ……………………から、ので	
	注意義務すなわち予見義務又は回避義務の内容が注意義務である。 注1.その核心は法令、判例、条理等である。 注2.相手側の過失次第では信頼の原則の適用により予見義務が免除となることもある。	自車の右後方から進行してくる車両の有無に留意し、その安全を確認しながら同ドアを開扉すべき
	文節の接続詞 ………業務上の注意義務があるのにこれを怠り	
	（由）注意義務不履行の動機・原因・理由 （失）予見義務違反すなわち同義務の不履行状況（前方不注視・発見遅滞等）又は回避義務の不履行状況（運転操作ミス・制動停止距離内接近等）が過失行為となる。 （経）過失行為の後に回避不能となったことは不可抗力であり、衝突との間の因果関係の経路説明である。	（由）降車を急ぐあまり、 （失）右後方から進行してくる車両の有無に留意せず、その安全確認不十分のまま、漫然同ドアを開扉した過失により、 （経）折から、右後方から進行してきた○○○○（当時○○歳）運転の原動機付自転車に気付かず、開いた同ドアを同車に衝突させて、同車とともに同人を路上に転倒させ、
	文節の接続詞 （由）…気をとられ、軽信し （失）…過失により （経）…衝突させ、	
	結果発生内容、よって	よって、（同人）に加療○○日間を要する○○等の傷害を負わせたものである。

F3

F31

交通事故犯罪事実要点記載例

		6 その他特殊形態の事故	
事故の態様		事故の分類	開扉事故　　　　　　　　　　　F 3
		過失の態様	発進時閉扉不確認 （進行中開扉） 　　　　　　　　　　　　　　　F 32
犯罪事実（過失の要点）の構成		行為の主体、日時、場所、業務性	被疑者（被告人）は、年月日時分ころ、〇〇自動車を運転し、
		注意義務の前提となるべき具体的運転状況、道路状況など（予見可能性の存在状況）	〇市〇町〇番地先道路において、同所道路端に一時停車し、自車左側後扉を開扉して客を乗車させた後、〇〇方面へ向かい発進する
		文節の接続詞 …………………に当たり、 …………………のであるから、 …………………から、ので	
		自動車運転上の注意義務すなわち予見義務又は回避義務の内容が注意義務である。 注1.その核心は法令、判例、条理等である。 注2.相手側の過失次第では信頼の原則の適用により予見義務が免除となることもある。	進行中に扉が車体の振動等により開扉して通行人等に危害を加えることのないよう、扉を完全に閉めたことを確認した後発進すべき
		文節の接続詞 ………自動車運転上の注意義務があるのにこれを怠り	
		(由)注意義務不履行の動機・原因・理由 (失)予見義務違反すなわち同義務の不履行状況（前方不注視・発見遅滞等）又は回避義務の不履行状況（運転操作ミス・制動停止距離内接近等）が過失行為となる。 (経)過失行為の後に回避不能となったことは不可抗力であり、衝突との間の因果関係の経路説明である。	(由)客の行先を確認することに気をとられ、 (失)その確認不十分のまま、不用意に発進進行した過失により、 (経)発進後間もなく、車体の振動により前記左扉が開扉し、同〇〇時〇分ころ、〇町〇〇番地先道路に差しかかった際、道路左端を同方向に歩行中の〇〇〇〇（当時〇〇歳）に同扉を衝突させて路上に転倒させ、
		文節の接続詞 (由)…気をとられ、軽信し (失)…過失により (経)…衝突させ、	
		結果発生内容、よって	よって、（同人）に加療〇〇日間を要する〇〇等の傷害を負わせたものである。

F3

F32

交通事故犯罪事実要点記載例

	⑥ その他特殊形態の事故	
事故の態様	事故の分類	開扉事故　　　　　　　　　　　　　　F 3
	過失の態様	同乗者の単独開扉事故（重過失傷害）（運転者が同乗中は運転者の過失となる） 　　　　　　　　　　　　　　　　　　F 33
犯罪事実（過失の要点）の構成	行為の主体、日時、場所、業務性	被疑者（被告人）は、年月日時分ころ、
	注意義務の前提となるべき具体的運転状況、道路状況など（予見可能性の存在状況）	○市○町○番地先道路において、同所道路左端に駐車した○○○○運転の○○○○自動車の後部座席に同乗していたものであるが、同人が所用のため下車した後、同人を迎えに行くため、同車右側後部ドアを開けて下車しようとしたが、同所は車両の交通量が多かった
	文節の接続詞 ……………………に当たり、 ………………のであるから、 ………………から、ので	
	注意義務すなわち予見義務又は回避義務の内容が注意義務である。 注1.その核心は法令、判例、条理等である。 注2.相手側の過失次第では信頼の原則の適用により予見義務が免除となることもある。	下車に際しては、同車右後方から進行してくる車両の有無とその安全を確認した上で同車右後部ドアを開けるべき注意義務があるのにこれを怠り
	文節の接続詞 ……………注意義務があるのにこれを怠り	
	(由)注意義務不履行の動機・原因・理由 (失)予見義務違反すなわち同義務の不履行状況（前方不注視・発見遅滞等）又は回避義務の不履行状況（運転操作ミス・制動停止距離内接近等）が過失行為となる。 (経)過失行為の後に回避不能となったことは不可抗力であり、衝突との間の因果関係の経路説明である。	(由)前記○○○○の行方を探すことに気をとられ、 (失)同車右後方から進行してくる車両の有無とその安全を確認しないまま、不用意に同ドアを開けた重大な過失により、 (経)折から自車の右後方から進行してきた○○○○（当時○○歳）運転の自動二輪車の前部に同ドアを衝突させて同人を同車とともに路上に転倒させ、
	文節の接続詞 (由)…気をとられ、軽信し (失)…過失により (経)…衝突させ、	
	結果発生内容、よって	よって、（同人）に加療○○日間を要する○○等の傷害を負わせたものである。

420

交通事故犯罪事実要点記載例

	6 その他特殊形態の事故	
事故の態様	事故の分類	駐車方法等事故　　　　　　　　F4
	過失の態様	駐車時の制動措置不完全による暴走 F41
犯罪事実（過失の要点）の構成	行為の主体、日時、場所、業務性	被疑者（被告人）は、年月日時分ころ、○○自動車を運転し、
	注意義務の前提となるべき具体的運転状況、道路状況など（予見可能性の存在状況）	○市○町○番地先道路を、○○方面から○○方面へ向かい進行し、同所の道路左端に駐車して同車を離れるに当たり、同所は勾配100分の6の上り傾斜の道路であった
	文節の接続詞 ………………に当たり、 ………………のであるから、 ………………から、ので	
	自動車運転上の注意義務すなわち予見義務又は回避義務の内容が注意義務である。 注1.その核心は法令、判例、条理等である。 注2.相手側の過失次第では信頼の原則の適用により予見義務が免除となることもある。	エンジンを止め、サイドブレーキを十分引き、車輪に歯止めを施すなどして、車両を確実に停止固定させる措置をとるべき
	文節の接続詞 ………自動車運転上（又は業務上）の注意義務があるのにこれを怠り	
	(由)注意義務不履行の動機・原因・理由 (失)予見義務違反すなわち同義務の不履行状況（前方不注視・発見遅滞等）又は回避義務の不履行状況（運転操作ミス・制動停止距離内接近等）が過失行為となる。 (経)過失行為の後に回避不能となったことは不可抗力であり、衝突との間の因果関係の経路説明である。	(由)下車後の用件を急ぐあまり、 (失)エンジンを止め、サイドブレーキを軽く引いたのみで同車を離れた過失により、 (経)同日午後○時○分ころ、同車両のサイドブレーキが緩み、同車を後退暴走させて、折から同所を歩行中の○○○○（当時○○歳）に同車後部を衝突させた上、同人を路上に転倒させ、
	文節の接続詞 (由)…気をとられ、軽信し (失)…過失により (経)…衝突させ、	
	結果発生内容、よって	よって、（同人）に加療○○日間を要する○○○等の傷害を負わせたものである。

交通事故犯罪事実要点記載例

	6 その他特殊形態の事故	
事故の態様	事故の分類	駐車方法等事故　　　　　　　　F 4
	過失の態様	危険場所駐車による後続車追突（夜間暗い場所のはみ出し駐車事故） 　　　　　　　　　　　　　　　F 42
犯罪事実（過失の要点）の構成	行為の主体、日時、場所、業務性	被疑者（被告人）は、年月日時分ころ、大型〇〇自動車を運転し、
	注意義務の前提となるべき具体的運転状況、道路状況など（予見可能性の存在状況） 文節の接続詞 ……………………に当たり、 ……………………のであるから、 ……………………から、ので	〇市〇町〇番地先道路左端に同市〇〇方面に向け自車を駐車するに際し、同所は駐車禁止の交通規制がなされている上、当時は夜間でもあり、同所付近は自車を直接照らす街路灯などの照明設備はなく、又自車の後面部は汚れていて反射板が十分に反射力がないなど後続車の運転者が自車の存在を発見することは極めて困難であり、後続車両が自車に衝突する危険が予測された
	自動車運転上の注意義務すなわち予見義務又は回避義務の内容が注意義務である。 注1．その核心は法令、判例、条理等である。 注2．相手側の過失次第では信頼の原則の適用により予見義務が免除となることもある。 文節の接続詞 ………自動車運転上（又は業務上）の注意義務があるのにこれを怠り	同所に自車を駐車することは厳に差し控えることはもとより、やむをえず同所に駐車する場合は自車の非常点滅灯を点滅させるか又は夜間用停止標示板を設置するなどして、後方から接近してくる車両などの運転者に自車の発見が容易になるような措置を講じて駐車すべき
	(由)注意義務不履行の動機・原因・理由 (失)予見義務違反すなわち同義務の不履行状況（前方不注視・発見遅滞等）又は回避義務の不履行状況（運転操作ミス・制動停止距離内接近等）が過失行為となる。 (経)過失行為の後に回避不能となったことは不可抗力であり、衝突との間の因果関係の経路説明である。 文節の接続詞 (由)…気をとられ、軽信し (失)…過失により (経)…衝突させ、	(由)短時間の駐車であるから事故は起きないものと軽信し、 (失)前記措置を何ら講じないまま、自車右側面を同所の道路左端から約2.4メートルはみ出して、同所に放置駐車した過失により、 (経)同日〇時〇分ころ、折から同所付近の道路左端を進行してきた〇〇〇〇（当時〇〇歳）運転の自動二輪車をして自車との衝突回避を困難にさせて自車後部右端に衝突させて、同人を前記自動二輪車とともに路上に転倒させ、
	結果発生内容、よって	よって、（同人）に加療〇〇日間を要する〇〇等の傷害を負わせたものである。

交通事故犯罪事実要点記載例

<table>
<tr>
<td rowspan="4">事故の態様
F4
F43</td>
<td colspan="2">⑥　その他特殊形態の事故</td>
</tr>
<tr>
<td>事故の分類</td>
<td>駐車方法等事故　　　　　　　　　　F 4</td>
</tr>
<tr>
<td>過失の態様</td>
<td>危険場所駐車による後続車追突
（夜間道路中央寄り停車事故）

　　　　　　　　　　　　　　　F 43(1)</td>
</tr>
</table>

犯罪事実（過失の要点）の構成	行為の主体、日時、場所、業務性	被疑者（被告人）は、年月日時分ころ、○○自動車を運転し、
	注意義務の前提となるべき具体的運転状況、道路状況など（予見可能性の存在状況）	○市○町○番地先道路を○○方面から○○方面に向かい進行し、同所でエンストのため第2通行帯上で停車したのであるが、当時は深夜で、同所付近は左カーブで道路照明もない上見通しの悪い道路状況であった
	文節の接続詞 …………………に当たり、 ………………のであるから、 ………………から、ので	
	自動車運転上の注意義務すなわち予見義務又は回避義務の内容が注意義務である。 注1. その核心は法令、判例、条理等である。 注2. 相手側の過失次第では信頼の原則の適用により予見義務が免除となることもある。	停止中は非常点滅灯を点灯するか夜間用停止標示板を後続車両の運転者が見やすい位置に設置するなどして後続車との安全を確保すべき
	文節の接続詞 ………自動車運転上（又は業務上）の注意義務があるのにこれを怠り	
	(由)注意義務不履行の動機・原因・理由 (失)予見義務違反すなわち同義務の不履行状況（前方不注視・発見遅滞等）又は回避義務の不履行状況（運転操作ミス・制動停止距離内接近等）が過失行為となる。 (経)過失行為の後に回避不能となったことは不可抗力であり、衝突との間の因果関係の経路説明である。	(由)交通が閑散であったことと短時間の停止であることに気を許し、 (失)非常点滅灯を点灯せず、夜間用停止標示板も設置しないなど後続車両に対する安全策を講じないまま停車を継続した過失により、 (経)同日○時○分ころ、同通行帯を後続進行してきた○○○○（当時○○歳）運転の自動二輪車をして自車との衝突回避を困難にさせて、自車後部に前記自動二輪車前部を衝突させ同車とともに同人を路上に転倒させ、
	文節の接続詞 (由)…気をとられ、軽信し (失)…過失により (経)…衝突させ、	
	結果発生内容、よって	よって、（同人）に加療○○日間を要する○○○等の傷害を負わせたものである。

交通事故犯罪事実要点記載例

事故の態様	⑥　その他特殊形態の事故	
	事故の分類	駐車方法等事故　　　　　　　　　F 4
	過失の態様	危険場所駐車による後続車追突（トンネル内入口付近停車による事故） 　　　　　　　　　　　　　　　　F 43(2)
犯　罪　事　実〈過失の要点〉の　構　成	行為の主体、日時、場所、業務性	被疑者（被告人）は、年月日時分ころ、大型○○自動車を運転し、
	注意義務の前提となるべき具体的運転状況、道路状況など（予見可能性の存在状況） 文節の接続詞 ………………に当たり、 ………………のであるから、 ………………から、ので	○市○町○番地先道路を○○方面から○○方面に向かい進行し、同所の道路左端に停車するに当たり、同所はトンネル内で駐停車禁止となっており、かつ同所の片側車線幅員3.6メートル路側帯1.5メートルとなっており、自車の車幅は2.5メートルであり、停車した自車の車体のため同車線上の後続車両の進路を塞ぐことになる上、同所は同トンネル入口付近であり、同所に停車することは後続車の運転者にとってはトンネル内に進入した直後の明暗差による視力減退により、自車の発見が困難となり自車に追突する危険が予測された
	自動車運転上の注意義務すなわち予見義務又は回避義務の内容が注意義務である。 注1.その核心は法令、判例、条理等である。 注2.相手側の過失次第では信頼の原則の適用により予見義務が免除となることもある。 文節の接続詞 ………自動車運転上（又は業務上）の注意義務があるのにこれを怠り	同トンネル内入口付近に自車を停車することは厳に差し控えるべき
	(由)注意義務不履行の動機・原因・理由 (失)予見義務違反すなわち同義務の不履行状況（前方不注視・発見遅滞等）又は回避義務の不履行状況（運転操作ミス・制動停止距離内接近等）が過失行為となる。 (経)過失行為の後に回避不能となったことは不可抗力であり、衝突との間の因果関係の経路説明である。 文節の接続詞 (由)…気をとられ、軽信し (失)…過失により (経)…衝突させ、	(由)自車助手席に同乗中の内妻から切迫排尿の要請を受けたことからその排尿場所とするため、 (失)同トンネル入口から約50メートル入った地点の道路に自車右側を車道左端から3.7メートルはみ出して、車線をほぼ塞ぎ、後続車両の運転者にとって自車の発見が困難な状態であえて自車を停車した過失により、 (経)折から後続進行してきた○○○○（当時○○歳）運転の自動二輪車をして衝突回避を困難にさせて同車前部を自車後部に激突させた上、同人を路上に落下転倒させ、
	結果発生内容、よって	よって、（同人）に加療○○日間を要する○○等の傷害を負わせたものである。

交通事故犯罪事実要点記載例

事故の態様		6　その他特殊形態の事故	
F5		事故の分類	積荷事故　　　　　　　　　　　　F5
		過失の態様	積載物転落防止対策不確認運転開始 　　　　　　　　　　　　　　　　　F51
F51 犯罪事実（過失の要点）の構成	行為の主体、日時、場所、業務性	被疑者（被告人）は、年月日時分ころ、○○自動車を運転し、
	注意義務の前提となるべき具体的運転状況、道路状況など（予見可能性の存在状況）	○市○町○番地○○会社資材置場において、普通貨物自動車の荷台に重量4トンのロードローラー1台を積載し、同貨物自動車を運転し出発するに当たり、同ローラー後車輪に角棒（長さ2.05メートル、幅0.3メートル、厚さ0.12メートル）を歯止めに用い、同ローラー後部のフックにワイヤーロープを掛け、これを同貨物自動車のウインチで巻いて緊縛させたのみであり、運転中、車の振動などにより同ローラーが荷台上で移動して転落するなど不測の事態の発生することが予測された
	文節の接続詞 …………………に当たり、 …………………のであるから、 …………………から、ので	
	自動車運転上の注意義務すなわち予見義務又は回避義務の内容が注意義務である。 注1. その核心は法令、判例、条理等である。 注2. 相手側の過失次第では信頼の原則の適用により予見義務が免除となることもある。	上記荷台上のロードローラーが確実に緊縛固定され、角材の歯止め作用が確実であるかどうかを確認した上、もし不十分であるときは更にワイヤーロープで同ローラーを緊縛固定してから運転を開始すべき
	文節の接続詞 ………自動車運転上の注意義務があるのにこれを怠り	
	(由)注意義務不履行の動機・原因・理由 (失)予見義務違反すなわち同義務の不履行状況（前方不注視・発見遅滞等）又は回避義務の不履行状況（運転操作ミス・制動停止距離内接近等）が過失行為となる。 (経)過失行為の後に回避不能となったことは不可抗力であり、衝突との間の因果関係の経路説明である。	(由)搬送先への到着時間を気にして先を急ぐあまり、 (失)角材での固定状態を確認せず、かつ、ワイヤーロープでロードローラーを緊縛固定しているかどうかの確認をしないまま、漫然前記普通貨物自動車の運転を開始した過失により、 (経)同日○時○分ころ、○市○町○番地先の右に大きく湾曲する道路を、○○方面から○○方面へ向かい、時速約60キロメートルで進行中、自車荷台上に積載中の上記ローラーが右に移動して、対向車線上に転落するにいたり、折から対向進行してきた○○○○（当時○○歳）運転の○○○○自動車をして、同ロードローラーに衝突するに至らせ、
	文節の接続詞 (由)…気をとられ、軽信し (失)…過失により (経)…衝突させ、	
	結果発生内容、よって	よって、(同人)に加療○○日間を要する○○○等の傷害を負わせたものである。

交通事故犯罪事実要点記載例

事故の態様	6 その他特殊形態の事故	
	事故の分類	積荷事故　　　　　　　　　　　　F 5
	過失の態様	積荷過高積載による架道橋天井へ衝突　　　　　　　　　　　　　　　　　　F 52
犯罪事実（過失の要点）の構成	行為の主体、日時、場所、業務性	被疑者（被告人）は、年月日時分ころ、○○自動車を運転し、
	注意義務の前提となるべき具体的運転状況、道路状況など（予見可能性の存在状況） 文節の接続詞 ……………に当たり、 ……………のであるから、 ……………から、ので	○市○町○番地先の架道橋下を○○方面から○○方面へ向け時速約40キロメートルで通過進行するに当たり、自車後部荷台には高さ2.8メートルまで○○○を梱包したダンボール箱を積載しており、同架道橋天井は路面からの高さは2.6メートルと表示されていた
	自動車運転上の注意義務すなわち予見義務又は回避義務の内容が注意義務である。 注1.その核心は法令、判例、条理等である。 注2.相手側の過失次第では信頼の原則の適用により予見義務が免除となることもある。 文節の接続詞 ………自動車運転上の注意義務があるのにこれを怠り	同架道橋下を通過する際は目測あるいはいったん停車か再徐行などの方法により安全に通過可能かどうかを測定しつつ、積荷が同架道橋の天井に衝突しないことを確認して通過すべき
	(由)注意義務不履行の動機・原因・理由 (失)予見義務違反すなわち同義務の不履行状況（前方不注視・発見遅滞等）又は回避義務の不履行状況（運転操作ミス・制動停止距離内接近等）が過失行為となる。 (経)過失行為の後に回避不能となったことは不可抗力であり、衝突との間の因果関係の経路説明である。	(由)先を急ぐあまり、安易に通過可能と軽信し、 (失)一時停止もせず、安全策の確認などをしないまま、漫然前記速度で進行した過失により、 (経)自車荷台のダンボール箱を同架道橋天井のコンクリート部分に衝突させて路上に落下させ、折から後方を追従進行してきた○○○○（当時○○歳）運転の自動二輪車前部に衝突させて、同車とともに同人を転倒させ、
	文節の接続詞 (由)…気をとられ、軽信し (失)…過失により (経)…衝突させ、	
	結果発生内容、よって	よって、（同人）に加療○○日間を要する○○等の傷害を負わせたものである。

交通事故犯罪事実要点記載例

		6 その他特殊形態の事故	
事故の態様		事故の分類	積荷事故　　　　　　　　　　　F5
		過失の態様	進行中の荷崩れ落下事故 　　　　　　　　　　　　　　　　　F53
犯罪事実（過失の要点）の構成		行為の主体、日時、場所、業務性	被疑者（被告人）は、年月日時分ころ、○○自動車を運転し、
		注意義務の前提となるべき具体的運転状況、道路状況など（予見可能性の存在状況）	後部荷台に丸太を満載して○市○町○番地先の左へ湾曲する道路を○○方面から○○方面へ向かい時速約50キロメートルで進行中、自車後部荷台の異状振動とハンドルが右にとられがちとなったことを感じた（運転中に異常を感じない場合であればそれはF51の積載物転落防止対策不確認運転開始の過失を検討することになる。）
		文節の接続詞 ……………………に当たり、 ………………のであるから、 ………………から、ので	
		自動車運転上の注意義務すなわち予見義務又は回避義務の内容が注意義務である。 注1. その核心は法令、判例、条理等である。 注2. 相手側の過失次第では信頼の原則の適用により予見義務が免除となることもある。	直ちに運転を中止し、積荷の積載状況及び施縄の弛緩、擦り切れのおそれの有無など安定積載状況を確認した上運転を継続すべき
		文節の接続詞 ………自動車運転上の注意義務があるのにこれを怠り	
		(由)注意義務不履行の動機・原因・理由 (失)予見義務違反すなわち同義務の不履行状況（前方不注視・発見遅滞等）又は回避義務の不履行状況（運転操作ミス・制動停止距離internal接近等）が過失行為となる。 (経)過失行為の後に回避不能となったことは不可抗力であり、衝突との間の因果関係の経路説明である。	(由)一時停止したが、運転席から積載状況を一べつしたのみで荷に異常がないものと軽信し、 (失)施縄の弛緩、摩擦の程度を確認しないまま漫然運転を再開して進行を継続した過失により、 (経)同日○時○分ころ、○市○町○番地付近道路を○○方面から○○方面に向かい進行中、施縄擦り切れによる荷崩れを起こし、前記積載中の丸太1本を路上に落下させ、折りから後続中の○○○○（当時○○歳）運転の自動二輪車に衝突させて同人を路上に転落させ、
		文節の接続詞 (由)…気をとられ、軽信し (失)…過失により (経)…衝突させ、	
		結果発生内容、よって	よって、（同人）に加療○○日間を要する○○○等の傷害を負わせたものである。

F5

F53

交通事故犯罪事実要点記載例

事故の態様	6 その他特殊形態の事故	
	事故の分類	踏切事故 F 6
	過失の態様	踏切一時不停止軌道内進入（過失往来危険罪と観念的競合） F 61
犯罪事実（過失の要点）の構成	行為の主体、日時、場所、業務性	被疑者（被告人）は、年月日時分ころ、○○自動車を運転し、
	注意義務の前提となるべき具体的運転状況、道路状況など（予見可能性の存在状況）	○市○町○番地先道路を、○○方面から○○方面へ向かい進行し、同所の○○線○○第一種踏切を通過する
	文節の接続詞 ……………に当たり、 ……………のであるから、 ……………から、ので	
	自動車運転上の注意義務すなわち予見義務又は回避義務の内容が注意義務である。 注1.その核心は法令、判例、条理等である。 注2.相手側の過失次第では信頼の原則の適用により予見義務が免除となることもある。	降下する遮断機に備え速度を調節し、かつ、同踏切の手前で一時停止し、列車進行の有無及び安全を確認した上で通過進行すべき
	文節の接続詞 ………自動車運転上の注意義務があるのにこれを怠り	
	(由)注意義務不履行の動機・原因・理由 (失)予見義務違反すなわち同義務の不履行状況（前方不注視・発見遅滞等）又は回避義務の不履行状況（運転操作ミス・制動停止距離内接近等）が過失行為となる。 (経)過失行為の後に回避不能となったことは不可抗力であり、衝突との間の因果関係の経路説明である。	(由)列車は接近していないものと軽信し、 (失)一時停止することなく、漫然時速約50キロメートルで同踏切を通過しようとした過失により、 (経)同踏切の手前約15メートルの地点で遮断機が降下し始めたのを認め、慌てて急制動の措置をとったが間に合わず、自車前部を同踏切内の軌道上まで進出、停止させて、折から、右方から進行してきた上り○○行第○○列車の先頭車前部に自車右側面を衝突させ、よって、自車の同乗者○○○○（当時○○歳）に加療約○○間を要する○○○○の傷害を負わせるとともに、同衝突により同列車前部2両を脱線させて同所付近の軌道を約5時間にわたり使用不能ならしめ、
	文節の接続詞 (由)…気をとられ、軽信し (失)…過失により (経)…衝突させ、	
	結果発生内容、もって	もって自動車運転上の過失により人に傷害を負わせるとともに列車の従来に危険を生ぜしめたものである。

交通事故犯罪事実要点記載例

		6　その他特殊形態の事故	
事故の態様	事故の分類	踏切事故	F 6
	過失の態様	踏切一時不停止軌道内進入 　（過失往来危険罪と観念的競合）	F 62
犯罪事実（過失の要点）の構成	行為の主体、日時、場所、業務性	被疑者（被告人）は、年月日時分ころ、○○自動車を運転し、	
	注意義務の前提となるべき具体的運転状況、道路状況など （予見可能性の存在状況）	○市○町○番地先道路を、○○方面から○○方面へ向かい進行し、同所○○線○○第3種踏切を通過する	
	文節の接続詞 …………………に当たり、 …………………のであるから、 …………………から、ので		
	自動車運転上の注意義務すなわち予見義務又は回避義務の内容が注意義務である。 注1.その核心は法令、判例、条理等である。 注2.相手側の過失次第では信頼の原則の適用により予見義務が免除となることもある。	同踏切の手前で一時停止し、警報機の警報作動及び赤色点滅灯の点灯の有無を確認するとともに、左右方向からの列車進行の有無及びその安全を確認して踏切を通過進行すべき	
	文節の接続詞 ………自動車運転上の注意義務があるのにこれを怠り		
	(由)注意義務不履行の動機・原因・理由 (失)予見義務違反すなわち同義務の不履行状況（前方不注視・発見遅滞等）又は回避義務の不履行状況（運転操作ミス・制動停止距離内接近等）が過失行為となる。 (経)過失行為の後に回避不能となったことは不可抗力であり、衝突との間の因果関係の経路説明である。	(由)先を急ぐあまり警報機が作動し始めた直後であり列車より先に同踏切を通過できるものと軽信し、 (失)同踏切の手前で一時停止せず、列車進行の有無及び安全を確認しないまま時速約40キロメートルで同踏切内に進入した過失により (経)折から左方から進行してきた下り○○行第○○列車の先頭車の前部に自車左側面後部を衝突させ、よって自車の同乗者○○○○（当時○○歳）に加療約○○日間を要する○○○○の傷害を負わせるとともに、同衝突により同列車先頭車両を脱線させて同所付近の軌道を約8時間にわたり使用不能ならしめ、	
	文節の接続詞 (由)…気をとられ、軽信し (失)…過失により (経)…衝突させ、		
	結果発生内容、もって	もって自動車運転上の過失により人に傷害を負わせるとともに列車の往来に危険を生ぜしめたものである。	

F6

F62

交通事故犯罪事実要点記載例

	⑥　その他特殊形態の事故	
事故の態様	事故の分類	踏切事故　　　　　　　　　　　F 6
	過失の態様	踏切内立往生事故 （過失往来危険罪と観念的競合） F 63(1)
犯罪事実（過失の要点）の構成	行為の主体、日時、場所、業務性	被疑者（被告人）は、年月日時分ころ、○○自動車を運転し、
	注意義務の前提となるべき具体的運転状況、道路状況など （予見可能性の存在状況） 文節の接続詞 …………………に当たり、 …………………のであるから、 …………………から、ので	○市○町○番地先道路を、○○方面から○○方面へ向かい進行し、同所の○○線○○第1種踏切を通過するに当たり、同踏切の先約40メートルの地点に信号機により交通整理の行われている交差点があり、当時同踏切の前後は渋滞により車両が連続して停止や発進を繰返しており、自車も直前を進行していた普通乗用自動車に追従進行していた
	自動車運転上の注意義務すなわち予見義務又は回避義務の内容が注意義務である。 注1.その核心は法令、判例、条理等である。 注2.相手側の過失次第では信頼の原則の適用により予見義務が免除となることもある。 文節の接続詞 ………自動車運転上の注意義務があるのにこれを怠り	同踏切の手前で一時停止し、列車進行の有無及びその安全を確認し、かつ前車に続いて進行するには同車が同踏切を通過し自車も同踏切を安全に通過して、踏切内で停止することとなるおそれのないことを確認した上で同踏切内に進入通過すべき
	(由)注意義務不履行の動機・原因・理由 (失)予見義務違反すなわち同義務の不履行状況（前方不注視・発見遅滞等）又は回避義務の不履行状況（運転操作ミス・制動停止距離内接近等）が過失行為となる。 (経)過失行為の後に回避不能となったことは不可抗力であり、衝突との間の因果関係の経路説明である。 文節の接続詞 (由)…気をとられ、軽信し (失)…過失により (経)…衝突させ、	(由)前車が右方から列車通過後踏切遮断機の開放により同踏切に進入したことから、先を急ぐあまり、列車の接近はないものと軽信し、 (失)同踏切の手前で一時停止せず、列車接近の有無及びその安全を確認しないまま、かつ同踏切通過後の通行余地の確認をせず、前車に続いて同車の直近後方を時速約20キロメートルで同踏切内に進入した過失により、 (経)前車が同踏切を通過した直後、その前車に続いて渋滞で停止したため、自車を同踏切内に停止させて進行不能となり、踏切支障報知装置を作動させる間もなく、折から左方から進行してきた上り○○行第○○列車の先頭車両に自車左側面後部を衝突させよって自車の同乗者○○○（当時○○歳）に加療約○○日間を要する○○○○の傷害を負わせるとともに同衝突により同先頭車両を脱線させて同所付近の軌道を約3時間にわたり使用不能ならしめ、
	結果発生内容、もって	もって、自動車運転上の過失により人に傷害を負わせるとともに列車の往来に危険を生ぜしめたものである。

430

交通事故犯罪事実要点記載例

F6

F63

	⑥　その他特殊形態の事故	
事故の態様	事故の分類	踏切事故　　　　　　　　　　　　　　　　F 6
	過失の態様	踏切内立往生線路上落輪 （過失往来危険罪と観念的競合） 　　　　　　　　　　　　　　　　　　　F 63(2)
犯　罪　事　実　（過失の要点）　の　構　成	行為の主体、日時、場所、業務性	被疑者（被告人）は、年月日時分ころ、○○自動車を運転し、
	注意義務の前提となるべき具体的運転状況、道路状況など （予見可能性の存在状況） 文節の接続詞 ……………………に当たり、 ……………………のであるから、 ……………………から、ので	○市○町○番地先道路を、○○方面から○○方面に向かい進行し、同所の○○線○○第4種踏切を時速約30キロメートルで進行通過するに当たり、同踏切内は車道外側線も縁石もなく、幅員も○メートルと狭く渡り木路面となっていた
	自動車運転上の注意義務すなわち予見義務又は回避義務の内容が注意義務である。 注1．その核心は法令、判例、条理等である。 注2．相手側の過失次第では信頼の原則の適用により予見義務が免除となることもある。 文節の接続詞 ………自動車運転上の注意義務があるのにこれを怠り	前方左右を注視し、ハンドル・ブレーキを的確に操作し、進路を適正に保持して進行すべき
	(由)注意義務不履行の動機・原因・理由 (失)予見義務違反すなわち同義務の不履行状況（前方不注視・発見遅滞等）又は回避義務の不履行状況（運転操作ミス・制動停止距離内接近等）が過失行為となる。 (経)過失行為の後に回避不能となったことは不可抗力であり、衝突との間の因果関係の経路説明である。	(由)対向進行して来た原動機付自転車との右側方間隔保持に気をとられ、 (失)漫然前記速度のまま左へ急転把した過失により、 (経)自車を左斜め前方に疾走させて左前輪を踏切渡り木路面の外に転落させて進行不能となり、折から左方から進行してきた下り○○行第○○列車先頭車両に自車左側面を衝突させ、よって自車の同乗者○○○○（当時○○歳）に加療約○○日間を要する○○○○の傷害を負わせるとともに同衝突により同列車先頭車両を脱線させて同所付近の軌道を約5時間にわたり使用不能ならしめ、
	文節の接続詞 (由)…気をとられ、軽信し (失)…過失により (経)…衝突させ、	
	結果発生内容、もって	もって、自動車運転上の過失により人に傷害を負わせるとともに列車の往来に危険を生ぜしめたものである。

交通事故犯罪事実要点記載例

	⑥　その他特殊形態の事故	
事故の態様	事故の分類	過労・居眠り・薬物影響運転による事故 F 7
	過失の態様	過労・居眠り運転継続 （過労・疲労による居眠り運転は危険運転致死傷には該当しない。） F 71
犯罪事実（過失の要点）の構成	行為の主体、日時、場所、業務性	被疑者（被告人）は、年月日時分ころ、○○自動車を運転し、
	注意義務の前提となるべき具体的運転状況、道路状況など（予見可能性の存在状況）	○市○町○番地付近道路を、○○方面から○○方面へ向かい、時速約60キロメートルで進行中、夜間長距離連続運転による睡眠不足と過労のため眠気を覚え、前方注視が困難な状態に陥った
	文節の接続詞 …………………に当たり、 ………………のであるから、 ………………から、ので	
	自動車運転上の注意義務すなわち予見義務又は回避義務の内容が注意義務である。 注1.その核心は法令、判例、条理等である。 注2.相手側の過失次第では信頼の原則の適用により予見義務が免除となることもある。	直ちに運転を中止すべき
	文節の接続詞 ………自動車運転上の注意義務があるのにこれを怠り	
	(由)注意義務不履行の動機・原因・理由 (失)予見義務違反すなわち同義務の不履行状況（前方不注視・発見遅滞等）又は回避義務の不履行状況（運転操作ミス・制動停止距離内接近等）が過失行為となる。 (経)過失行為の後に回避不能となったことは不可抗力であり、衝突との間の因果関係の経路説明である。	(由)約５キロメートル先のドライブインで休息の予定であり、同所に至るまでは仮睡状態に陥ることはないものと安易に考え、 (失)直ちに運転を中止せず、漫然前記状態のまま、同速度で運転を継続した過失により、 (経)同日○時○分ころ、○町○○番地先道路を○○方面から○○方面へ向かい進行中仮睡状態に陥り、自車を右斜め前方の道路右側部分へ暴走させて、折から、対向進行してきた○○○○（当時○○歳）運転の○○○○自動車前部に自車前部を衝突させ、
	文節の接続詞 (由)…気をとられ、軽信し (失)…過失により (経)…衝突させ、	
	結果発生内容、よって	よって、（同人）に加療○○日間を要する○○等の傷害を負わせたものである。

交通事故犯罪事実要点記載例

<table>
<tr>
<td rowspan="3">事故の態様</td>
<td colspan="2">⑥ その他特殊形態の事故</td>
</tr>
<tr>
<td>事故の分類</td>
<td>過労・居眠り・薬物影響運転による事故
F 7</td>
</tr>
<tr>
<td>過失の態様</td>
<td>長距離運転・薬物（風邪薬）影響運転継続

F 72</td>
</tr>
<tr>
<td rowspan="7">犯　罪　事　実　（過失の要点）　の　構　成</td>
<td>行為の主体、日時、場所、業務性</td>
<td rowspan="3">被疑者（被告人）は、年月日時分ころ、○○自動車を運転し、

○市○町○番地付近道路を、○○方面から○○方面へ向かい、時速約60キロメートルで第2通行帯を進行中、運転開始前に飲んだ風邪薬の影響もあり、夜間長距離連続運転のため眠気を覚え、前方注視が困難な状態に陥った</td>
</tr>
<tr>
<td>注意義務の前提となるべき具体的運転状況、道路状況など（予見可能性の存在状況）</td>
</tr>
<tr>
<td>文節の接続詞
……………………に当たり、
……………………のであるから、
……………………から、ので</td>
</tr>
<tr>
<td>自動車運転上の注意義務すなわち予見義務又は回避義務の内容が注意義務である。
注1.その核心は法令、判例、条理等である。
注2.相手側の過失次第では信頼の原則の適用により予見義務が免除となることもある。</td>
<td rowspan="2">直ちに運転を中止すべき</td>
</tr>
<tr>
<td>文節の接続詞
………自動車運転上の注意義務があるのにこれを怠り</td>
</tr>
<tr>
<td>(由)注意義務不履行の動機・原因・理由
(失)予見義務違反すなわち同義務の不履行状況（前方不注視・発見遅滞等）又は回避義務の不履行状況（運転操作ミス・制動停止距離内接近等）が過失行為となる。
(経)過失行為の後に回避不能となったことは不可抗力であり、衝突との間の因果関係の経路説明である。</td>
<td rowspan="2">(由)休息、仮眠をとるまでのこともないと安易に考え、
(失)直ちに運転を中止せず、漫然前記状態のまま、同速度で運転を継続した過失により、
(経)同日○時○分ころ、○町○○番地付近を○○方面から○○方面へ向かい進行中、仮睡状態に陥り、自車を右斜め前方に暴走させて中央分離帯に衝突させた上、その反動により横転して第1通行帯上に停止し、折から、同通行帯を後方から進行してきた○○○○（当時○○歳）運転の○○○○自動車前部に前記横転停止車両を衝突させ、</td>
</tr>
<tr>
<td>文節の接続詞
(由)…気をとられ、軽信し
(失)…過失により
(経)…衝突させ、</td>
</tr>
<tr>
<td>結果発生内容、よって</td>
<td>よって、（同人）に加療○○日間を要する○○○等の傷害を負わせたものである。</td>
</tr>
</table>

F7

F72

交通事故犯罪事実要点記載例

	⑥ その他特殊形態の事故	
事故の態様	事故の分類	制動装置・整備不良車運転による事故　F8
	過失の態様	ペーパーロック車運転継続追突　F81
犯罪事実（過失の要点）の構成	行為の主体、日時、場所、業務性	被疑者（被告人）は、年月日時分ころ、○○自動車を運転し、
	注意義務の前提となるべき具体的運転状況、道路状況など（予見可能性の存在状況）	○市○町○番地付近道路を、○○方面から○○方面へ向かい、時速約40キロメートルで進行中、同所はきつい下り勾配が長区間続く曲線道路であるのに、フットブレーキを多用したため、自車の主制動装置がペーパーロック現象を起こし、ブレーキペダルを頻繁に踏まなければ制動効果が得られない状態になったことに気付いた
	文節の接続詞 …………………に当たり、 …………………のであるから、 …………………から、ので	
	自動車運転上の注意義務すなわち予見義務又は回避義務の内容が注意義務である。 注1.その核心は法令、判例、条理等である。 注2.相手側の過失次第では信頼の原則の適用により予見義務が免除となることもある。	直ちに低速ギヤーに切り替えて減速するとともに、サイドブレーキを併用するなどして自車を停止させ、運転を中止すべき
	文節の接続詞 ………自動車運転上の注意義務があるのにこれを怠り	
	(由)注意義務不履行の動機・原因・理由 (失)予見義務違反すなわち同義務の不履行状況（前方不注視・発見遅滞等）又は回避義務の不履行状況（運転操作ミス・制動停止距離内接近等）が過失行為となる。 (経)過失行為の後に回避不能となったことは不可抗力であり、衝突との間の因果関係の経路説明である。	(由)下り勾配路面はあと短区間であり、制動装置の点検修理場所までは運転できるものと安易に考え、 (失)直ちに自車の停止措置をとらず、低速ギヤーに切り替えることもしないままに、その後もフットブレーキを多用し、漫然時速約40キロメートルで進行した過失により、 (経)同日○時○分ころ、○町○○番地先道路を、○○方面から○○方面へ向かい進行中、進路前方で渋滞のため停止した○○○○（当時○○歳）運転の○○○○自動車を認め、その後方に停止しようとしてフットブレーキペダルを踏み込んだが主制動装置が作動せず、そのまま同車後部に自車前部を衝突させ、
	文節の接続詞 (由)…気をとられ、軽信し (失)…過失により (経)…衝突させ、	
	結果発生内容、よって	よって、（同人）に加療○○日間を要する○○○等の傷害を負わせたものである。

交通事故犯罪事実要点記載例

		⑥　その他特殊形態の事故
事故の態様	事故の分類	制動装置・整備不良車運転による事故 F 8
	過失の態様	制動機能悪化車運転継続 F 82
犯罪事実（過失の要点）の構成	行為の主体、日時、場所、業務性	被疑者（被告人）は、年月日時分ころ、○○自動車を運転し、
	注意義務の前提となるべき具体的運転状況、道路状況など（予見可能性の存在状況） 文節の接続詞 …………………に当たり、 …………………のであるから、 …………………から、ので	○市○町○番地先道路を、○○方面から○○方面へ向かい、時速約40キロメートルで進行するに当たり、自車の主制動機能が悪化し、ブレーキペダルを2～3回踏み込まなければ制動効果が得られない状態になったことに気付いていた
	自動車運転上の注意義務すなわち予見義務又は回避義務の内容が注意義務である。 注1. その核心は法令、判例、条理等である。 注2. 相手側の過失次第では信頼の原則の適用により予見義務が免除となることもある。 文節の接続詞 ………自動車運転上の注意義務があるのにこれを怠り	フットブレーキを多用することなく、低速ギヤーを用いて進行するなど、危急の場合いつでも停止し得るよう低速度で進行すべき
	(由)注意義務不履行の動機・原因・理由 (失)予見義務違反すなわち同義務の不履行状況（前方不注視・発見遅滞等）又は回避義務の不履行状況（運転操作ミス・制動停止距離内接近等）が過失行為となる。 (経)過失行為の後に回避不能となったことは不可抗力であり、衝突との間の因果関係の経路説明である。 文節の接続詞 (由)…気をとられ、軽信し (失)…過失により (経)…衝突させ、	(由)先を急ぐあまり、 (失)低速ギヤーに切り替えることなく、フットブレーキを多用し、漫然前記速度で進行した過失により、 (経)折から、進路前方を左から右へ横断を開始した○○○○（当時○○歳）を、前方約20メートルの地点に迫ってようやく認め、ブレーキペダルを3回踏んで停止しようとしたが制動効果が不十分で間に合わず、自車前部を同人に衝突させて路上に転倒させ、
	結果発生内容、よって	よって、（同人）に加療○○日間を要する○○等の傷害を負わせたものである。

交通事故犯罪事実要点記載例

事故の態様	⑥ その他特殊形態の事故	
	事故の分類	整備・制動装置不良車運転　　　　F 8
	過失の態様	整備不良車運転開始事故 　　　　　　　　　　　　　　　　F 83
犯罪事実（過失の要点）の構成	行為の主体、日時、場所、業務性	被疑者（被告人）は、年月日時分ころ、○○自動車を運転し、
	注意義務の前提となるべき具体的運転状況、道路状況など（予見可能性の存在状況）	○市○町○番地先から発進するに当たり、自車の制動装置が前夜の運転中からフットブレーキの多用によりブレーキペダルを2～3回踏み込まなければ制動効果が得られない状態で車庫入れしたことを認識していた
	文節の接続詞 ………………に当たり、 ………………のであるから、 ………………から、ので	
	自動車運転上の注意義務すなわち予見義務又は回避義務の内容が注意義務である。 注1.その核心は法令、判例、条理等である。 注2.相手側の過失次第では信頼の原則の適用により予見義務が免除となることもある。	自車の運転は差し控えるべき
	文節の接続詞 ………自動車運転上の注意義務があるのにこれを怠り	
	(由)注意義務不履行の動機・原因・理由 (失)予見義務違反すなわち同義務の不履行状況（前方不注視・発見遅滞等）又は回避義務の不履行状況（運転操作ミス・制動停止距離内接近等）が過失行為となる。 (経)過失行為の後に回避不能となったことは不可抗力であり、衝突との間の因果関係の経路説明である。	(由)自動車修理工場までの短距離であり、低速でサイドブレーキ併用運転をすれば事故は起きないものと軽信し、 (失)あえてフットブレーキの整備不良状態の前記車両の運転を開始した過失により、 (経)同日○時○分ころ同市○町○番地付近を○○方面から○○方面へ向かい時速約25キロメートルで進行中、進路前方を右から左へ横断中の○○○○（当時○○歳）を前方約○○メートルに認め、ブレーキペダルを数回踏み込んだが制動効果不十分で停止できず同人に自車を衝突させて路上に転倒させ、
	文節の接続詞 (由)…気をとられ、軽信し (失)…過失により (経)…衝突させ、	
	結果発生内容、よって	よって、（同人）に加療○○日間を要する○○等の傷害を負わせたものである。

F8

F83

交通事故犯罪事実要点記載例

事故の態様	⑦　自転車による事故	
	事故の分類	自転車による事故　　　　　　　　　F 9
	過失の態様	自転車の酒酔い運転 （重過失傷害） （注） 自転車の道路交通法違反（酒酔い運転）も成立するが、事実摘示は省略 　　　　　　　　　　　　　　　　　　F91
犯罪事実（過失の要点）の構成	行為の主体、日時、場所 注意義務の前提となるべき具体的運転状況、道路状況など 　（予見可能性の存在状況）	被疑者（被告人）は、令和○年○月○日午後○○時○○分ころ、自転車を運転し、○市○町○番地付近道路を○○方面から○○方面へ向かい、時速約20キロメートルで進行するに当たり、運転開始前に飲んだ酒の酔いのため前方注視が困難となり、かつ、的確なハンドル操作も困難な状態となった
	文節の接続詞 ……………………に当たり、 ……………………のであるから、 ……………………から、ので	
	注意義務すなわち予見義務又は回避義務の内容が注意義務である。 注1. その核心は法令、判例、条理等である。 注2. 相手側の過失次第では信頼の原則の適用により予見義務が免除となることもある。	直ちに自転車の運転を中止すべき注意義務があるのにこれを怠り
	文節の接続詞 ……………注意義務があるのにこれを怠り	
	（由）注意義務不履行の動機・原因・理由 （失）予見義務違反すなわち同義務の不履行状況（前方不注視・発見遅滞等）又は回避義務の不履行状況（運転操作ミス・制動停止距離内接近等）が過失行為となる。 （経）過失行為の後に回避不能となったことは不可抗力であり、衝突との間の因果関係の経路説明である。	（由）帰宅を急ぐあまり、 （失）運転を中止せず、前記状態のまま、同速度で同自転車の運転を継続した重大な過失により （経）同日○○時○○分ころ、同市○町○番地先道路に至り、対面歩行中の○○○○（当時○○歳）に全く気付かないまま、自車前部を同人に衝突させて路上に転倒させ、
	文節の接続詞 （由）…気をとられ、軽信し （失）…過失により （経）…衝突させ、	
	結果発生内容、よって	よって、（同人）に加療○○日間を要する○○等の傷害を負わせたものである。

交通事故犯罪事実要点記載例

	⑦　自転車による事故	
事故の態様	事故の分類	自転車による事故　　　　　　　　F 9
	過失の態様	自転車の高速疾走と前方不注視 （重過失傷害） 　　　　　　　　　　　　　　　F 92(1)
犯罪事実（過失の要点）の構成	行為の主体、日時、場所 注意義務の前提となるべき具体的運転状況、道路状況など 　　（予見可能性の存在状況）	被疑者（被告人）は、令和○年○月○日午後○○時○○分ころ、自転車を運転し、○市○町○番地先の幅員約4メートルの狭あいな、歩行者の多い道路を、○○方面から○○方面へ向かい、時速約30キロメートルで進行するに当たり、当時は降雨中で見通しもよくない状態であった
	文節の接続詞 ……………………に当たり、 ……………………のであるから、 ……………………から、ので	
	注意義務すなわち予見義務又は回避義務の内容が注意義務である。 注1.その核心は法令、判例、条理等である。 注2.相手側の過失次第では信頼の原則の適用により予見義務が免除となることもある。	前方注視を厳にし、速度を調節するとともに、歩行者の有無に留意し、その安全を確認しながら進行すべき注意義務があるのにこれを怠り
	文節の接続詞 ……………注意義務があるのに 　　　　　　これを怠り	
	(由)注意義務不履行の動機・原因・理由 (失)予見義務違反すなわち同義務の不履行状況（前方不注視・発見遅滞等）又は回避義務の不履行状況（運転操作ミス・制動停止距離内接近等）が過失行為となる。 (経)過失行為の後に回避不能となったことは不可抗力であり、衝突との間の因果関係の経路説明である。	(由)降雨を避けるため前かがみとなり、 (失)前方を十分注視せず、歩行者の有無にも留意せず、その安全確認不十分のまま、漫然同速度で進行した重大な過失により、 (経)折から、対面歩行中の○○○○（当時○○歳）を前方約5メートルの地点に迫ってようやく認めたが、急制動の措置をとる間もなく、自車前部を同人に衝突させて路上に転倒させ、
	文節の接続詞 (由)…気をとられ、軽信し (失)…過失により (経)…衝突させ、	
	結果発生内容、よって	よって、（同人）に加療○○日間を要する○○等の傷害を負わせたものである。

交通事故犯罪事実要点記載例

	7 自転車による事故	
事故の態様	事故の分類	自転車による事故　　　　　　　F9
	過失の態様	夜間暗い道を走行する際の注意義務違反 （重過失傷害） 　　　　　　　　　　　　　　　F92(2)
犯罪事実（過失の要点）の構成	行為の主体、日時、場所 注意義務の前提となるべき具体的運転状況、道路状況など （予見可能性の存在状況）	被疑者は、令和○年○月○日午後○○時○○分ころ、普通自転車を運転して、○市○町○番地先道路をA方面からB方面に向け時速約20キロメートルで進行する
	文節の接続詞 …………………に当たり、 …………………のであるから、 …………………から、ので	
	注意義務すなわち予見義務又は回避義務の内容が注意義務である。 注1.その核心は法令、判例、条理等である。 注2.相手側の過失次第では信頼の原則の適用により予見義務が免除となることもある。	前方注視を厳にし、歩行者の有無に留意して、その安全を確認しながら進行すべき注意義務があるのにこれを怠り
	文節の接続詞 …………注意義務があるのにこれを怠り	
	(由)注意義務不履行の動機・原因・理由 (失)予見義務違反すなわち同義務の不履行状況（前方不注視・発見遅滞等）又は回避義務の不履行状況（運転操作ミス・制動停止距離内接近等）が過失行為となる。 (経)過失行為の後に回避不能となったことは不可抗力であり、衝突との間の因果関係の経路説明である。	(由)同所付近は歩行者等の交通量も多く、また、月明かりもない上、街路照明その他の照明が全くない暗い場所で、自車の前部に取り付けてある前照灯の照射状況では前方約3メートルの範囲しか障害物の確認ができない状態であったから (失)前方注視を厳にし、その前照灯の照射範囲内で歩行者を発見した際にこれと衝突することを避けることができるような速度を調節して進行し、事故を防止すべき注意義務があるのにこれを怠り、前方注視不十分のまま同一速度で進行した重大な過失により (経)折から、進路前方の道路上を同一方向に歩行中の○○○○（当時○○歳）を約2.5メートル前方に発見し急制動の措置を講じたが及ばず、自車前部を同人に衝突させ
	文節の接続詞 (由)…気をとられ、軽信し (失)…過失により (経)…衝突させ、	
	結果発生内容、よって	よって、同人に加療約3か月間を要する左足大腿骨骨折等の傷害を負わせたものである。

交通事故犯罪事実要点記載例

事故の態様	⑦ 自転車による事故	
	事故の分類	自転車による事故　　　　　　　　F 9
	過失の態様	信号無視（看過）の注意義務違反 （重過失傷害） F 92(3)
犯罪事実（過失の要点）の構成	行為の主体、日時、場所 注意義務の前提となるべき具体的運転状況、道路状況など 　（予見可能性の存在状況）	被疑者は、令和○年○月○日午後○○時○○分ころ、普通自転車を運転して、○市○町○番地先の交通整理の行われている交差点を、A方面からB方面に向け直進するに当たり、対面する信号機が赤色の灯火信号を表示しているのを同交差点の手前約10メートルの地点に認めた
	文節の接続詞 …………………に当たり、 …………………のであるから、 …………………から、ので	
	注意義務すなわち予見義務又は回避義務の内容が注意義務である。 注1.その核心は法令、判例、条理等である。 注2.相手側の過失次第では信頼の原則の適用により予見義務が免除となることもある。	同信号表示に従い、同交差点手前の停止位置で停止すべき注意義務があるのにこれを怠り
	文節の接続詞 ……………注意義務があるのに 　　　　　　　これを怠り	
	(由)注意義務不履行の動機・原因・理由 (失)予見義務違反すなわち同義務の不履行状況（前方不注視・発見遅滞等）又は回避義務の不履行状況（運転操作ミス・制動停止距離内接近等）が過失行為となる。 (経)過失行為の後に回避不能となったことは不可抗力であり、衝突との間の因果関係の経路説明である。	(由)同交差点入口の横断歩道上の歩行者がいなかったことから (失)同停止位置で停止せず、横断歩行者の有無に留意せず、漫然時速約20キロメートルで進行した重大な過失により (経)折から、信号に従い同横断歩道上を横断中の○○○○（当時○○歳）に気付かず、自車前部を同人に衝突させて路上に転倒させ、
	文節の接続詞 (由)…気をとられ、軽信し (失)…過失により (経)…衝突させ、	
	結果発生内容、よって	よって、同人に加療約4か月間を要する左足大腿骨骨折等の傷害を負わせたものである。

F9

F92

440

交通事故犯罪事実要点記載例

F9

F93

	7 自転車による事故	
事故の態様	事故の分類	自転車による事故　　　　　　　F9
	過失の態様	自転車の不安定走行転倒事故 （重過失傷害） F93
犯罪事実（過失の要点）の構成	行為の主体、日時、場所 注意義務の前提となるべき具体的運転状況、道路状況など （予見可能性の存在状況）	被疑者（被告人）は、年月日時分ころ、自転車を運転し、○市○町○番地先の幅員4メートルの狭あいな急な下り勾配の進路において、自車後部荷台に○○○○（当時○○歳）を同乗させて進行する
	文節の接続詞 ………………に当たり、 ………………のであるから、 ………………から、ので	
	注意義務すなわち予見義務又は回避義務の内容が注意義務である。 注1. その核心は法令、判例、条理等である。 注2. 相手側の過失次第では信頼の原則の適用により予見義務が免除となることもある。	ハンドル・ブレーキを的確に操作し、速度を調節し走行の安全を確認しながら運転進行すべき注意義務があるのにこれを怠り、
	文節の接続詞 ……………注意義務があるのに これを怠り	
	（由）注意義務不履行の動機・原因・理由 （失）予見義務違反すなわち同義務の不履行状況（前方不注視・発見遅滞等）又は回避義務の不履行状況（運転操作ミス・制動停止距離内接近等）が過失行為となる。 （経）過失行為の後に回避不能となったことは不可抗力であり、衝突との間の因果関係の経路説明である。	（由）後部荷台の同乗者が姿勢を崩して不安定な同乗をしていたが曲乗り気分で、 （失）下り坂であるのに速度を調節せず、漫然時速約30キロメートルに加速して進行した重大な過失により、 （経）進路前方の横断歩行者を避けようとして急制動の措置をとってバランスを崩し、同自転車を前記○○○○もろとも路上に転倒させ、
	文節の接続詞 （由）…気をとられ、軽信し （失）…過失により （経）…衝突させ、	
	結果発生内容、よって	よって、（同人）に加療○○日間を要する○○等の傷害を負わせたものである。

交通事故犯罪事実要点記載例

<table>
<tr><td colspan="2" rowspan="1"></td><td colspan="2">⑧ 悪 質 事 故</td></tr>
<tr><td rowspan="2">事故の態様</td><td>事故の分類</td><td colspan="2">無免許運転事故　　　　　　　　　　G1</td></tr>
<tr><td>過失の態様</td><td colspan="2">自動車運転と認められ、かつ、技量未熟ではない無免許運転中の事故（一時停止標識無視）
G11</td></tr>
<tr><td rowspan="8">犯　罪　事　実（過失の要点）の　構　成</td><td>行為の主体、日時、場所、

注意義務の前提となるべき具体的運転状況、道路状況など
（予見可能性の存在状況）</td><td colspan="2">被疑者（被告人）は、公安委員会の運転免許を受けないで、令和○年○月○日午後○○時○○分ころ、○市○町○番地付近道路において、○○○○自動車を運転し、もって無免許運転をするとともに、そのころ、同所先の交通整理の行われていない交差点を、○○方面から○○方面へ向かい直進するに当たり、同交差点手前には一時停止の道路標識が設置され、左右道路の見通しがきかなかったのであるから、</td></tr>
<tr><td>自動車運転上の注意義務すなわち予見義務又は回避義務の内容が注意義務である。
注1.その核心は法令、判例、条理等である。
注2.相手側の過失次第では信頼の原則の適用により予見義務が免除となることもある。</td><td colspan="2">同交差点の停止位置で一時停止して、左右道路からの交通の有無に留意し、その安全を確認しながら進行すべき</td></tr>
<tr><td>文節の接続詞
………自動車運転上の注意義務があるのにこれを怠り</td><td colspan="2"></td></tr>
<tr><td>(由)注意義務不履行の動機・原因・理由
(失)予見義務違反すなわち同義務の不履行状況（前方不注視・発見遅滞等）又は回避義務の不履行状況（運転操作ミス・制動停止距離内接近等）が過失行為となる。
(経)過失行為の後に回避不能となったことは不可抗力であり、衝突との間の因果関係の経路説明である。</td><td colspan="2">(由)交通が閑散であったことに気を許し、
(失)同交差点の停止位置で一時停止せず、左右道路からの交通の有無にも留意せず、その安全確認不十分のまま、漫然時速約40キロメートルで同交差点内に進入した過失により、
(経)折から、右方道路から進行してきた○○○○（当時○○歳）運転の○○○○自動車に気付かず、同車の前部に自車右側面を衝突させ、</td></tr>
<tr><td>文節の接続詞
(由)…気をとられ、軽信し
(失)…過失により
(経)…衝突させ、</td><td colspan="2"></td></tr>
<tr><td>結果発生内容、よって</td><td colspan="2">よって、（同人）に加療○○日間を要する○○等の傷害を負わせ</td></tr>
<tr><td>結語</td><td colspan="2">たものである。</td></tr>
</table>

G1

G11

442

交通事故犯罪事実要点記載例

	8 悪 質 事 故	
事故の態様	事故の分類	無免許運転事故　　　　　　　　G 1
	過失の態様	無免許運転中の事故（横断歩道直前一時不停止） （運転操作ができれば1回の運転でも自動車運転である。）　　　　　　　　　G12
犯　罪　事　実（過失の要点）の　構　成	行為の主体、日時、場所、 注意義務の前提となるべき具体的運転状況、道路状況など （予見可能性の存在状況）	被疑者（被告人）は、公安委員会の運転免許を受けないで、令和〇年〇月〇日午後〇〇時〇〇分ころ、〇市〇町〇番地付近道路において、〇〇〇〇自動車を運転し、もって無免許運転をするとともに、そのころ、同所先道路を、〇〇方面から〇〇方面へ向かい、時速約40キロメートルで進行中、前方に設けられた横断歩道を右から左へ横断を開始した〇〇〇〇（当時〇歳）運転の自転車を右斜め前方約30メートルの地点に認めたのであるから、
	自動車運転上の注意義務すなわち予見義務又は回避義務の内容が注意義務である。 注1.その核心は法令、判例、条理等である。 注2.相手側の過失次第では信頼の原則の適用により予見義務が免除となることもある。 文節の接続詞 ………自動車運転上の注意義務があるのにこれを怠り	同横断歩道の直前で一時停止し、その横断を待つなど安全を確認しながら進行すべき
	（由）注意義務不履行の動機・原因・理由 （失）予見義務違反すなわち同義務の不履行状況（前方不注視・発見遅滞等）又は回避義務の不履行状況（運転操作ミス・制動停止距離内接近等）が過失行為となる。 （経）過失行為の後に回避不能となったことは不可抗力であり、衝突との間の因果関係の経路説明である。 文節の接続詞 （由）…気をとられ、軽信し （失）…過失により （経）…衝突させ、	（由）自車が先に同横断歩道を通過できるものと軽信し、 （失）同横断歩道の直前で停止せず、その安全確認不十分のまま、漫然時速約50キロメートルに加速して進行した過失により、 （経）同横断歩道上を、右から左へ横断中の同自転車に自車前部を衝突させて、同自転車とともに同人を路上に転倒させ、
	結果発生内容、よって	よって、（同人）に加療〇〇日間を要する〇〇等の傷害を負わせ
	結語	たものである。

G1

G12

交通事故犯罪事実要点記載例

	8　悪　質　事　故	
事故の態様	事故の分類	酒気帯び・酒酔い運転事故　　　　　　G 2
	過失の態様	酒気帯び運転、前方不注視追突　　　　G 21
犯　罪　事　実　(過失の要点)　の　構　成	行為の主体、日時、場所、	被疑者(被告人)は 第1　酒気を帯び、呼気１リットルにつき0.15ミリグラム以上のアルコールを身体に保有する状態で、令和○年○月○日午後○○時○○分ころ、○市○町○番地付近道路において、○○○○自動車を運転し
	注意義務の前提となるべき具体的運転状況、道路状況など(予見可能性の存在状況)	第2　前記日時ころ、前記車両を運転し、前記番地先道路を、○○方面から○○方面へ向かい時速約50キロメートルで進行するに当たり、
	自動車運転上の注意義務すなわち予見義務又は回避義務の内容が注意義務である。 注1.その核心は法令、判例、条理等である。 注2.相手側の過失次第では信頼の原則の適用により予見義務が免除となることもある。	前方左右を注視し、進路の安全を確認しながら進行すべき
	文節の接続詞 ………自動車運転上の注意義務があるのにこれを怠り	
	(由)注意義務不履行の動機・原因・理由 (失)予見義務違反すなわち同義務の不履行状況(前方不注視・発見遅滞等)又は回避義務の不履行状況(運転操作ミス・制動停止距離内接近等)が過失行為となる。 (経)過失行為の後に回避不能となったことは不可抗力であり、衝突との間の因果関係の経路説明である。	(由)運転開始前に飲んだビールの酔いの影響も加わって(により)、注意力散漫となり、 (失)前方左右を十分注視せず、進路の安全確認不十分のまま、漫然前記速度で進行した過失により、 (経)進路前方で信号に従い停止中の○○○○(当時○○歳)運転の○○○○自動車を、前方約20メートルの地点に迫ってようやく認め、急制動の措置をとったが間に合わず、同車後部に自車前部を衝突させ、
	文節の接続詞 (由)…気をとられ、軽信し (失)…過失により (経)…衝突させ、	
	結果発生内容、よって	よって、(同人)に加療○○日間を要する○○○等の傷害を負わせ
	結語	たものである。

G2

G21

交通事故犯罪事実要点記載例

事故の態様	⑧　悪　質　事　故	
	事故の分類	酒気帯び・酒酔い運転事故　　　　　　G 2
	過失の態様	酒気帯び運転、前方不注視制限速度超過 　　　　　　　　　　　　　　　　　　G22
犯罪事実（過失の要点）の構成	行為の主体、日時、場所、	被疑者（被告人）は 第1　酒気を帯び、呼気1リットルにつき0.15ミリグラム以上のアルコールを身体に保有する状態で、令和○年○月○日午後○○時○○分ころ、○市○町○番地付近道路において、○○自動車を運転し
	注意義務の前提となるべき具体的運転状況、道路状況など （予見可能性の存在状況）	第2　前記日時ころ、前記車両を運転し、前記番地先道路を○○方面から○○方面へ向かい進行するに当たり、同所は道路標識により、その最高速度が40キロメートル毎時と指定された場所であったのであるから、
	自動車運転上の注意義務すなわち予見義務又は回避義務の内容が注意義務である。 注1．その核心は法令、判例、条理等である。 注2．相手側の過失次第では信頼の原則の適用により予見義務が免除となることもある。	同最高速度を遵守するはもとより、前方左右を注視し、進路の安全を確認しながら進行すべき
	文節の接続詞 ………自動車運転上の注意義務があるのにこれを怠り	
	(由)注意義務不履行の動機・原因・理由 (失)予見義務違反すなわち同義務の不履行状況（前方不注視・発見遅滞等）又は回避義務の不履行状況（運転操作ミス・制動停止距離内接近等）が過失行為となる。 (経)過失行為の後に回避不能となったことは不可抗力であり、衝突との間の因果関係の経路説明である。	(由)運転開始前に飲んだ酒の酔いの影響（も加わって）により、注意力散漫となり、 (失)前方左右を十分注視せず、進路の安全確認不十分のまま、漫然時速約70キロメートルで疾走した過失により、 (経)進路前方を右から左へ自転車を運転して横断を開始した○○○○（当時○○歳）を、右前方約30メートルの地点に迫ってようやく認め、急制動の措置をとったが間に合わず、自車前部を同自転車に衝突させて、同車とともに同人を路上に転倒させ、
	文節の接続詞 (由)…気をとられ、軽信し (失)…過失により (経)…衝突させ、	
	結果発生内容、よって	よって、（同人）に加療○○日間を要する○○○等の傷害を負わせ
	結語	たものである。

G2

G22

交通事故犯罪事実要点記載例

事故の態様	8　悪　質　事　故	
	事故の分類	酒気帯び・酒酔い運転事故と不救護・不申告 G 3
	過失の態様	酒気帯び運転中の交差点信号無視による死亡事故と不救護・不申告 G31

G3

G31

犯　罪　事　実（過失の要点）の　構　成	行為の主体、日時、場所、業務性	被疑者（被告人）は 第1　酒気を帯び、呼気1リットルにつき0.15ミリグラム以上のアルコールを身体に保有する状態で、令和○年○月○日午後○○時○○分ころ、○市○町○番地付近道路において、○○○○自動車を運転した
	注意義務の前提となるべき具体的運転状況、道路状況など（予見可能性の存在状況）	第2　前記日時ころ、前記車両を運転し、前記番地先の信号機により交通整理の行われている交差点を、○○方面から○○方面へ向かい直進するに当たり、対面信号機が赤色の灯火信号を表示しているのを同交差点手前約50メートルの地点で認めたのであるから、同信号表示に従い、同交差点手前の停止位置で停止すべき自動車運転上の注意義務があるのにこれを怠り、自車が同停止位置を通過する以前に同信号機が青色の灯火信号を表示するものと軽信し、同交差点の停止位置で停止せず、漫然時速約50キロメートルで同交差点内に進入した過失により、折から、左方道路から信号表示に従い同交差点内に直進してきた○○○○（当時○○歳）運転の原動機付自転車を左前方約10メートルの地点に迫ってようやく認め、急制動の措置をとったが間に合わず、自車前部を前記原動機付自転車の右側面に衝突させて同車とともに同人を路上に転倒させ、よって、同人に脳挫傷等の傷害を負わせた上、同日○時○分、○市○町○番地所在○○病院において、前記傷害などにより死亡するに至らしめた
	文節の接続詞 ……………に当たり、 ……………のであるから、 ……………から、ので	
	自動車運転上の注意義務すなわち予見義務又は回避義務の内容が注意義務である。 注1.その核心は法令、判例、条理等である。 注2.相手側の過失次第では信頼の原則の適用により予見義務が免除となることもある。	
	文節の接続詞 ………自動車運転上の注意義務があるのにこれを怠り	
	(由)注意義務不履行の動機・原因・理由 (失)予見義務違反すなわち同義務の不履行状況（前方不注視・発見遅滞等）又は回避義務の不履行状況（運転操作ミス・制動停止距離内接近）が過失行為となる。 (経)過失行為の後に回避不能となったことは不可抗力であり、衝突との間の因果関係の経路説明である。	第3　前記第1記載の日時・場所において、第1記載の車両を運転中、第2記載のとおり○○○○に傷害を負わせる交通事故を起こし、もって、自己の運転に起因して人に傷害を負わせたのに、直ちに車両の運転を停止して同人を救護する等必要な措置を講じず、かつ、その事故発生の日時及び場所等法律の定める事項を、直ちに最寄りの警察署の警察官に報告しなかった ものである。
	文節の接続詞 (由)…気をとられ、軽信し (失)…過失により (経)…衝突させ、	

交通事故犯罪事実要点記載例

		⑧　悪　質　事　故	
事故の態様 G3 G32		事故の分類	酒気帯び・酒酔い運転事故と不救護・不申告 　　　　　　　　　　　　　　　　　　　　G3
		過失の態様	酒酔い運転中の交差点徐行不履行等による 死亡事故と不救護・不申告 　　　　　　　　　　　　　　　　　　　　G32
犯罪事実（過失の要点）の構成	行為の主体、日時、場所、業務性	被疑者（被告人）は 第1　酒気を帯び、アルコールの影響により正常な運転ができないおそれがある状態で、令和○年○月○日午後○○時○○分ころ、○市○町○番地付近道路において、○○○○自動車を運転した
	注意義務の前提となるべき具体的運転状況、道路状況など（予見可能性の存在状況）	第2　前記日時ころ、前記車両を運転し、前記番地先の交通整理の行われていない、かつ、左右道路の見通しのきかない交差点を、○○方面から○○方面へ向かい直進するに当たり、同交差点の手前で徐行し、左右道路からの交通の有無に留意し、その安全を確認しながら進行すべき自動車運転上の注意義務があるのにこれを怠り、酒の酔いの影響も加わって、
	文節の接続詞 …………………に当たり、 …………………のであるから、 …………………から、ので	
	自動車運転上の注意義務すなわち予見義務又は回避義務の内容が注意義務である。 注1.その核心は法令、判例、条理等である。 注2.相手側の過失次第では信頼の原則の適用により予見義務が免除となることもある。	注意力散漫となり交差道路からの交通はないものと軽信し、同交差点手前で徐行せず、かつ、左右道路からの交通の有無に留意せず、その安全確認不十分のまま、漫然時速約40キロメートルで同交差点内に進入した過失により、折から左方道路から直進してきた○○○○（当時○○歳）運転の自動二輪車を左前方約5メートルの地点に迫ってようやく認め、急制動の措置をとったが間に合わず、同車右側面に自車前部を衝突させ、同自動二輪車とともに同人を路上に転倒させた同人の頭部を右前輪でれき過し、よって、同人をして間もなく同所において頭部挫滅等の傷害により死亡するに至らしめた
	文節の接続詞 ………自動車運転上の注意義務があるのにこれを怠り	
	（由）注意義務不履行の動機・原因・理由 （失）予見義務違反すなわち同義務の不履行状況（前方不注視・発見遅滞等）又は回避義務の不履行状況（運転操作ミス・制動停止距離内接近等）が過失行為となる。 （経）過失行為の後に回避不能となったことは不可抗力であり、衝突との間の因果関係の経路説明である。	第3　前記第1記載の日時・場所において、第1記載の車両を運転中、第2記載のとおり○○○○を死亡させる交通事故を起こし、もって、自己の運転に起因して人を死亡させたのに、直ちに車両の運転を停止して同人を救護する等必要な措置を講じず、かつ、その事故発生の日時及び場所等法律の定める事項を、直ちに最寄りの警察署の警察官に報告しなかった ものである。
	文節の接続詞 （由）…気をとられ、軽信し （失）…過失により （経）…衝突させ、	

交通事故犯罪事実要点記載例

事故の態様	⑧ 悪 質 事 故	
	事故の分類	酒気帯び・酒酔い運転事故と不救護・不申告 　　　　　　　　　　　　　　　　　　　　G3
	過失の態様	酒酔い運転中の物損事故と不申告 　　　　　　　　　　　　　　　　　　　　G33
犯 罪 事 実 （過失の要点） の 構 成	行為の主体、日時、場所、業務性	被疑者（被告人）は 第1　酒気を帯び、アルコールの影響により正常な運転ができないおそれがある状態で、令和○年○月○日午後○○時○○分ころ、○市○町○○番地付近道路において、○○○○自動車を運転した 第2　前記日時・場所において、前記車両を運転中、自車を○○○○運転の○○○○自動車に衝突させ、同車を損壊する交通事故を起こしたのに、その事故発生の日時及び場所など法律の定める事項を、直ちに最寄りの警察署の警察官に報告しなかった ものである。

交通事故犯罪事実要点記載例

		9 **危険運転致死傷**（結果によって致死又は致傷）	
事故の態様	危険運転行為の態様	アルコール・薬物影響類型	H1
	罰条	自動車運転死傷処罰法２条１号　　　H1	
	具体的行為の態様	酒の酔いにより左側路端へ暴走・致傷　　　　　　　　　　　　　　　　H11	H11
犯罪事実（要点）の構成	行為の主体と日時 　　　　場所	被疑者（被告人）は、令和〇年〇月〇日午後〇〇時〇〇分ころ、〇県〇市〇町〇番地付近道路において、大型貨物自動車を運転し、〇〇方面から〇〇方面に向かい進行中、	
	〇具体的実行行為とその認識、故意犯であるから 　｛動機 　　異常な言動の要旨 　　運動機能失調状況 とその認識が必要である。 〇自車の走行状況。	運転開始前に飲んだ酒の酔いの影響により前方注視が困難となり、蛇行するなどして的確な運転操作ができなくなったにもかかわらず、積荷到達時間の切迫で先を急ぐあまり、自車を時速約70キロメートルで走行させ、	
	構成要件としてのまとめ。	もって、アルコールの影響により正常な運転が困難な状態で自動車を走行させた	
	結果発生に至る因果関係の経路。	ことにより、同日午後〇〇時〇〇分ころ、〇市〇町〇番地付近道路に至り、自車を左斜め前方に暴走させ、同所道路左端に停車中の〇〇〇〇（当時〇〇歳）運転の普通貨物自動車後部に自車前部を衝突させ、	
	結果内容 （致死・致傷）	よって、同人に加療約〇〇日間を要する〇〇〇〇等の傷害を負わせたものである。	

交通事故犯罪事実要点記載例

	9 **危険運転致死傷** (結果によって致死又は致傷)	
事故の態様	危険運転行為の態様	アルコール・薬物影響類型
	罰条	自動車運転死傷処罰法2条1号　　　H1
	具体的行為の態様	酒の酔いにより居眠り、対向車と衝突・致死 H12
犯罪事実（要点）の構成	行為の主体と日時 　　　場所	被疑者（被告人）は、令和○年○月○日午後○○時○○分ころ、○県○市○町○番地付近道路において、大型貨物自動車を運転し、○○方面から○○方面に向かい進行中、
	○具体的実行行為とその認識、故意犯であるから 　〔動機 　〔異常な言動の要旨 　〔運動機能失調状況 　とその認識が必要である。 ○自車の走行状況。	運転開始前に飲んだ酒の酔いの影響により眠気を催して、前方注視及び的確な運転操作が困難となったにもかかわらず、約15キロメートル先の道の駅まで走行して同所で休憩すべく先を急ぐあまり、自車を時速約60キロメートルで走行させ、
	構成要件としてのまとめ。	もって、アルコールの影響により正常な運転が困難な状態で自動車を走行させた
	結果発生に至る因果関係の経路。	ことにより、同日午後○○時○○分ころ、○市○町○番地付近道路に至り、仮睡状態に陥り自車を対向車線に進出させ、折から対向進行してきた○○○○（当時○○歳）運転の普通乗用自動車前部に自車前部を正面衝突させ、
	結果内容 （致死・致傷）	よって、同人に○○○○等の傷害を負わせ、同日○時○分ころ、○市○町○番地所在○○病院において、前記傷害等により死亡するに至らしめたものである。

H1

H12

交通事故犯罪事実要点記載例

	9 危険運転致死傷（結果によって致死又は致傷）	
事故の態様	危険運転行為の態様	アルコール・薬物影響類型
	罰条	自動車運転死傷処罰法2条1号　　　H1
	具体的行為の態様	酒の酔いにより渋滞車両の発見遅滞追突・致死傷　　　　　　　　　　　　　H13
犯罪事実（要点）の構成	行為の主体と日時 場所	被疑者（被告人）は、令和○年○月○日午後○○時○○分ころ、 ○県○市○町○番地東名高速道路○○料金所において、同所で一旦停止した後大型貨物自動車を運転し、○○方面から○○方面に向かい発進走行するに当たり、
	○具体的実行行為とその認識、故意犯であるから 　｛動機 　　異常な言動の要旨 　　運動機能失調状況 とその認識が必要である。 ○自車の走行状況。	同日昼食休憩の際に飲んだ酒の酔いのため、同料金所で降車した際には、既に的確な運転操作も前方注視も困難な状態となっていたにもかかわらず、先を急ぐあまり同料金所から自車を発進させ、時速約70キロメートルで走行させ、
	構成要件としてのまとめ。	もって、アルコールの影響により正常な運転が困難な状態で自動車を走行させた
	結果発生に至る因果関係の経路。	ことにより、同日午後○○時○○分ころ、○市○町○番地先東名高速道路上り車線を前同速度で走行中、酔いのため十分前方注視ができなくなり首都高速道路○○料金所手前で、渋滞車両の最後尾に到達して減速した○○○○（当時○○歳）運転の普通乗用自動車のあることに気付かず同車を前方約7.5メートルに迫って漸く発見し、急制動の措置を講じたが間に合わず、同車後部に自車前部を追突させるなどして、同車を炎上させ、
	結果内容 （致死・致傷）	よって、そのころ同所において、同車後部座席に乗車中の○○○○（当時3歳）及び○○○○（当時1歳）を焼死させ、○○○○ら5名に対し別表記載のとおり各傷害を負わせたものである。（別表省略）

交通事故犯罪事実要点記載例

	⑨　**危険運転致死傷**（結果によって致死又は致傷）	
事故の態様	危険運転行為の態様	アルコール・薬物影響類型
	罰条	自動車運転死傷処罰法２条１号　　　　H１
	具体的行為の態様	睡眠導入剤服用により居眠り、対向車と衝突・致傷　　　　　　　　　　　　　　H14
犯罪事実（要点）の構成	行為の主体と日時 　　　場所	被疑者（被告人）は、令和○年○月○日午後○○時○○分ころ、 ○県○市○町○番地付近道路において、普通貨物自動車を運転し、○○方面から○○方面に向かい進行中、
	○具体的実行行為とその認識、 　故意犯であるから 　｛動機 　　異常な言動の要旨 　　運動機能失調状況 　とその認識が必要である。 ○自車の走行状況。	運転開始前に服用した睡眠導入剤の影響により眠気を催し、断続的にまぶたがふさがる状態が生じていたなど、前方注視が困難となり、的確な運転操作ができない状態になっていたにもかかわらず、帰宅を急ぐあまり、自車を時速約60キロメートルで走行させ、
	構成要件としてのまとめ。	もって、薬物の影響により正常な運転が困難な状態で自動車を走行させた
	結果発生に至る因果関係の経路。	ことにより、同日午後○○時○○分ころ、○市○町○番地付近道路に至り仮睡状態に陥り、自車を中央分離帯に乗り上げて横転させ対向車線に逸走させ、折から対向進行してきた○○○○（当時○○歳）運転の普通乗用自動車前部に転覆した自車右側面を衝突させ、
	結果内容 　（致死・致傷）	よって、同人に加療約○○日間を要する○○○○等の傷害を負わせたものである。

H1

H14

交通事故犯罪事実要点記載例

事故の態様	**⑨　危険運転致死傷** (結果によって致死又は致傷)	
	危険運転行為の態様 罰条	高速度類型 自動車運転死傷処罰法2条2号　　　H2
	具体的行為の態様	カーブでの高速度走行で路外逸脱・致傷 H21
犯罪事実(要点)の構成	行為の主体と日時 　　　場所	被疑者（被告人）は、令和○年○月○日午後○○時○○分ころ、 ○県○市○町○番地付近道路において普通乗用自動車を運転し、○○方面から○○方面に向かい進行中、
	○具体的実行行為とその認識、故意犯であるから 　｛動機 　　異常な言動の要旨 　　運動機能失調状況 　とその認識が必要である。 ○自車の走行状況。	同所付近は道路が左方に湾曲し、道路標識により最高速度が40キロメートル毎時と指定されていたにもかかわらず、自己の走行技能を同乗者に示すため、あえて時速約90キロメートルの高速度で走行し、
	構成要件としてのまとめ。	もって、その進行を制御することが困難な高速度で自動車を走行させた
	結果発生に至る因果関係の経路。	ことにより、同所の道路の湾曲に応じて走行させることができず、自車を右斜め前方に滑走させ、道路右側歩道上の電柱に激突させ、
	結果内容 （致死・致傷）	よって、自車の同乗者○○○○（当時○○歳）に加療約○○日間を要する○○○○等の傷害を負わせたものである。

H2

H21

交通事故犯罪事実要点記載例

	9　**危険運転致死傷**（結果によって致死又は致傷）	
事故の態様	危険運転行為の態様 罰条	無技能類型 自動車運転死傷処罰法2条3号　　H3
	具体的行為の態様	技量未熟での発進直後対向車と衝突・致傷 H31
犯罪事実（要点）の構成	行為の主体と日時 　　　　場所	被疑者（被告人）は、令和○年○月○日午後○○時○○分ころ、 ○県○市○町○番地付近道路において普通乗用自動車を運転し、○○方面から○○方面に向かい発進するに当たり、
	○具体的実行行為とその認識、故意犯であるから ｛動機 ｛異常な言動の要旨 ｛運動機能失調状況 とその認識が必要である。 ○自車の走行状況。	公安委員会の運転免許を受けず、自動車の運転経験もなく、ハンドル・ブレーキの操作も不可能に等しい状況であったにもかかわらず、友人に自動車の運転ができると誇示するため同所から前記普通乗用自動車を発進し時速約40キロメートルに加速して走行させ、
	構成要件としてのまとめ。	もって、その進行を制御する技能を有しないで、自動車を走行させた
	結果発生に至る因果関係の経路。	ことにより、そのころ、同所先○○番地先を○○方面から○○方面に向かい走行中同車の左方へ湾曲している道路を、的確に進行できず、大回りして対向車線に進出し、折から対向進行してきた○○○○（当時○○歳）運転の普通乗用自動車前部に自車右前部を衝突させ、
	結果内容 （致死・致傷）	よって、同人に加療約○○日間を要する○○○○等の傷害を負わせたものである。

H3

H31

交通事故犯罪事実要点記載例

	9 **危険運転致死傷** （結果によって致死又は致傷）	
事故の態様	危険運転行為の態様 罰条	通行妨害類型 自動車運転死傷処罰法2条4号　　　H4
	具体的行為の態様	被追越車両への直前進入妨害・致傷 　　　　　　　　　　　　　　　　H41
犯罪事実（要点）の構成	行為の主体と日時 　　　場所	被疑者（被告人）は、令和○年○月○日午後○○時○○分ころ、 ○県○市○町○番地付近道路において普通乗用自動車を運転し、○○方面から○○方面に向かい時速約60キロメートルで進行中
	○具体的実行行為とその認識、 　故意犯であるから 　┌動機 　│異常な言動の要旨 　└運動機能失調状況 　とその認識が必要である。 ○自車の走行状況。	前方を同方向に進行中の○○○○（当時○○歳）運転の普通乗用自動車を追い越すべく同車の右側方に進出したところ、同車が急加速し並進状態にしたことに憤激し、同車の通行を妨害しようと企て、自車を更に加速し時速約90キロメートルで前記○○運転車両の直前へ左急転把しながら進入し、
	構成要件としてのまとめ。	もって、同車の通行を妨害する目的で走行中の同車の直前に進入し、かつ、重大な交通の危険を生じさせる速度で自動車を運転した
	結果発生に至る因果関係の経路。	ことにより、それに驚いた同人をして衝突を避けるため左へ急転把するに至らしめ、同車を同所道路左端の電柱に衝突させ、
	結果内容 　（致死・致傷）	よって、同人に加療約○○日間を要する○○○○等の傷害を負わせたものである。

交通事故犯罪事実要点記載例

事故の態様	⑨ 危険運転致死傷 (結果によって致死又は致傷)	
	危険運転行為の態様 罰条	通行妨害類型 自動車運転死傷処罰法2条4号　　H4
	具体的行為の態様	対向車線の対向車への接近・致死 　　　　　　　　　　　　　　　　H42
犯罪事実（要点）の構成	行為の主体と日時 　　　　場所	被疑者（被告人）は、令和○年○月○日午後○○時○○分ころ、 ○県○市○町○番地付近道路において、普通乗用自動車を運転し、○○方面から○○方面に向かい進行中、
	○具体的実行行為とその認識、故意犯であるから 　動機 　異常な言動の要旨 　運動機能失調状況 とその認識が必要である。 ○自車の走行状況。	対向車線に進出して対向車の通行を妨害することにより、自車はその衝突寸前で左転把してこれを回避するそのスリルと、自己の運転技術を同乗者に誇示するため、折から対向進行してきた○○○○（当時○○歳）運転の普通乗用自動車を右前方約200メートルに認めながら、あえて自車を対向車線に進出させ、時速約60キロメートルで前記○○運転車両の直前まで接近した後、左側車線に引き返すべく、左へ急転把して進行し、
	構成要件としてのまとめ。	もって、前記○○運転車両の通行を妨害する目的で、同車の直前まで著しく接近し、かつ重大な交通の危険を生じさせる速度で自動車を運転した
	結果発生に至る因果関係の経路。	ことにより、同車運転者○○に衝突の危険を感じさせて衝突を回避するため右へ急転把するに至らしめ、そのころ自車も左側車線に戻るべく左へ急転把していたことから、自車前部を前記○○運転車両の前部に正面衝突させ、
	結果内容 （致死・致傷）	よって、同人に○○○○等の傷害を負わせた上、同日、○時○分ころ、○市○町○番所在○○病院において、前記傷害等により死亡するに至らしめたものである。

交通事故犯罪事実要点記載例

事故の態様	⑨ **危険運転致死傷** (結果によって致死又は致傷)	
	危険運転行為の態様 罰条	高速自動車国道前方停止等・通行妨害類型 自動車運転死傷処罰法2条6号　　　H5
	具体的行為の態様	高速自動車国道での前方停止・致死 　　　　　　　　　　　　　　　　　H51
犯罪事実（要点）の構成	行為の主体と日時 　　場所	被疑者（被告人）は、令和○年○月○日、○○時○○分ころ、○県○市○町○番地の高速自動車国道○○高速道路下り線パーキングエリアにおいて、○○○○（当時○○歳）から駐車方法を非難されたことに憤激し、同人が運転する普通乗用自動車を停止させようと企て、同日○○時○○分ころ、同所から○○方面に向かい普通乗用自動車を運転して進行中、
	○具体的実行行為とその認識、 故意犯であるから 　{ 動機 　　異常な言動の要旨 　　運動機能失調状況 とその認識が必要である。 ○自車の走行状況。	前記○○運転車両の通行を妨害する目的で、同車を追い越して同車直前の車両通行帯に車線変更した上、減速して自車を停止させ、同人をしてその運転車両を停止することを余儀なくさせ、
	構成要件としてのまとめ。	もって、高速自動車国道において同車の進行を妨害する目的で走行中の同車の前方で停止することにより、同車を停止させた
	結果発生に至る因果関係の経路。	ことにより、同車に、その後方から進行してきた大型貨物自動車の前部を衝突させ、
	結果内容 （致死・致傷）	よって、同人に○○の傷害を負わせ、その頃、同所において、同人を同傷害により死亡させたものである。

H5

H51

交通事故犯罪事実要点記載例

	⑨ **危険運転致死傷**（結果によって致死又は致傷）	
事故の態様	危険運転行為の態様 罰条	赤信号無視類型 自動車運転死傷処罰法2条7号　　H6
	具体的行為の態様	赤信号無視進入により右方からの車両と衝突 ・致傷　　　　　　　　　　　　　　H61
犯罪事実（要点）の構成	行為の主体と日時 　　　場所	被疑者（被告人）は、令和○年○月○日午後○○時○○分ころ、 ○県○市○町○番地付近の信号機により交通整理の行われている交差点を 普通乗用自動車を運転し、○○方面から○○方面に向かい進行するに当たり、
	○具体的実行行為とその認識、 　故意犯であるから 　〔動機 　　異常な言動の要旨 　　運動機能失調状況 　とその認識が必要である。 ○自車の走行状況。	対面信号機が赤色の灯火信号を表示しているのを同交差点の停止線手前約70メートルの地点で認めたにもかかわらず、その直前に接触事故を起こし逃走中であったことから追跡をおそれ、先を急ぐあまり、警笛を吹鳴させながら、あえて時速約60キロメートルのまま同交差点内に進入し、
	構成要件としてのまとめ。	もって、赤信号を殊更無視し、かつ、重大な交通の危険を生じさせる速度で自動車を運転した
	結果発生に至る因果関係の経路。	ことにより、折から右方道路から青色信号に従い同交差点内に進行してきた○○○○（当時○○歳）運転の普通貨物自動車（軽四）の左側面に自車前部を衝突させ、
	結果内容 （致死・致傷）	よって、同人に加療○○日間を要する○○○○等の傷害を負わせたものである。

H6

H61

458

交通事故犯罪事実要点記載例

	⑨　危険運転致死傷（結果によって致死又は致傷）	
事故の態様	危険運転行為の態様 罰条	赤信号無視類型 自動車運転死傷処罰法２条７号　　　H6
	具体的行為の態様	赤信号無視進入により左方からの自転車と衝突・致傷　　　　　　　　　　　　　H62
犯罪事実（要点）の構成	行為の主体と日時 　　　場所	被疑者（被告人）は、令和○年○月○日午後○○時○○分ころ、 ○県○市○町○番地付近の信号機により交通整理の行われている交差点を 普通乗用自動車を運転し、○○方面から○○方面に向かい進行するに当たり、
	○具体的実行行為とその認識、故意犯であるから 　｛動機 　異常な言動の要旨 　運動機能失調状況 とその認識が必要である。 ○自車の走行状況。	対面信号機が赤色の灯火信号を表示しているのを同交差点の停止線手前約60メートルの地点で認めたにもかかわらず、交通検問を突破し、自己の飲酒運転の発覚をおそれ追尾するパトカーから逃亡しようと企て、同交差点手前で信号待ち停車していた数台の車両の右側方の対向車線にはみ出しながら、同交差点内に時速約60キロメートルで進入し、
	構成要件としてのまとめ。	もって、赤信号を殊更無視し、かつ、重大な交通の危険を生じさせる速度で自動車を運転した
	結果発生に至る因果関係の経路。	ことにより、折から同交差点入口の横断歩道上を青信号に従い左から右へ自転車を運転して横断中の○○○○（当時○○歳）に自車前部を衝突させ、同人を自転車とともに右前方にはねとばして転倒させ、
	結果内容 （致死・致傷）	よって、同人に加療○○日間を要する○○○○等の傷害を負わせたものである。

H6

H62

交通事故犯罪事実要点記載例

事故の態様	⑨　**危険運転致死傷**（結果によって致死又は致傷）	
	危険運転行為の態様 罰条	通行禁止道路類型 自動車運転死傷処罰法2条8号　　　H7
	具体的行為の態様	一方通行道路を逆走・致傷 H71
犯罪事実（要点）の構成	行為の主体と日時 　　　　場所	被疑者（被告人）は、令和○年○月○日○○時○○分ころ、 ○県○市○町○番地付近道路において、
	○具体的実行行為とその認識、故意犯であるから 　┌動機 　│異常な言動の要旨 　└運動機能失調状況 とその認識が必要である。 ○自車の走行状況。	道路標識により自動車の通行が禁止されている一方通行道路を、原動機付自転車を運転して○○方向から○○方向に時速約40キロメートルで進行し、
	構成要件としてのまとめ。	もって、通行禁止道路を進行し、かつ、重大な交通の危険を生じさせる速度で自動車を運転した
	結果発生に至る因果関係の経路。	ことにより、折から対向進行してきた○○○○（当時○○歳）運転の自転車前部に自車前部を正面衝突させて同人を路上に転倒させ、
	結果内容 （致死・致傷）	よって、同人に加療約○週間を要する○○等の傷害を負わせたものである。

H7

H71

460

交通事故犯罪事実要点記載例

	⑨ **危険運転致死傷** （結果によって致死又は致傷）	
事故の態様	危険運転行為の態様 罰条	アルコール・薬物影響類型 自動車運転死傷処罰法3条1項 　　　H8
	具体的行為の態様	酒気帯び程度の状態での運転開始後、仮眠状態に陥り暴走・致傷 　　　H81
犯罪事実（要点）の構成	行為の主体と日時 　　　場所	被疑者（被告人）は、令和○年○月○日午前○○時○○分頃、○県○市○町○番地付近道路において、
	○具体的実行行為とその認識、故意犯であるから 　｛動機 　　異常な言動の要旨 　　運動機能失調状況 とその認識が必要である。 ○自車の走行状況。	運転開始前に飲んだ酒の影響により、（その走行中に）前方注視及び運転操作に支障が（生じるおそれが）ある状態で、普通乗用自動車を発進させて運転を開始し、
	構成要件としてのまとめ。	もって、アルコールの影響により正常な運転に支障が生じるおそれがある状態で、自動車を運転し、
	結果発生に至る因果関係の経路。	よって、同日午前○○時○○分頃、同市○町○番地付近道路を走行中、その影響により仮眠状態に陥り、自車を左斜め前方に暴走させて、同所道路左側端に駐車中の○○○○（当時○○歳）乗車の○○○○自動車の後部に自車前部を衝突させ、
	結果内容 　（致死・致傷）	よって、同人に加療○○日間を要する○○○○等の傷害を負わせたものである。

H8

H81

交通事故犯罪事実要点記載例

	9 **危険運転致死傷** (結果によって致死又は致傷)	
事故の態様	危険運転行為の態様 罰条	病気（症状）影響類型 自動車運転死傷処罰法３条２項　　H9
	具体的行為の態様	薬の服用を怠るなどして、運転開始後、意識喪失状態に陥り、暴走・致傷　　H91
犯罪事実（要点）の構成	行為の主体と日時 場所	被疑者（被告人）は、令和○年○月○日午後○○時○○分頃、○県○市○町○番地付近道路において、
	○具体的実行行為とその認識、故意犯であるから ┌動機 ┤異常な言動の要旨 └運動機能失調状況 とその認識が必要である。 ○自車の走行状況。	かねてからてんかんの持病があり、医師から投薬された薬により発作を抑制していたにもかかわらず服用を怠り、かつ、発作の予兆を感じていたのに、普通乗用自動車を発進させて運転を開始し、
	構成要件としてのまとめ。	もって、自動車の運転に支障を及ぼすおそれがある病気の影響により、その走行中に正常な運転に支障が生じるおそれがある状態で、自動車を運転し、
	結果発生に至る因果関係の経路。	よって、同日午後○○時○○分頃、同市○町○番地付近道路を走行中、てんかんの発作により意識喪失の状態に陥り、自車を左斜め前方に暴走させて、同所道路左側端に駐車中の○○○○（当時○○歳）乗車の○○○○自動車の後部に自車前部を衝突させ、
	結果内容 （致死・致傷）	よって、同人に加療○○日間を要する○○○○等の傷害を負わせたものである。

H9

H91

参考資料

〔参考資料1〕

自動車の時速・秒速換算表

時速	秒　速	時速	秒　速	時速	秒　速	時速	秒　速
km 1	m 0.278	km 26	m 7.222	km 51	m 14.167	km 76	m 21.111
2	0.556	27	7.500	52	14.444	77	21.389
3	0.833	28	7.778	53	14.722	78	21.667
4	1.111	29	8.056	54	15.000	79	21.944
5	1.389	30	8.333	55	15.278	80	22.222
6	1.667	31	8.611	56	15.556	81	22.500
7	1.944	32	8.889	57	15.833	82	22.778
8	2.222	33	9.167	58	16.111	83	23.056
9	2.500	34	9.444	59	16.389	84	23.333
10	2.778	35	9.722	60	16.667	85	23.611
11	3.056	36	10.000	61	16.944	86	23.889
12	3.333	37	10.278	62	17.222	87	24.167
13	3.611	38	10.556	63	17.500	88	24.444
14	3.889	39	10.833	64	17.778	89	24.722
15	4.167	40	11.111	65	18.056	90	25.000
16	4.444	41	11.389	66	18.333	91	25.278
17	4.722	42	11.667	67	18.611	92	25.556
18	5.000	43	11.944	68	18.889	93	25.833
19	5.278	44	12.222	69	19.167	94	26.111
20	5.556	45	12.500	70	19.444	95	26.389
21	5.833	46	12.778	71	19.722	96	26.667
22	6.111	47	13.056	72	20.000	97	26.944
23	6.389	48	13.333	73	20.278	98	27.222
24	6.667	49	13.611	74	20.556	99	27.500
25	6.944	50	13.889	75	20.833	100	27.778

464

〔参考資料 2〕

歩行者・自転車の速度表

態　様　別（平均値）			秒　速 （メート ル）	時　速 （キロメ ートル）
人　が　歩　く	幼児及び高齢者		1・00	3・60
	成　人	男　　性	1・25	4・50
		女　　性	1・12	4・00
	行進（1歩0.75メートル、1分間114歩）		1・43	5・15
人　が　走　る	幼児のとび出し		2・20	7・92
	成人の普通走行（100メートル20秒）		5・00	18・00
	小学校6年生走り込み（50メートル競走）		5・39	19・40
	成人の加速走行（マラソン・2時間10分走破）		5・41	19・47
	ゆっくり走行（ジョギング）		3・00	10・80
自　転　車	普　通　進　行		4・70	16・92
	加　速　進　行		5・50	19・80
	幼児三輪車走行		0・07	2・52
横断歩道の 歩　　　行	昼　間	前　半	1・55	5・58
		後　半	1・61	5・80
	夜　間	前　半	1・67	6・01
		後　半	1・72	6・19

注1、歩行者等のとび出し事故の場合、発見可能地点（被害者を発見した地点と混同しないこと）から衝突地点までの「停止距離」と、本表の「歩行者等の歩行速度」による衝突地点までの秒数と距離を対比することにより、「回避可能性の有無」を認定することができる。

回避可能性があったが（停止距離外）、わき見などで発見が遅れ、発見したときは停止距離内となったときが「発見遅滞」となる。

注2、本表は態様別平均値であるから、具体的事故の際は、その被害者を事故当時の歩行（走行）態様で再実況見分を実施し、事故当時の歩行速度等を再現しておくことが肝要である。

[参考資料3]

制動距離の意義・学説の整理分類表

(木宮高彦・『研修』177号34ページ所収「制動過程」を基礎にまとめたもの)

	知覚時間	反応時間(解放時間)		転換時間	制動			車輌の停止
		驚愕時間	解放時間		膨隆時間	要求時間	実効時間	
時間的経過	進路上の危険状態出現と、その危険認識	予期しない危険認識から応急措置決意まで	驚愕状態から応急措置開始の外形的発動と	アクセルをはなし、ブレーキペダルに踏みかえ、足がペダルにかかるまで	ブレーキペダルの踏込みから効力発生まで	ブレーキペダルの踏込みで最大制動効果発生まで	最大制動力達成(車輪回転停止)	要求時間には制動痕は希薄であり、場合によっては制動力達成であることもある。(注)
距離的経過		空走距離		転換距離	膨隆距離	制動距離	制動距離	
第1説 制動距離……横井・木宮「積算道路交通法」、安西「自動車交通訴訟」他法律実務家		空走距離				制動距離(滑走距離)		
第2説 停止距離……大久保・副島・塚田「科学警察研究所報告交通編」、藤本「自動車の構造知識」		空走距離				制動距離(滑走距離)		
第3説 停止距離……高橋・黄金崎勝幸に対する業務上過失致死事件鑑定書		空走距離			制動距離			
第4説 停止距離……警視庁作成「速度=制動距離計算図表」		空走距離			制動距離(滑走距離)			

注 本書では第1説の停止距離とした。

［参考資料４］

自動車の停止距離（空走距離Ⓛ＋制動距離Ⓢ）一覧表

（科学警察研究所機械研究室 鈴木勇によるまとめ）

路面の状態（摩擦係数 F）による区分：コンクリート（乾）A・B・C／アスファルト（乾）A・B・C／コンクリート（湿）A・B・C／アスファルト（湿）／砂利道・土壌（乾）A・B・C／砂利道・土壌（湿）A・B・C・D／圧雪 A・B／氷上 A・B

時速 V (km/h)	空走距離(L) 1.00秒 (m)	0.75秒 (m)	0.5 (m/秒)	0.75 (m/秒)	F=0.85	0.80	0.75	0.70	0.65	0.60	0.55	0.50	0.45	0.40	0.20	0.15	0.10
5	1.39	1.04	0.69	1.04	0.12	0.12	0.13	0.14	0.15	0.16	0.18	0.20	0.22	0.25	0.49	0.66	0.98
10	2.78	2.08	1.39	2.08	0.46	0.49	0.52	0.56	0.61	0.66	0.72	0.79	0.87	0.98	1.97	2.62	3.94
15	4.17	3.13	2.08	3.13	1.04	1.11	1.18	1.27	1.36	1.48	1.61	1.77	1.97	2.21	4.43	5.91	8.86
20	5.56	4.17	2.78	4.17	1.85	1.97	2.10	2.25	2.42	2.62	2.86	3.15	3.50	3.94	7.87	10.50	15.75
25	6.94	5.21	3.47	5.21	2.89	3.08	3.28	3.52	3.79	4.10	4.47	4.92	5.47	6.15	12.30	16.40	24.61
30	8.33	6.25	4.17	6.25	4.17	4.43	4.72	5.06	5.45	5.91	6.44	7.09	7.87	8.86	17.72	23.62	35.43
35	9.72	7.29	4.86	7.29	5.67	6.03	6.43	6.89	7.42	8.04	8.77	9.65	10.72	12.06	24.11	32.15	48.23
40	11.11	8.33	5.56	8.33	7.41	7.87	8.40	9.00	9.69	10.50	11.45	12.60	14.00	15.75	31.50	41.99	62.99
45	12.50	9.38	6.25	9.38	9.38	9.97	10.63	11.39	12.27	13.29	14.50	15.94	17.72	19.93	39.86	53.15	79.72
50	13.89	10.42	6.94	10.42	11.58	12.30	13.12	14.06	15.14	16.40	17.90	19.69	21.87	24.61	49.21	65.62	98.43
55	15.28	11.46	7.64	11.46	14.01	14.89	15.88	17.01	18.32	19.85	21.65	23.82	26.47	29.77	59.55	79.40	119.09
60	16.67	12.50	8.33	12.50	16.67	17.72	18.90	20.25	21.80	23.62	25.77	28.35	31.50	35.43	70.87	94.49	141.73
65	18.06	13.54	9.03	13.54	19.57	20.79	22.18	23.76	25.59	27.72	30.24	33.27	36.96	41.58	83.17	110.89	
70	19.44	14.58	9.72	14.58	22.70	24.11	25.72	27.56	29.68	32.15	35.08	38.58	42.87	48.23	96.46	128.61	
75	20.83	15.63	10.42	15.63	26.05	27.68	29.53	31.64	34.07	36.91	40.26	44.29	49.21	55.36	110.73		
80	22.22	16.67	11.11	16.67	29.64	31.50	33.60	36.00	38.76	41.99	45.81	50.39	55.99	62.99	125.98		
90	25.00	18.75	12.50	18.75	37.52	39.86	42.52	45.56	49.06	53.15	57.98	63.78	70.87	79.72			
100	27.78	20.83	13.89	20.83	46.32	49.21	52.49	56.24	60.57	65.62	71.58	78.74	87.49	98.43			
110	30.56	22.92	15.28	22.92	56.04	59.55	63.52	68.05	73.29	79.40	86.61	95.28	105.86	119.09			
120	33.33	25.00	16.67	25.00	66.70	70.87	75.59	80.99	87.22	94.49	103.08	113.39	125.98	141.73			

注1　A、路面良好－タイヤトレッド新。B、路面良好のときは摩擦係数を１段階低くみなすこと。C、路面不良－タイヤトレッド浅。

注2　速度が60Km/h以上のときは摩擦係数を１段階低くみなすこと。

注3　貨物の積載量及び自動車の性能により異なる場合がある。自動二輪の１輪固着制動は「空走距離＋制動距離×２」である。

[参考資料 5]

自動車の平均的停止距離 ((L)+(S)) グラフ
(科学警察研究所、大久保柔彦によるまとめ)

注1、空走距離 (L) = $\dfrac{反応秒数\ 0.75 \times V\ (時速)}{3600\ 秒}$

注2、滑走距離 (S) = $\dfrac{V\ (時速)^2}{254 \times F\ (摩擦係数\ 0.75)}$

注3、上記公式から滑走痕によりその初速度を求めるときは、速度 (V) = $\sqrt{254 \times F \times S}$ である。
具体的計算例は
初速度 (V) = $\sqrt{254 \times F\ (0.75) \times S\ (8.40)}$ = $\sqrt{1600.2}$ = 40km/h となる。

0.5 = 運動神経の鈍い人
0.75 = 普通 (平均)
1.0 = 運動神経の鈍い人など

一般的な路面とタイヤの場合は F (0.75) = アスファルト (乾) B である。

計算式の根拠 E = $\dfrac{1}{2} \times \dfrac{W}{9.8} \times \left(\dfrac{V}{3.6}\right)^2$

k/h	(L)	(S)	(M)
5	1.04	0.13	1.17
10	2.08	0.52	2.60
15	3.13	1.18	4.31
20	4.17	2.10	6.27
25	5.21	3.28	8.49
30	6.25	4.72	10.97
35	7.29	6.43	13.72
40	8.33	8.40	16.73
45	9.38	10.63	20.01
50	10.42	13.12	23.54
55	11.46	15.88	27.28
60	12.50	18.90	31.40
65	13.54	22.18	35.72
70	14.58	25.72	40.30
75	15.63	29.53	45.16
80	16.67	33.60	50.27
90	18.75	42.52	61.09
100	20.83	52.49	73.32
110	22.92	63.52	86.44
120	25.00	75.59	100.59

停止距離 5 m 10 15 20 25 30 35 40 45 50 55 60 65 70 75 80 85 90 95

468

〔参考資料6〕

アルコール濃度計算法（溝井式）

（ウィドマーク式を基礎とした計算方法）

1 飲酒量から事故当時の血中アルコール濃度を算出する計算式

○ 血中アルコール濃度（mg/ℓ）＝ $\dfrac{飲酒量（mℓ）×アルコール濃度×比重}{体重（kg）×体内分布係数}$

○ t時間後の血中アルコール濃度＝血中アルコール濃度－燃焼係数×t時間

（tは飲酒開始から事故までの時間とする。）

＊計算定数 ・アルコール比重 〜 0.8

・体内分布係数 〜 0.71

・燃焼係数 〜 0.16±0.04

2 計算例（飲酒量から事故当時の推定血中（呼気）アルコール濃度を算出）

体重60kgの者がビール（中ジョッキ3杯）を飲み、飲酒開始から3時間後に交通事故を起こした場合、事故当時の推定血中（呼気）アルコール濃度

・酒 類 ビール（アルコール濃度5％）

・飲酒量 約900mℓ（中ジョッキ 3杯分）

・体 重 約60kg

○ 飲酒直後の推定血中アルコール濃度

$\dfrac{900（mℓ）×0.05×0.8}{60（kg）×0.71}$≒0.845（mg/mℓ）

○ 事故当時の推定血中（呼気）アルコール濃度

0.845（mg/mℓ）－（0.16±0.04）×3（時間）≒0.37±0.12

推定血中アルコール濃度 0.37±0.12mg/mℓ

推定呼気アルコール濃度 0.185±0.06mg/ℓ

3 計算例（検知結果から事故当時の推定血中（呼気）アルコール濃度を算出）

事故発生3時間後に飲酒検知した結果、呼気アルコール濃度0.05mg/ℓを検知した。事故当時の推定血中アルコール濃度を算出

（呼気アルコール濃度0.05mg/ℓ≒血中アルコール濃度0.1mg/mℓ）

○ 事故当時の推定血中（呼気）アルコール濃度＝検知血中アルコール濃度＋燃焼係数×t₁時間

（t₁は事故発生から飲酒検知までの時間）

○ 0.1（mg/mℓ）＋（0.16±0.04）×3（時間）≒0.58±0.12

推定血中アルコール濃度 0.58±0.12mg/mℓ

推定呼気アルコール濃度 0.29±0.06mg/ℓ

〔参考資料7〕

被害者負傷程度等確認チェック表

当事者氏名		男・女 T・S・H・R 　　年　　　月　　　日生
確認時間		年　　　月　　　日　午前・午後　　　時　　　分 から 午前・午後　　　時　　　分 まで
救護隊	現場到着時間	年　　　月　　　日　午前・午後　　　時　　　分
	措置	酸素吸入(＋・－)　　気道確保(＋・－)　　人工呼吸(＋・－) 心臓マッサージ(＋・－)　静脈路確保(＋・－)　薬剤投与(＋・－)
病院	到着時間	年　　　月　　　日　午前・午後　　　時　　　分
確認病院		市・区　　　　町・通　　　丁目　　　番　　　号 　　　　　　　　　　　病院
確認医師		（　　　　歳）
外表検査等	着衣の有無　（ 有 ・ 無 ）	
	頭部	（ 骨 折・挫 創・挫 傷 ）｜腹腰部（ 骨 折・挫 創・挫 傷 ）
	頸部	（ 骨 折・挫 創・挫 傷 ）｜上肢（ 骨 折・挫 創・挫 傷 ）
	胸背部	（ 骨 折・挫 創・挫 傷 ）｜下肢（ 骨 折・挫 創・挫 傷 ）
レントゲン検査	頭部	（ＸＰ・ＣＴ・ＭＲＩ）(血腫の程度　重・中・軽) 脳挫傷(有・無)
CT検査	頭部	（ＸＰ・ＣＴ・ＭＲＩ）
MRI検査	胸部	（ＸＰ・ＣＴ・ＭＲＩ）（骨折・気胸・血胸）
	腹部	（ＸＰ・ＣＴ・ＭＲＩ）内臓損傷（有・無）
有・無	上肢	（ＸＰ・ＣＴ・ＭＲＩ）開放性骨折(＋・－)
(解剖時必要項目)	下肢	（ＸＰ・ＣＴ・ＭＲＩ）開放性骨折(＋・－)
傷病名		（主:　　　　　　　　　　　）（内因病名　　　　　　　） （副:　　　　　　　　　　　　　　　　　　　　　　　）
医療行為の 有無	心臓	マッサージ・電気ショック
	投薬	注射　　　薬品名 点滴　　　薬品名
	輸血	有　　　　　　cc ・ 無
(解剖時必要項目)	手術	有 ・ 無　　　切開・穿刺　　　有(別図のとおり) ・ 無
負傷程度		約　　　　　月・週・日　間の　入院加療を要する 通院加療を要する
死亡	死亡時間	年　　　月　　　日　午前・午後　　　時　　　分 ころ
	確認時間	年　　　月　　　日　午前・午後　　　時　　　分
	死亡場所	交通事故現場　　　　　病院　　　その他
	死　因	による

事故概要
発生日時 :　　年　　　月　　　日　午前・午後　　　時　　　分ころ
発生場所 :　　市・区　　　町・通　　　丁目　　　番　　　号先路上
概　要 :

作成(確認)者　　　　　　　㊞

470

〔参考資料8〕

自動車事故の実況見分確認チェック表

　　年　　月　　日　　署・隊　　　　　　　　担当者　　　　　殿

```
┌────────────────────────────────────────────────────────────┐
□現場見分　　□痕跡　□散乱物　□発見可能地点　□工作物　□勾配　□交通量
・夜間　□見分時の明暗　□事故時の明暗　□昼間痕跡見分　□照射実験　□街路灯
　　　　□店舗等の照明（□点灯の有無□見通し見分時の再現）
・見取図記載要領（事項）
　　　　□痕跡　□発見可能　□散乱物　□三次元式記載　□街路灯等（夜間事故）
□車両見分　※車両・着衣・遺体については実況見分調書を作成してください
・共通　□諸元　□損傷部位の特定（地上高等）□突き合せ　□無損傷部の証明
・自動車　□駆動種別　□ABSの有無　□エアバッグの装備、作動の有無
　　　　□ミッション種別（位置の特定・レッカー業者等による説明）
　　　　□タイヤ（□メーカー・サイズ等□摩耗・亀裂□空気圧）
　　　　□オドメータ□実験（□制動□各部スイッチ等）　□積載物（重量測定等）
　　　　□シートポジション（視線地上高の特定等）　□視認性（死角）見分
　　　　□運行記録計（デジタコ含む）□ルミノール反応　□
・自転車等　□変速機の有無・位置　□実験（□制動□ライト）　□ダイナモの位置
□着衣等見分□メーカー種別　□サイズ　□各部の寸法　□靴底の厚さ
　　　　□痕跡種別（種類）　□損傷部位の特定（地上高からの特定等）
□遺体見分　□死亡時における見分実施　□連絡体制の確保（部内を含む）
　　　　□人体図の作成　※損傷部位の測定（足底部・人中線等からの測定）
□捜査事項（捜査報告書等の作成）
・目撃者等　□目撃者看板の設置　□聞込み　□定時通行　□目撃者車両見分
　　　　□立会見分（□状況□停止・痕跡）　□早期取調べ　□店舗等のビデオ
・前足捜査　□携帯電話履歴　□出発地　□立ち回り先　□飲酒先
　　　　□参考人取調べ　□進行方向の推定（特定）
・人物捜査　□既往歴　□保険加入状況　□
・負傷程度　□医師に対する部位、程度確認（□レントゲン□CT□　　　）
・信号捜査　□サイクル照会　□関連信号　□スルーバンド
・現場環境　□道路線形、勾配等の捜査（土木等から入手）
　　　　□規制状況（署長権限を含む）　□工事関連（使用許可申請・工事規制図）
　　　　□日没等照会　□薄明時刻　□気象条件　□月齢捜査
□仮停止等　□仮停止　□準仮停止　□危険性帯有
□背後責任　□飲酒　□過労　□重量　□　　　□両罰（□重量□整備不良□　　）
□鑑定関係等（□被疑者□被害者□第　当事者）
・血液等　□アルコール含有　□薬物　□人血であるか　□DNA鑑定
・毛髪等　□領置物件との照合　□着衣等の赤外線照射　□DNA鑑定
・車両　□速度　□運行記録計　□デジタルタコ　□火災原因
□被害者対策□パンフレット配布　□時系列メモの作成　□免許課通報
□その他　□危険運転の検討　□使用者通知　□
　　　　　□　　　　　　　　□　　　　　　　□
　　　　警察署　交通事故係（警電○○○○・○○○○・FAX○○○○）
└────────────────────────────────────────────────────────────┘
```

〔参考資料9〕

交通事故事件の実況見分における特定地点と実施要領

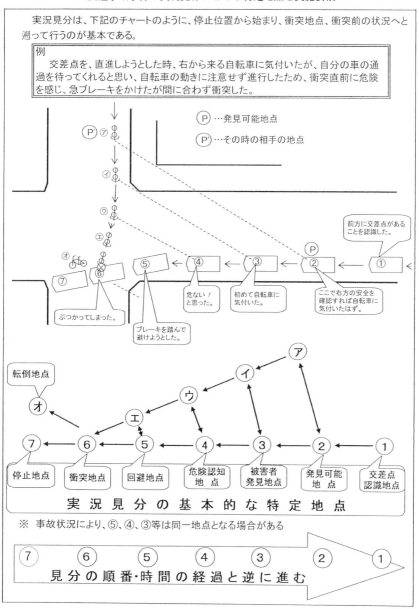

〔参考資料10〕

自転車事故の実況見分確認チェック表

| 見 分 年 月 日 | 　　　年　　月　　日Ａ・Ｐ　　時　　分～Ａ・Ｐ　　時　　分 |
| 見 分 場 所 | 　　　署　　側駐車場　　市・区　　町　　丁目　　番　　号 |

車 名											
塗 色	白	黒	赤	青	緑	シルバー			×		ツートン

記 名	有　　無　　住所　　市・区　　　　町・通　　丁目　　　　番　　　　号
	マ ン シ ョ ン 名 等
	氏 名　　　　　　　　　　　　　　電 話　　　　－　　　　－

防 犯 登 録		車 体 番 号	

車 種 分 類	① 一 般 用 自 転 車			
	ス　ポ　ー　ツ　車	軽　　　　　　　快　　　　　　　車		実 用 車
	少年用スポーツ車	快走サイクリング用車	男性用軽快車	女性用軽快車	実 用 車
	サイクリング用車	ロ ー ド レ ー ス 用 車	男 女 兼 用 軽 快 車	
	② 幼児用自転車	③ 特 殊 用 自 転 車		
	折りたたみ自転車	モトクロス自転車	タンデム自転車	三輪自転車
	補 助 輪 有・無			

各 部 名 称 等	フレーム	男 子 用	ダイアモンド型	ダブルトップ型	カーブトップ型		ミニサイクル等	
		男 女 兼 用	イタリア型	パラレル型	ミキトス型	スタッガード型	Ｈ 型	Ｕ 型
			カーブドループ型	ベルソー型(ゆりかご型)				
		そ の 他	ダブルダイヤモンド型	セントラルスティ型	ポリシャンテルー型		クロスフレーム型	
	ハ ン ド ル		上りハンドル	ノースロード型ハンドル	ドロップ型ハンドル		一文字ハンドル	
			Ｓ型ハンドル	Ｕ型ハンドル				
	警音器	ベル型	引きベル	チンカンベル	スポークベル	ラッパ型		
			回転ベル	(ディンドン)		ブザー型		
	ブレーキ		リムブレーキ	キャリパーブレーキ	ハブブレーキ			
	スタンド		一本スタンド	中スタンド	鳥居型スタンド	両立スタンド		
	鍵		かんぬき錠	ワイヤー錠	馬蹄型錠			
	灯火		自光式(自動灯火)	電池式	ダイナモ式			
	変速機		有　　無	レバー式	グリップ式	見分時ダイヤル		

実 測 値	長さ	全長　　　　　　　　　　　ｍ	幅(ハンドルグリップエンド間)　　　　　　　ｍ
	軸間距離	右　　　　　　　　左	左右同じ・測定不可
	高さ	ハンドルポスト中央　　　　．　　　　ｍ	シート中央　　　　．　　　　ｍ
		ハンドルグリップエンド右　　　．　　　ｍ	左　　　　．　　　　ｍ
		最高地上高　　　　．　　　ｍ (	部)
		前ハブ　　　．　　　ｍ	後ハブ　　　　．　　ｍ
		前荷かご　　　．　　　ｍ	後荷かご　　　．　　　ｍ

装 着 タ イ ヤ	前輪	メーカー等　　　　　　　　　サイズ　　　　　　　インチ
		パンク 有・無　亀裂 有・無 損傷
	後輪	メーカー等　　　　　　　　　サイズ　　　　　　　インチ
		パンク 有・無　亀裂 有・無 損傷

実 験	走行関連	作動　実験不可：理由
	制動関連	作動　実験不可：理由
	灯火関連	作動　実験不可：理由
		見分時ダイナモ位置　タイヤ接着　未接着　実験 点灯 不点灯

損 傷 等	

〔参考資料11〕

停止距離から求めた摩耗タイヤの摩擦係数（湿潤路面）

速度（km/h）			20	30	40	50	60	70	80	90	100
普通乗用自動車 3,000cc FR車	ABS 有り	50%摩耗	0.65	0.69	0.72	0.74	0.75	0.76	0.76	0.73	0.68
		残溝 1.6mm	0.64	0.68	0.70	0.69	0.67	0.63	0.57	0.51	0.44
	ABS なし	50%摩耗	0.74	0.81	0.81	0.78	0.75	0.72	0.67	0.63	0.57
		残溝 1.6mm	0.64	0.69	0.73	0.71	0.63	0.55	0.48	0.42	0.39
普通乗用自動車 2,000cc FF車	ABS 有り	50%摩耗	0.69	0.71	0.75	0.78	0.80	0.80	0.79	0.78	0.77
		残溝 1.6mm	0.64	0.68	0.75	0.79	0.77	0.71	0.63	0.56	0.52
	ABS なし	50%摩耗	0.77	0.79	0.78	0.76	0.74	0.71	0.67	0.62	0.56
		残溝 1.6mm	0.74	0.78	0.74	0.69	0.65	0.60	0.55	0.50	0.44

（出典　山崎俊一編著『交通事故事件捜査における　わかりやすい実況見分のポイント』東京法令出版　平成15年9月発行）

〔参考資料12〕

転倒して滑走する二輪車及び自転車の摩擦係数

すべり物体	速度（km/h）	路面	荷重（kgf）	摩擦係数μ
オートバイ (250cc)	20	アスファルト	141	0.44
	40			0.30
ファミリーバイク	20	アスファルト	53.8	0.54
	40			0.33
50cc カブ	20	アスファルト	71	0.50
	40			0.45
自転車 (転倒)	20	アスファルト	20	0.50
	40			0.35

（出典　山崎俊一編著『交通事故事件捜査における　わかりやすい実況見分のポイント』東京法令出版　平成15年9月発行）

〔参考資料13〕

二輪ライダーの路面滑走時の摩擦係数

人	速度（km/h）	路面	体重（kgf）	摩擦係数 μ
うつぶせ	30	土	60	0.38
うつぶせ	30	芝生	60	0.40
うつぶせ	30	アスファルト	60	0.88
仰向け	30	アスファルト	60	0.95
仰向け	18	アスファルト	60	0.97

（出典　山崎俊一編著『交通事故事件捜査における　わかりやすい実況見分のポイント』
東京法令出版　平成15年9月発行）

〔参考資料14〕

ブレーキの時間的経過

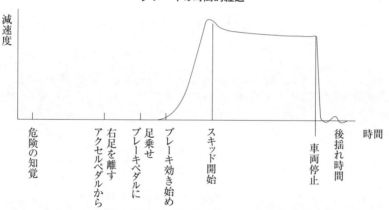

減速度

危険の知覚
アクセルペダルから右足を離す
ブレーキペダルに足乗せ
ブレーキ効き始め
スキッド開始
車両停止
後揺れ時間
時間

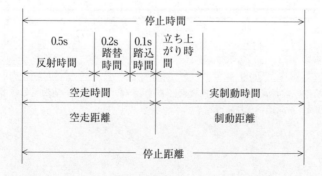

停止時間

0.5s 反射時間
0.2s 踏替時間
0.1s 踏込時間
立ち上がり時間

空走時間　　実制動時間

空走距離　　制動距離

停止距離

立ち上がり時間		0.1s	0.2s	0.3s
路面・タイヤ痕の摩擦係数	0.1	0.2km/h	0.4km/h	0.6km/h
	0.2	0.4	0.7	1.1
	0.3	0.5	1.1	1.6
	0.4	0.7	1.4	2.2
	0.5	0.9	1.8	2.7
	0.6	1.1	2.2	3.2
	0.7	1.3	2.5	3.8
	0.8	1.4	2.9	4.3
	0.9	1.6	3.2	4.9

(出典　科学警察研究所編『工学的検査法　Ⅲ　火災・交通事故』昭和55年12月発行)

〔参考資料15〕

携帯電話使用時の眼球の動き

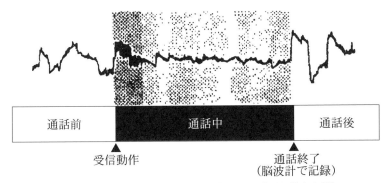

通話前	通話中	通話後

受信動作　　　　　　　　　　　　通話終了
（脳波計で記録）

(実験者・医学博士小野昌子、資料提供・埼玉県警察本部)

著者略歴

佐藤　隆文（さとう　たかふみ）
平成 2 年検事任官（東京地検）
平成 8 年司法研修所付
平成 9 年法務省刑事局付
平成24年東京地検公安部副部長
平成25年千葉地検刑事部長
平成26年法務総合研究所研修第一部長
平成29年最高検検事
平成30年富山地検検事正
平成31年福岡高検次席検事
令和 3 年 2 月宇都宮地検検事正
令和 5 年 7 月高松高等検察庁検事長（現職）

日下　敏夫（くさか　としお）
昭和58年名古屋地検総務部採証課、理化学採証係長
平成 4 年副検事任官、津地方検察庁
平成 7 年名古屋地検刑事部・公判部・管内支部
平成16年同庁交通部上席副検事
平成18年名古屋区検察庁交通分室長
平成19年愛知県警察本部交通捜査伝承嘱託員として勤務
平成25年 4 月伝承嘱託員、期間終了後、同本部交通捜査課捜査アドバイザーとして委嘱
され、同時に「日下鑑定事務所」を設立し、現在に至る。

清水　勇男（しみず　いさお）
昭和39年検事任官、東京地検交通部・総務部・特捜部
法務総合研究所教官、東京地検刑事部副部長
名古屋地検公判部長、札幌高検刑事部長
東京高検公安部長、最高検検事
福島地検検事正、浦和地検検事正
等を経て、平成 7 年 4 月勇退
同年 9 月蒲田公証役場公証人
平成17年 3 月退職
同年 4 月弁護士登録
主要著書
「特捜検事の証拠と真実」（講談社）
「遺言をのこしなさい」（講談社）
「図解　妻のための遺言」（講談社）
「公証人が書いた老後の安心設計」（日本経済新聞出版社）
「捜査官」（東京法令出版）

新・交通事故捜査の基礎と要点

(旧書名　交通事故捜査の基礎と要点)
付・交通事故犯罪事実要点記載例

平成20年11月15日	全訂新版改訂 2 版 発 行
平成24年 5 月25日	全訂新版改訂 3 版 発 行 (書名変更)
平成26年11月 1 日	全訂新版改訂 4 版 発 行
令和 4 年 2 月20日	3 訂 版 発 行
令和 6 年 6 月20日	3 訂 版 3 刷 発 行

共　著	佐　藤　隆　文
	日　下　敏　夫
監 修	清　水　勇　男
発行者	星　沢　卓　也
発行所	東京法令出版株式会社

112-0002	東京都文京区小石川 5 丁目17番 3 号	03(5803)3304
534-0024	大阪市都島区東野田町 1 丁目17番12号	06(6355)5226
062-0902	札幌市豊平区豊平 2 条 5 丁目 1 番27号	011(822)8811
980-0012	仙台市青葉区錦町 1 丁目 1 番10号	022(216)5871
460-0003	名古屋市中区錦 1 丁目 6 番34号	052(218)5552
730-0005	広島市中区西白島町 11 番 9 号	082(212)0888
810-0011	福岡市中央区高砂 2 丁目13番22号	092(533)1588
380-8688	長 野 市 南 千 歳 町 1005 番 地	

〔営業〕TEL 026(224)5411　FAX 026(224)5419
〔編集〕TEL 026(224)5412　FAX 026(224)5439
https://www.tokyo-horei.co.jp/

ISBN978-4-8090-1437-6